Nelles Verlag

Foto: Günter Gräfenhain (Schapowalow)

Moskau St. Petersburg

Autoren:
Marion Kappler, Niels Brunse,
Elena Douda, Michail Glinka,
Henning Sietz, Valeri Surow,
Wladimir Iwanitzki, Angela Plöger,
Alexandr Zhitinskis, Hans-Horst Skupy,
Irina Kamenskaja, Adelheid Rabus

Petrosavodsk
Salmi
Onežskoje ozero
Murmansk
Priozjorsk
Olonec
Vytegra
Svir'
Ladožskoje ozero
Lodejnoje Pole
Podporožje
Ošta
Helsinki
S O D R U Ž E S T V O
Alechovščina
Zelenogorsk
Beloje oz.
SANKT PETERBURG
Petro-dvorec
Beloz'orsk
Borisovo-Sudskoje
Volchov
KOLPINO
Krasnoje Selo
Gatčina
Tichvin
Severodvinsk
Volgoda
Kiriši
M10
Boksitogorsk
Babajevo
Vyra
ČEREPOVEC
Budogošč
Čudovo
Sazonovo
M11
Malaja Višera
Ustjužna
Luga
Ljubytino
u. constr.
Pestovo
Vesjegonsk
NOVGOROD
Msta
Rybinskoje vdchr.
Okulovka
Boroviči
oz. Il'men'
Krestcy
Simsk
Staraja Russa
Dno
Valdaj
Bologoje
Bežeck
Demjansk
Vyšnij Voloček
Lovat'
V A L D A J S K A J A
Kašin
oz. Seliger
Cholm
Goricy
Kaljazin
Kušalino
Ostaškov
oz. Vselug
Toržok
Kuvšinovo
Kimry
Loknja
TVER'
Dubna
V O Z V Y Š E N N O S T '
Volga
Konakovo
Toropec
Starica
SERGIEV POSAD
VELIKIE LUKI
Klin
Dmitrov
M9
Riga
Ržev
Lotošino
Solnechogorsk
Nelidovo
Zubcov
M8
Volokolamsk
ZELENOGRAD
MYTIŠČI
M7
Sycovka
MOSKOVSKAJA
MOSKVA
Belyj
LJUBERCY
Zap. Dvina
Velіž
Možajsk
Naro-Fominsk
PODOL'SK
VITEBSK
Vjaz'ma
M4
M2
Safonovo
Malojaroslavec
Rudnja
Jarcevo
Golynki
SMOLENSK
Dnepr
ORSA
Jel'nja
Brjansk
MOSKAU / ST. PETERSBURG
0
50
100
150 km
© Nelles Verlag GmbH, München

Liebe Leserin, lieber Leser,

AKTUALITÄT wird in der Nelles-Reihe groß geschrieben. Unsere Korrespondenten dokumentieren laufend die Veränderungen der weltweiten Reiseszene, und unsere Kartografen berichtigen ständig die auf den Text abgestimmten Karten.
Wir freuen uns über jeden Korrekturhinweis! Unsere Adresse: Nelles Verlag, Machtlfinger Str. 26 Rgb., D-81379 München, Tel. +49 (0)89 3571940, Fax +49 (0)89 35719430, E-Mail: Info@Nelles.com, Internet: www.Nelles.com

LEGENDE

★★ / ★★	Top-Attraktion *(in Karte)* *(in Text)*	**Pavlovsk** *(Ort)* *Zarskoje Selo* *(Sehenswürdigkeit)*	in Karte gelb Unterlegtes wird im Text erwähnt		Staatsgrenze
★ / ★	sehr sehenswert *(in Karte)* *(in Text)*		internationaler Flughafen / nationaler Flughafen		Autobahn
8	Orientierungsnummer in Text und Karte		UNESCO Welterbe		Fernverkehrsstraße
8	Orientierungsnummer in Text und Stadtplan	A129	Straßennummern		Hauptstraße
8	Orientierungsnummer in Text und Detailplan		Touristeninformation		Landstraße
	Öffentliches bzw. bedeutendes Gebäude / Denkmal		Kirche, Kapelle / Friedhof		Nebenstraße
	Hotel / Restaurant		Aussichtspunkt		Eisenbahn
	Einkaufszentrum / Markt	P	Parkplatz / Botschaft	13	Entfernung in Kilometer
			Post / Hospital		Fähre mit Anlegestelle
			Synagoge / Moschee	**Poljanka**	Metro mit Haltestelle
			Fußgängerzone		

IMPRESSUM

MOSKAU / ST. PETERSBURG

Druck: Bayerlein, Germany
Einband durch DBGM geschützt

 - F2119 -

10 RUND UM ST. PETERSBURG

11 REISE-INFORMATIONEN

Der Rote Platz in Moskau mit Basilius-Kathedrale und Erlöser-Torturm

Jonathan Smith

Jonathan Smith

Blick von der Neva auf den Petersburger Winterpalast und die St.-Isaaks-Kathedrale

1147 Erste Erwähnung Moskaus.

1237 Das Mongolenheer unter Batu Khan nimmt Moskau ein.

1328 Ivan I. wird vom mongolischen Großkhan zum Großfürsten ernannt und verlegt seinen Sitz von Wladimir nach Moskau. Auch der Metropolit (kirchlicher Statthalter des Patriarchen von Byzanz) lässt sich in Moskau nieder. In der Stadt leben 30 000 Menschen.

1380 Ivans Sohn Dimitrij besiegt die „Goldene Horde" in der Schlacht auf dem Kulikovo-Feld.

1462-1505 Herrschaft Ivans III. Er befreit Russland endgültig vom Joch der „Goldenen Horde" und wird zum Begründer des modernen russischen Staatswesens. Durch die Heirat mit Sophia, der Nichte des letzten byzantinischen Kaisers, sichert er Moskau die Nachfolge als Zentrum der orthodoxen Christenheit („Drittes Rom"). Unter Ivan III. erhält der Kreml z. T. seine heutige Gestalt.

1547-1584 Unter Ivan IV. (der Schreckliche) dehnt sich das Russische Reich bis zum Ural und zum Kaspischen Meer aus. Ivans Grausamkeit gegenüber seinen Feinden stürzt Russland in eine innenpolitische Krise.

1584-1612 „Zeit der Wirren". Kurzzeitige polnische Fremdherrschaft.

1612 Das russische Heer vertreibt die Polen; der 16jährige Michail Romanov wird zum Zaren gewählt. Eine rege Bautätigkeit beginnt.

1671 Ein Volksaufstand unter Stenka Razin wird niedergeschlagen, Razin hingerichtet.

1689-1725 Herrschaft von Peter I. (Peter der Große). Er reformiert Russland. 1712 erklärt er das 1703 gegründete St. Petersburg zur Hauptstadt.

1727 Peter II. wird Zar; er verlegt den Hof zurück nach Moskau.

1732 Zarin Anna I. bestimmt erneut St. Petersburg zur Hauptstadt.

1755 Lomonosov-Universität in Moskau gegründet

1762-1796 Herrschaft von Katharina II. d. Gr.

1773-1775 Ein großer Bauern- und Kosakenaufstand wird blutig niedergeschlagen.

1812 Napoleon besetzt Moskau. Ein Brand vernichtet drei Viertel der Stadt. Russische Truppen besiegen die napoleonische Armee.

1819 Gründung der Universität St. Petersburg.

1825 Alexander I. stirbt. Die ungeklärte Frage seiner Nachfolge führt zu einer Verschwörung adeliger Offiziere, die scheitert. Die Anführer der sog. Dekabristen werden hingerichtet, über 100 Adlige nach Sibirien verbannt.

1851 Inbetriebnahme der Eisenbahnlinie Moskau – St. Petersburg.

1855-1881 Industrialisierung und wirtschaftlicher Aufschwung, aber auch neue soziale Konflikte unter Alexander II. Am 1. März 1881 stirbt er bei einem Sprengstoffanschlag.

1895 Lenin gründet in St. Petersburg den Kampfbund zur Befreiung der Arbeiterklasse.

1914 Ausbruch des 1. Weltkriegs. St. Petersburg wird in Petrograd umbenannt.

1917 Als Folge der Februarrevolution dankt Nikolaus II. ab, die Erste Provisorische Regierung wird gebildet. In seinen „April-Thesen" ruft Lenin zum Sturz der Regierung auf. Am 25. Oktober (7. November) Sturm aufs Winterpalais, der Rat der Volkskommissare übernimmt die Regierung.

Foto: Archiv für Kunst und Geschichte, Berlin

Katharina II. machte Russland außenpolitisch zu einer europäischen Großmacht; in Moskau ließ sie Straßen pflastern und eine Trinkwasserleitung bauen.

1918 Ermordung der Zarenfamilie Romanov.

1921 Lenins Neue Ökonomische Politik bewirkt einen wirtschaftlichen Aufschwung.

1923 Moskau wird Hauptstadt der Union der Sozia-

listischen Sowjetrepubliken (UdSSR).
1924 Tod Lenins; aus Petrograd wird Leningrad. Erste „Säuberungsaktionen" Stalins.
1931-1953 Stalin-Diktatur. Millionen Sowjetbürger sterben in Lagern und Gefängnissen.
1941 Am 22. Juni beginnt der Angriff deutscher Truppen auf Leningrad und damit die 900-tägige Blockade, bei der 640 000 Menschen sterben. Die Deutschen bringen das Bernsteinzimmer aus dem Katharinen-Palast nach Königsberg.
1944 Am 27. Januar wird Leningrad befreit. Das

Foto: Olga Visavi (Shutterstock.com)

An der Newa-Mündung in St. Petersburg wurde 2018 das 462 m hohe Lakhta Center des Gazprom-Konzerns fertiggestellt.

legendäre Bernsteinzimmer „verschwindet" beim Abtransport aus Königsberg.
1953-1964 Nach Stalins Tod regiert Nikita Chruschtschov. Beginn der Entstalinisierung.
1961 Gagarin fliegt als erster Mensch ins All.
1980 Die Olympischen Spiele in Moskau werden von den westlichen Staaten aus Protest gegen den Afghanistan-Krieg boykottiert.
1985 Michail Gorbatschovs Politik der Perestrojka (Umgestaltung) legt den Grundstein für die Auflösung des Ostblocks und die spätere deutsche Wiedervereinigung.
1990 Die historische Innenstadt St. Petersburgs wird UNESCO-Weltkulturerbe.
1991 Militärputsch. Ende des Jahres tritt Gorbatschov zurück, Boris Jelzin wird sein Nachfolger. Leningrad heißt wieder St. Petersburg.
ab 1992 Machtkämpfe und Bürgerkriege erschüttern die früheren Sowjetrepubliken.
1994 Der Tschetschenien-Krieg beginnt.
2000 Der Petersburger Vladimir Putin wird Präsident. Demokratische Grundrechte und die Pressefreiheit werden eingeschränkt.
1999-2004 Terroranschläge tschetschenischer Rebellen erschüttern Moskau.
2003 Rekonstruktion des Bernsteinzimmers im Katharinen-Palast von Zarskoje Selo.
2005 Grundsteinlegung für den 448 m hohen Federacija-Turm (Moscow City).
2006 Auftragsmord an der kritischen Journalistin Anna Politkovskaja, Vergiftung des Putin-Kritikers Alexander Litvinenko.
2007 Jurij Lushkov tritt seine fünfte Amtszeit als Bürgermeister von Moskau an.
2008 Regierungswechsel: Der Petersburger Dimitrij Medvedev wird Präsident, Putin hat als Ministerpräsident weiter großen Einfluss. Neue Luxuszug-Verbindung („Großer Express") zwischen St. Petersburg und Moskau.
2009 Der regimekritische Anwalt Stanislav Markelov wird erschossen. Kirill wird zum 16. Moskauer Patriarchen gewählt.
2010 Im August herrscht in Moskau schlechte Luft: im Hinterland brennen Wälder und Torfböden. Moskaus Bürgermeister Lushkov wird entmachtet. Streit um den geplanten 400-m-Wolkenkratzer des Erdgaskonzerns Gazprom; die Denkmalschützer setzen sich durch: der Büroturm wird nicht im historischen Stadtkern von St. Petersburg gebaut.
2011 Terroranschlag auf dem Moskauer Flughafen Domodedovo.
2012 Putin wird wieder Staatspräsident.
2014 Olympische Winterspiele in Sotchi. Im März Anschluss der Krim (Ukraine) an Russland, der bislang international nicht anerkannt wird; deshalb Verhängung von Sanktionen gegen Russland.
2018 Fußball-WM in Russland; das neue Stadion in St. Petersburg hat 930 Mio. Euro gekostet. An der Newa-Mündung wird das 462 m hohe Lakhta Center von Gazprom fertiggestellt, von der Aussichtsterrasse reicht der Blick bis zum Katharinenpalast.

Ken Scicluna (AWL Images)

Im Sergiuskloster in Sergiev Possad. Seit dem Ende des Sozialismus hat die Russisch-Orthodoxe Kirche wieder stark an Bedeutung gewonnen.

Foto: Gregor M. Schmid

HIMMEL AUF ERDEN

Die **Orthodoxe Kirche** in Russland hat eine mehr als tausendjährige Geschichte. Der Überlieferung nach ließ der Kiever Fürst Vladimir im Jahr 988 alle seine Untertanen im Dnjepr taufen. Der Legende nach hatte er sich für die (griechisch-) orthodoxe Religion entschieden, nachdem seine Gesandten, die zuvor verschiedene Nachbarvölker besucht und deren Bräuche studiert hatten, zurückkehrten und berichteten: „Als wir zu den Griechen kamen und sahen, wie sie ihrem Gott dienen, wussten wir nicht, ob wir im Himmel oder auf der Erde waren. Denn auf Erden ist solche Schönheit nicht zu sehen."

Heute noch wirkt der orthodoxe Gottesdienst auf einen Fremden wie eine Erscheinung aus einer anderen Welt. Die Kirchenräume sind zwar eher klein, fast eng; ein so riesiger Dom wie die Petersburger Isaaks-Kathedrale oder die Moskauer Christi-Erlöser-Kathedrale ist in Russland eher die Ausnahme. Doch um so einprägsamer ist die Fülle von Wandmalerei und Ikonen, und um so eindringlicher der Duft von Weihrauch und Kerzenwachs.

Der Altarraum ist von dem Gemeinderaum durch eine Ikonostase getrennt – eine Wand von Ikonen, die den Altar, das Heiligste, verbirgt. Sie hat damit ebenso wie alles andere im Kirchenraum zugleich auch eine symbolische Bedeutung. Nur zu bestimmten Zeitpunkten während des Gottesdienstes wird die mittlere Tür der Ikonostase, die „**Zarentür**", geöffnet, und man blickt ins Allerheiligste, in das jedoch nur die Priester und die Diakone eintreten dürfen. Zwei kleinere Türen rechts und links werden für die zeremoniellen Prozessionen verwendet, so beim **Großen Einzug**, wenn die Geistlichen aus der linken Tür kommen und dann das Abendmahl durch die Zarentür in den Altarraum tragen – ein Teil des Gottesdienstes und zugleich eine symbolische Darstellung

Oben: Der festliche Ostergottesdienst ist Höhepunkt des Kirchenjahrs. Rechts: Detail des Portals der Mariä-Entschlafens-Kathedrale im Kreml.

des Einzuges Jesu in Jerusalem.

Die **Ikonostase** besteht in der Regel aus fünf Reihen von **Ikonen**. In den beiden oberen Reihen sind Propheten um die Gottesmutter bzw. die Patriarchen um eine Darstellung der Dreifaltigkeit als Mittelstück gruppiert. Die dritte Reihe enthält kleinere Ikonen, die kirchliche Festtage darstellen. Darunter befindet sich die sog. *Deësis*- oder **Fürbitt-Reihe**: in der Mitte Christus als Weltenrichter, links und rechts schließen sich Maria und Johannes der Täufer an, danach die Erzengel Michael und Gabriel, die Apostel Petrus und Paulus sowie weitere Heilige. Alle verneigen sich vor dem Erlöser und leisten für die Menschen Fürbitte. In der untersten Reihe sind die Ikonen, die an dem jeweiligen Ort besonders verehrt werden, darunter – oft als zweite Ikone rechts von der Zarentür – die Ikone mit dem Bild des Heiligen, dem die Kirche geweiht ist. Oft weist die Ikonostase auch eine Kreuzigungsszene auf. Einige Kirchen haben weniger als fünf Bilderreihen, andere sechs – eine Reihe von kleinen Ikonen zwischen der lokalen und der Fürbitt-Reihe kann z. B. den Leidensweg Christi zeigen.

Auch die Wände, die Pfeiler und die Innenseite der Kuppeln sind mit Bildern geschmückt; an der Wand gegenüber der Ikonostase wird nach dem traditionellen Bildprogramm das **Jüngste Gericht** dargestellt. Statuen fehlen in orthodoxen Kirchen, traditionell war nur zweidimensionale Kunst erlaubt. Die reiche musikalische Gestaltung des Gottesdienstes wird nur von der menschlichen Stimme getragen. Instrumente werden in der russisch-orthodoxen Kirche nicht verwendet.

Am schönsten ist der Gottesdienst zu **Ostern**, das häufig ein paar Tage später gefeiert wird als im westlichen Christentum, denn die russisch-orthodoxe Kirche hält am Julianischen Kalender fest. Um Mitternacht findet eine Prozession rund um die Kirche statt, die von festlich gekleideten Priestern angeführt

Foto: Ivan Vdovin (AWL Images)

wird und darin gipfelt, dass ein Priester an die geschlossene Kirchentür klopft: ein symbolisches Pochen an das Tor des Himmelreiches, das bis zur Auferstehung Christi verschlossen war. Wenn Priester und Gemeinde in die Kirche eingelassen werden, beginnt die Osterfeier, das Hauptfest der Ostkirche.

Viele russische Kirchen sind in den letzten Jahren restauriert und wieder „tätig" geworden, und es lohnt sich, auch diese Seite des religiösen Lebens kennen zu lernen. Jeden Sonntag und an vielen anderen Tagen kann man dann jene Stimmung der Hingabe und Anbetung erleben, die in Russland so tiefe Wurzeln hat. Der orthodoxe **Gottesdienst** vermittelt eher eine mystische Kontemplation als eine dogmatische Lehre, er ist eher Drama als Ritual. Und auch wenn man nichts von der kirchenslawischen Sprache und dem Inhalt der Liturgie versteht, spürt man hier am besten, was der Dichter Fjodor Tjutschev meint: „Russland ist mit dem Verstand nicht zu begreifen, an Russland kann man nur glauben."

KIRCHEN UND IKONEN

Wie ein Magnet zog Moskau seit dem 14. und 15. Jh. die bedeutendsten Künstler aus den anderen russischen Fürstentümern an, die sich allesamt – zumindest kulturell – als Erben des Kiever Reiches verstanden, sei es Vladimir-Suzdal, Novgorod, Pskov oder Tver. Überall dort hatte vom 12. bis zum 16. Jahrhundert eine Assimilation und Fortentwicklung byzantinischer Formen stattgefunden, von deren Erbe wiederum Moskau zehrte und dabei eigene Akzente setzte. Verfolgen lässt sich dies gut am **Kirchenbau**, weil über Jahrhunderte hinweg die Steinbauweise Kirchen und Klöstern vorbehalten blieb. Seit der Sophien-Kathedrale in Kiev blieb zunächst der Grundtyp der russischen Kirche ein Kubus oder würfelförmiger Baukörper, der von vier kleineren Nebenkuppeln und einer Zentralkuppel überragt wurde (Kreuzkuppelkirche). Das abgeflachte byzantinische Kugelgewölbe wurde erst in Russland allmählich zu seiner bauchigen Zwiebelform weiterentwickelt.

Nach dem Untergang des Kiever Reiches wurde vorübergehend Vladimir-Suzdal zur zweiten Wiege russischer Kultur. Am Grundschema der Kreuzkuppelkirche hielt man fest. Vor allem unter lombardischem Einfluss rückten jedoch reiche Schmuckwirkung sowie harmonische Proportionen und plastische Gliederung an den Portalen in den Vordergrund. Auch die Fresken- und Ikonenmalerei erreichte in Vladimir-Suzdal ihren ersten Höhepunkt, wie z. B. das monumentale Fresko *Das Jüngste Gericht* in der Dimitrij-Kathedrale oder die berühmte *Gottesmutter von Vladimir* dokumentieren. Erst der Mongoleneinfall im 13. Jahrhundert setzte der kulturellen Blütezeit in Vladimir-Suzdal ein jähes Ende.

Ihr Erbe trat zunächst Novgorod an, wo sich dank seiner geschützten Lage Kunst und Kultur vom 11. bis 15. Jahrhundert weitgehend ungestört und organisch entfalten konnten. Bereits die fünfschiffige und -kupplige Novgoroder Sophien-Kathedrale (1045-50) übertraf ihr Kiever Vorbild an Geschlossenheit, Statik und Massigkeit. Auch die großen Novgoroder Kirchenbauten im 12. Jahrhundert standen noch weitgehend in der Tradition des Kiever Stils, vor allem der Kiever Uspenskij-Kathedrale. Der spezifische Novgoroder Baustil jedoch entstand erst im 14. Jahrhundert: Nunmehr wurde der kubische Baukörper durch zwei sich kreuzende Satteldächer abgedeckt, die Außenwände waren oben mit Kleeblattbögen abgeschlossen und mit kerbschnittartigen Elementen und Symbolen verziert.

Bei den parallel entstehenden Kirchen in Moskau wurden zahlreiche Strukturelemente der Novgoroder Baukunst aufgegriffen und in eine Dynamisierung des Baukörpers integriert: So wurden z. B. die Stützpfeiler ersetzt durch Stützkonstruktionen von stufenartig aufsteigenden Gurtbögen, die von den Außenwänden zur Zentralkuppel überleiteten.

Zum weiteren Merkmal des „moskowitischen Stils" wurde ein pyramidenförmiger Turm über dem Kirchendach mit „Kokoschniks", Rundbögen ähnlich dem Kopfschmuck der Moskauer Frauen. Im Verlauf des 15. Jahrhunderts war die Synthese von byzantinischen, lombardischen und romanischen Stilelementen mit dem spezifisch russischen Formwillen weitgehend abgeschlossen.

Der wohl eigenwilligste und bedeutendste Beitrag Russlands zur Weltgeschichte der Kunst jedoch war zweifellos die **Ikonen-Malerei**. Ikonen sind Bildnisse Christi, der Jungfrau Maria, der Apostel und anderer Heiliger, sowie biblischer Szenen oder Heiligenlegenden auf Holztafeln, vorzugsweise Linden- oder Zypressenholz. Sie wurden mit Mineralfarben bemalt und mit einem Schutzfilm aus Leinöl überzogen. Ihre

Rechts: Ikonen im Christi-Verkündigungs-Kloster in Jaroslavl.

Foto: Gregor M. Schmid

Ursprünge reichen weit zurück in das byzantinische Reich, wo sie nach dem Ikonoklasmus („Bilderstreit") auf dem Konzil von Nicäa (787) und seit 843 als Gegenstand der Verehrung, aber nicht der Anbetung erstmals definiert und zugelassen wurden. Ikonen zu malen galt als liturgische Handlung und blieb ursprünglich Mönchen und Popen vorbehalten, die als Werkzeuge Gottes bei der (Wieder-)Erstellung der „Archeiopoieta" („nicht von Händen gemalten Urbildern") galten. Dies erklärt ihre bis heute anhaltende kultische Verehrung innerhalb des russisch-orthodoxen Glaubens.

Mit Sicherheit waren Ikonen schon im Kiever Reich Bestandteil der Glaubenspraxis, obgleich kaum Zeugnisse aus dieser Zeit überliefert sind. Bereits in der Blütezeit von Vladimir-Suzdal entstanden die ersten, vom starren Formschema der byzantinischen Ikonen abweichenden eigenständig-russischen Ikonen mit ihrer Tendenz zur Individualisierung der dargestellten Personen und zum Realismus. Ihren ersten Höhepunkt jedoch erreichte die Ikonen-Malerei im Novgorod des ausgehenden 14. Jahrhunderts, als dort Feofan Grek (Theophanes der Grieche) aus Byzanz auftauchte und seine Malschule gründete, die durch Hell-Dunkel-Effekte, Farbigkeit, Dramatik, Formstrenge und Integration von Elementen der Volkskunst die russische Malerei bereicherte. Das beliebteste Ikonen-Motiv des 15. Jahrhunderts wurde die „Umilenije" (Rührung, Eleusa) – die Jungfrau Maria, die ihren (Gottes-) Sohn liebkost.

Zum bedeutendsten Schüler von Feofan Grek wurde Andrej Rubljov, dessen künstlerische Anfänge ebenfalls noch in Novgorod lagen und der seinem Lehrer nach Moskau folgte. Seit 1405 malte er dort gemeinsam mit ihm z. B. die Verkündigungs-Kathedrale und später auch die Erlöserkirche im Andronikov-Kloster aus. Sein letzter Großauftrag war die Ausschmückung des Troice-Sergijev-Klosters, aus dem auch sein Meisterwerk, die Ikone *Heilige Dreieinigkeit* (heute in der Moskauer Tretjakov-Galerie), stammt.

FLUSSFAHRT VON MOSKAU NACH ST. PETERSBURG

Zar Peter der Große (1672-1725) träumte davon, mit dem Schiff von Russland aus alle Weltmeere erreichen zu können. Dazu sollten Kanäle zwischen den natürlichen Wasserstraßen die Ostsee mit dem Weißen Meer und der – ins Kaspische Meer mündenden – Wolga verbinden. Über einen weiteren Kanal zwischen Wolga und Don sollte auch das Schwarze Meer und damit das Mittelmeer direkt von den Nordmeeren aus per Schiff erreichbar sein. So entstand im Herzen Russlands eine Wasserstraße und Lebensader von gigantischem Ausmaß: Sich über 15 Breitengrade hinstreckend, vergleichbar der Strecke Oslo – Mailand, verbindet sie mit nur einem Verkehrsmittel, dem Schiff, den Norden mit dem Süden.

Wer Moskau mit dem Schiff vom Nördlichen Flusshafen aus verlässt, fährt zunächst auf dem **Moskva-Wolga-Kanal** zur Wolga. Sechs Schleusen sind auf der etwa 123 km langen Distanz zu überwinden, bis St. Petersburg kommen auf direktem Wege und einer Strecke von rund 1400 km weitere zehn Schleusen dazu.

Weshalb soviel technischer Aufwand? Früher gab es in regelmäßigen Abständen große Hungersnöte mit Millionen Toten. Als die Sowjetmacht an die Regierung kam, gab sie das Versprechen, das zu ändern und den Lebensstandard aller Bürger des Landes zu erhöhen. Dies war nur über eine Industrialisierung, sowohl der Landwirtschaft wie auch der natürlichen Ressourcen, machbar. Dafür notwendig war Stromerzeugung in großem Ausmaß und somit ein forcierter Ausbau der Transportwege.

Nach Verlassen des Moskva-Wolga-Kanals fährt der nach St. Petersburg Reisende die **Wolga** in Nordostrichtung stromabwärts, etwa 200 km zum Rybinsker Stausee. Jetzt kann er genießen, auf dem größten Strom Europas (3688 km) zu sein, an dem – da im Herzen Russlands gelegen – sich eine beachtliche Anzahl geschichtsträchtiger Orte befinden. Denn die viel besungene „Mutter Wolga" war und ist Russlands größte natürliche Lebensspenderin und Ernährerin: In Kriegszeiten die wichtigste Heerstraße, in Friedenszeiten der größte Handelsweg, die meist befahrene Nord-Süd-Verbindung, ein immenses Reservoir für Fische, und ein unvorstellbar großes Erholungsgebiet.

Die Weite des Landes war schon immer eine Herausforderung: Russischer Urwald – in sumpfigeren Gebieten oft als heiterer lichter Birkenwald, sonst Mischwald – ab und an ein paar Viehweiden und Felder, mal Fischerboote oder Fähren am Ufer, eine Anlegestelle fürs regionale Linienschiff, ein Weg, ein Dorf, und dann wieder Wälder mit Lichtungen, naturbelassener Wildwuchs, aber keine Menschen – ein dünn besiedeltes Land!

Als erste Sehenswürdigkeit ragt unvermittelt der Glockenturm von **Kaljazin** 70 m aus dem Wasser empor.

Kein Passagierschiff fährt an **Uglitsch** vorbei. Uglitsch gehört zum weltbekannten „Goldenen Ring", so genannt wegen der goldenen Kuppeln der altrussischen Kirchenstädte, die sich über den Nordosten Moskaus hinziehen. Das bürgt für viele Sehenswürdigkeiten, vor allem für Liebhaber russischer Kirchen und Ikonen. Ein Muss ist der Kreml mit der **Dimitrij-Blutskirche** und der **Christi-Verklärungs-Kathedrale** am Ufer der Wolga. Hier geschahen im ausgehenden 16. Jh. tödliche Intrigen, die Puschkin zu einem hochdramatischen Stück animierten, das Musorgskij für seine weltberühmte Oper über den Zaren *Boris Godunov* verwendete.

Noch etwa 80 km fährt das Schiff weiter auf der Wolga, dann wendet es sich im riesigen **Rybinsker Stausee** nach Norden. Mit 4580 km^2 fast zehnmal so

Rechts: Diese Schleuse aus der Zeit Peters des Großen ist immer noch in Betrieb.

Foto: Gregor M. Schmid

groß wie der Bodensee, hat er nur eine jährliche Durchschnittstiefe von fünf Metern. Rund 700 Ortschaften, Dutzende von Kirchen und drei Klöster sind in diesem „russischen Atlantis" in den Fluten versunken, etwa 150 000 Menschen wurden zwangsweise umgesiedelt. Es geht die Sage, dass Kirchenglocken wie von Geisterhand zu läuten begannen, als der Pegel immer höher stieg.

Die **Scheksna** verbindet den Rybinsker Stausee mit dem nördlich gelegenen **Weißen See** (Béloje Ózero). An seinem Südende, in **Goricy**, halten auch die großen Passagierschiffe. Gleich neben der Anlegestelle ragt das im 16. Jh. erbaute **Voskresenskij-Kloster** empor. Hierher verbannte Boris Godunov die letzte Ehefrau Ivans IV., Maria Nagaja, nach dem bis heute rätselhaften Tod ihres Sohnes, des Thronfolgers Dmitrij. Ein Ausflug nach **Belozersk** führt in eines der mächtigsten Klöster Russlands, das 1397 der Mönch Kirill gründete. In seiner mächtigsten Zeit besaß das **Kirill-Belozerskij-Kloster** 400 Dörfer und über 20 000 Leibeigene.

Weiter nach Norden geht die Reise über das **Wolga-Ostsee-Kanalsystem** bis zum **Onegasee**. Zwischen den beiden letzten Schleusen legen die meisten Schiffe im Dorf **Verchnie Mandrogi** an, einem touristischen Zentrum. Hauptattraktionen sind ein **Wodkamuseum** und ein **Elchgehege**.

Dann geht es weiter nach Westen über den **Ladoga-See** und die Neva nach **Sankt Petersburg**. Bei der Einfahrt in die Neva passiert man die mächtige **Schlüsselburg** aus dem 13. Jh., die ein Zankapfel zwischen Schweden und Russland war. In späterer Zeit erlangte sie traurigen Ruhm als Gefängnis für politische Gefangene und als Hinrichtungsort.

Nach einigen Tagen und Nächten auf dem Wasser, mit großartiger Landschaft, wenigen Landgängen und vielen Schleusen, einem Gefühl für Weite in den Augen und in der Seele, kann das nächste Großstadtabenteuer beginnen: in der Hauptstadt Peters des Großen, dem Erfinder dieses mächtigen russischen Wasserweges.

Foto: Archiv für Kunst und Geschichte, Berlin

GESCHICHTE UND KULTUR

Die Anfänge Russlands

Lange bevor es überhaupt „Russen" gab, zur Zeit Herodots, durchschweiften offenbar die Steppenvölker der Skythen und Sarmaten die Weiten des heutigen Russland. Zwischen 200 und 375 ließen sich dann, von Skandinavien her vordringend, die Goten im Raum zwischen Weichsel und Krim nieder. Sie wurden im 4. Jahrhundert von den Hunnen vertrieben, den Verursachern der europäischen Völkerwanderung.

Inmitten des damaligen Völkergemisches tauchten im 6. und 7. Jahrhundert erstmals die Slawen auf, die sich in zahlreiche Stämme untergliederten. Ihr Siedlungsgebiet erstreckte sich im waldreichen Gebiet zwischen Novgorod und dem Schwarzen Meer – mit einer quasi „offenen Grenze" zu den endlosen Steppengebieten im Osten. Gesichert ist, wie und ab wann aus „Ostslawen" „Russen" wurden – nämlich um die Mitte des 9. Jahrhunderts. Damals wurde der riesige geografische Raum zwischen Finnischem Meerbusen und Schwarzem Meer zu einer Art Durchgangszone für Handel und Verkehr auf dem Weg von Skandinavien nach Byzanz, der damaligen Weltmetropole. Entlang der Nord-Süd-Wasserwege drangen von der Ostsee aus die Waräger, schwedische Wikinger oder Normannen, als kriegerische Kaufleute nach Südosten vor, um den „Großen Weg" nach Byzanz zu sichern und dabei einen neuen, riesigen Wirtschaftsraum zu erschließen. Sie errichteten deshalb Stützpunkte und machten die Ostslawen sowie die finnisch-ugrischen und baltischen Stämme tributpflichtig.

Der wohl bedeutendste Waräger-Führer war der halb-legendäre Rjurik, dem viele die Gründung des ersten „russischen" Reiches 862 zuschreiben. Er ist Namensgeber der ersten russischen Dynastie (Rurikiden), die bis 1598 an der Macht war. Vermutlich geht der Begriff „Rus´", der eine ethnische Verschmelzung von Warägern, Ostslawen und finno-ugrischen Stämmen meint, auf ihn zurück. Nachgewiesen werden kann jedoch erst die Existenz seines Nachfolgers Oleg (879-912), der über die „Kiever Rus" herrschte und Kiev zur „Mutter aller russischen Städte" machte.

Das Kiever Reich

Olegs Sohn Igor (912-945) erweiterte das Kiever Reich durch Einverleibung von weiteren slawisch-warägischen Fürstentümern. Sein Enkel Vladimir I. (985-1015) heiratete 988 eine byzantinische Prinzessin und trat zum Christentum über. Fortan galt das byzantinisch geprägte Christentum als Volks- und Staatsreligion in der Kiever Rus. Im Zuge der Christianisierung bekam das Land auch die kyrillische Schrift, die die Slawenapostel Kyrill und Method aus der älteren slawischen Glagolica und der griechischen Schrift geschaffen hatten.

Vor allem unter Jaroslav dem Weisen (1019-1054), dem Sohn Vladimirs, erlebte das Kiever Reich eine machtvolle Ausweitung seiner byzantinisch geprägten Kultursphäre: Unter Heranziehung griechischer und armenischer Baumeister und Künstler entstanden prachtvolle Kirchen und Kathedralen. In Kiev selbst wurde 1037 mit dem Bau der fünfschiffigen Sophien-Kathedrale begonnen, die zur „russischen Hagia Sophia" werden sollte; 1037-89 entstand im Kiever Höhlenkloster die Uspenskij-Kathedrale. Im übrigen waren die neu entstandenen Kirchen und Klöster fast ausschließlich die einzigen Steinbauten. Volk, Adel und Herrscher lebten in Holzhäusern und -palästen.

Im Inneren der Kirchen tauchten erstmals Mosaike und Fresken im byzantinischen Stil auf sowie die ersten, ebenfalls noch byzantinisch geprägten

Links: Zar Boris Godunov, Gemälde von J. Glasunov.

Foto: Archiv für Kunst und Geschichte, Berlin

Ikonen, die im Lauf der Jahrhunderte zu einer eigenständigen russischen Kunstform weiterentwickelt wurden. Auch die Buchmalerei erreichte im *Ostromir-Evangelium* (1056/57) einen ersten Höhepunkt. Im Verlauf des 11. Jh. entstand eine russische Literatur in kirchenslawischer Sprache, deren herausragendste Werke die *Nestor-Chronik* (1110-20) und das *Igor-Lied* (1185-87) waren. Die so typische Tonalität und Melodik (Einstimmigkeit) der altrussischen Kirchenmusik wurde ebenfalls schon während der Zeit des Kiever Reichs geprägt.

Bereits in dessen Frühzeit entwickelte sich jene für Russland jahrhundertelang charakteristische soziale Grundstruktur, die sich im Wesentlichen bis Mitte des 19. Jh. nur geringfügig änderte: Es entstand die Schicht der Bojaren, des russischen Hochadels. Die Bojaren spielten im Lauf der späteren Jahrhunderte eine große Rolle, weil sie jederzeit dem Großfürsten die Gefolgschaft aufkündigen konnten, ohne ihren Grundbesitz zu verlieren – eine Lehenspflicht wie im mittelalterlichen Westen gab es nicht. Diese Eigenständigkeit machte sie für russische Fürsten, Großfürsten und Zaren unberechenbar und oft sogar gefährlich. Die Bojaren waren auch die Herrscher über das damalige Heer von Arbeitskräften – angefangen von Sklaven über halbfreie Bauern, die in Abhängigkeit von ihnen standen, bis zu den freien Bauern, die in Dorfgemeinschaften lebten und anfänglich von keinem Grundherren abhängig waren.

Oben: Rjurik, der legendäre Waräger-Führer. Rechts: Kuppelmosaik der Sophien-Kathedrale, Kiev, im byzantinischen Stil.

Aber zunächst sei die Geschichte des Kiever Reiches zu Ende erzählt: Nach Jaroslav dem Weisen erlebte es einen zweiten Höhepunkt unter Vladimir II. Monomach (1113-25). Nach seinem Tod zerfiel jedoch das Kiever Reich zusehends infolge der Zwistigkeiten unter seinen Nachfolgern und des Entstehens neuer Fürstentümer an der Peripherie. So wurde es schließlich möglich, dass Andrej Bogoljubskij, Fürst von Vladimir-Suzdal und Sohn von Jurij Dolgorukij, 1169 Kiev erobern und plündern konnte, wobei er Vladimir zur Hauptstadt seines neuen Reiches machte.

Die russische Geschichte nach dem Niedergang des Kiever Reiches 1169 ist eine Geschichte der Zersplitterung sowie grausamer Kämpfe um die Vorherrschaft zwischen den alten und neuen Fürstentümern, deren Herrscher allesamt Nachfahren Rjuriks waren. Deren Brutalität schwächte Russland zusehends in einer Zeit, in der sowohl im Westen wie im Osten alte und neue Feinde auf den Plan traten: Aus dem Karpatengebiet drangen die Polen und Ungarn, aus dem baltischen Raum die deutschen Ordensritter und schwedische Heere gen Süden und Südosten vor.

Zu jener Zeit, Anfang des 13. Jh., hatte das Fürstentum Vladimir-Suzdal die von Andrej Bogoljubskij begründete Vormachtstellung schon wieder verloren und war in kleinere Fürstentümer

Foto: Archiv für Kunst und Geschichte, Berlin

zerfallen. Teile des Fürstentums Galitsch fielen den Ungarn, Polen und Litauern zum Opfer. Einzig das Fürstentum Novgorod im Norden, schon immer wichtige Schnittstelle des Handels zwischen Skandinavien, Russland und Byzanz, erlebte einen beträchtlichen wirtschaftlichen Aufschwung, der sich schon im 11. und 12. Jh. in großartigen Kirchenbauten dokumentierte, wie z. B. der fünfkuppligen Sophien-Kathedrale (1045-50), die der Kiever Sophien-Kathedrale stark nachempfunden war. Darüber hinaus hatte sich Novgorod zu einer oligarchischen Republik entwickelt, in der Kauf- und Finanzleute das Sagen hatten, während der Fürst weitgehend nur repräsentative Funktionen wahrnahm.

Das änderte sich, als Anfang des 13. Jahrhunderts die Mongolen-Invasion die Handelswege zum Schwarzen Meer unterbrach und gleichzeitig von Westen her Dänen, Schweden, Litauer und deutsche Ordensritter Novgorod und damit ganz Russland bedrohten. Novgorod, ja ganz Russland brauchte einen Helden – und er war zur Stelle: Es war Fürst Alexander Jaroslavovitsch, besser bekannt unter seinem späteren Ehrennamen „Nevskij". 1240 schlug er die Schweden entscheidend an der Neva, 1242 die Ritter des Deutschen Ordens am Peipus-See, 1256 schließlich drängte er die Litauer zurück. Die Gefahr aus dem Westen war damit gebannt – aber keineswegs die aus dem Osten.

Die Geißel Russlands

Es waren die kriegerischen Mongolen, die seit 1206 ganz Asien, Russland, ja sogar Westeuropa über mehr als zwei Jahrhunderte hinweg bedrohten. 1206 hatte Dschinghis Khan alle mongolischen Stämme vereint. Im Jahr darauf hatten die mongolischen Reiterheere alle südsibirischen Stämme unterworfen, selbst das mächtige China hielt ihnen nicht stand (1211). Anschließend überrannten sie das noch hellenistisch geprägte mittelasiatische Reich von Choresmien, ehe sie schließlich Nordpersien, Armenien und Georgien eroberten. Anschließend griffen sie die

Foto: Archiv für Kunst und Geschichte, Berlin

Polovcer in der südrussischen Steppe an. Die Polovcer, unterstützt durch die russischen Fürstentümer Kiev, Tschernigov, Wolhynien und Galitsch, erlitten 1223 eine vernichtende Niederlage am Fluss Kalka, die zunächst allerdings keine politischen Konsequenzen hatte.

Der Tod von Dschinghis Khan (1227) nach einem erfolglosen Angriff auf die Wolgabulgaren verschaffte den verfeindeten russischen Fürstentümern zunächst eine kurze Verschnaufpause. Aber dann, 1237, stießen die Mongolenheere endgültig ins Herz Russlands vor: In diesem Jahr unterwarf Batu Khan, ein Enkel von Dschinghis Khan, die Wolgabulgaren und eröffnete den Angriff auf die Fürstentümer Rjazan, Moskau und Vladimir, deren Herrscher sich diesmal nicht einigen konnten. 1238 eroberte er das gesamte Oka- und obere Wolgagebiet, auch das noch junge Fürstentum Moskau. Es wurde dem Erdboden gleichgemacht, seine Bevölkerung auf ein Drittel reduziert, viele versklavt.

Der geplante Durchbruch nach Novgorod, wo sich Fürst Alexander „Nevskij" der schon erwähnten Angriffe aus dem Westen erwehren musste, unterblieb wegen der Eisschmelze. Aber schon im Jahr darauf drangen die mongolischen Reiterheere erneut vor und eroberten die Fürstentümer Peresjaslavl und Tschernigov. 1240 eroberten sie Kiev, in den nächsten zwei Jahren Wolhynien und Galitsch.

Nach all diesen Eroberungen – nur Novgorod wurde dank der klugen Politik Alexander Nevskijs nie mehr angegriffen, war aber ebenfalls tributpflichtig – teilte Batu Khan das Mongolenreich auf und fasste das Gebiet westlich des Urals zum „Reich der Goldenen Horde" mit der Hauptstadt Sarai an der unteren Wolga zusammen, wo sogar ein russischer Bischof residieren durfte. Überhaupt achteten die Mongolenherrscher während ihrer Hegemonie über Russland Bräuche, Gesetze und Religion der unterworfenen Völker. Sie setzten auch keineswegs die russischen Fürsten ab, sondern erlegten ihnen lediglich die „Investitur" durch den jeweiligen Groß-Khan auf, eine – oft drückende – Tributpflicht sowie die Verpflichtung zur Bereitstellung von Truppenkontingenten für ihre Eroberungszüge weiter gen Westen.

Abgesehen davon, dass die nach wie vor zerstrittenen russischen Fürsten zwischen 1242 und 1430 insgesamt etwa 130 „Huldigungsreisen" nach Sarai, dem Sitz der Goldenen Horde, unternehmen mussten, hatten sie insofern freie Hand, untereinander zu klären, wer nun der Nachfolger Rjuriks und somit russischer Großfürst sei.

Der Aufstieg Moskaus

Als Gründungsjahr Moskaus gilt offiziell das Jahr 1147, weil es damals erstmals urkundlich als Ort eines Treffens zwischen dem Fürsten von Novgorod

Oben: Alexander Nevskij empfängt Gesandte. Rechts: Nevskij schlägt die Ritter des Deutschen Ordens.

Foto: Archiv für Kunst und Geschichte, Berlin

und Jurij Dolgorukij, Fürst von Vladimir und Suzdal, erwähnt wurde, Jurij Dolgorukij baute wenig später (1156) die kleine Siedlung am Zusammenfluss der Neglinnaja und Moskva zu einer mit Holztürmen und Palisaden bewachten Grenzfestung aus, die strategisch günstig am Schnittpunkt der wichtigen Handelsstraßen von Rostov und Vladimir und des Weges von Novgorod nach Rjazan lag. Seit jenen Tagen, als die im Umkreis der ersten, noch hölzernen Kremlfestung lebenden Bauern und Handwerker bei Gefahr Schutz suchten und fanden, gilt Moskau als Wiege des russischen Staatswesens – mit den Worten Tolstojs: „Jeder Russe, der nach Moskau blickt, empfindet es als seine Mutterstadt".

Nach dem Tod Alexander Nevskijs fiel Moskau 1263 an seinen Sohn Daniil, den ersten Moskauer Fürsten. Nach den Eroberungen Daniils und seines Sohnes Jurij umfasste das Fürstentum Moskau Anfang des 14. Jh. das ganze Flussgebiet der Moskva und breitete sich bis an die Obere Wolga aus. Aber noch immer war es lediglich einer der russischen Kleinstaaten. Erst die Einverleibung des Fürstentums Tver durch Ivan I. Kalita (1325-40) machte es zum neuen Machtzentrum des zersplitterten Russland.

Ivan Kalita („Geldsack") erkaufte sich durch hohe Tributzahlungen das Wohlwollen des Groß-Khans, der ihn ermächtigte, die Tributzahlungen auch in anderen Fürstentümern einzutreiben. 1328 wurde er vom Groß-Khan zum Großfürsten ernannt, wonach er seinen Regierungssitz von Vladimir nach Moskau verlegte, um fortan von hier aus „die russische Erde zu sammeln", sprich: die anderen Fürstentümer dem Großfürstentum Moskau zu unterwerfen. Auch der Metropolit (der kirchliche Statthalter des Patriarchen von Byzanz) verlegte nun seinen Sitz nach Moskau.

Moskau wurde politisches und religiöses Zentrum des allmählich entstehenden Gesamtrussland. 1328 entstand unter Ivan Kalita die Mariä-Entschlafenskathedrale, die erste Steinkirche Moskaus. Der Metropolit residierte neben der (hölzernen) Burgfestung Ivans, die erstmals den Namen Kreml trug und nach einem verheerenden Brand 1331 aus massivem Eichenholz neu errichtet wurde. Im damaligen Moskau lebten bereits etwa 30 000 Menschen.

Als Ivans Sohn Dimitrij, genannt Donskoj („Sieger am Don"), 1359 Großfürst von Moskau wurde, war das Großfürstentum bereits soweit erstarkt, dass er es 1380 sogar wagen konnte, der Goldenen Horde, die immer noch die Oberhoheit über Russland ausübte, auf dem Kulikovo-Feld, 250 km südlich von Moskau, eine offene Feldschlacht zu liefern, die er als Sieger beendete. Obwohl selbst dieser militärische Erfolg die „Geißel Russlands" noch lange nicht bannen konnte – eine Strafexpedition führte 1382 zu einer Verwüstung Moskaus – löste er eine Welle nationaler Begeisterung auch in den mit Moskau rivalisierenden Fürstentümern aus. Die Goldene Horde hatte ihren Nimbus der Unbesiegbarkeit verloren, kein anderer russischer Fürst konnte sich mit dem Sieger am Don messen.

Der mit äußerster Grausamkeit geführte Machtkampf unter den Söhnen und Enkeln Dimitrij Donskojs lähmte bis Mitte des 15. Jahrhunderts die Handlungsfähigkeit des Großfürstentums Moskau. Als Sieger ging schließlich Vasilij II. daraus hervor, der das Reich erweiterte und stabilisierte. Ihm gelang es auch, Moskau zum Hort der Orthodoxie zu machen und so seinen Status als einigende Kraft des Russentums aufzuwerten. Auf dem Konzil von Florenz (1439) war nämlich die byzantinische Kirche eine (kurzlebige) Ehe mit der päpstlichen Westkirche eingegangen, was in ganz Russland Empörung auslöste. Als der Moskauer Metropolit Isidor aus Italien zurückkehrte, ließ ihn Vasilij verhaften. 1448 berief er eine Synode aller Bischöfe ein, die erstmals ohne Investitur des Patriarchen von Byzanz Bischof Ionas zum "Metropoliten von Moskau und ganz Russland" wählte.

Rechts: Sieg der Russen unter Dimitrij Donskoj über die Tataren.

Ivan III.

Aber noch immer lauerte im Osten die mongolische Gefahr, und im Westen nagte Litauen an der Macht der Moskauer Großfürsten. Erst Vasilijs Sohn, Ivan III. (1440-1505) war es beschieden, die „Sammlung der russischen Erde" zu vollenden und zum Gründer des modernen russischen Staatswesens zu werden. In dichter Folge unterwarf Ivan III. mehrere wichtige Fürstentümer: Jaroslavl (1463), Rostov (1474), Novgorod (1478), Tver (1485), sowie de facto auch Pskov und Rjazan.

Im Jahr 1494 ließ er das Kontor der Hanse in Novgorod schließen und begann mit dem Bau der Festung Ivangorod an der Narva, um den Deutschritterorden von dessen Expansionsabsichten abzuhalten. Danach nahm er erfolgreich den Kampf gegen das Großfürstentum Litauen um die Rückeroberung anderer russischer Gebiete auf.

Diese Erfolge im Westen des Moskauer Reiches wurden möglich, weil Ivan III. es verstanden hatte, Russland endgültig vom Joch der Goldenen Horde zu befreien – ohne einen einzigen Schwertstreich! Als er den Thron bestieg, war die Goldene Horde bereits in einzelne Khanate zerfallen; Ivan III. verbündete sich mit dem Krim-Khanat und ließ es 1480 zu einer beiderseitigen Heerschau mit den Mongolen am Fluss Ugra kommen, nach der sich die Mongolen kampflos zurückzogen und nach 240 Jahren Fremdherrschaft für immer aus der russischen Geschichte verschwanden.

Die Einheit zwischen byzantinischer und römischer Kirche war längst zerbrochen und das Reich Byzanz bereits 1453, als Konstantinopel fiel, von den türkischen Osmanen erobert worden.

Dass Ivan III. im Jahr 1472 die nach Rom geflüchtete Nichte des letzten byzantinischen Kaisers Konstantin XI.

Foto: Archiv für Kunst und Geschichte, Berlin

geheiratet hatte, sollte dokumentieren, dass sich Russland fortan nicht nur als legitimer Nachfolger des byzantinischen Reiches betrachtete, sondern als „Drittes Rom" – ein Anspruch, der erstmals 1510 vom Mönch Filofej offiziell formuliert wurde. Folgerichtig wurde der doppelköpfige Adler – das Wappen von Byzanz – zum Staatsemblem, das byzantinische Hofzeremoniell wurde übernommen und erstmals der Titel „Zar" eingeführt (die russische Abwandlung von „Caesar").

Derart gestärkt und unangefochten, konnte sich Ivan III. auch der Lösung innenpolitischer Probleme zuwenden. Da musste zum einen die noch immer existierende Macht der Bojaren gebrochen werden. Durch geschicktes Taktieren gelang es Ivan III., die Bojaren allmählich zu einem Dienstadel herabzudrücken und sie mit einer von ihm selbst geförderten neuen adligen Dienstklasse zu verschmelzen, ähnlich dem mittelalterlichen Lehenswesen im Westen. Dadurch aber war Ivan III. zugleich gezwungen, das noch existierende Recht auf Eigenständigkeit der freien (und halbfreien) Bauern faktisch außer Kraft zu setzen. Ein erster Schritt in Richtung Leibeigenschaft, die unter Ivan IV. endgültig gesetzlich legitimiert wurde.

Auf künstlerischem Gebiet wandte sich Ivan der Aufgabe zu, dem „Dritten Rom" auch ein entsprechend prunkvolles Gesicht zu verleihen. So beauftragte er italienische Renaissance-Architekten und Künstler mit dem Ausbau des Kreml, der zwischen 1485 und 1508 im Wesentlichen seine heutige Gestalt erhielt: Die zwei Kilometer lange Steinmauer rund um den Kreml war zwischen vier und fünf Meter dick und zwischen acht und siebzehn Meter hoch; 20 Wehrtürme und ein Burggraben zum Roten Platz hin machten den alten Kreml zu einer fast uneinnehmbaren Festung.

Die rege Bautätigkeit unter Ivan III. zog Tausende von Händlern und Handwerkern an: Es entstanden Waffenschmieden und Goldgießereien, Töpfereien, Gerbereien und Ziegeleien. Moskau umfasste Ende des 15. Jh. bereits

Foto: Archiv für Kunst und Geschichte, Berlin

Foto: Hans-Horst Skupy u. Helene Hartl

5,4 Quadratkilometer, auf denen etwa 100 000 Menschen lebten. Es war unangefochten politisches und wirtschaftliches Zentrum Russlands und eine der größten Städte der Welt.

Ivan der Schreckliche und die Zeit der Wirren

Nachfolger Ivans III. wurde sein Sohn Vasilij III. (1505-33), dem es gelang, Rjazan, Novgorod, Pskov und Smolensk zu unterwerfen.

Vasilijs Thronfolger wurde Ivan IV., im Westen fälschlicherweise Ivan der Schreckliche genannt (eigentlich „der Gestrenge, Furchtgebietende"). Als sein Vater starb, war Ivan IV. drei, beim Tod seiner Mutter gerade sieben Jahre alt. Die Bojaren regierten den Staat, plünderten die Staatskasse und demütigten den noch kindlichen Thronfolger – Erfahrungen, die ihn zeitlebens prägten.

Oben links: Zar Ivan III. Oben rechts: Das Zarenwappen mit Doppeladler kommt heute wieder in Mode. Rechts: Zar Ivan IV., der Schreckliche.

Er war einer der gebildetsten Menschen seiner Zeit, neigte aber zu Verfolgungswahn, Wutausbrüchen und brutalen Strafgerichten. 1581 erschlug er im Zorn seinen ältesten Sohn.

Die Zügel der Regierung ergriff der damals 16-jährige 1546, im Jahr darauf ließ er sich vom Metropoliten Makarij als erster Moskauer Großfürst offiziell zum Zaren krönen. Seine Regierungszeit begann er klug und selbstbewusst mit Reformen, die alle auf die Stärkung seiner Zentralgewalt abzielten: Zunächst berief er den *Zemskij Sobor* ein, eine Art Parlament, dem Vertreter des hohen Klerus, hohe Regierungsbeamte (Dienstadlige) und Vertreter der Provinzverwaltung angehörten. Durch die Aufstellung von besoldeten Strelitzenregimentern machte er sich militärisch unabhängig von den Bojaren.

Ivans Militärreform ermöglichte 1552 den Sieg über das tatarische Khanat Kazan und vier Jahre später über das Khanat Astrachan – Siege, die seinen Herrschaftsbereich bis zum Ural und Kaspischen Meer erweiterten sowie die Kontrolle des gesamten Wolgalaufes mit sich brachten. Erfolgreich war Ivan IV. auch bei der Eroberung Sibiriens, wo seine Kosakenheere seit 1582 gegen die Tataren vorrückten.

Inzwischen veränderte sich das Stadtbild Moskaus erheblich: Nach der Eroberung von Kazan 1552 ließ Ivan auf dem Roten Platz die Basilius-Kathedrale erbauen, die erste Moskauer Steinkirche außerhalb des Kreml und ein ausschließlich „russisches Bauwerk" – ein scheinbar regelloses Gewirr von Türmen und Kuppeln, die sich über eine zentrale Kirche und acht Kapellen erheben. Der Legende nach sollen die Baumeister geblendet worden sein, um nie wieder ein solches Werk schaffen zu können.

Der Rote Platz selbst, auf dem die Basilius-Kathedrale thront („rot" und „schön" waren damals im Russischen synonyme Begriffe), wurde im 15. Jahrhundert erstmals als Marktplatz erwähnt; von der 1534 errichteten Rundtribüne aus wurden jahrhundertelang die Ukase (Dekrete) des Zaren verlesen. Außerhalb des Kreml war Moskau damals ein Gewirr von Holzhäusern, die Straßen hatten noch keine Namen, und infolge von verheerenden Bränden änderte sich oft ihr Verlauf.

Nach den außenpolitischen Erfolgen, konzentrierte sich Ivan IV. auf die Innenpolitik. Es waren wohl Anzeichen von Verfolgungswahn, die ihn überall Verschwörungen vermuten ließen und ihn dazu bewogen seine Regierung aus Moskau in die Provinz zu verlegen (*opritschnina*). Von dort aus führte er mit seiner Leibgarde einen regelrechten Ausrottungsfeldzug gegen die Fürsten- und Bojarenfamilien. Selbst vor Massakern unter dem Volk schreckte er nicht zurück. Die Metropoliten, die es wagten, sich ihm entgegenzustellen, ließ er verjagen oder ermorden. Als er 1584 starb, hatte er Russland in eine tiefe Krise gestürzt.

Nachfolger Ivans wurde zunächst sein geistig behinderter Sohn Fjodor. Als dieser 1598 starb, war die Rjurik-

Foto: Archiv für Kunst und Geschichte, Berlin

Dynastie erloschen. Die Regentschaft des Reiches übernahm im Auftrag des Zemskij Sobor (ohne Beteiligung der Bojaren) Boris Godunov, der 1598 zum neuen Zaren gewählt wurde. Bereits zu Lebzeiten Fjodors hatte sich der kluge Taktiker Godunov die Unterstützung der Kirche verschafft, indem er die Verbindung mit Byzanz gekappt und 1589 den Moskauer Metropoliten Job als ersten Patriarchen der russischen Orthodoxie einsetzte.

Die Macht der Kirche im Rücken, konnte Godunov bis zu seinem Tod 1605 die aufbegehrenden Bojaren, die sich erniedrigt fühlten, in Schach halten. Die sich mehr und mehr herausbildende Leibeigenschaft jedoch führte zu ersten Unruhen auch unter den Kosaken, ursprünglich freien und halbfreien Bauern, die schon unter Ivan III. vor der drohenden Leibeigenschaft in die Steppe geflüchtet waren und dort die Lebens- und Kampfgewohnheiten der Tataren angenommen hatten.

Um Godunov zu stürzen, hatten die rachedurstigen Bojaren das Gerücht in

Foto: Archiv für Kunst und Geschichte, Berlin

Foto: Archiv für Kunst und Geschichte, Berlin

Umlauf gesetzt, Boris Godunov habe Dimitrij (†1591), den letzten Sohn Ivans IV., ermorden wollen, dieser habe jedoch auf wundersame Weise überlebt und sei in Polen aufgetaucht (Musorgskij machte 1870 eine Oper daraus). Es war eine politisch fruchtbare Legende im wundergläubigen Russland, die dazu führte, dass 1605, kurz nach dem Tod Godunovs, tatsächlich ein polnisches Heer unter Führung des „Falschen Dimitrij" in Moskau einzog. Die *Smuta*, die „Zeit der Wirren", war nun in vollem Gang, und die Ereignisse überschlugen sich.

Im Mai 1606 fegte ein Moskauer Volksaufstand den „Falschen Dimitrij" hinweg. Zwei Tage später wurde Vasilij Schujskij von den Bojaren zum Zaren gewählt und konnte sich bis 1610 mit schwedischer Unterstützung halten. Eine Bauernrevolte unter Bolotnikov bedrohte 1606/07 den Zarenthron, wurde aber vom Dienstadel blutig niedergeschlagen. Einen von Polen unterstützten zweiten „Falschen Dimitrij", den „Räuber von Tuschino", konnte Schujskij vom Zarenthron fernhalten, ehe 1610 erneut ein polnisches Heer in Moskau einmarschierte, wiederum mit Unterstützung der Bojaren. Russland hatte kurzzeitig einen polnischen Zaren, den Sohn von Sigismund III.

Auch dieses polnische Interregnum währte nicht lange, denn allenthalben herrschte das Chaos: Sigismund III. stellte sich gegen seinen Sohn, in Novgorod drangen die Schweden ein, Freischärler, Kosaken und Tataren zogen plündernd durch die Lande.

Unter Führung des Kaufmanns Minin und des Fürsten Posharskij aus Nishnij Novgorod konnte ein russisches Volksheer 1612 endlich die Polen aus Russland vertreiben. Von Moskau aus begann die Wiederherstellung des russischen Staatswesens. Im Januar 1613 wählte der um die Kosaken erweiterte Zemskij Sobor den 16-jährigen Michail Fjodorovitsch Romanov zum neuen Zaren.

Oben: Bojarentrachten des ausgehenden Mittelalters.

Der Aufstieg der Romanov-Dynastie

Ahnherr der Romanov-Dynastie, die bis 1917 die Geschichte Russlands bestimmte, war der Moskauer Bojar Kobyla, dessen Nachkomme Fjodor Nikitič Romanov 1598 Godunov im Streit um die Nachfolge auf dem Zarenthron unterlegen war. Erst 1619 gelang es seinem Sohn, dem ersten Romanov-Zaren, seinen Vater aus polnischer Gefangenschaft nach Moskau zurückzuholen und unter dem Namen Filaret zum Patriarchen von Moskau zu ernennen. Michail Romanov war als Herrscher nur eine mittelmäßige Gestalt, wie auch sein Nachfolger Alexej (1645-76), dessen Söhne Fjodor III. (1676-82) und Ivan V. (1682-89) sogar geistig zurückgeblieben waren. Umso bedrohlicher entwickelten sich im Verlauf des 17. Jh. erneut innere wie äußere Gefahren für das Reich, das sich um die Ukraine westlich des Dnjepr erweiterte (1654). Die Kosaken hingegen hatten schon fünf Jahre zuvor ganz Sibirien durchquert und am Amur den Pazifischen Ozean erreicht. Im Westen dauerten die Kriege mit Polen und Schweden seit 1655 an, im Süden tobte 1677-81 der Russisch-Türkische Krieg.

Innenpolitisch verschärften sich die sozialen Widersprüche, seit Zar Alexej die Leibeigenschaft auch rechtlich durchgesetzt hatte. Der wachsende wirtschaftliche Druck auf die unteren Volksschichten führte zu Aufständen der Stadtbevölkerung (Moskauer Aufstand 1648, Kupfergeld-Aufstand 1662, Meuterei wegen drastischer Erhöhung der Salzsteuer 1674).

Die mittlerweile vollkommen leibeigene Bauernschaft verelendete zusehends, verbündete sich deshalb mit den Kosaken und rebellierte. Erst nach vier Jahren wurde dieser Aufstand blutig niedergeschlagen und sein Anführer Stenka Razin 1671 hingerichtet, wodurch er aber erst recht zum Volkshelden wurde.

Sogar die Strelitzen rebellierten; eine weitere tragende Säule der Staatsmacht, die Kirche, wackelte ebenfalls seit der Kirchenreform des Patriarchen Nikon (1653), die auf eine stärkere Anlehnung an die byzantinisch-griechische Orthodoxie abzielte und die vorher gewonnene Eigenständigkeit der russischen Volkstradition beschnitt. Es kam zum „Raskol", zur Spaltung der Orthodoxen Kirche. Die Altgläubigen, fortan „Raskolniki" genannt, wurden unterdrückt und verfolgt.

Peter der Große

Als Peter I. 1689 zum alleinigen Zaren gekrönt wurde, war er erst 17 Jahre alt, aber offiziell schon sieben Jahre lang Zar – gemeinsam mit seinem geistig zurückgebliebenen Bruder Ivan V. In dieser Zeit hatte die Halbschwester Sofija für beide Brüder die Regentschaft übernommen. In den folgenden 35 Jahren seiner Regierungszeit krempelte Peter Russland um wie kein Zar vor oder nach ihm.

Schon als Halbwüchsiger hatte er sich wissbegierig in der Nemeckaja Sloboda, der „Deutschen Vorstadt" Moskaus, herumgetrieben, wo damals zahlreiche Intellektuelle, Techniker, Militärexperten und Handwerker aus Westeuropa lebten. Bereits in seiner Jugend war es Peters Hauptanliegen, Russland den westlichen Einflüssen zu öffnen und aus seiner Isolation herauszuführen. Deshalb unternahm er auch 1697/98 inkognito die erste Auslandsreise eines Zaren u. a. nach Preußen, Holland und England, in deren Verlauf er sich zum Schiffsbauer ausbilden ließ. Ihm war klar, dass Russland nur dann eine europäische Großmacht werden konnte, wenn es sich Zugang zum Schwarzen Meer und zur Ostsee verschaffte. Bereits vor seiner Europareise hatte er durch den Aufbau einer starken Kriegsflotte den Türken die Festung Asov, das Tor zum Schwarzen Meer, entrissen.

Auf dem Rückweg von seiner Euro-

Foto: Archiv für Kunst und Geschichte, Berlin

pareise traf er sich mit Kurfürst August dem Starken, um gemeinsam gegen die Schweden vorzugehen. 1700 begann er den 21 Jahre währenden Nordischen Krieg gegen Schweden, aus dem er trotz anfänglicher Niederlagen als Sieger hervorging. Im gleichen Jahr beendete er die Tributpflicht gegenüber den Krimtataren und eroberte große Teile des heutigen Aserbaidschan.

In der Innenpolitik reformierte er den Staat an Haupt und Gliedern: An die Stelle der Ukase (Verordnungen) setzte er 1718-22 ein zentralisiertes Verwaltungssystem mit Kollegien; der schon 1711 eingerichtete Senat wurde zum obersten Aufsichtsorgan ausgebaut und machte die Bojaren-Duma endgültig überflüssig. 1719 gliederte Peter Russland in elf Gouvernements auf, die ihm unmittelbar rechenschaftspflichtig waren. Ebenfalls seinem Ziel, einen starken und handlungsfähigen zentralistischen Staat zu schaffen, diente die (politisch gemeinte) Kirchenreform im Geist der Säkularisation: Nach dem Tod des Moskauer Patriarchen Adrian (1700) wurde das Patriarchat nicht mehr besetzt und 1721 schließlich durch den Heiligen Synod ersetzt, ein geistliches Kollegium mit staatlichem Behördencharakter. Die Macht der Kirche war damit entscheidend eingeschränkt. Wirtschaft und Staatsfinanzen reformierte Peter 1721 durch Einführung der Kopfsteuer statt der bisherigen Gehöftsteuer sowie durch die gezielte Förderung von Manufakturen – bei seinem Amtsantritt gab es nur 13, bei seinem Tod 191 solche Gewerbebetriebe in Russland. Peter legte auch die Grundlagen für eine Bildungs- und Erziehungsreform in einem Land, in dem über 90 % der Bevölkerung Analphabeten waren: 1697 wurde in Moskau die Slawisch-Griechisch-Lateinische Akademie gegründet, die erste Lehranstalt Russlands, 1701 die Schule für mathematische und Navigationswissenschaften; 1702 wurde das erste öffentliche Theater eröffnet; seit

Oben: Moskau wurde von Anfang an als eine mächtig-prachtvolle Metropole angelegt, Kupferstich um 1650.

1710 forcierte er die Einrichtung von mathematisch orientierten Elementarschulen.

„Peter I. liebte Moskau nicht. Bei jedem Schritt, den er dort machte, wurde er an Aufstände erinnert oder traf auf den Widerstand abergläubischer und vorurteilsbehafteter Moskowiter", schrieb später Alexander Puschkin, der Vater der russischen Literatur. Dennoch ließ Peter I. auch Moskau ausbauen und nach westlichem Vorbild modernisieren: Die Stadt hatte damals etwa 600 000 Einwohner und war eine der größten Städte Europas. Aber durch seine sandigen und morastigen Straßen, die noch immer von Holzhäusern gesäumt waren, liefen die Menschen in Bastschuhen und Kaftanen. Dabei träumte Peter von ganz anderen Untertanen. In unmittelbarer Nachbarschaft der Nemeckaja Sloboda ließ der Zar nach westlichem Vorbild Paläste und Kasernen bauen (die fast alle 1812 dem Großen Brand zum Opfer fielen). Aber ständig stieß er auf den Widerstand der Moskowiter, die ihre geschichtliche und kulturelle Eigenständigkeit bedroht sahen. Schließlich war er es leid und befahl 1703, mit dem Bau einer neuen Hauptstadt zu beginnen.

Die Geburt von Sankt Petersburg

Dort, wo sich heute Petersburg über 44 Inseln, 65 Flussarme und Kanäle im Mündungsgebiet der Neva erstreckt, waren einst die Waräger nach Russland eingedrungen, um über den Onega-See und Ladoga-See neue Handelswege bis nach Byzanz zu schaffen. Als Peter I. am 27. Mai 1703 auf einer dieser Inseln, der Haseninsel, den Grundstein für die Peter-Paul-Festung legte, wusste er genau, weshalb er dies gerade hier, inmitten einer Sumpflandschaft, tat: Das schwedische Königreich hatte immer wieder versucht, das Mündungsgebiet der Neva und die anliegenden Gebiete zu erobern, um Russland den Zugang zur Ostsee abzuschneiden. 1617 hatten die Schweden deshalb unweit der Haseninsel die Festung Nyenschanz errichtet. Bei Peters Regierungsantritt

Foto: Evdoha (Dreamstime.com)

kontrollierte Schweden den gesamten Ostseeraum und die angrenzenden Küstenregionen. Deshalb begann er 1700 den Nordischen Krieg. Im November 1702 eroberte er die Festung Noteborg zurück und nannte sie (deutsch) Schlüsselburg, weil sie der Schlüssel zur Ostsee war. 1703 fand die Grundsteinlegung des historischen Sankt-Piter-Burch statt, an der breitesten Stelle der Neva-Mündung, wo sich der Fluss teilt und alle Schiffsbewegungen beobachtet und kontrolliert werden konnten. Zur gleichen Zeit ließ Peter die Festung Kronstadt im Finnischen Meerbusen errichten, so dass die neue Stadt sowohl von Osten als auch von Westen geschützt war. Und nun begann das wohl größte, teuerste und mörderischste Bauvorhaben der neueren Geschichte: die Schaffung einer neuen Reichshauptstadt aus dem Nichts, Russlands „Fenster nach Westen".

Oben: Zar Peters Reformen erforderten große Opfer. Rechts: Topografische Darstellung von St. Petersburg, nach 1712.

Inmitten mückenverseuchter Sümpfe, Flussläufe und Wälder wurde Peters neue Hauptstadt buchstäblich aus dem Boden gestampft. Zigtausende von Soldaten, Leibeigenen und Handwerkern wurden aus ganz Russland nach Petersburg abkommandiert; Tausende von Mushiks schleppten in Säcken, auf Matten, ja in ihren Jackentaschen Erde in die Sümpfe, um sie überhaupt bebaubar zu machen – Erde, in der sie selbst später oft verscharrt wurden. So entstanden binnen kürzester Zeit Befestigungsanlagen, Paläste, Werften, Hofanlagen, Kanäle, Werkstätten und Manufakturen. Schon 1705 war die Admiralität fertig, auf deren Werft das erste russische hochseetaugliche Kriegsschiff gebaut wurde. Zu diesem Zeitpunkt lebten etwa 40 000 Menschen in der neuen Stadt. St. Petersburg sollte nach dem Willen seines Schöpfers eine Stadt westlichen Zuschnitts werden, doch da Stein Mangelware im Nevadelta war, musste er aus dem Hinterland mühsam herbeigeschafft werden. Jeder Grundbesitzer, der mehr als 30 Höfe besaß, wurde verpflichtet, ein Steinhaus in Petersburg zu errichten. Im Rest des Landes wurden Steinbauten untersagt. Den riesigen Bedarf an Facharbeitern regelte Peter durch sein Dekret über die „ewige" Ansiedlung von Steinmetzen, Maurern, Zimmerleuten, Tischlern und anderen Handwerkern, denen Häuser und Gemüsegärten zugewiesen wurden.

Die bedeutendsten Baumeister der Zeit holte man aus ganz Europa nach Petersburg. 1710 wurde mit dem Bau der ersten Isaaks-Kathedrale und des Alexander-Nevskij-Klosters begonnen, anschließend wurde der Vorläufer des Nevskij-Prospekts angelegt; 1712 begannen die Arbeiten an der Peter-Paul-Kathedrale. Der erste Gouverneur der Stadt, Peters Vertrauter Graf Menschikov, ordnete den Bau eines Sommerpalastes am linken Neva-Ufer an, dem sich später ein Winterpalast zugesellte. Bereits 1712 wurde der Hof von Moskau

Foto: Archiv für Kunst und Geschichte, Berlin

endgültig nach St. Petersburg verlegt – Russland hatte eine neue, wenngleich ungeliebte Hauptstadt.

Unter Peter verzehnfachte sich die Zahl der russischen Manufakturen und Fabriken, die fast alle in Petersburg konzentriert waren. Damit einher ging die rapide Entwicklung des Bildungswesens: 1711 nahm in Petersburg die erste Druckerei ihre Arbeit auf, wo die erste russische Zeitung des Landes, *Vedomosti*, herauskam. Mit der „Kunstkammer" öffnete das erste russische Museum, 1725 wurde die Akademie der Wissenschaften gegründet – Petersburg etablierte sich auch als Stadt der Aufklärung. Fortan war es zweifellos der „Kopf" Russlands, aber Moskau blieb bei allen sozialen Schichten das „Herz". Selbst der vom Zaren umgesiedelte Dienstadel nutzte jede Gelegenheit, nach Moskau zu reisen, das sich in der Regierungszeit Peters kaum veränderte und sein typisch russisches Gepräge mit Holzhäusern, engen Gassen und goldenen Kuppeln beibehielt.

Nach dem Sieg im Großen Nordischen Krieg (1721) nahm Peter den Titel „Allrussischer Imperator" an und dekretierte eine Thronfolgeordnung, nach der künftig jeder Zar seine Nachfolger selbst bestimmen konnte. Als er 1725 starb, hatte er allerdings versäumt, einen Nachfolger zu benennen – seinen Sohn Alexej, der gegen die Reformen des Vaters war, hatte Peter 1718 zu Tode foltern lassen. Deshalb erzwang Menschikov mit Hilfe der Garderegimenter die Krönung von Peters Witwe Katharina I. zur Zarin. Mit ihr begann eine Zeit der Günstlingswirtschaft und der innenpolitischen Instabilität, die sich auch unter ihrem Nachfolger Peter II., dem Enkel Peters des Großen, fortsetzte. Mit seinem Tod im Alter von 15 Jahren war die Romanov-Dynastie in männlicher Linie ausgestorben; seine Nachfolgerin Anna I. war die Witwe des Herzogs von Kurland und Nichte Peters des Großen. Unter ihrer Herrschaft verstärkte sich der Einfluss meist deutschstämmiger Günstlinge, was wachsenden Unmut im Volk und beim Adel hervorrief. Sie entmachtete den Hochadel, der sie an die

Foto: Archiv für Kunst und Geschichte, Berlin

Macht gebracht hatte, zugunsten des Dienstadels. Nach dem Tod von Anna I. übernahm ihre Nichte Anna Leopoldovna für ihren zwei Monate alten Sohn Ivan VI. die Staatsgeschäfte, bis sie 1741 durch einen Staatsstreich der Garderegimenter unter Führung von Elisabeth I., Tochter Peters des Großen und Katharinas I., gestürzt wurde.

Auch Elisabeth I. war keine herausragende Herrschergestalt, wenngleich dem Geist der von Westeuropa ausgehenden Aufklärung gegenüber aufgeschlossen: Sie gründete 1755 in Moskau die erste Universität, die später nach dem Physiker, Chemiker und Literaten Michail Lomonosov benannt wurde; in Petersburg rief sie das erste öffentliche Theater und die Akademie der Schönen Künste ins Leben. Zu dieser Zeit hatte St. Petersburg bereits über 100 000 Einwohner und war unbestritten das politische und kulturelle Zentrum Russlands.

Oben: Ein Guckkastenbild der Schifffahrt auf der Neva, St. Petersburg. Rechts: Zarin Katharina II. war eine starke Herrscherin.

Gleich nach ihrer Thronbesteigung ernannte die kinderlose Elisabeth ihren Neffen Peter Ulrich, Herzog von Holstein-Gottorp, als Peter III. zum Thronerben. Der Enkel Peters des Großen sollte unter Elisabeths Obhut zum künftigen Zaren heranwachsen, um dynastische Kontinuität zu wahren und ihre eigene Herrschaft zu festigen.

Die Ära Katharinas der Großen

Der neue Großfürst fühlte sich als Deutscher. Alles Russische war ihm verhasst. Seine ungeliebte Gattin Katharina dagegen – die ebenfalls durch Elisabeths Willen nach Russland beordert wurde – machte sich äußerst beliebt beim russischen Adel. Kurz nach dem Tod Elisabeths stellte sie sich an die Spitze einer gegen ihren Ehemann gerichteten Hofrevolte, in deren Folge Peter III. entmachtet und ermordet wurde. Nach 13 Jahren in Russland begann für Prinzessin Sophie aus dem winzigen Fürstentum Anhalt-Zerbst eine neue Karriere als Zarin Katharina II.

Foto: Archiv für Kunst und Geschichte, Berlin

Ihre außenpolitischen Erfolge brachten ihr den Titel „die Große" ein. In den beiden Kriegen mit dem Osmanischen Reich (1768-92) gelang es Katharina II., einen Zugang zum Schwarzen Meer zu erobern; 1783 unterwarf sie ferner die Krim; durch die drei Polnischen Teilungen konnte sie die ostpolnischen Gebiete (Weißrussland und Ukraine), 1795 Litauen und Kurland dem Zarenreich einverleiben. Russland war nun eine europäische Großmacht, durchaus auch im geistig-kulturellen Sinn: Katharina war im Geist der westeuropäischen Aufklärung erzogen, stand in Korrespondenz mit Diderot, Voltaire und d'Alembert. 1764 gründete sie das Smolnyj-Institut, die erste Bildungseinrichtung für Frauen, 1783 eine pädagogische Hochschule. In Petersburg stellten Adlige, Beamte, Offiziere, Künstler und Intellektuelle ein Drittel der Bevölkerung. Im klassizistischen Stil wurden prachtvolle Uferstraßen, Bauten und Denkmäler wie der „Eherne Reiter", ein Standbild Peters des Großen, errichtet. Beim Tod Katharinas war Petersburg bereits jenes „Kleinod des Nordens", als das es seither besungen wird.

Aber auch Moskau wuchs unter Katharina, obwohl die Pest 1771 an die 57 000 Menschen dahingerafft hatte. Brandanfällige Holzhäuser wurden durch Steingebäude ersetzt, Straßen gepflastert und mit Laternen gesäumt, 1787 begann man mit dem Bau einer Trinkwasserleitung. Geliebt aber wurde die „fremdländische" Zarin vom russischen Volk nicht: Da war zum einen ihr ausschweifender Lebenswandel mit zahlreichen Liebhabern und Günstlingen wie Poniatowski, Orlov und Potjomkin, der ihr bei Inspektionsreisen die seither berüchtigten Potjomkinschen Dörfer vorgaukelte. Da war zum anderen die von ihr betriebene Verschärfung der Leibeigenschaft, die immer mehr Menschen ins Elend trieb, während die Privilegien der Adligen noch größer wurden, die sich in St. Petersburg immer üppigere Paläste bauten und leergetrunkene Sektkelche an den Wänden zerschmissen. 1773 kam es zu einer großen Revolte von Kosaken, Leibeigenen und islamischen Völkern unter Führung des Kosaken Pugatschov im Ural- und Wolgagebiet, die blutig niedergeschlagen wurde.

Wie alle absolutistischen Herrscher Europas reagierte auch Katharina auf die Ideen der Französischen Revolution mit schroffer Ablehnung. Sie schlug nach 1789 eine offen reaktionäre Politik ein, die ihr Sohn Paul I. schließlich zu einer Intervention gegen das revolutionäre Frankreich ausweitete. Die Französische Revolution sollte Russland im 19. Jahrhundert außen- und innenpolitisch noch zu schaffen machen.

Napoleon in Russland

Paul regierte nur knapp fünf Jahre (1796-1801). Er setzte die Expansionspolitik seiner Mutter fort (Annexion Georgiens 1801) und beteiligte sich zunächst an der antinapoleonischen Koalition. Seine Versuche, die Lage der Bauern zu verbessern, wurden vom Adel verhindert. Im Zuge einer Palastrevolution wurde er ermordet, eventuell gar mit Wissen seines Sohnes und Nachfolgers Alexander I. (1801-25), der zum großen Gegenspieler Napoleons wurde.

Alexander hatte von seinem Vater einen Geheimvertrag mit Napoleon geerbt, schloss aber nach 1805 Bündnisse mit England, Österreich und Preußen, um den Siegeszug der „Grande Armée" zu stoppen. Nach den bitteren Niederlagen von Austerlitz (1805) und Friedland (1807) wechselte er jedoch die Seite und schloss im Frieden von Tilsit (1807) einen Separatfrieden mit Napoleon. Aber das Bündnis hielt nicht lange: Im Mai 1812 rückte die Grande Armée gen Moskau vor. „Kiev erobern, hieße Russland an den Füßen kitzeln; St. Petersburg, es am Kopf kratzen; Moskau einnehmen, es im Herzen treffen", soll Napoleon gesagt haben.

Es war der Beginn des Vaterländischen Krieges, der in ganz Russland eine Woge nationaler Einheit und Begeisterung entfachte. Zunächst zog sich die russische Armee zurück, ehe sie sich unter Kutuzov bei Borodino Napoleon stellte. Es gab keine Sieger, und Napoleon rückte weiter nach Moskau vor, das er am 2. September erreichte. Er fand es verlassen vor, denn die russische Führung hatte beschlossen, Moskau preiszugeben, um die eigenen Kräfte zu schonen. Aber kaum hatte Napoleon seine Suite im Kreml bezogen, brachen die ersten Brände in dem aus Holz erbauten Moskau aus, die fast drei Viertel der Stadt in Schutt und Asche legten. Mit Müh und Not konnte Napoleon fliehen und den Rückzug befehlen. In der bitteren Kälte der russischen Ebenen, von Partisanen und den nachrückenden Russen bedrängt, zermürbt und dezimiert, ging seine legendäre Armee elend zugrunde. 1814 zog die russische Armee in Paris ein, Alexander I. ließ sich als „Befreier Europas" feiern.

Aber „Mütterchen Russland" hatte viel gelitten, und es gab – vor allem in Moskau – viel zu tun. Gleich nach der Flucht Napoleons war unter Leitung des Architekten Giuseppe Bové mit dem zügigen Wiederaufbau begonnen worden, der dem imperialen Glanz entsprechen sollte – ganze Straßenzüge wurden als Wohnviertel für den Adel ausgebaut, 1824 wurden das Kleine (Malyj-) und das Große (Bolschoj-) Theater eröffnet. Die Menschen kehrten in ihre Stadt zurück; bald blühten Handel, Wirtschaft und Industrie wieder auf.

St. Petersburg hingegen hatte während der Napoleonischen Kriege kaum zu leiden gehabt und sonnte sich weiterhin in seinem imperial-klassizistischen Prunk, der selbst Paris hinter sich ließ. Nach 1812 beauftragte Alexander den Architekten Carlo Rossi mit der Gestaltung neuer Plätze, Straßen und Ensembles wie dem Großen Generalstab, dem Michailov-Palais und dem heutigen Alexandrinskij Theater. Petersburg wurde zu einer der schönsten Städte,

Rechts: Feldmarschall Kutuzov trotzte Napoleon Bonaparte. Rechts außen: Zar Alexander I.

Foto: Archiv für Kunst und Geschichte, Berlin

Foto: Archiv für Kunst und Geschichte, Berlin

sein Hafen zu einem der bedeutendsten der Welt.

Unterdrückung und Widerstand

Aber für all das zahlte das Volk einen hohen Preis. Alexander, von seiner Großmutter Katharina II. zum aufgeklärten absolutistischen Herrscher erzogen, versuchte, durch innenpolitische Reformen einen für damalige Verhältnisse modernen Rechts- und Ordnungsstaat zu schaffen, allerdings ohne seine autokratische Herrscherstellung zu gefährden. So gründete er zwischen 1802 und 1805 vier neue Universitäten, 1819 eine weitere in Petersburg. 1802 hatte er ihm direkt unterstellte Fachministerien geschaffen. Um den Machtgelüsten des Adels zu begegnen, hatte er 1810 den (adligen) Senat dem neuen Reichsrat untergeordnet. Ab 1803 war es den Gutsbesitzern erlaubt, ihre Leibeigenen zu freien Bauern zu machen – aber eben nur erlaubt. Deshalb änderte sich bis zum Tod Alexanders so gut wie nichts an der sozialen Lage der Bauern, Arbeiter und Bediensteten, die weiterhin wie moderne Sklaven und in bitterer Armut lebten, während die Adligen weiterhin verschwenderische Feste in ihren Palais feierten.

Das Volk murrte, und seine Stimme wurde von Intellektuellen, niedrigen Adligen und jungen Offizieren gehört: 1817 entstand in Moskau eine der ersten Geheimgesellschaften, die sich gegen Leibeigenschaft und Autokratie richtete, und denen sich bald weitere in St. Petersburg und ganz Russland anschlossen. So kam es im kurzen Machtvakuum nach Alexanders Tod in Petersburg am 14. Dezember 1825 zum Dekabristen-Aufstand (russisch: dekabr = Dezember), dessen Ziel der Sturz von Nikolaus I., dem noch nicht gekrönten Thronfolger, war. Aber die Dekabristen – junge Adlige und Gardeoffiziere – hatten zu wenig Unterstützung in der Armee; ihre Rebellion wurde grausam niedergeschlagen: Fünf ihrer Anführer wurden zum Tod durch den Strang verurteilt, Hunderte von Teilnehmern in Arbeitslager nach Sibirien verbannt.

Schon bei seinem Regierungsantritt hatte der neue Zar mit seinem rigiden Vorgehen Zeichen dafür gesetzt, was von ihm zu erwarten war: Im Gegensatz zu Alexander I. war er von Anfang an antireformerisch-reaktionär eingestellt.

Um aufklärerisch-demokratische Bestrebungen möglichst schon im Keim zu ersticken, gründete Nikolaus bereits 1826 die berüchtigte „Dritte Abteilung" der zaristischen Kanzlei, eine Mischung aus Geheimpolizei und Zensur, die oppositionelle Meinungen und Regungen rigoros verfolgte. Bei seinem Tod hinterließ er einen breitgefächerten militärisch-bürokratischen Apparat, dessen Hauptzweck die Erhaltung der Leibeigenschaft, der Autokratie und die Entfaltung der wirtschaftlichen und politischen Stärke Russlands war.

Unter Nikolaus erreichten die Manufakturen technisch und personell durchaus westlichen Standard, besonders in St. Petersburg, das sich zum industriellen Zentrum des ansonsten weitgehend agrarischen Landes entwickelte. Schon 1831 wurde in Moskau die 1. Gesamtrussische Industrieausstellung eröffnet, ein Jahr später die 1. Landwirtschaftsausstellung; 1843 verließ die erste Dampflok die Putilov-Werke in Petersburg; 1851 wurde die erste Bahnstrecke zwischen Moskau und Petersburg eröffnet, sie war damals die längste der Welt. Im selben Jahr wurde auch die erste gusseiserne Brücke über die Neva fertig gestellt.

Aber trotz seiner polizeistaatlichen Methoden im Inneren und nach außen – seit der Niederschlagung des polnischen Aufstandes 1830 und der ungarischen Revolte 1849 galt Nikolaus I. als „Gendarm Europas" – konnte auch er das von Peter dem Großen aufgestoßene „Fenster nach Westen" nicht mehr schließen: Die Intelligencija polarisierte und radikalisierte sich auch weiterhin trotz offizieller Verfolgung und Unterdrückung. Bei den „Westlern" waren die Ideale der Französischen Revolution, des deutschen Idealismus und des (französischen) Utopischen Sozialismus keineswegs in Vergessenheit geraten; die Slawophilen dagegen entwickelten einen die Vergangenheit idealisierenden Nationalismus.

In Zeiten politischer Unterdrückung reifen häufig aber auch kulturelle Blüten heran: In Nikolaus' Regierungszeit lebten und wirkten die ersten russischen Dichter von Weltrang: A. Puschkin, M. Lermontov, N. Gogol. Auch die zweite Generation der russischen Literatur von Weltrang erlebte zumindest noch ihre frühen Mannesjahre unter Zar Nikolaus: I. Turgenjev, L. Tolstoj und F. Dostojevskij.

Alexander II., der Nachfolger von Nikolaus, bestieg den Zarenthron im Jahr der russischen Niederlage im Krimkrieg bei Sevastopol (1855), die die russische Hegemonie in Europa beendete. Russland wurde im Gegenzug wieder zu einer asiatischen Großmacht: Rasch wurden u. a. das Amur-Ussuri-Gebiet (1860 Gründung von Vladivostok), die Tscherkessen-Region sowie die Halbinsel Sachalin annektiert. Am Ende seiner Regierungszeit grenzte das Zarenreich an Persien, Afghanistan und China. Selbst Japan fühlte sich bedroht. Um eine Art Frontbegradigung zu erreichen, verkaufte Alexander II. Alaska 1867 für lächerliche 7,2 Millionen US-Dollar an die USA.

Die Niederlage von Sevastopol hatte die Rückständigkeit von Verwaltung, Armee und Wirtschaft aufgezeigt, deren Hauptgrund die Leibeigenschaft war, die Russlands Bauernmassen nach wie vor in Elend und Apathie trieb. Innenpolitische Reformen wurden deshalb eine Überlebensfrage für das Zarenreich. Und so verkündete Alexander II. 1861 in einem Manifest, dass die Bauern frei und Mitglied einer Dorf- oder Stadtgemeinde *(Mir)* werden könnten. Damit war die Leibeigenschaft von 47 Millionen Bauern offiziell aufgehoben.

Rechts: Militäraufmarsch in St. Petersburg gegen die aufständischen Dekabristen.

Foto: Archiv für Kunst und Geschichte, Berlin

Die formelle Aufhebung der Leibeigenschaft hatte jedoch einen (großen) Haken: Das von den Leibeigenen bebaute Land blieb weiter Eigentum der (meist adligen) Grundbesitzer. Zwar erhielten die Bauern ein begrenztes Nutzungsrecht an dem Land sowie das Recht, es käuflich zu erwerben, aber welcher russische Bauer konnte das schon? Wohl zahlte der Staat vier Fünftel der Kaufsumme an den Grundbesitzer, aber innerhalb von 49 Jahren musste der Bauer diese Summe an den Staat mit 6 Prozent Zinsen zurückzahlen. Die Aufhebung der Leibeigenschaft trieb so die Masse der mittellosen Bauern noch mehr ins Elend – oder in die großen Städte wie Moskau und St. Petersburg, wo die Industrialisierung dank der Investitionen des Staates und weitsichtiger Adliger einen Aufschwung erlebte, aber auch ein schnell wachsendes Industrieproletariat hervorbrachte. 1869 hatte St. Petersburg bereits 668 000 Einwohner; Moskau zählte 1864 ca. 364 000, 1882 hingegen schon 754 000 Einwohner. 1846 wurden für ländliche Regionen *Semstvos*, administrative Selbstverwaltungseinheiten, eingeführt; seit 1870 städtische Selbstverwaltungsorgane auf Grundlage eines Dreiklassen-Wahlrechts aufgebaut; im selben Jahr die allgemeine Wehrpflicht angeordnet; schon 1864 hatte Alexander II. das Justizwesen reformiert.

Auch das Gesicht der großen Städte änderte sich, vor allem in Moskau und St. Petersburg. In Moskau wurde 1866 das weltweit bekannte Konservatorium eröffnet, wo P. Tschaikovskij als Dozent arbeitete, ehe er Triumphe als Komponist feierte; ab 1867 wurden die Hauptstraßen von Gaslaternen beleuchtet, ab 1883 waren es dann elektrische Bogenlampen; 1872 nahm eine Pferde-Trambahn den Betrieb auf, im gleichen Jahr öffnete die erste höhere Lehranstalt für Frauen ihre Pforten; 1882 wurde ein Telefonnetz eingerichtet.

Der Zarenthron wankt

Kein Zweifel: Unter Zar Alexander II. veränderte sich „Mütterchen Russland"

Foto: Archiv für Kunst und Geschichte, Berlin

Oben: Zar Nikolaus I. Rechts: Jahrmarkt 1906, Gemälde von Boris. M. Kustodijev.

einschneidend und rapide, der westliche Kapitalismus hielt seinen Einzug. Die Anzahl der Großbetriebe mit mehr als 500 Beschäftigten in den Großstädten stieg drastisch an, ein ständig wachsendes und immer unzufriedener werdendes Industrieproletariat schuf neue Probleme. Und so näherte sich das soziale und politische Konfliktpotential schon unter Alexander II. einem Krisenpunkt.

Der Zar hatte – im Grunde demokratiefeindlich wie alle Herrscher vor ihm – gezögert, eine Verfassung zu verabschieden und ein Regierungssystem nach westlichem Muster mit Gewaltenteilung zu etablieren. Die Rebellion in Polen (1863) und das erste missglückte Attentat auf ihn (1866) bestärkten ihn in seiner zunehmend reaktionären Haltung. Aber dieses Attentat kam nicht von ungefähr: Die schon unter Zar Nikolaus I. einsetzende Polarisierung der russischen Intelligencija verschärfte sich unter Alexander II.. Der vor allem im Adel grassierende Panslawismus, dem der Zar durch seine expansionistische Außenpolitik und russifizierende Innenpolitik Rechnung trug, konkurrierte mit der Utopie des Mir-Sozialismus, der maßgeblich von Alexander Herzen beeinflusst war; gleichzeitig verbreiteten Fürst Kropotkin und der adlige Michail Bakunin illegal anarchistisch-kommunistische Ideen. Sie entfachten innerhalb der Intelligencija Diskussionen, wie sie ihr Zeitgenosse Dostojevskij in dem Roman *Die Dämonen* festhielt; revolutionäre Zirkel, Gruppen und Organisationen schossen wie Pilze aus dem Boden; selbst der Marxismus hielt durch Plechanov Einzug in Russland.

Schon seit 1865 hatte die von Herzen, Tschernyschevskij und Lavrov beeinflusste Bewegung der *Narodniki* (Volkstümler) einen dem westlichen Kapitalismus entgegengesetzten nationalen (Mir-) Agrarsozialismus propagiert und 1873 einen Aufbruch von Intellektuellen „ins Volk“ inszeniert, das jedoch weder vom „Mir-Sozialismus“ noch vom Sturz des Zaren etwas wissen wollte. Dies begünstigte die Entstehung revolutionärer anarchistischer Zirkel, die mit terroristischen Mitteln versuchten, die Zarenherrschaft zu stürzen. Bereits 1866 hatte der Narodnik Karakosov versucht, Alexander II. zu erschießen; 1879 gründete sich innerhalb der Narodniki die terroristische Organisation *Narodnaja Volja* („Volkswille“), deren 1880 ins Winterpalais eingeschmuggelte Bombe der Zar wie durch ein Wunder entging, ehe er am 1. März 1881 in St. Petersburg doch einem Attentat zum Opfer fiel.

Der neue Zar, Alexander III., lebte in ständiger Angst vor Attentaten und kapselte sich fast vollständig ab. Entsprechend rückschrittlich waren dann auch seine politischen Maßnahmen: Die Zemstvo-Selbstverwaltung wurde zugunsten des Adels beschnitten, genauso die Autonomie der Universitäten; die Zensur wurde ebenso verschärft wie die antijüdische und panslawistische Politik

Foto: Archiv für Kunst und Geschichte, Berlin

vor allem an der Peripherie des riesigen Reiches. Um das Land wirtschaftlich besser versorgen zu können, veranlasste Alexander III. 1891 den Bau der 9288 km langen Transsibirischen Eisenbahn.

Währenddessen breitete sich der Marxismus nicht nur unter den Intellektuellen aus, sondern auch im Industrieproletariat der Zentren St. Petersburg und Moskau. Im Jahr 1895 schlossen sich die Moskauer Arbeiter- und Intellektuellen-Zirkel zum „Arbeiterbund" zusammen. Zu diesem Zeitpunkt (seit 1894) regierte bereits Nikolaus II., der letzte Romanov-Zar, ein willensschwacher Mann, der weder den innen- noch den außenpolitischen Krisen gewachsen war.

Der Mann, der sich Lenin nannte

Was interessierte schon den Zaren während seiner Ausfahrten in Petersburg ein klein gewachsener Jurastudent namens Vladimir Iljitsch Uljanov? Aber dieser Mann am Straßenrand, der sich später Lenin nannte – und nicht die terroristischen Attentäter – wurde zum Totengräber des Zarismus.

Schon während seines Studiums hatte sich Uljanov intensiv mit dem Marxismus beschäftigt. Mit Plechanov und Axelrod gründete er in St. Petersburg 1895 den „Kampfbund zur Befreiung der Arbeit". 1897 wurde er wegen politischer Agitation unter Petersburger Arbeitern für drei Jahre nach Sibirien verbannt, wo er in seiner Schrift *Die Entwicklung des Kapitalismus in Russland* (1899) die These vertrat, dass Russland bereits voll kapitalistisch geprägt sei und deshalb eine bürgerlich-demokratische Revolution wie in Westeuropa übersprungen werden könne zugunsten eines sofortigen Eintritts in die von Marx postulierte proletarische Revolution. Diese Auffassung brachte ihn nicht nur in erklärten Widerspruch zu den Narodniki, aus denen später die Partei der Sozialrevolutionäre hervorging, sondern auch zu Plechanov, Axelrod und Martov, die während Lenins Exil in Minsk die SDAPR gründeten (1898). Mit dieser Parteigründung bahnte sich die

Foto: Archiv für Kunst und Geschichte, Berlin

1903 vollzogene Spaltung in „Menschewiki" (Minderheitler) und „Bolschewiki" (Mehrheitler) an.

In welcher Lage befand sich Russland an der Wende zum 20. Jahrhundert? In Wirklichkeit war es nach wie vor ein zu 80% agrarisches Land und die Lage der Bauern trotz Aufhebung der Leibeigenschaft immer noch katastrophal. Landmangel, Hunger und Elend trieben Millionen von Bauern weiterhin in die großen Städte und Industriezentren wie Moskau und St. Petersburg, weshalb die russische Stadtbevölkerung zwischen 1867 bis 1913 von 6,7 auf 23,8 Millionen anstieg. Nicht zuletzt infolge der forcierten Industrialisierung durch Finanzminister Witte stieg allein zwischen 1890 und 1900 die Zahl der dort konzentrierten Industriearbeiter von 1,42 auf 2,37 Millionen. Die tägliche Arbeitszeit betrug zu dieser Zeit stattliche 11,5 Stunden – eine „Reduzierung", die den russischen Kapitalisten erst 1897 abgetrotzt wurde. Dank der Schutzzollpolitik Wittes und immenser Auslandsanleihen erlebten Moskau und St. Petersburg einen echten „Boom", der z. B. den Bau der Transsibirischen Eisenbahn ermöglichte. Um 1900 hatte St. Petersburg bereits 1,3 Million Einwohner, Moskau schon knapp eine Million. 1890 nahm in Moskau die erste elektrische Straßenbahn ihren Dienst auf, 1894 öffnete das Kaufhaus GUM seine Pforten und 1898 wurde die erste Fernsprechverbindung zwischen den beiden Städten installiert.

Auch das Kulturleben stand in voller Blüte: 1898 wurde das Russische Museum eröffnet; in den Theatern wurden Stücke von A. Tschechov und M. Gorkij gespielt, der Sänger Fjodor Schaljapin und die Primaballerina Anna Pavlova feierten erste Triumphe, die Komponisten Glazunov, Skrjabin und Rachmaninov führten ihre Werke auf.

Aber die wirtschaftliche Prosperität und kulturelle Blüte war erkauft durch unverändert elende Arbeitsbedingungen der Arbeiter und Bauern – verschärft durch eine reaktionäre Innenpolitik, für die vor allem der im Volk verhasste Innenminister Pleve verantwortlich zeichnete, der u. a. die Aufhebung der Zemstwo-Selbstverwaltung durchsetzte und den Zaren zur Okkupation der Mandschurei überredete – was zum Krieg mit Japan und zu bitteren Niederlagen in Port Arthur, Mukden und Tsushima (1904/05) führte.

Ein verlorener Krieg in prekärer innenpolitischer Lage – das roch nach Revolution. Schon 1904 war Pleve einem Attentat zum Opfer gefallen, den Forderungen aus nahezu allen gesellschaftlichen Schichten nach einer erweiterten Selbstverwaltung, einer Verfassung und einem Parlament begegnete Zar Nikolaus II. mit Hinhalte-Taktik. Daraufhin traten die Arbeiter der Putilov-Werke in St. Petersburg in Streik, der sich zu einem Generalstreik ausweitete. Am 9. (22.) Januar 1905 demonstrierten etwa 150 000 Menschen unter Führung des

Oben: Von den Zaren nach Sibirien verbannt: Fjodor Michajlovitsch Dostojevskij. Rechts: Das Attentat auf Alexander II.

Foto: Archiv für Kunst und Geschichte, Berlin

Popen Gapon mit Kruzifixen, Kirchenfahnen, Heiligenbildern und Bildern des Zaren vor dem Winterpalais, um von ihm Frieden, eine Verfassung, Grundrechte und eine Linderung ihrer Not zu erbitten. Es wurde ein „Blutiger Sonntag", denn die zaristischen Truppen feuerten wahllos in die Menge und töteten oder verwundeten insgesamt etwa 4500 Menschen. Durch dieses Ereignis waren die Bande zwischen „Väterchen Zar" und dem Volk unwiderruflich zerrissen. Streiks, Aufstände, Unruhen und Attentate erfassten in der Folge immer intensiver das Zarenreich – Russland erlebte 1905-1907 doch noch seine bürgerlich-demokratische Revolution, an der sich zunehmend auch Teile der Armee beteiligten.

Im Juni 1905 wurde in Odessa der Generalstreik ausgerufen, im Oktober kam es zum allgemeinen Generalstreik. Nikolaus II. gab endlich dem wachsenden Druck nach: In seinem „Oktobermanifest" vom 30. Oktober 1905 versprach er bürgerliche Grundrechte, das allgemeine Wahlrecht und die Einrichtung eines gesetzgebenden Parlaments, das im Mai 1906 erstmals zusammentrat. Aber das Oktobermanifest entpuppte sich als ein taktisches Manöver, um die Lage in den Griff zu bekommen; die Duma war im Grunde ein Scheinparlament, weil ihre Rechte immer mehr beschnitten wurden. Letztlich bedurften alle Entscheidungen der Zustimmung des Zaren und der von ihm kontrollierten Regierung, was auch zur Auflösung der „oppositionellen" 1. und 2. Duma durch Nikolaus II. (Juni 1906 und Juni 1907) führte.

Die politische Unruhe im ganzen Land hielt an: Schon im Dezember 1905 kam es unter Führung der Bolschewiki zum bewaffneten Aufstand der Moskauer Arbeiter; ebenfalls 1905 hatte sich in St. Petersburg der erste „Sowjet" (deutsch: Rat) gegründet; im Februar tagte der 1. Allrussische Gewerkschaftskongress. Durch die Einführung neuer Wahlgesetze gelang es Nikolaj II. und „seinem" Ministerpräsidenten Stolypin dennoch, die Zusammensetzung der 3. Duma (November 1907 bis Juni 1912)

Foto: Archiv für Kunst und Geschichte, Berlin

in ihrem Sinn zu gestalten; den im ganzen Land anwachsenden Unruhen und Attentaten begegnete Stolypin durch die Einrichtung von Militärtribunalen mit Standgerichtsbarkeit. 1911 fiel er selbst einem Attentat zum Opfer. Auch die 4. Duma (November 1912 bis März 1917) war ein willfähriges Instrument des Zaren. Dies war die innenpolitische Lage Russlands bei Ausbruch des Ersten Weltkrieges am 1. August 1914.

Der Sturz des Zarismus

Russland kämpfte auf der Seite von Frankreich, England, Italien und Japan gegen das wilhelminische Kaiserreich und Franz Josephs Österreich. Es war aber weder wirtschaftlich noch kriegstechnisch der Herausforderung gewachsen. Schwere militärische Niederlagen verschlimmerten die Lage der Bevölkerung dramatisch, die anfänglich noch den Krieg befürwortet hatte.

Oben: Oktoberrevolution 1917. Lenin spricht auf dem Roten Platz in Moskau.

Am 3. März 1917 traten erneut die Arbeiter der Putilov-Werke in Petrograd (seit Kriegsbeginn hatte man den deutschen Namen der Stadt russifiziert) in einen Streik, der sich am 9. März zum Generalstreik ausweitete. In der Nacht zum 12. März verbündeten sich die vom Zaren mobilisierten Truppeneinheiten mit den Aufständischen: Russland erlebte seine zweite bürgerlich-demokratische Revolution, die Februarrevolution (nach alter russischer Zeitrechnung). Am 15. März 1917 trat Nikolaus II., auch unter dem Druck der Generalität, zurück: Die Zarenherrschaft war endgültig zusammengebrochen. Es begann die Zeit der „Doppelherrschaft": Am Tag nach der Abdankung des Zaren bildete das Exekutivkomitee der 4. Duma in Petrograd die Provisorische Regierung unter Fürst Lvov. Sie proklamierte die bürgerlichen Freiheiten, verpflichtete sich, eine konstituierende Versammlung einzuberufen, und erklärte ihre Absicht, den Krieg gegen Deutschland-Österreich fortzusetzen. Dies veranlasste die Deutschen zu dem schlauen Schachzug, den als Kriegsgegner bekannten Lenin aus seinem Schweizer Exil in einem plombierten Eisenbahnwagen als „Friedensstifter" nach Petrograd zu verfrachten, wo er am Finnischen Bahnhof triumphal empfangen wurde.

Bei seiner Ankunft traf er auf eine politisch weitgehend unfähige und gelähmte Provisorische Regierung, der sich seit dem 16. März ein Exekutivkomitee aller Arbeiter- und Soldatenräte („Sowjets") entgegenstellte. Je tausend Arbeiter und eine Kompanie stellten einen Vertreter in den Sowjets. Das Volk wollte Frieden, Brot, Land und Demokratie. In ganz Russland gärte es, überall schossen – verstärkt seit der Februarrevolution und nach dem Vorbild des ersten Sowjets von Petrograd – neue Sowjets aus dem Boden, die der Provisorischen Regierung ihren Führungsanspruch streitig machten.

Lenin erkannte bei seiner Rückkehr sofort die Gunst der Stunde. In seinen berühmten April-Thesen rief er unter den Losungen: „Den Völkern den Frieden, den Bauern das Land, den Arbeitern die Fabriken, den Sowjets die Macht!" zum Sturz der Provisorischen Regierung auf. Seine Forderungen stießen auf breite Zustimmung im Volk und führten am 16. Juli zum bewaffneten Aufstand in Petrograd, den Kriegsminister Kerenskij niederschlug.

Lenin musste fliehen, Trotzkij und Kamenev wurden verhaftet. Doch die anschließend gebildete Kerenskij-Regierung wollte und konnte ihr Versprechen, den Krieg zu beenden und die überfällige Agrarreform durchzuführen, nicht halten. Die Ungeduld des Volkes stieg und brachte den Bolschewiki im September in den Moskauer und Petrograder Sowjets erstmals die Mehrheit. Am 13. Oktober kam es zur denkwürdigen Sitzung des ZK der Bolschewiki, in der der bewaffnete Aufstand zum Sturz der Provisorischen Regierung beschlossen wurde.

Im Morgengrauen des 7. November 1917 (nach der alten Zeitrechnung am 25. Oktober, deshalb „Große Sozialistische Oktoberrevolution") wurde in Petrograd das Winterpalais gestürmt, die Regierung (außer Kerenskij) verhaftet. Der 2. Russische Sowjetkongress übertrug bald die Macht im Land dem „Rat der Volkskommissare". Vorsitzender wurde Lenin, Trotzkij war für Außenpolitik, Stalin für Nationalitätenpolitik zuständig. Gleichzeitig beschloss der Kongress ein „Dekret über den Frieden" ohne Annexionen und Kontributionen sowie ein Dekret über den Grund und Boden, demzufolge der Großgrundbesitz enteignet und alles Land den Bauern gehören sollte. Aber Russlands Probleme waren mit dem Sieg nicht gelöst, neue kamen hinzu.

Lenin hatte Wahlen zu einer Konstituierenden Versammlung versprochen, bei denen am 8. Dezember die Bolschewiki nur 23,3 % der Stimmen, die Linksparteien aber 62 % und die bürgerlichen Parteien 13 % erreichten. Als die Konstituierende Versammlung am 18. 1. 1918 erstmals zusammentrat, ließ Lenin sie deshalb kurzerhand auflösen. Statt ihrer wurde am 23. Januar 1918 die Regierung der RSFSR („Russische Sozialistische Föderative Sowjetrepublik") proklamiert. Der am 3. März 1918 mit Deutschland geschlossene Friedensvertrag von Brest-Litowsk verschaffte der neu entstandenen Sowjetunion eine Verschnaufpause, um sich neuen Herausforderungen im Inneren und Äußeren zu stellen. Zwar war damit der Erste Weltkrieg für Russland beendet, aber ein langwieriger Bürgerkrieg mit massiver ausländischer Intervention stand noch bevor. Unter anderem deswegen verlagerte die Sowjetregierung im März 1918 ihren Sitz von Petrograd nach Moskau, ins „Herz Russlands", zurück. St. Petersburg, „Fenster Russlands nach Westen" und Zentrum aller russischen Revolutionen seit 1905, verlor seine 200-jährige Vorrangstellung. Allein zwischen 1917 und 1920 sank seine Einwohnerzahl von 2,4 Millionen auf 720 000.

Foto: Archiv für Kunst und Geschichte, Berlin

Am 10.7.1918 verabschiedete der 3. Allrussische Rätekongress die Verfassung der RSFSR, die 1922 nach dem Zusammenschluss mit Weißrussland, der Ukraine und mit Transkaukasien in *Union der Sozialistischen Sowjetrepubliken* (UdSSR) umbenannt wurde. Politisch allein bestimmende Kraft war nun die KPdSU (Kommunistische Partei der Sowjetunion).

Die westlichen Entente-Mächte sahen in der jungen Sowjetunion unter bolschewistischer Führung eine Gefahr. Provoziert fühlten sie sich auch durch die Nichtanerkennung der (zaristischen) Auslandsschulden sowie die Enteignung von Industriebetrieben, in denen häufig ausländisches Kapital steckte. Deshalb drangen englische und französische Truppen ins Land ein, um gemeinsam mit den „Weißen" die Bolschewiki zu Fall zu bringen. Die „Weißen" – so nannte man in Russland die Gruppen und Truppen, die eine Wiederherstellung der zaristischen Herrschaft erzwingen wollten und es verstanden, Teile der von den Bolschewiki ausgebooteten Menschewiki und Sozialrevolutionäre zu funktionalisieren. So mündete die Revolution in einen dreijährigen Bürgerkrieg (1918-21). Die Bolschewisten befürchteten eine monarchistische Konterrevolution, und so ermordeten Lenins Handlanger am 17. Juli 1918 den letzten russischen Zaren mitsamt seiner Familie in Jekaterinburg.

Von Sibirien rückte A. Koltschak, der sich als „Reichsverweser" deklarierte, bis an die Wolga vor; von der Ukraine und der Krim aus drangen die Truppen Denikins nach Norden vor; von der unteren Wolga und Südrussland aus Kornilovs Truppen; von Norden aus bedrängte Judenitsch Petrograd, 1920 besetzte eine polnische Armee die Ukraine – alles mit Unterstützung der Entente-Mächte. Die Sowjetregierung kämpfte um ihr Überleben. Lenin proklamierte deshalb die Politik des „Kriegskommunismus": Verstaatlichung der Bodenschätze, Ban-

Oben: Der Sturm auf das Winterpalais am 7./8. November 1917. Rechts: Er veränderte die Welt des 20. Jh. – Vladimir I. Lenin.

ken und Industriebetriebe einerseits, Verwirklichung der Agrarreform andererseits, was auf dem Land zur Entstehung einer neuen Schicht von Bauern mit kleinerem oder mittelgroßem Besitz führte, der am Ende des Bürgerkrieges 95% des Bodens gehörte. Letzteres gefiel den Bauern gut – was ihnen aber nicht gefiel, war das Verbot jeglichen Privathandels und die Abgabenpflicht, um die materielle Versorgung während des Bürgerkrieges zu sichern. Deshalb drosselten sie ihre Produktion und bewirkten so einen Zusammenbruch des Versorgungswesens, der in den Städten Streiks und Unruhen auslöste.

Derart von innen und außen bedroht, setzte die Sowjetmacht die schon Ende 1917 gegründete Geheimpolizei *Tscheka* rücksichtslos gegen innere Feinde ein, während Kriegskommissar Trotzkij mit Unterstützung von 40 000 ehemaligen zaristischen Offizieren die „Rote Arbeiter- und Bauernarmee" aufbaute, der es schließlich gelang, die Truppen der „Weißen" zu schlagen. Aber der Bürgerkrieg hatte schwere Wunden geschlagen. Moskau bot 1920 ein trostloses Bild, in Petrograd mussten 1921 vierundsechzig der größten Industriebetriebe wegen Brennstoffmangels geschlossen werden. Es kam zum Aufstand der Kronstädter Matrosen, die sich mit streikenden Arbeitern solidarisierten und politische Grundrechte innerhalb einer Rätedemokratie forderten. Die Revolte wurde am 18. März blutig niedergeschlagen.

1921 verkündete Lenin seine Neue Ökonomische Politik (NEP), um die anhaltende Versorgungskrise zu lösen, die in der Hungersnot von 1921/22 ihren Höhepunkt erreichte. Die NEP ermöglichte einen privaten Wirtschaftsbereich neben dem verstaatlichten, die Zwangsabgaben der Bauern wurden aufgehoben und durch Naturalsteuern ersetzt, die Bauern durften ihre Erzeugnisse selbst verkaufen, in der Industrie wurde der Stücklohn wieder eingeführt. Allerdings war die NEP

Foto: Archiv für Kunst und Geschichte, Berlin

nur als Übergangslösung zur späteren, vollständigen Sozialisierung gedacht. Die Versorgungslage besserte sich, die Wirtschaft erholte sich, die Industrie kam wieder in Schwung, selbst mit den „kapitalistischen Staaten" wurden wieder politische und handelspolitische Beziehungen geknüpft, wie z. B. 1922 mit dem Deutschen Reich im Vertrag von Rapallo. Lenin jedoch war seit 1922 nach einem Attentat schwerkrank; am 21. Januar 1924 starb er, erst 54 Jahre alt. Wenige Tage danach wurde Petrograd in Leningrad umbenannt.

Die Stalin-Ära

Der frühe Tod Lenins eröffnete einen Machtkampf innerhalb des Führungskollektivs der KPdSU, an dessen Ende die Diktatur Stalins stand. Trotzkij vertrat die Auffassung, dass die Verwirklichung des Sozialismus ohne den Sieg der Weltrevolution undenkbar sei; Stalin, seit 1922 Generalsekretär der Partei, vertrat die Theorie von der Praktikabilität des „Sozialismus in einem Land" auch beim Ausbleiben der Weltrevolution. Der Georgier hatte durch geschicktes Taktieren und dank seiner Machtfülle innerhalb des Politbüros und Zentralkomitees nach und nach alle Opponenten ausgeschaltet und teils auch liquidiert; Trotzkij wurde erst nach Alma Ata und später nach Mexiko verbannt (wo ihm 1940 ein Agent Stalins mit einem Eispickel den Kopf einschlug). Der Weg war frei für Stalins Vorstellung vom „Sozialismus in einem Land".

1927/28 erklärte Stalin die Phase der NEP für beendet und begann mit der Reglementierung der Wirtschaft. Die NEP hatte vor allem bei der Industrialisierung gute Erfolge gezeigt: 1925 verließ in Leningrad der erste Traktor die Fabrik; in Moskau bestaunte man das erste in der Sowjetunion gebaute Auto.

Aber das Verhältnis Stadt-Land hatte sich zugleich verschlechtert, weil im Zuge der von den Bolschewiki verwirklichten Agrarreform unter den Bauern eine neue Klasse entstanden war: die „Kulaken", die großen und mittelgroßen Bauern, die ihr Land mit Knechten und Mägden bestellten und zunehmend dazu übergingen, ihre Produkte selbst zu verkaufen, statt sie auf den Markt zu bringen, wodurch sie die Versorgungslage gefährdeten. Bereits im 1. Fünfjahresplan (1928-32) war deshalb die Zusammenfassung der Bauernschaft zu Kollektiven beschlossen worden. Um den zu erwartenden Widerstand der Kulaken möglichst schnell zu brechen, griff Stalin zum Mittel der Zwangskollektivierung.

Am Ende des ersten Fünfjahresplanes waren faktisch alle Bauern in *Kolchosen* (Genossenschaften) oder *Sovchosen* (Staatsbetriebe mit Ablieferungspflicht) organisiert. Der Widerstand der Kulaken, aber auch der sich an ihre verbliebenen Privatparzellen klammernden Bauern wurde durch die GPU (Nachfolgeorganisation der Tscheka) brutal unterdrückt, 1929/30 herrschten auf dem Land fast bürgerkriegsähnliche Zustände, bei anschließenden Deportationen fanden Millionen von Bauern den Tod.

Parallel dazu peitschte die Partei die Industrialisierung der noch immer rückständigen Wirtschaft nach vorn. Seit 1929 führte der Aufruf zum sozialistischen Wettbewerb durch Steigerung der individuellen Arbeitsleistung (Stücklohn, Prämien und Akkordarbeit wurden zugelassen) zur „Stachanov-Kampagne"; unter Leitung der Staatlichen Planungsbehörde *Gosplan* wurde die Rohstoffförderung enorm gesteigert, das Transportwesen ausgebaut, neue Fabriken und Kombinate errichtet, die Landwirtschaft technisiert, die Elektrifizierung durch den Bau von Staudämmen vorangetrieben. Von 1929 bis 1932 stieg die Zahl der Industriearbeiter von 10 auf 22 Mio., die Industrieproduktion verdoppelte sich.

Die Zeit bis zum Zweiten Weltkrieg

Während des 1. Fünfjahresplans war die Sowjetunion bemüht, äußere Bedrohungen vor allem an den Westgrenzen fernzuhalten und verfolgte eine Politik der friedlichen Koexistenz. Zwischen 1928 und 1932 gelang es, Nichtangriffspakte und Friedensverträge mit fast allen europäischen Staaten zu schließen und diplomatische Beziehungen sogar mit den USA (1933) aufzunehmen. 1934 trat die UdSSR dem Völkerbund bei.

Im Inneren herrschte nach den Erfolgen des 1. Fünfjahresplans ein Klima relativer Entspannung: Die Kluft zwischen Stadt und Land, Volk und Partei hatte sich weitgehend geschlossen, die materielle Versorgung war gesichert, die Löhne stiegen, und auch die kostenlose Schulbildung war gesichert. Wen störte da schon die Festschreibung des Einparteiensystems in der 1936 verabschiedeten Verfassung der UdSSR, die Stalin als Generalsekretär zum quasi legalen Diktator machte, der innerhalb und außerhalb der Partei schonungslos

Rechts: Rotarmisten und Matrosen während einer Kundgebung 1920 in Petrograd.

Foto: Archiv für Kunst und Geschichte, Berlin

mit wirklichen und vermeintlichen Gegnern abrechnete? Denn während von deutschem Boden aus die Nationalsozialisten (Machtergreifung Hitlers 1933) ihre Weltherrschaftspläne schmiedeten, inszenierte Stalin die berüchtigten Moskauer Schauprozesse und „Säuberungen", denen nicht nur altgediente Bolschewiki, sondern Millionen von Menschen zum Opfer fielen. Fast alle altgedienten Bolschewiki lebten nicht mehr, als Hitler-Deutschland trotz des 1939 geschlossenen Nichtangriffspaktes am 22.6.1941 die Sowjetunion ohne Kriegserklärung angriff.

Schon immer war die sowjetische Außenpolitik von der Furcht geprägt, als erstes sozialistisches Land der Welt von den westlichen kapitalistischen Ländern eingekreist und angegriffen zu werden. Die Machtergreifung Hitlers schürte diese Angst.

Immer wieder versuchte die Sowjetregierung unter Federführung von Außenminister Maxim Litvinov (1930-39), ein „System der kollektiven Sicherheit" mit den westlichen Demokratien gegen die faschistische Achse Deutschland/Italien zu etablieren. Aber deren Verweigerungshaltung und vor allem die taktischen Zugeständnisse Frankreichs und Englands an Hitler-Deutschland im Münchner Abkommen von 1938 bewogen Stalin schließlich zu einer Kursänderung, um die Sowjetunion gegenüber der drohenden faschistischen Aggression abzusichern: Am 23. 8. 1939 unterzeichnete der sowjetische Außenminister Molotov mit dem deutschen Außenminister Ribbentrop in Moskau den schon genannten Nichtangriffspakt, der als „Hitler-Stalin-Pakt" in die Geschichte eingegangen ist, weil in einem geheimen Zusatzprotokoll Hitler-Deutschland die Erfüllung sowjetischer Gebietsansprüche zugestand, die bis in die Zeit der Zaren zurückreichten: Ostpolen, Estland, Litauen, Lettland, Teile Finnlands und Bessarabien.

Der Zweite Weltkrieg

Die vorhergehenden Massensäuberungen innerhalb der militärisch ohne-

Foto: Archiv für Kunst und Geschichte, Berlin

hin unterlegenen Roten Armee hatten diese geschwächt und erleichterten den in vorherigen „Blitzkriegen" geschulten deutschen Truppen ein rasches Vordringen. Die Deutschen gingen dabei mit unglaublicher Härte und Brutalität auch gegen die Zivilbevölkerung vor, womit sie – ähnlich wie Napoleon – jenen russischen Nationalismus reaktivierten, den Stalin durch ein Dekret schon seit 1934 in einen „Sowjetpatriotismus" verwandeln wollte.

Dies ermöglichte es Stalin – nach wie vor „nur" Generalsekretär der KPdSU und erst seit Mai 1941 Vorsitzender des Rats der Volkskommissare – ähnlich wie im antinapoleonischen Verteidigungskrieg den „Großen Vaterländischen Krieg" zu proklamieren und sogar antibolschewistische Gruppen und ethnische Minderheiten einzubinden. Selbst die seit 1917 gnadenlos unterdrückte russisch-orthodoxe Kirche war zur Versöhnung bereit, um die faschistische Aggression zurückzuschlagen. Um den Westmächten ihre Angst vor kommunistischer Infiltration und Subversion zu nehmen, löste Stalin 1943 sogar die 1919 in Moskau gegründete Komintern auf, um eine schlagkräftige Anti-Hitler-Koalition unter Einschluss der USA zu schmieden.

So gelang es – nicht zuletzt durch einen vom Volk getragenen Partisanenkrieg und eine von Stalin geforderte Politik der verbrannten Erde – die deutsche Offensive vor Moskau zum Stehen zu bringen. General Shukov ließ vor den Toren der Hauptstadt 24 000 Abwehrpanzer auffahren sowie 1500 km lange verminte Holzbarrikaden errichten und hinderte damit die Deutschen an der Einnahme Moskaus. Leningrad hingegen wurde von Hitlers Truppen seit dem 8.9.1941 fast 900 Tage lang belagert – und verendete beinahe. Als sich die besiegten deutschen Truppen endlich zurückzogen, wurde eine grausige Bilanz sichtbar: 16 747 Gefallene, 641 803 verhungerte Einwohner Leningrads, 33 728 Verletzte und 716 000 Obdachlose. Die Schlacht von Stalingrad im Winter 1942/43 schließlich besiegelte die deutsche Niederlage im Russland-Feldzug. Die Sowjetunion hatte Hitler-Deutschland ihre erste und entscheidende Niederlage beigebracht und damit ihre Stellung in der Anti-Hitler-Koalition erheblich ausgebaut. Dies ermöglichte es anschließend Stalin, den Westmächten auf den Konferenzen von Teheran (1943), Jalta (1943) und Potsdam (1945) weitgehend seine Vorstellungen einer europäischen Neuordnung aufzuzwingen. Mit der Einnahme Berlins am 2.5.1945 hatte Stalin den Machtbereich der Sowjetunion bis an die Elbe vorgeschoben.

Die Nachkriegszeit

Die Sowjetunion hatte während des Zweiten Weltkrieges von allen kriegführenden Staaten den höchsten Blutzoll

Oben: Stalins Schreckensherrschaft dauerte bis zu seinem Tod 1953. Rechts: Demonstration für die „Liquidation des Kulaken als Klasse" 1929/30.

Foto: Archiv für Kunst und Geschichte, Berlin

bezahlt: Ihr Verlust an Menschenleben von 1941-45 wird auf 20 Millionen geschätzt, ganz zu schweigen von den gigantischen materiellen Verlusten. Ein Großteil des Ackerbodens war verwüstet oder lag brach, Abermillionen waren obdachlos, die meisten Industrieanlagen waren zerstört oder vor den deutschen Armeen verlagert und auf Rüstungsproduktion umgestellt worden. Und so war der 4. Fünfjahresplan (1946-50) zwangsläufig ein gigantisches Wiederaufbauprogramm: Millionen von Wohnungen mussten gebaut werden, riesige Wasserkraftwerke an Wolga und Dnjepr sicherten die Stromversorgung, die Schwerindustrie musste von militärischer auf zivile Produktionen umgestellt werden, um z. B. die Landwirtschaft mit Traktoren und anderen Maschinen zu versorgen. Deshalb bestand Stalin auf Reparationszahlungen aller am Krieg gegen die Sowjetunion beteiligten Staaten, vor allem Deutschlands; in der sowjetischen Besatzungszone, aber auch in ganz Osteuropa ließ er ganze Fabrikanlagen demontieren und in der Sowjetunion wieder aufbauen.

In der Tat erholte sich die sowjetische Wirtschaft erstaunlich schnell. Bereits 1948 erreichte die Industrieproduktion in Leningrad wieder ihr Vorkriegsniveau, 1952 hatte sie sich in Leningrad und in der ganzen Sowjetunion verdoppelt. In Moskau, wie auch in Leningrad, entstanden Zigtausende von Wohnungen und Repräsentationsbauten im Stalinschen „Zuckerbäckerstil", darunter die gigantische Lomonosov-Universität mit ihrem 240 m hohen Turm; seit 1951 wurde der 2. Plan zur Rekonstruktion Moskaus verwirklicht (1. Plan 1935); das U-Bahnnetz (die erste U-Bahnstrecke wurde schon 1935 in Betrieb genommen) wurde seit 1947 systematisch erweitert. 1949 schockte Stalin die Welt durch die Zündung der ersten sowjetischen Atombombe.

All das war möglich, weil die UdSSR im Gegensatz zu 1918 nach Ende des Zweiten Weltkriegs nicht mehr einer feindseligen Welt isoliert gegenüberstand. Ihr Macht- bzw. Einflussbereich erstreckte sich von der Elbe bis zum

Foto: Archiv für Kunst und Geschichte, Berlin

Pazifik, in den osteuropäischen Ländern existierte ein weitgehend intaktes Industriepotential, das sich Stalin zunutze machte. Überall östlich der Elbe stand die Rote Armee, „Volksdemokratien" nach sowjetischem Vorbild wurden in der DDR, Polen, Ungarn, Rumänien, Bulgarien und der Tschechoslowakei errichtet, 1947 wurde die Kominform (eine Art Nachfolge-Organisation der 1943 aufgelösten Komintern) gegründet, wo Stalins „Chefideologe" Shdanov erstmals die Existenz eines „sozialistischen Lagers" proklamierte. Im Jahr darauf wurde der „Rat für gegenseitige Wirtschaftshilfe" (RGW) gegründet, ein Wirtschaftsverbund der oben genannten Staaten. Im Winter 1948/49 erreichte der Kalte Krieg zwischen dem „sozialistischen und kapitalistischen Lager" durch die Berlin-Blockade seinen ersten Höhepunkt, den Übergang zu einem „heißen" Krieg in Korea (1950-53) vermied Stalin durch offizielle Nichteinmischung.

Schon 1946 war der Rat der Volkskommissare in den „Ministerrat der UdSSR" umgewandelt worden, als dessen Vorsitzender Stalin amtierte, ohne seine Machtposition als Generalsekretär der KPdSU aufzugeben. Unter der Regie von Shdanov erreichte der Personenkult um Stalin nach dem Zweiten Weltkrieg seinen Höhepunkt. Nach Shdanovs Tod (1948) kam es erneut zu Säuberungen im Parteiapparat, willkürlichen Verhaftungen und Massendeportationen in Arbeitslager unter Federführung von Geheimdienstchef Berija. Als Stalin 1953 starb, war das Land bis in seine Grundfeste verunsichert.

Von Chruschtschov bis Gorbatschov

Nach dem Tod Stalins ging die KPdSU zum Prinzip der kollektiven Führung über. In Wirklichkeit verbarg sich dahinter ein Machtkampf um die Nachfolge innerhalb der allmächtigen

Oben: Leningrad während der deutschen Belagerung. Rechts: Das ehemalige Hotel Ukraina, heute Radisson Royal Moscow – berühmtes Beispiel des Stalinschen „Zuckerbäckerstils".

Foto: Oleg Doroshin (Dreamstime)

Partei: Zunächst trat Malenkov, ein treuer Vasall Stalins, als Vorsitzender des Ministerrates und Generalsekretär dessen Nachfolge an, musste das letztere Amt aber schon im September 1955 an Chruschtschov abtreten. Bulganin übernahm das Amt des Ministerpräsidenten.

1956 tagte in Moskau der 20. Parteitag der KPdSU, auf dem Chruschtschov seine berühmte Geheimrede hielt, mit der eine Politik der Entstalinisierung eingeläutet wurde, die in Ungarn und Polen die Menschen zu Volksaufständen gegen ihre in der Stalin-Ära aufgezwungenen Regime veranlasste. Im gleichen Jahr wurde als Gegengewicht zur 1949 gegründeten NATO der Warschauer Pakt gegründet.

Innenpolitisch setzte sich Chruschtschov 1957 gegen die Alt-Stalinisten Malenkov, Molotov und Kaganovitsch durch, die aller Ämter enthoben und zu Parteifeinden erklärt wurden. Im gleichen Jahr löste der erfolgreiche Start des weltweit ersten künstlichen Erdsatelliten *Sputnik* vor allem in den USA nahezu einen Schock aus. Aber die hochgesteckten wirtschaftspolitischen Ziele des Siebenjahresplanes (1959-65) konnten trotz anfänglicher Erfolge nicht erreicht werden. Die Ernten blieben hinter den Erwartungen zurück, der frühere Getreideexporteur Russland musste erstmals (als UdSSR) große Getreidemengen importieren.

Das Dauerproblem der sowjetischen Industrie seit 1917 – die Disparitäten zwischen Schwer- und Leichtindustrie – konnte auch Chruschtschov nicht lösen. Darüber konnte selbst eine weitere technische Spitzenleistung der SU nicht hinwegtäuschen – der erste bemannte Raumflug von Jurij Gagarin 1961. So kam Chruschtschovs Entmachtung als Generalsekretär und Ministerpräsident (seit 1958) am 24. Oktober 1964 keineswegs überraschend.

Chruschtschovs drei Nachfolger – Leonid Breshnev als Generalsekretär, Nikolaj Podgornyj als Staatsoberhaupt und Alexej Kosygin als Ministerpräsident – sollten eine Trojka der Macht bilden. Aber schon bald schälte sich Breshnev als de-facto-Machthaber her-

Foto: Archiv für Kunst und Geschichte, Berlin

aus, so dass die Zeit bis zu seinem Tod (1982) als Breshnev-Ära bezeichnet werden kann, eine Zeit der Stagnation: Der Lebensstandard verbesserte sich kaum, der militärisch-industrielle Komplex verschlang Unsummen, die anderswo in der Wirtschaft fehlten. Innenpolitisch kam es zu einem Prozess der Re-Stalinisierung, die sich in einer verschärften Reglementierung des geistig-kulturellen Lebens zeigte und in der Intelligencija zu Oppositionellen- und Bürgerrechtsbewegungen führte. Auch außenpolitisch zeigte Breshnev große Härte, als er 1968 den „Prager Frühling" durch sowjetische Panzer niederwalzen ließ – begründet durch die berüchtigte „Breshnev-Doktrin" von der begrenzten Souveränität der sozialistischen „Bruderländer". Die Olympischen Spiele in Moskau gerieten 1980 zu einer „Rumpfolympiade", weil sie wegen des sowjetischen Einmarschs in Afghanistan (1979) von den westlichen Ländern boykottiert wurden. Bei seinem Tod hinterließ Breshnev nach fast 18-jähriger Herrschaft einen bürokratisch verkrusteten Staat, dessen Führungsspitze weitgehend vergreist war, wie der schnelle Tod seiner Nachfolger J. Andropov (1984) und K. Tschernenko (1985) zeigte.

Oben: Nikita Chruschtschov leitete die Entstalinisierung ein. Rechts: Ein Denkmal für Jurij Gagarin – den ersten Menschen im All.

Die entscheidende Wende in der Geschichte der UdSSR brachte erst ein im Westen damals kaum bekanntes Mitglied des Politbüros: Michail Sergejevitsch Gorbatschov, der 1985 neuer Generalsekretär der KPdSU wurde.

Glasnost und Perestrojka

Unmittelbar nach seiner Wahl zum Generalsekretär auf dem 27. Parteitag begann Gorbatschov mit der Verwirklichung seiner Reformpolitik, die unter den Begriffen *Glasnost* (Offenheit) und *Perestrojka* (Umgestaltung) schnell berühmt wurde. Glasnost sollte der politischen Transparenz und Demokratisierung dienen, die Perestrojka hingegen Misswirtschaft, Korruption und die starre Planwirtschaft abbauen und in eine regulierte Marktwirtschaft überführen, die Eigenverantwortung der Betriebe und private Initiativen zulässt. Seine Reformpolitik fand breite Zustimmung.

1988 wurde erstmals ein Kongress der Volksdeputierten frei gewählt, 1990 verzichtete die KPdSU auf ihr Führungsmonopol, die Gründung anderer Parteien wurde erlaubt, ein Medien- und ein Religionsgesetz garantierten Presse- und Meinungsfreiheit.

1990 wurde Gorbatschov der Friedensnobelpreis verliehen wegen seiner erfolgreichen Bemühungen, den Weltfrieden zu sichern: Schon 1987 wurde der Vertrag über die Vernichtung der Mittelstreckenraketen unterzeichnet, bis 1989 wurden die sowjetischen Truppen aus Afghanistan abgezogen, 1990 wurde der Vertrag über die Reduzierung der konventionellen Streitkräfte in Europa unterzeichnet, im gleichen Jahr die Wiedervereinigung Deutschlands ermöglicht. 1991 wurden der RGW und der Warschauer Pakt offiziell aufgelöst.

Aber Gorbatschov hatte mit Glasnost und Perestrojka das Tor aufgestoßen zu einer Entwicklung, die bald nicht mehr kontrollierbar war. Sowohl im Partei- und Staatsapparat als auch in der Armee wurde seine Politik boykottiert und sabotiert; den Radikalreformern und Befürwortern einer Freien Marktwirtschaft um Boris Jelzin gingen seine Reformen nicht weit genug. Die Liberalisierung der Wirtschaft rief Profiteure und Wirtschaftskriminelle auf den Plan, was zu Versorgungskrisen und schließlich zum Zusammenbruch der Wirtschaft führte. Innerhalb und zwischen den einzelnen Sowjetrepubliken brachen (seit 1917 „unter dem Deckel" schwelende) Nationalitätenkonflikte aus; Litauen, Lettland und Estland forderten ultimativ ihre staatliche Unabhängigkeit zurück.

Im August 1991 scheiterte ein Putschversuch konservativer kommunistischer Kräfte nicht zuletzt am Widerstand der Bevölkerung in Moskau und St. Petersburg, was dann zum Verbot der 70 Jahre lang allmächtigen KPdSU führte.

Am 25.12.1991 trat Gorbatschov als Staatspräsident der nun faktisch nicht mehr existierenden Sowjetunion zurück.

Vom Sowjet-Imperium blieb der Torso der GUS (Gemeinschaft unabhängiger Staaten) zurück. Unter Boris Jelzin als Präsident der verbliebenen „Russischen Föderativen Republik" erlebte Russland einen „freien Fall" in den Kapitalismus, gezeichnet vor allem durch Wirtschaftskrisen, den Krieg in Tschetschenien (ab 1994) und die Reformmüdigkeit breiter Bevölkerungsschichten, die die anfängliche Solidarität mit der Jelzin-Regierung ablöste.

Bei den Präsidentschaftswahlen 2000 setzte sich dennoch der von Jelzin favorisierte Kandidat Vladimir Putin durch. Der ehemalige KGB-Offizier und Auslandsagent gewann binnen weniger Monate mit dem Versprechen von Ordnung und Wohlstand die Zuneigung

Foto: VLADJ55 (Shutterstock.com)

der Russen. Besonders gegenüber den tschetschenischen Rebellen versprach Putin ein hartes Vorgehen, was in der Bevölkerung auf breite Zustimmung stieß. Nachdem im August 1999 in Moskau zwei Plattenbauten explodiert waren (210 Tote) und im südrussischen Wolgodonsk ein Mietshaus (17 Tote, über 300 Verletzte), hatte Putin, damals noch Ministerpräsident, eine „politisch-militärische Regulierung" in der Kaukasus-Republik angekündigt, obwohl es keine Beweise gab, dass es sich um tschetschenische Bombenleger handelte – wie bei den Anschlägen auf die Moskauer Metro 2000 und 2001. Nach den Anschlägen in New York 2001 erfuhr Putin für seine Tschetschenienpolitik mit Militäreinsatz zunehmend internationale Toleranz.

Im Oktober 2002 nahmen tschetschenische Rebellen in Moskau rund 800 Musical-Besucher als Geiseln; ihre Befreiung forderte 170 Todesopfer.

Anfang 2003 stellte sich Russland in der Irak-Krise auf die Seite der Staaten, die weitere Waffeninspektionen forder-

Foto: Archiv für Kunst und Geschichte, Berlin

ten und einen Krieg der USA gegen den Irak verhindern wollten.

Im Juni 2003 folgten über 40 Regierungschefs aus aller Welt Präsident Putins Einladung zu einer aufwändig inszenierten Feier anlässlich des 300-jährigen Bestehens von St. Petersburg.

Im Oktober 2003 wurde die von Putin unterstützte Valentina Matveenko die erste Bürgermeisterin von St. Petersburg. Nur zwei Monate später konnte Putins Partei „Einiges Russland" bei den Parlamentswahlen jede demokratische Opposition ausschalten und eine deutliche Zweidrittelmehrheit gewinnen. Die Kommunisten, die bei den Dumawahlen 1999 mit 32 % noch stärkste Partei waren, verloren fast die Hälfte ihrer Stimmen. Drittstärkste Kraft im Parlament wurde die Partei des Rechtspopulisten Schirinovskij. KP-Chef Sjuganov sprach von Wahlfälschung, westliche Beobachter bescheinigten eine „freie, doch nicht faire Wahl".

Im September 2004 stürmten Terroristen im nordossetischen Beslan eine Schule. Hunderte Menschen starben, darunter viele Kinder. Wie auch schon bei der Geiselnahme im Moskauer Dubrovka-Theater wurden das Vorgehen der Sicherheitskräfte und vor allem die lückenhafte Informationspolitik der Regierung heftig kritisiert.

Auch die Zerschlagung des privaten Ölkonzerns Jukos brachte dem Präsidenten internationale Kritik ein. Bei den Wahlen in der Ukraine unterlag der von Putin offen favoritisierte Präsidentschaftskandidat. Das Jahr 2004 sei „nicht einfach" gewesen, sagte Putin rückblickend, der auch Einbußen in der Gunst der Wähler hinnehmen musste. Dennoch setzten 2005 unpopuläre Reformen ein, wie die Streichung sozialer Vergünstigungen für Rentner.

2006 veranlasste Putin eine Kampagne gegen illegale Alkoholherstellung. Nach Angaben des russischen Gesundheitsministeriums haben 20 Mio. Menschen in Russland massive Alkoholprobleme, 40 000 Menschen sterben jährlich an gepanschtem Alkohol.

Im Juni 2007 endete der G8-Gipfel in Heiligendamm mit einem Überraschungscoup des russischen Präsidenten: Nach harscher Kritik am Westen wegen einer geplanten Raketenabwehrstation in Tschechien oder Polen bot Putin russische Mitarbeit an und schlug Azerbaidshan als Stationierungsort vor. Nun waren die USA im Zugzwang.

2008 endete formal Putins Amtszeit, die geprägt war vom Grundsatz eines „starken Staates". In der russischen Bevölkerung fand dieser Regierungsstil breiten Rückhalt. Im westlichen Ausland hingegen bewertete man die Politik Putins zunehmend negativ: Einschränkung der Presse-, Meinungs- und Demonstrationsfreiheit, unaufgeklärte Morde an regierungskritischen Journalisten sowie massive Menschenrechtsverletzungen in Tschetschenien, für die Russland mehrfach vom Europäischen

Oben: Michail Gorbatschov, Erfinder von Glasnost und Perestrojka. Rechts: Russin mit traditioneller Kopfbedeckung „Kokoschnik" bei der WM 2018.

Foto: TPopova (iStockphoto.com)

Gerichtshof verurteilt wurde, fielen ebenfalls in die Regierungszeit Putins.

Von Putins Nachfolger und Freund Dimitrij Medvedev erhoffte man, dass er die Wirtschaft der energie- und rohstoffreichen Russischen Föderation trotz Wirtschafts- und Energiekrise auf eine breitere Basis stellen und die demokratischen Grundrechte festigen würde. Putin jedoch gestaltete – nun als Ministerpräsident – die russische Politik weiterhin mit. 2012 wurde er – nach dem Intermezzo mit Medvedev – zum dritten Mal zum Staatspräsidenten der Russischen Föderation gewählt.

Ein Gesetz gegen so genannte „Homosexuellen-Propaganda“ sorgte international für Irritationen in Fragen der Menschenrechte.

Im Dezember 2013, wenige Wochen vor Eröffnung der Olympischen Winterspiele im kaukasischen Badeort Sotschi, begnadigte Putin überraschend den ehemaligen Jukos-Chef Michail Chodorkovskij sowie zwei Aktivistinnen der Punkrockband Pussy Riot. Fast zeitgleich kam es Ende 2013 in Wolgograd zu drei Terrorangriffen mit 40 Todesopfern und 120 Verletzten. Die „Putin-Spiele“ – die teuersten Winterspiele aller Zeiten – verliefen jedoch reibungslos. Hohe Politiker mehrerer Staaten wie USA, Frankreich usw. weigerten sich jedoch wegen Menschenrechtsverletzungen in Russland, nach Sotschi zu reisen. Auch Bundespräsident Gauck sagte ab. Parallel zu dem Sportereignis in Sotschi lieferten sich in der Ukraine Oppositionelle und Regierungstreue Kämpfe, bei denen Dutzende Menschen starben. Nach Ende der Spiele erklärte Putin, die Krim (Ukraine) müsse wieder zu Russland gehören; nach einem Volksentscheid im März 2014 auf der Halbinsel wurde diese in einer Blitzaktion an Russland angeschlossen.

2015 wurde der prominente Putin-Gegner Boris Nemzow Opfer eines Attentats – in Sichtweite des Kremls.

Da das Minsker Abkommen zur Befriedung des Ukraine-Konflikts nicht griff, verlängerte die Europäische Union ihre Sanktionen 2018 gegen Russland, wo dennoch die Fußball-WM stattfand.

Igoriss (Dreamstime.com)

Moscow City, Moskaus neues internationales Finanz- und Handelszentrum

HÖHEPUNKTE

Moskau

★★**Kreml** (S. 81): Seit Jahrhunderten ist der Kreml das Symbol und Zentrum der Macht Russlands.

★★**Mariä-Entschlafens-Kathedrale** (S. 83): Die wichtigste Kathedrale des alten Russlands – hier wurden alle Zaren gekrönt.

★★**Rüstkammer** (S. 87): Krönungsroben, Diamantkronen, Paradekutschen und die legendären Fabergé-Eier zählen zu den kostbaren Exponaten.

★★**Roter Platz** (S. 88): Einer der schönsten und berühmtesten Plätze der Welt, umgeben von zahlreichen historischen Gebäuden und täglich Anziehungspunkt für Tausende von Besuchern.

★★**Basilius-Kathedrale** (S. 89): Ihre Kuppeln scheinen ineinander verwoben zu sein, keine gleicht der anderen – ein unbedingtes Muss für jeden Moskau-Besucher.

★★**Kitaj-Gorod** (S. 92): Kleine Kirchen und das älteste Wohnhaus der Stadt entdeckt man beim Bummeln durch den alten Bezirk hinter dem Kaufhaus GUM.

★★**Puschkin-Museum für Bildende Künste** (S. 105): Die größte Sammlung westeuropäischer Kunst in Moskau.

★★**Tretjakov-Galerie** (S. 108): Eine der größten Sammlungen russischer Kunst seit dem 11. Jh. Berühmt ist die herrliche ★★**Ikonensammlung**. Ebenso spannend ist die Sammlung sowjetischer Kunst im neuen Gebäude mit dem 1992 gegründeten Skulpturenpark, der abgelegte Sowjetdenkmäler und moderne Kunst vereint.

★★**Neujungfrauenkloster** (S. 116): Das prächtigste der ehemaligen Wehrklöster, die Moskau umgeben. Auf dem Friedhof ist die Prominenz aus Kultur und Politik des 19. und 20. Jh. vereint.

★★**Kolomenskoje** (S. 122): Die schönste Zeltdachkirche Russlands am Ufer der Moskva, uralte Baumbestände und malerische Holzhäuschen machen dieses Freilichtmuseum zu einem lohnenden Ausflugsziel.

★**Kaufhaus GUM** (S. 90): Das monumentale Gebäude mit der eindrucksvollen Fassade lässt die Herzen von Shoppingfans höher schlagen: Es ist eines der größten Kaufhäuser der Welt mit vielen Nobelboutiquen.

★**Majakovskij-Museum** (S. 97): Im Wohnhaus des bekannten Schriftstellers und führenden Vertreters des russischen Futurismus wurde eine originelle Ausstellung im konstruktivistischen Stil eingerichtet.

★**Villa Rjabuschinskij** (S. 104): Meisterwerk des Moskauer Jugendstils und letzte Wohnung von Maxim Gorkij.

Goldener Ring

★★**Dreieinigkeits-Sergiuskloster** (S. 133) in Sergijev Posad: Seit der Gründung im 14. Jh. eines der drei wichtigsten Klöster des Landes.

★★**Mariä-Entschlafens-Kathedrale** (S. 138) in Vladimir: Die reich geschmückte Kathedrale aus dem 12. Jh. wurde zum Vorbild für die gleichnamige Moskauer Krönungsstätte der Zaren.

★★**Demetrius-Kathedrale** (S. 138) in Vladimir: Die zweite altehrwürdige Kathedrale der Stadt weist herrliche Fresken auf.

★★**Mariä-Schutz-und-Fürbitte-Kirche** (S. 139) in Bogoljubovo: 10 km östlich von Vladimir befindet sich diese wunderbare, reich mit Steinreliefs geschmückte Kirche aus dem Jahr 1165.

★★**Suzdal** (S. 139): Zahlreiche historische Bauwerke bezeugen die einstige Bedeutsamkeit und Größe der Stadt, darunter auch die prachtvolle Maria-Geburts-Kathedrale.

★★**Kreml** (S. 144) in **Rostov Velikij**: Das einzigartige Bauensemble aus dem 17. Jh. war Wohnsitz der Rostover Metropoliten.

Rechts: Neun goldene Kuppeln krönen die Maria-Verkündigungs-Kathedrale im Kreml.

Foto: Günter Gräfenhain (Schapowalow)

EINSTIMMUNG

Das Ziel hieß: Moskau! Als Napoleon 1812 in Russland einmarschierte, wusste er, dass er mit der Eroberung Moskaus das Zarenreich mitten ins Herz treffen würde, obwohl die Stadt an der Moskva schon seit 100 Jahren nicht mehr Hauptstadt war. Regierungssitz wurde Moskau 1918 wieder, unter den Sowjets. Die Herren im Kreml setzten alles daran, um aus „Mütterchen Moskau" eine sozialistische Vorzeigestadt zu machen. So ganz ist das – zum Glück – nie gelungen, obwohl etliche Wohnviertel durch Plattenbauten ersetzt wurden und viele der „40 mal 40" Kirchenkuppeln der Stadt verschwunden sind.

Seit Mitte der 1990er Jahre setzen die neuen Machthaber viel Geld ein, um der größten Stadt Europas, mit ihren 15 Mio. Einwohnern auf 2550 km^2 Fläche, ein würdiges Gesicht zu geben. Wer Moskau aus der Breshnev-Ära kennt, kann nur staunen: Im Zentrum sind die schlimmsten Bausünden getilgt, und die historische Bausubstanz erstrahlt in frischem Glanz. Neubauten in Kremlnähe passt man stilvoll der Umgebung an, Stadtviertel mit modernen Wolkenkratzern entstehen. Gepflegte Grünanlagen lockern das Bild auf. Plattenbauten aus sozialistischer Zeit gibt es fast nur noch am Stadtrand.

Moskau ist bunt, aufregend, hektisch und erschöpfend, will auf- und überholen. Ein Ort der Gegensätze: Die einen leben ihren Reichtum offen aus – Moskau ist weltweit die Stadt mit den meisten Milliardären. Die anderen halten verschämt die Hand für eine Spende auf – verarmte Rentner, Obdachlose, Straßenkinder. Kilometerlange Staus sind an Werktagen die Regel und gäbe es nicht die berühmte Metro, die täglich neun Millionen Fahrgäste befördert, wäre die Stadt längst kollabiert.

Für Besucher ist Moskau vor allem eine Metropole, die Kunst und Kultur vom Feinsten, Kulinarisches der Extraklasse und ein aufregendes Nachtleben bietet, kurz: eine facettenreiche Weltstadt, die man ausgiebig und vorurteilsfrei erkunden sollte.

GUM

Das GUM, früher staatliches Kaufhaus, heute elegantes Einkaufszentrum mit Modeboutiquen, im stilvollen Ambiente des späten 19. Jahrhunderts.

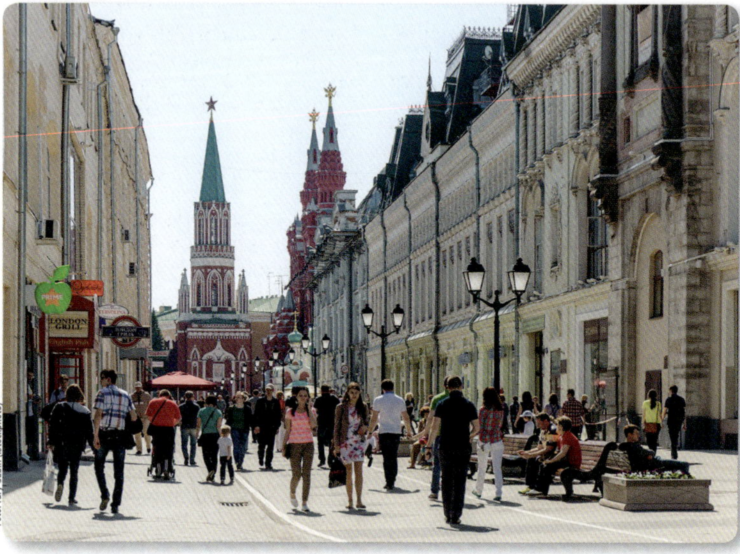

Foto: Yury Gubin (iStockphoto)

SHOPPING IN MOSKAU

Rund 600 Kaufhäuser und Passagen gibt es in der russischen Hauptstadt, dazu kommen vor allem in der Innenstadt zahllose Boutiquen und Geschäfte, die feinste Fummel, atemberaubendes Schuhwerk oder edelste Pelzmäntel anbieten. Moskau ist auf dem besten Weg, London, Mailand oder Paris den Rang abzulaufen, wenn es um Mode geht. Die Tverskaja, Petrovka, Nikolskaja mit Tretjakovskij proezd (Luxus), der Kuzneckij Most oder der Arbat, um nur einige Flaniermeilen zu nennen, laden zum ausgedehnten Shopping ein.

Beliebte Souvenirs aus Russland sind traditionell die Matrjoschkas (ineinander schachtelbare bunte Holzpüppchen) oder bemalte und lackierte Holzschalen, -teller und -löffel. Solche Andenken kauft man am besten in den Geschäften und Verkaufsständen auf dem Arbat oder auf dem Wochenendmarkt im Izmajlovskij Park.

Oben: Fußgängerzone Nikolskaja.

Das berühmte GUM, das einstige „Staatliche Kaufhaus", hat sich zu einem eleganten und teuren Einkaufszentrum gemausert, wobei das „G" heute nicht mehr für „Gosudarstvennyj" (Staatlich), sondern für „Glavnyj" (Haupt-) steht – diesen Rang macht dem GUM niemand streitig, denn es ist eine Institution, die zu Moskau gehört wie der Kreml.

Wer auf Schnäppchen hofft, muss in der russischen Hauptstadt manchmal sehr lange suchen. Westliche Firmen verlangen hier deutlich höhere Preise als im Westen, aber die betuchte russische Kundschaft scheint dies wenig zu stören, eher im Gegenteil. Die Normalbürger nehmen dieses Phänomen wie ehedem mit Witzen auf die Schippe, nur dass diese nun nicht mehr dem Defizit, sondern vielmehr dem Überfluss gelten: „Zwei Ehefrauen unterhalten sich. Die erste: ‚Gestern habe ich in der Petrovka meinem Mann einen Anzug für 5000 Dollar gekauft!' Erwidert die Andere: ‚Bist du blöd! Ich habe für den gleichen Anzug im GUM 10 000 Dollar bezahlt!'"

» Metroplan S. 76

***KAUFHÄUSER / PASSAGEN*:** **GUM**, legendäres Kaufhaus, auf 80 000m^2 teure Kleidung, Parfümerien, Uhren, Porzellan, Pelze, Souvenirs usw., überwiegend Westfirmen, nette teure Cafés und Restaurants im EG, in der 3. Etage preiswerte Imbisse für jeden Geschmack.
Central'nyj Detskij Mir (Kinderkaufhaus), renoviert und erweitert, wer keinen Kaufbedarf hat, genießt das Interieur und/oder den herrlichen Blick von der frei zugänglichen Dachterrasse, tgl. 10-22 Uhr; Teatral'nyj pr-d 5/1, Metro *Teatral'nyj*.
ZUM, großes, 1908 erbautes Kaufhaus, luxussaniert und elegant; Petrovka 2 (neben Bolschoj Theater), Metro *Teatralnaja*.
Petrovskij Passage, verbindet die ul. Petrovka und die ul. Neglinnaja, 1906 eröffnet, edle Geschäfte mit Luxuskleidung, gehört zu den teuersten Passagen der Stadt, gutes Café/Restaurant; ul. Petrovka 10.
Tretjakovskij proezd, offene Passage, Designerläden, Prada, Armani usw.; neben Hotel Metropol, Metro *Teatralnaja, Lubjanka*.
Gostinyj Dvor, kleine Lädchen, z. B. Leinen aus Vologda; Iljinka 4, Metro *Kitaj Gorod, Pl. Revol*.

***SOUVENIRS*:** **Russkij Promysl**, ul. Arbat 4, **Suvenigrad**, ul. Arbat 43, **Russkij Suvenir**, ul. Arbat 32, auch im GUM, ZUM oder Ochotnyje Rjady.

***KLEIDUNG / SCHUHE / PELZE*:** **Valentin Judaschkin**, russischer Designer; Kutuzovskij Prospekt 19, Metro *Kievskaja*.
Dom Mody, Ausstellungsraum und Geschäft des russischen Designers Slava Zaicev; Pr. Mira 21, Metro *Prospekt Mira*.
Ekaterina, Pelzmoden, Lederwaren und Accessoires; Bol. Dmitrovka 11 und 7/5 sowie ul. Petrovka 241, Metro *Teatralnaja*.

***SCHMUCK / UHREN*:** **Vtoroj Tschasovyj Zavod**, Shop der Uhrenfabrik Slava, russische Armbanduhren, z. B. Poljot, Kultmodelle; Leningradskij pr. 8, Metro *Belorusskaja*.

***BÜCHER*:** **Moskva**, auch Fremdsprachen, antiquarische Bücher (s. u.) u. v. m., Kalender, tgl. 10-1 Uhr; Tverskaja ul. 8, Metro *Tverskaja, Puschkinskaja, Tschechovskaja*, Tel. 629 6483; mehrere Buchläden in der Kuzneckij Most.
Torgovy Dom Biblio-Globus, große Auswahl an Büchern in Fremdsprachen, Landkarten, 9-22 Uhr, Sa-So 10-21 Uhr, Ul Mjasnickaja 6/3, Haus 1, Metro *Ljubjanka*, Tel. 781 1900, www.biblioglobus.ru.

***KUNST*:** Man braucht eine Ausfuhrgenehmigung für Ölgemälde, die von den Galerien besorgt werden kann! **Akademija Iskusstva**, Verkaufsausstellung der Akademie der Künste, Mo-Fr 12-20 Uhr, Sa 10-18 Uhr; ul. Pretschistenka 21, Metro *Kropotkinskaja*.
Dar, naive Malerei und Skulpturen; ul. Malaja Poljanka 7/7, Metro *Poljanka*.
Galerie Marat Gelman, Mo-Fr 12-18 Uhr; Malaja Poljanka 7/7-5, Metro *Poljanka*, Tel. 238 8492, 238 4040, www.guelman.ru.

***MUSIK / NOTEN*:** **Mir Muzyki**, ul. Sadovaja-Triumfalnaja 16, Metro *Majakovskaja*. **Nota**, Moskaus größte Auswahl an Musiknoten; ul. Neglinnaja 14, Metro *Teatralnaja*. Große Auswahl an CDs im **ZUM**, Petrovka 2 (s. a. links).

***LEBENSMITTEL / MÄRKTE*:** **Jelisejev-Feinkostladen**, schönstes Ambiente, ausgezeichnete Auswahl; Tverskaja ul. 14.
Gastronom Nr. 1, Lebensmittel vom Feinsten aus aller Welt, im Kaufhaus GUM, Roter Platz 3, letzte Linie.
Teeladen, Ende des 19. Jh. im chinesischen Stil erbautes Handelshaus; Mjasnickaja ul. 19, Metro *Lubjanka*.
Tscherjomuschinskij Rynok, schönster Lebensmittelmarkt Moskaus, sehr reiches Obst- und Gemüseangebot, Hummer und Kaviar, eingelegtes Gemüse kann man kosten, Mo-Sa 1-19 Uhr, So 7-17 Uhr; Lomonosovskij pr. 1/42, Metro *Universitetskaja*, weiter mit Straßenbahn
Izmajlovskij Park, Souvenirmarkt mit hübschen Ständen, Sa/So; Metro *Izmajlovskij P*.

***ANTIQUITÄTEN*:** Dürfen nur mit Genehmigung des Kultusministeriums ausgeführt werden (Kitajgorodskij proezd 7, Tel. 928 50 89, Metro *Kitaj-Gorod*) **Unisat**, Porzellan, Ikonen, Samoware; Bol. Nikolopeskovskij Per. 5, Metro *Arbatskaja*. **Antiquariat na Mjasnickoj**, Gold, Silber, Gemälde, Rahmen etc., Mjasnickaja Str. 13, www.antique13.ru.

Foto: Jonathan Smith

MOSKAUER ZIRKUS

Sie möchten auch dorthin, wo die Kinder vollkommen glücklich sind und die Erwachsenen so werden wie die Kinder? In Moskau gibt es zwei Orte dieser Art. Der **Alte Zirkus** (**Jurij-Nikulin-Zirkus**) im Stadtzentrum entstand um 1880, wurde aber in den 1980er Jahren umfassend erneuert (Cvetnoj Bd. 13, Tel. 2000688, www. circusnikulin.ru, Vorstellungen um 19 Uhr, an Wochenenden 14.30 und 18 Uhr).

Sein geräumigeres Gegenstück, der „neue" **Moskauer Staatszirkus** in einem Zelt aus Beton auf den Sperlingsbergen mit 3400 Plätzen – der alte hat 2000 –, war schon bei seiner Eröffnung im Jahr 1973 ein wahres Wunder der Technik. Auch heute gibt es weder in Russland noch in Europa etwas Vergleichbares. So lässt sich z. B. die Manege in Minutenschnelle in eine Eisbahn oder in ein Wasserbassin verwandeln (Prospekt Vernadskogo 7, Metro Universität, Tel. 9300272, www.circ. ru, Vorstellungen um 15 und 19 Uhr).

Der Alte Zirkus ist zwar nicht so vollkommen, doch konnte sich dort eine ganz besondere Atmosphäre erhalten. Die beiden Moskauer Zirkusse haben übrigens keine ständige Truppe, man kann dieselben Artisten sowohl am Cvetnoj-Boulevard als auch auf den Sperlingsbergen erleben. Zu sowjetischen Zeiten waren die Karten für die einheimische Bevölkerung subventioniert und wurden in großem Maßstab über Kindergärten und Betriebe vergeben. Touristen erhielten die begehrten Karten nur für ein Vielfaches des Rubelwertes in Devisen. Heute kann sie jeder an der Kasse kaufen, allerdings zu Preisen, die der Markt bestimmt. Eine Vorstellung dauert inklusive Pause knapp drei Stunden, aber man vergisst die Zeit, weil jede Nummer ein aufregendes, bezauberndes Ereignis ist.

Oben und rechts: Der Moskauer Zirkus hat weltberühmte Dompteure und Clowns (hier: Jurij Nikulin) hervorgebracht.

Dass ein Mensch durch beharrliches Training den Gipfel der Meisterschaft

» Metroplan S. 76

erreichen kann, ist vorstellbar. Doch wie man einem Elefanten beibringt, nur auf einem Vorderbein zu stehen, ist völlig rätselhaft! Übrigens war es im Moskauer Zirkus, wo erstmals in der Welt Prinzipien einer humanen Tierdressur ausgearbeitet wurden. Raue Methoden sind streng verboten, und das zahlt sich aus. So ist Jurij Kuklatschev, einem hervorragenden Clown und Dresseur, etwas gelungen, was zuvor niemand schaffte: Hauskatzen zu dressieren. Sie tun fast alles – außer sprechen.

Der Zirkus ist eine besondere Form der Kunst. Für die Zirkuskünstler ist es nicht nur ein Beruf, sondern eine Lebensanschauung. Sie sind keine Sportler und keine Bohemiens. Jahrhundertealte Traditionen werden in Ehren gehalten; Familienbindungen sind stark– zumeist ist die ganze Familie an einer Darbietung beteiligt, ihre Geheimnisse vererben sie der nächsten Generation. Die meisten von ihnen führen ein bescheidenes, fast asketisches Leben, die Arbeit verschlingt die Künstler total, der Verdienst ist nicht sehr hoch.

In früheren Jahren musste der Moskauer Zirkus mehrmals mit Knebelverträgen im Ausland gastieren, wo den Artisten für ihren Auftritt überhaupt nichts bezahlt wurde und sie lediglich Anspruch auf freie Kost und Logis hatten. Anfang der 1980er-Jahre fand wegen der Korruption von Mitarbeitern der Zirkusbehörde, die solche Verträge unterschrieben hatten, ein aufsehenerregender Gerichtsprozess statt, die Verantwortlichen wurden streng bestraft.

Doch trotz all dieser Schwierigkeiten zwingt die leidenschaftliche Liebe zu ihrer Kunst die Athleten, Dompteure und Seiltänzer allabendlich Gesundheit und Leben zu riskieren. Nur wenige verlassen den Zirkus freiwillig, eher wechselt der Artist das Genre, und aus dem Akrobaten wird ein Dresseur oder einfach ein Arbeiter: Der Zirkus hat eine enorme Anziehungskraft.

Der Moskauer Zirkus genießt seit vielen Jahren jenen Weltruhm, den seine großen Künstler begründet haben. Die Vertreter alter Zirkusdynastien, die noch im 19. Jahrhundert gegründet wurden – die Durovs und Filatovs, großartige Dompteure – gereichen auch heute jedem Programm zur Ehre. Angehörige der älteren Generation erinnern sich noch an den traurigen Clown Karandasch (1901-1983), der gern Charlie Chaplin nachahmte, und an sein winziges Hündchen Kljaksa. Danach kam der eher „sonnige“ Clown Oleg Popov (1930-2016); dann ein philosophischer, der wunderbare Leonid Jengibarov (1935-1972); der berühmte Jurij Nikulin (1921-1997), der zum Zirkusdirektor avancierte; und schließlich der Spaßmacher Leonid Kostjuk, der zugleich Professor an der Russischen Akademie für Darstellende Künste war.

Foto: Jonathan Smith

Die Jongleure, Exzentriker, Kunstreiter, Illusionisten – wieviele es doch gab und noch gibt! Heute wie gestern ist eine Zirkusvorstellung ein Fest, für Kinder wie für Erwachsene: mit bunten Lichtern, waghalsigen Artisten und klugen, gut dressierten Tieren.

» Metroplan S. 76

Foto: Pressfoto (Dreamstime.com)

MOSKAU AM ABEND

Wohin in Moskau am Abend? In der Sowjetzeit bot die Stadt wenig Abwechslung beim Abendprogramm. Doch in den letzten Jahren hat sich die russische Hauptstadt wie keine andere Stadt Europas verändert. Wer Moskau aus früheren Zeiten kennt, kann nur staunen. Moskau pulsiert Tag und Nacht, strahlt Aktivität und Dynamik aus. Die ganze Biederkeit, die die Stadt jahrzehntelang prägte, ist wie weggewischt; Moskau ist nun laut, elegant und prickelnd – besonders am Abend!

Rundfahrt durch das nächtliche Moskau

Eine Rundfahrt „Moscow by night" wie sie z. B. am Roten Platz lautstark angeboten wird, zeigt das neue Moskau: Hausfassaden, die so ausgetüftelt angestrahlt sind, dass ihre bei Tageslicht flachen Pilaster wie halbrunde Säulen erscheinen, Lichterketten an Brücken spiegeln sich im Wasser, aufblitzende Leuchtreklamen werben für Nachtbars. Auf dem Manegenplatz demonstrieren bunt bestrahlte Springbrunnen eindringlich, dass in dieser Stadt nicht gespart wird. Wer die Lichterflut gerne zu Fuß, aber doch mit Erläuterungen erleben möchte, findet Englisch (seltener Deutsch) sprechende Guides unter www.mosmania.ru oder www.moscowfreetour.ru. Unter dieser Adresse bietet man auch spezielle (allerdings nicht kostenlose)Führungen an, wie z. B. die „Communist Moscow Tour", mit der Sie täglich um 18 Uhr den Abend einläuten und ein wenig die Atmosphäre der sowjetischen Vergangenheit zwischen Oktoberrevolution und Perestrojka schnuppern können. Im Anschluss könnte man über den Dächern der Innenstadt in einer der Bars und Clubs im historischen Gebäude der Schokoladenfabrik „Roter Oktober" die Gegenwart genießen.

Oben: Ballett im Bolschoj-Theater. Rechts: Das italienische Restaurant Ligurija am Neuen Arbat.

Ballett und Theater

Eine konstante Größe im Abendprogramm ist die Welt der klassischen Musik. Zwar sind die Eintrittspreise besonders für Ballett und Oper (weniger für Konzerte) in astronomische Höhen gestiegen (Ausländer zahlen noch mehr), aber für einheimische Rentner gibt es ein Kontingent spezieller „Sozialkarten". Mit solchen Karten dürfen sie sich in den Logen hinter die letzten Stuhlreihen stellen oder sich auf die niedrigen Trennwände zwischen den Logen setzen.

Das Ballett galt bereits in der zaristischen Zeit als Domäne der Russen, viele namhafte Choreografen des 20. Jh. stammten aus Russland, waren von der Moskauer und Petersburger Ballett-Schule geprägt oder entscheidend beeinflusst. Das Bolschoj-Theater steht mit seiner berühmten Balletttruppe wie eh und je außer Konkurrenz. Der

 » Metroplan S. 76

Foto: Günter Nelles

Tänzer Vaclav Nijinskij, Mitglied der legendären Truppe *Ballet Russe* des Sergej Djagilev, begeisterte vor dem Ersten Weltkrieg ganz Europa und die Neue Welt. Seit der Uraufführung von Pjotr Iljitsch Tschaikovskijs *Schwanensee* 1877 gehört dieses Ballett weltweit zum Standardprogramm der großen Bühnen. Der Komponist Igor Stravinskij schuf kurz vor Ausbruch des Ersten Weltkriegs drei Ballette, die noch heute zum Standardrepertoire aller seriösen Balletttheater gehören: *Feuervogel*, *Petruschka* und das – anfangs von Kritikern verrissene – *Sacre du Printemps*.

Immer schon beliebt ist bei den Großstädtern auch das Theater. Ensembles wie das „Theater an der Taganka“ oder das „Theater des Leninschen Komsomol“ in Moskau standen in den 1970er- und 80er-Jahren so hoch im Kurs, dass die Theaterfans nächtelang nach Karten anstanden. Gegenwärtig nimmt das Interesse am Theater zwar wieder zu, doch eine Rückkehr zu den alten Verhältnissen wird es sicher nicht geben.

Wachsender Beliebtheit erfreuen sich diverse Festivals, wie z. B. die Moskauer „Arts Night“, ein Festival das im November 2013 erstmals gefeiert wurde und die „Night of the Park“, „Night of Music“ und „Night of the Museum“ integriert (Infos u. a. unter www.mmdm.ru). Gut angenommen wird auch die „Nacht der Museen“ (www.artplay.ru).

Essen gehen

Die Restaurants und Cafés der Sowjet-Ära sind aus dem Stadtbild verschwunden, stattdessen sind unzählige neue Ess- und Vergnügungstempel aus dem Boden geschossen. Für jeden ist etwas dabei: Wer gerne russisch-rustikal oder kaukasisch isst, findet das Seine; wer französische oder italienische Kost bevorzugt: Es herrscht auch daran kein Mangel, Exotisches – bitte schön, jederzeit. Bevorzugen Sie minimalistisches Ambiente, Art Déco, den Stil der 50er Jahre oder eher üppig-folkloristische Gestaltung? – Kein Problem, die Auswahl ist enorm.

» Metroplan S. 76

Clubs und Diskotheken

Moskau schöpft aus dem Vollen. Die Klassengesellschaft wird heute offen ausgelebt. Nur trennt sie nicht mehr wie zu Sowjetzeiten Einheimische und westliche Ausländer. In die angesagten, durchgestylten Discos und Klubs darf nur, wer die strenge Gesichts- und Kleiderkontrolle bestanden hat. Euro- oder Dollarbündel nützen hier nichts, wenn der Rest nicht stimmt.

Das neue nächtliche Moskau ist elitär und selbstbewusst. Vor jedem In-Klub, jeder In-Disco stehen muskelbepackte Türsteher. Sie entscheiden, ob eine Frau schön, jung und das Styling cool genug ist, um ihr Reich betreten zu dürfen. Bei den Herren spielen Alter, Brustumfang und Haarpracht nicht die gravierende Rolle, aber das Outfit, das auf einen gut gefüllten Geldbeutel rückschließen lassen sollte, muss stimmen. Man ist gerne unter sich und liebt die späte Stunde. Kenner der Szene wissen, dass vor Mitternacht nichts läuft.

Die große Konkurrenz hat dazu geführt, dass viele Lokale wie beispielsweise das „B 2“ alles in einem sind: Konzertsaal, Bar, Disco, Café, Kneipe, Restaurant, Klub, Varieté. Das bedeutet aber nicht, dass, wer es ins Restaurant geschafft hat, auch automatisch Zutritt in die Bar oder die Disco bekommt; oft wird intern noch einmal unter den Gästen selektiert.

Andererseits gehen manche Nobellokale wie das sehr beliebte „Puschkin“ eher unbefangen mit ihren Gästen um, wer nicht gerade mit kurzer Hose kommt, findet meistens Einlass ohne Schikanen. Letzten Endes entscheidet die Tagesform der jeweiligen Türsteher.

Abendliche Realität

Wo begegnet man eigentlich dem/der „typische(n) Moskauer(in)“, jemandem, der über ein durchschnittliches Budget verfügt und sich abends einfach nur amüsieren möchte? Die meisten jungen Leute treffen sich gerne in Lokalen der populären, preiswerten Caféhaus- und Restaurantketten wie „Kofe Chaus“, „Schokoladnica“ oder „Jolki Palki“, die auf russische Spezialitäten setzen und für amerikanische und italienische Ketten zunehmend zur Konkurrenz werden.

Kino spielt heutzutage nicht mehr die große Rolle der Sowjetjahre, wobei man inzwischen die neuesten ausländischen Produktionen sehen kann, auch in englischer Sprache wie im „American House of Cinema“.

Viele Moskauer aber, besonders jene der älteren Generation, haben nicht die finanziellen Mittel, um sich einen Restaurant- oder Kneipenbesuch leisten zu können. „Moskau am Abend“ bedeutet für sie: fernsehen. Nur zu besonderen Anlässen gönnt man sich zusammen mit Freunden und Verwandten ein Essen im Restaurant.

Oben: Jazz im Unterhaltungskomplex Jazz Town (www.jazztown.ru).

» Metroplan S. 76

Ballett, Theater, Zirkus

Bolschoj-Theater (Oper/Ballett), Teatralnaja Pl., Metro *Teatralnaja*, www.bolshoi.ru; Ersatzbühne „Neue Bühne" neben dem historischen Gebäude, Tel. 250 73 17, Fax 692 00 50; Operettentheater, u. Bolschaja Dmitrovka 6, Metro *Teatralnaja*, Tel. 292 63 77.
Glinka-Saal, ul Fadejeva 4, Metro *Majakovskaja*, Tel. 972 32 37.
Tschajkovskij-Saal, Triumfalnaja Pl. 4/31, Metro *Majakovskaja*, Tel. 299 39 75.
Jüdisches Musical-Theater, Taganskaja ul. 12, Metro *Taganskaja*, Tel. 272 56 51.
Malyj Teatr (Kleines Theater), Teatralnaja Pl., Metro *Teatralnaja*, Tel. 923 63 05.
Teatr na Taganke, Taganskaja Pl., Metro *Taganskaja*, Tel. 915 11 53.
Teatr Sovremmenik, Tschistoprudnyj Bd. 19a, Metro *Tschistyje Prudy*, Tel. 921 64 73.
Tschechov-Künstlertheater, Kamergerskij per. 3, Metro *Ochotnyj Rjad*, Tel. 292 11 92.
Moskauer Staatszirkus, Vernadskogo Pr. 7, Metro *Universitet*, Tel. 930 02 72.
Jurij-Nikulin-Zirkus (Alter Zirkus), Cvetnoj Bd. 13, Metro *Cvetnoj Bulvar*, Tel. 200 06 88.

Essen gehen

(weitere Restaurants und Cafés siehe Infobox S. 99, 111, 129)
***LUXUS*:** **Yar**, französische und russische Küche, täglich Varietéshows, legendärer Prunksaal aus dem 19. Jahrhundert; im Hotel Sovetskij, Leningradskij pr. 32/2, Metro *Belorusskaja* oder *Dynamo*, Tel. 960 20 00-2, www.sovietsky.ru.
O'Mar, Fischspezialitäten, Visa und MasterCard akzeptiert, tgl. 12-24 Uhr; Teatralnaja Ploschtschad 5/3, Metro *Teatralnaja*, Tel. 698 32 54.
***MITTEL*:** **Café Publica**, eine Mischung aus Edel-Italiener und Kaffeehaus, dabei noch recht zivile Preise, alle Kreditkarten außer American Express, abends Musik, 11-5.30 Uhr; Malyj Putinkovskij pereulok 1/2, Metro *Puschkinskaja*, *Tschechovskaja*, Tel. 650 01 21.
Djadja Vanja, russ. Küche, gemischtes Publikum, 11-24 Uhr, Do u. Fr. ab 19 Uhr Live-Musik (russ.); Bolschaja Dmitrovka 17, Metro *Teatralnaja*, Tel. 232 14 48.
Mari Vanni, hell, (Kinder-)freundlich, besser reservieren, 9 Uhr bis letzter Gast; Spiridonievskij per. 10a, Metro *Pushkinskaja*, Tel. 495 650 65 00, www.marivanna.ru.
Mme Galife, unter anderem auch georgische Küche, sehr gemütlich, unkonventionell, Mo-Fr 12-5, Sa 14-5, So 15-24 Uhr, Prospect Mira 26/1 (Eingang Grochol'skogo per.), Metro *Pr. Mira*, Tel. 775 26 01.

Bars, Clubs

Arbat Blues Club, ältester Club in Moskau, gute Atmosphäre, bis 5.30 Uhr morgens geöffnet; Filipovskij Per. 11, Metro *Arbatskaja*.
Hermitage, In-Club; Karetnyj rjad 3, Metro *Puschkinskaja*, Tel. 299 11 60, 299 75 19.
Art Club Nostalgie, Live-Musik, nette Atmosphäre; Tschistoprudnyj Bd. 12a, Metro *Tschistie Prudy*.
Night Flight, Bar, Restaurant, Diskothek bis 5 Uhr; ul. Tverskaka 17, Metro *Puschkinskaja*, Tel. 229 41 65.
Sojuz Kompozitorov (Club der Komponisten), Konzerte, Live-Musik (Soul, Folk, Jazz, Klassik), ab 13 Uhr bis zum letzten Gast, So. Jazz-Brunch, Brjusov per. 8/10, Gebäude 2, *Metro Ochotnyj Rjad*, www.ucclub.ru.
B.B.King, Live Jazz und Blues, Interieur im Stil der 50er Jahre, beliebt bei Einheimischen und Ausländern; Konzerte Di-Sa ab 20 Uhr, So ab 19 Uhr, geöff. 12Uhr – letzter Gast, ul. Sadovaja-Samotjotschnaja 4/2, Tel. 299 82 06, Metro *Cvetnoj Bul´var*.
City Space Bar&Lounge, Live-Musik, super Ausblick, 18–3 Uhr, im Swissotel Krasnye Cholmy, 34. Etage, Kosmodamianskaja Nab. 52, Geb. 6, *Metro Paveleckaja*.
Bar Strelka, in der ehem. Schokoladenfabrik Roter Oktober; 9-24, Fr 9-3, Sa 12-3, So 12-24 Uhr; Bersenevskaja nab.14, Geb 5, www.barstrelka.ru.

Diskotheken

Propaganda, je nach Wochentag wechselnde Diskjockeys, junges Publikum ohne Extravaganzen; Bolschoj Zlatouskij per. 7, Metro *Kitaj-Gorod* oder *Lubjanka*, Tel. 624 57 32.
Schiguli, Sowjetpop und Sowjetrock; Novyj Arbat 11, Metrostationen *Smolenskaja* und *Arbatskaja*.

7
Planernaja
Schodnenskaja
Tušinskaja
Špartak
Ščukinskaja
Oktjabr'skoe Pole
Poležaevskaja
Begovaja
Ulica 1905 Goda
Barrikadnaja
2
Khovrino
Belomorskaja
Rečnoj Vokzal
Vodnyj Stadion
Vojkovskaja
Sokol
Aèroport
Dinamo
Belorusskaja
Majakovskaja
Tverskaja
Seligerskaja
Lichobory
Vladykino
Petrovsko-Razumovskaja
Timirjazevskaja
Dmitrovskaja
Savjolovskaja
Mendeleevskaja
Novoslobodskaja
9
Altuf'evo
Bibirevo
Otradnoe
Ul. Milashenkova
Teletsentr
Ul. Akad. Korolyova
VDNCh
Ul. Sergeja Ejzenštejna
Vystavochnyj Tsentr
13
10
Mar'ina Rošča
Dostoevskaja
6
Medvedkovo
Babuškinskaja
Sviblovo
Botaničeskij Sad
Alekseevskaja
Rižskaja
Prospekt Mira
Sucharevskaja
1
Bulvar Rokossovskogo
Čerkizovskaja
Preobraženskaja Ploščad'
Sokol'niki
Krasnosel'skaja
Komsomol'skaja
Krasnye Vorota
Ščjolkovskaja
3
Pervomajskaja
Izmajlovskaja
Partizanskaja
Semjonovskaja
Elektrozavodskaja
Baumanskaja
MCC
14
3
Pyatnitskoe Šosse
Mitino
Volokolamskaja
Mjakinino
Strogino
Krylatskoe
Molodjožnaja
4
Kuncevskaja
Pionerskaja
Filevskij Park
Bagrationovskaja
Meždunarodnaja
Vystavochnaja
Delovoy Tsentr
Fili
Kutuzovskaja
Studenčeskaja
Slavjanskiy Bul'var
Park Pobedy
8
Rameniki
Krasnopresnenskaja
Cvetnoj Bul'var
Trubnaja
Čistye prudy
Turgenevskaja
Sretenskij Bul'var
Puškinskaja
Čechovskaja
5 Circle Line
Pl. Revoljucii
Kuzn. Most
Lubjanka
Teatralnaja
Ochotnyj Rjad
Kitaj-Gorod
Čkalovskaja
Kurskaja
Circle Line 5
Arbatskaja
Borovickaja
Aleksandrovskij Sad
Biblioteka im. Lenina
Smolenskaja
Kievskaja
Arbatskaja
Smolenskaja
Kropotkinskaja
Poljanka
Tret'jakovskaja
8
Marksistskaja
Novokuzneckaja
Taganskaja
Rimskaja
Park Kul'tury
Oktjabr'skaja
Frunzenskaja
Dobryninskaja
Paveleckaja
Serpuchovskaja
Avtozavodskaja
Tekhnopark
Novokosino
Novogireevo
Perovo
Šosse Entuziastov
Ploščad' Il'iča
Aviamotornaja
Volgogradskij Prospekt
Krest'janskaja Zastava
Proletarskaja
Tekstil'ščiki
Dubrovka
Kuz'minki
Sportivnaja
Vorob'jovy Gory
Universitet
Prospekt Vernadskogo
Jugo-Zapadnaja
Troparjovo
Rumjantsevo
Salar'jevo
1
Šabolovskaja
Leninskij Prospekt
MCC
14
Akademičeskaja
Profsojuznaja
Novye Čerjomuški
Kalužskaja
Beljaevo
Kon'kovo
Tjoplyj Stan
Jasenevo
6
Bitsevskiy Park
Novojasenevskaja
12
Lesoparkovaja
Tul'skaja
Nagatinskaja
Nagornaja
Nachimovskij Prospekt
Kachovskaja
Sevastopol'skaja
Čertanovskaja
Južnaja
Pražskaja
Ul. Akad. Jangelja
Annino
9
Bul'var Dm. Donskogo
Ul. Starokačalovskaja
Ul. Skobelevskaja
Bul'var Admiral Ušakova
Ul. Gorčakova
Buninskaya Alleja
12
Kolomenskaja
Kožuchovskaja
11A
Kaširskaja
Kantemirovskaja
Varšavskaja
Caricyno
Orechovo
Domodedovskaja
Krasnogvardejskaja
Alma Atinskaja
2
10
Pečatniki
Rjazanskij Pros.
Volžskaja
Ljublino
Vychino
Bratislavskaja
Mar'ino
Lermontovskij Pros.
Borisovo
Žulebino
Šipilovskaja
Zjablikovo
Kotel'niki
7
Jasenovo
U-Bahn-Station
Umsteigestation
U-Bahn-Linie in Bau
METRO MOSKAU
© Nelles Verlag GmbH, München

TIMIRJAZEVSKIJ
MARFINO
Botanischer Garten
Ostankino
93
OSTANKINSKIJ
ul. Sergeja Ejsenštejna
Jauza
Vystavočnyj Tsentr
Cosmos
ulica Kosmonavtov
VDNCh
Park akademii im. K. A. Timirjazeva
Park Dubki
ul. Milashekova
Teletsentr
ul. Ak. Koroljova
Timirjazevskaja
Fernsehturm
Ostankino
Malenkovskaja
Krasnyj Baltjec
BUTYRSKIJ
ALEKSEEVSKIJ
126
SOKOL
Dmitrovskaja
Alekseevskaja
Sokol
AE'ROPORT
MAR'INA ROŠČA
Sokol'niki Park
Graždanskaja
SOKOL'NIKI
Leningradskij
Aèroport
SAVJOLOVSKIJ
Savjolovskij vozkal
Stankolit
Mar'inoj Rošči
Rižskij vozkal
Rževskaja
Savelovskaja
Suščevskij Val
Rižskaja
Savjolovskaja
Aerostar
Dinamo
MESTCHASKIJ
Chodynskoe Pole
Renaissance
CHOROSHJOVSKIJ
Sportkompleks Olimpijskij
Jaroslavskij vokzal
Dostoevskaja
Mendeleevskaja
Krasnosel'skaja
102
Hippodrom
Prospekt Mira
Poležaevskaja
Belorusskaja
Novoslovodskaja
KRASNOSEL'SKIJ
BEGOVOJ
TVERSKOJ
Komsomol'skaja
Bergovaja
Begovaja
Kievskij vozkal
Sadovoe Kol'co
Sklifasovskij Krankenhaus
Kazanskij vokzal
Vagan'kovskoe cemetery
PRESNENSKIJ
Marriott
Krasnye Vorota
Presnja Tov.
Ulica 1905 goda
Budapest
Zvenigorodskoe Shosse
Zoo
88
Barrikad-naja
Kurskaja
Kurskij vokzal
Krasnopresnenskaja
Šelepichinskij Most
Regierung der Russ. Föderation
Nikitskaja
ul. Marosejka
Čkalovskaja
Šmitovskij prosp.
82
Roter Platz
Moscow City
Novyj Arbat
Testovskaja
Radisson Royal
Kreml
Andronikov-Kloster
91
ARBAT
ul. Arbat
Meždunarodnaja
Fili
Kutuzovskij pr.
Golden Ring
Kievskij vozkal
Kievskaja
Chr. Erlöser-Kathedrale
Marksistskaja
Kutuzovskaja
Kutuzovo
Bogdana Chmjelnitzkogo Most
YAKIMANKA
Taganskaja
Kutuzovskij prosp.
Studenčeskaja
Park Kultury
Park Pobedy
Park Kul'tury
Krest'janskaja Zastava
Moskva-Sortivočnaja Kievskaja
Potylicha
Paveleckaja
115
Dobryninskaja
Katerina-City
Proletarskaja
Berež-kovskij Most
Neujungfrauen-kloster
Frunzen-skaja
Oktjabr'skaja
Paveletskij vokzal
117
Serpuchovskaja
Andreevskij Most
ZAMOSKVAREČ'E
Deutsche Botschaft
Vorob'jovy Gory
Gor'kij Park
Central'nyj stadion im V.I. Lenina
Šabolovskaja
Schwedische Botschaft
Moskva
St. Donskoj Men's Cemetery
DANILOVSKIJ
Tul'skaja
Danilovskaja
Sperlings-berge
Lužneckij Most
Vorob'jovy Gory
Leninskij Prospekt
Danilovskoe Cemetery
Avtozavodskaja
ul. Kosygina
Avtozavodskaja ul.
GAGARINSKIJ
Kanatchikovo
Kol'co
Kožuchovo
DONSKOJ
MOSKAU
91 - 93
0
1
2 km
Universitet
Kolomenskoje (6,5 km), Caricyno (16,5 km)
92
LOMONOSOVSKIJ
Akademičeskaja
© Nelles Verlag GmbH, München

4
Moskau

Foto: Rolf52 (Dreamstime)

DIE MOSKAUER INNENSTADT

KREML
ROTER PLATZ
BASILIUS-KATHEDRALE
HISTORISCHES MUSEUM
KITAJ-GOROD
BOLSCHOJ-THEATER
LUBJANKAPLATZ

DIE MOSKAUER METRO

Von Anfang an war die Metro mit ihren prachtvollen Stationen der Stolz der Hauptstadt und der Partei, die die unterirdische Herrlichkeit für ihre Propaganda nutzte. Man habe, so hieß es 1935 vor Einweihung der ersten Strecke, nur mit eigenen Kräften und Ressourcen in Rekordzeit eine Metro gebaut – „die beste auf der Welt, eine würdige Metro für unsere proletarische Hauptstadt." Die erste Linie war 11 km lang; seit 2015 umfasst das Netz über 330 km mit rund 200 Stationen. Die Kommunistische Partei ist heute bedeutungslos, die bolschewistische Rhetorik verstummt – aber die Metro fährt. Ohne sie würde Moskau ins Stocken geraten. Jeden Werktag befördert sie 9 Millionen Menschen. In den Tunnels erreichen die blauen Züge bis zu 90 km/h.

Wagentriebwerke, Belüftung (die Luft wird viermal pro Stunde gewechselt), Beleuchtung, Signal- und Überwachungseinrichtungen, über 500 Rolltreppen mit 125 000 Stufen und einer Gesamtlänge von 55 km – alles läuft elektrisch. So ist die Metro der größte Stromverbraucher Moskaus; sie verschlingt mehr als 4 Mio. Kilowattstunden pro Tag. Diese Zahlen und vieles andere mehr über die Metro erfährt man in dem kleinen **Metro-Museum** im obersten Stock des südlichen Gebäudes der Station **Sportivnaja**. Das frühere Betriebsmuseum ist seit 1985 zugänglich, der Eintritt ist frei. Doch lassen wir Statistiken und Museen beiseite – die U-Bahn erzählt durch ihre Ausstattung ihre Geschichte selbst.

Die ältesten Stationen, erbaut noch vor dem Zweiten Weltkrieg, sind der Revolution, dem Aufbau und den technischen Errungenschaften des Sozialismus gewidmet – so der **Revolutionsplatz** (*Ploščad' Revoljucii*) mit 80 Bronzeplastiken von Arbeitern und Soldaten, oder **Majakovskaja**, benannt nach dem Revolutionsdichter Vladimir Majakovskij, mit Bogenverkleidungen aus rostfreiem Stahl und Deckenmosaiken, die die Entwicklung der Luftfahrt zeigen.

Nach dem Krieg setzte man den Bau fort, Anfang der 1950er-Jahre wurde die **Ringlinie** (*Kolcevaja linija*) in Betrieb genommen. Ihre zwölf Stationen gehören zu den sehenswertesten; alle sind mit großer Pracht im Stil des „Stalin-Empire" ausgestaltet, so auch die **Kievskaja** von 1954 mit ihren Kronleuchtern. Stalin wurde jedoch später aus dem Mosaikbild ihrer Bahnsteighalle entfernt; es zeigt nur noch Lenin. An vielen Stellen tritt das Thema des Sieges hervor, sei es in den idealisierten keramischen Relief-

Links: Für Kreml-Bresucher günstig gelegen: die Metrostation Ochotnyj Rjad.

» Metroplan S. 76, Info S. 99

Foto: VLADJ55 (Shutterstock.com)

porträts von Soldaten und Partisanen in der Station **Taganskaja** oder in den goldfunkelnden Deckenmosaiken der **Komsomolskaja**, wo berühmte Heerführer wie Alexander Nevskij abgebildet sind. Friedlicher wirkt hingegen die Station **Novoslobodskaja** mit ihren beleuchteten Glasbildern in Tiffany-Technik.

In den 1960er-Jahren wurde einfacher gebaut. Mehrere Linien wurden verlängert, die Stationen der Außenbezirke aus dieser Zeit haben oft nur geflieste Wände – aber noch polierte Steinböden.

Bei den neueren Stationen der 1980er-Jahre ging man wieder mit mehr Fantasie zu Werke. Die Ausstattung ist nicht mehr revolutionär-pathetisch, sondern richtet sich oft nach dem Namen der jeweiligen Station. **Mendelejevskaja**, benannt nach dem russischen Chemiker Dimitrij Mendelejev, dem Entdecker des Periodensystems der Elemente, wird von Leuchtern in der Form von Molekülmodellen erhellt. **Tschechovskaja** hat an den Wänden Intarsienbilder aus buntem Gestein, die an Tschechows Werke erinnern. **Borovickaja** entlehnt ihren Namen dem Borovickij-Hügel im Kreml und wurde mit dem gleichen Baumaterial wie die Kremlmauer gestaltet.

Alle Stationen sind sehr sauber; Papierkörbe fehlen allerdings, seit in den 1970er Jahren Sprengkörper darin explodiert waren. Wer mit der Metro fahren will, kauft sich eine Einzel- oder Mehrfahrtenmagnetkarte, entwertet diese am roten (bzw. gelben) Punkt an der Kontrollschleuse und kann dann stundenlang spazieren fahren. Erst wenn die Schleuse wieder passiert wird, muss neu bezahlt werden. Eine Fahrt kostet 55 Rubel, Mehrfahrtenkarten sind billiger. Tagestickets gibt es für 210 Rbl. und 90-Minutentickets für 65 Rbl., die auch für Bus, Tram und Trolleybus gelten.

Oben: Komsomolskaja – eine Metro-Station wie ein unterirdischer Palast. Rechts: Der Kreml – Machtzentrum und über Jahrhunderte entstandenes Gesamtkunstwerk.

» Metroplan S. 76, Info S. 99

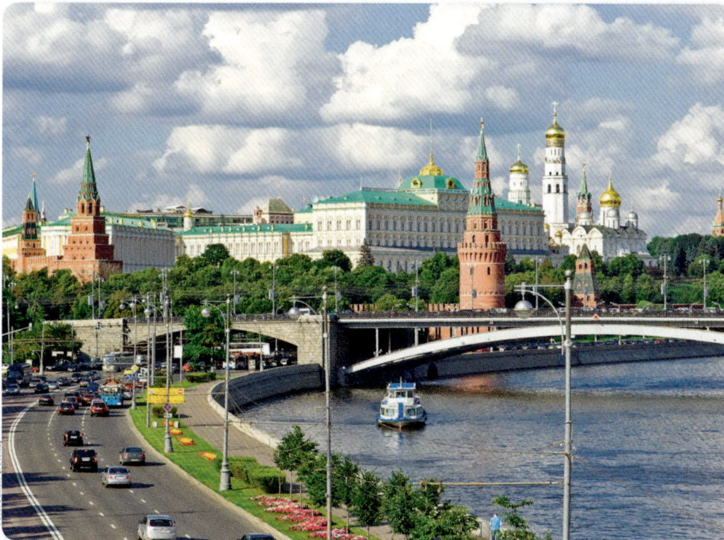

Foto: Sailorr (Fotolia)

★★KREML

Der Kreml ist das geschichtliche Zentrum Russlands und der ehemaligen Sowjetunion. Je größer und bedeutender das russische Imperium wurde, desto größer und schöner ließen die Herrscher auch den Kreml ausbauen, bis er an bizarrer Schönheit, verwirrender Vielfalt und mythenhafter Überhöhung kaum zu überbieten war. Die Anfänge waren jedoch recht bescheiden: Die ersten Herrscher legten eine Festung aus Eichenpfählen an, bis im 14. Jh. Dimitrij Donskoj die hölzernen Befestigungen durch Bollwerke aus weißen Steinen ersetzen ließ. Bereits im 15. Jh. beauftragte Ivan III. die italienischen Baumeister Ruffo und Solari, Mauern aus roten Ziegelsteinen zu errichten, wie sie den Besuchern bis heute vertraut sind.

Der Kreml war Herrschersitz des Großfürsten bzw. des Zaren, Sitz des Metropoliten, Festung, Gefängnis, Folterkammer, Museum und Krönungsstätte, Waffen- und Schatzkammer und Ort wichtiger kultureller Ereignisse. Bis heute ist er das Machtzentrum Russlands – hier befindet sich der Amtssitz des Präsidenten. Einige Bereiche stehen unter strenger Bewachung und können nicht besichtigt werden (Georgssaal, nur mit Sondergenehmigung; das Arsenal; der Senat).

Den Kreml seinem Rang angemessen zu besichtigen erfordert Zeit und Ausdauer. Es wäre sinnvoll, den Komplex des Kreml erst einmal zu Fuß zu umwandern, um einen Gesamteindruck seiner Größe zu erhalten. Etwa 2,2 km ziehen sich die Mauern durch Moskaus Innenstadt. Ein geeigneter Anfangspunkt wäre der **Dreieinigkeitsturm** (1) (*Tróickaja bášnja*) an der Westmauer. Er stammt aus dem Jahr 1495 und ist mit 76 m der höchste der zwanzig Kremltürme. Seine tiefen Kellergeschosse wurden früher als Munitionsdepot genutzt. Dem Dreieinigkeitsturm ist der **Kutafja-Turm** (2) (*Kutáf'ja bášnja*) aus dem 16. Jh. vorgelagert.

Wo die Neglinnaja an der Kremlmauer entlangfloss, schuf Osip Bové 1821-1824 den **Alexandergarten** (3)

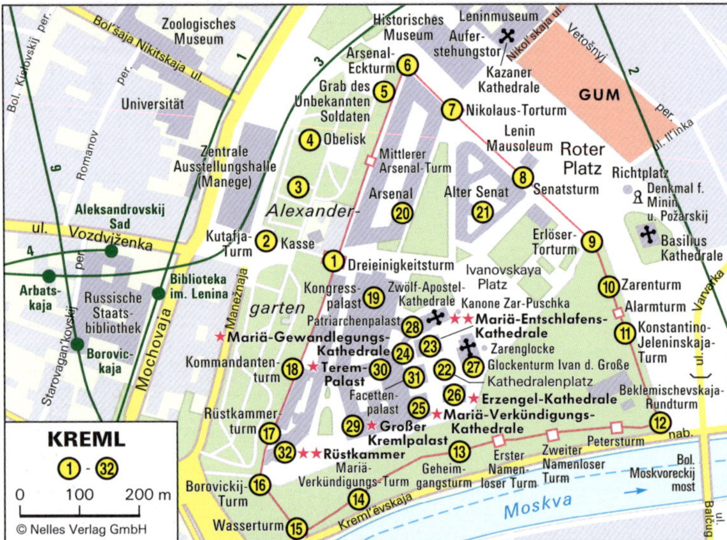

(*Aleksándrovskij sad*), benannt nach Alexander I. in Erinnerung an den Sieg über Napoleon. Bové entwarf auch die **Grotte** am **Mittleren Arsenalturm**; daneben, in der Hauptallee des Parks, steht der 1913 zum 300. Jubiläum der Romanov-Dynastie aufgestellte **Obelisk** (4). Ebenfalls in der Hauptallee schaut seit Kurzem **Alexander I.** von seinem Denkmalsockel herunter. Nach 1945 wurde im Norden des Gartens das **Grab des Unbekannten Soldaten** (5) geschaffen. Die zehn dunkelroten Porphyrblöcke enthalten jeweils die Erde jener „Heldenstädte" der Sowjetunion, die im Zweiten Weltkrieg am meisten gelitten haben. Noch immer legen Hochzeitspaare vor dem Ewigen Feuer der Gedenkstätte Blumen nieder, um der Toten zu gedenken.

Die nördliche Ecke der Kremlmauer ist vom **Arsenal-Eckturm** (6) besetzt, dem an der Ostseite der **Nikolaus-Torturm** (7) (*Nikólskaja bášnja*) und der **Senatsturm** (8) (*Senátskaja bášnja*), beide von 1492, folgen. Der als Paradeeingang bedeutendste und schönste aller Kremltürme ist der **Erlöser-Torturm** (9) (*Spásskaja bášnja*), 1491 von Pietro Antonio Solari geschaffen. Der englische Uhrmacher Christopher Galloway baute 1624/25 eine Uhr mit Glockenspiel ein; der heutige Mechanismus stammt von 1851/52.

Nur 11,4 m ragt der sich südlich anschließende **Zarenturm** (10) (*Cárskaja bášnja*) über die Kremlmauer. Von dort pflegte die Zarenfamilie den Festen und den Hinrichtungen auf dem Roten Platz zuzusehen. Im 37 m hohen **Konstantino-Jeleninskaja-Turm** (11), 1490 anstelle eines Torturms errichtet, war die Folterkammer untergebracht. Größer und bedeutender ist sein Nachbar: Der **Beklemischevskaja-Rundturm** (12), 46 m hoch, sicherte seit 1487 die Südostecke des Kreml zur Moskva hin.

Vom ehemaligen **Geheimgangsturm** (13) (*Tájnickaja bášnja*, 1485, von P. A. Solari erbaut), dem ältesten erhalte-

Rechts: Mittelpunkt der ganzen Kremlanlage ist der Kathedralenplatz.

Foto: EdoTealdi (iStockphoto.com)

nen Turm der Kremlanlage, konnte man an die Moskva gelangen.

Aus Kalksteinblöcken des alten Kreml aus dem 14. Jh. wurde der **Mariä-Verkündigungs-Turm** (14) (*Blagovéščenskaja bášnja*) errichtet. Wie alle Ecktürme weist auch der 59 m hohe, runde **Wasserturm** (15) (*Vodovzvódnaja bášnja*) besonders starke Mauern auf. 1633 wurde darin eine Wasserhebevorrichtung installiert, die den Kreml mit Wasser versorgte. Durch den imposanten **Borovickij-Turm** (16) (*Borovíckaja bášnja*) erreicht man die Rüstkammer. Die kleineren Türme, der **Rüstkammerturm** (17) (*Oružéjnaja bášnja*) und der **Kommandantenturm** (18) (*Komendántskaja bášnja*), stehen an der Mauer zum Alexandergarten.

Durch den **Dreieinigkeitsturm** (1) in das Innere des Kreml passiert der Besucher linkerhand das Arsenal, rechts den Kongresspalast. An keiner Stelle des Kreml hat die Sowjetunion so massiv ihren Bauwillen dokumentiert wie am Beispiel des riesigen **Kongresspalastes** (19). Der Bühnen- und Kongresssaal von 1961 fasst 6000 Besucher. Der Bankettsaal ist für 2500 Personen ausgelegt; 800 weitere Räume machen den Kongresspalast zum größten seiner Art in der Russischen Föderation. Das gegenüberliegende **Arsenal** (20) ließ Peter der Große errichten. Von Napoleon 1812 zerstört, wurde es 1828 von Osip Bové wiederaufgebaut. Östlich schließt sich der **Alte Senat** (21) an, dessen Großer Saal als Meisterwerk des Klassizismus gilt. Heute ist er Sitz des Ministerrats. Das dreieckige Gebäude wurde 1776-88 von Matvej Kazakov errichtet.

Mittelpunkt der ganzen Kremlanlage ist der **Kathedralenplatz** (22), der von der Mariä-Entschlafens-Kathedrale, der Mariä-Verkündigungs-Kathedrale, der Erzengel-Kathedrale, der Mariä-Gewandlegungs-Kathedrale und dem Glockenturm Ivan der Große eingefasst wird. 1991 erhielt die Orthodoxe Kirche die Kremlkirchen zurück, sie werden seither zwar für Gottesdienste genutzt, bleiben aber hauptsächlich Museen.

Die herrliche ★★**Mariä-Entschlafens-Kathedrale** (23) (*Uspénskij sobór*) ist

Foto: Gregor M. Schmid

die historisch und kunstgeschichtlich bedeutendste Kirche Russlands. In ihr wurden alle Zaren gekrönt, die Metropoliten und Patriarchen inthronisiert.

Da die Baukunst infolge der Isolation unter den Tataren stark beeinträchtigt war, beauftragte Ivan III. 1475 den Bologneser Stadtbaumeister Aristotele Fioravanti mit dem Bau dieser Kremlkirche, was für die russische Kirchenarchitektur zweifellos ein Glücksfall war. Bis 1479 schuf Fioravanti eine der beeindruckendsten und prachtvollsten Kathedralen Russlands, die bis heute nahezu unbeschadet geblieben ist. Nach dem Vorbild der Uspenskij-Kathedrale in Vladimir errichtete Fioravanti ein schlichtes, in den Proportionen vorbildliches Bauwerk, in dem sich altrussische Bautradition und italienische Konstruktionstechnik auf harmonische Weise vereinen. Vier schlanke Säulen im Kirchenraum und zwei quadratische Pfeiler, die hinter der Ikonostase verborgen sind, tragen die fünf vergoldeten Helmkuppeln und die abgeflachten Kreuzgewölbe. Besonders prächtig ist das **Südportal**, das sich zum Kathedralenplatz öffnet. Fioravanti war mit dem *Uspenskij sobor* ein Meisterwerk gelungen.

Als Hauptkirche der Zaren wurde die Kathedrale auf das Kostbarste ausgestattet. Beeindruckend ist die 16 m hohe **Ikonostase**, die den Altar- vom Gemeinderaum trennt. Die 69 Ikonen schufen Meister aus Jaroslavl und Kostroma. Vollendet wurde die Ikonostase im 17. Jh. Die Heiligenbildtafeln, die zum Teil Theophanes dem Griechen und Andrej Rubljov zugeschrieben werden, gehören zu den schönsten und wertvollsten, die die russische Kirchenkunst zu bieten hat. Wunderschön ist auch der kunstvoll geschnitzte Zarenplatz (Mitte 16. Jh.), in dem die Zaren dem Gottesdienst folgten.

Baumeister aus Pskov (Pleskau) errichteten 1484-1886 die ★**Mariä-Gewandlegungs-Kathedrale** (24) (*cerkóv' Rizpoložénija*). Die Hauskirche der Met-

Oben: Der Innenraum der Mariä-Entschlafens-Kathedrale ist rundum mit Fresken verziert. Rechts: Die Zarenglocke, die nie geläutet wurde (Kreml).

» Stadtplan S. 82, Metroplan S. 76, Info S. 99

ropoliten und Patriarchen der Orthodoxen Kirche, die auf einem hohen Untergeschoss steht, ist an ihrem einkuppeligen Bau zu erkennen. Der Innenraum ist wegen der Fresken von 1644 und der prächtigen Ikonostase sehenswert. Unter Ivan IV. wurde der Boden mit Jaspisplatten aus dem Ural ausgelegt.

1484 bis 1489 errichteten ebenfalls Baumeister aus Pskov neben dem Zarenpalast die ★**Mariä-Verkündigungs-Kathedrale** (25) (*Blagovéščenskij sobór*) mit ihren kunstvollen Fresken (z. B. Apokalypse) und wertvollen Ikonen. Sie besaß den Rang der Hofkirche der Zarenfamilie; ein Übergang führte vom Palast zur Kirchenempore.

Auch die 1505-08 errichtete ★**Erzengel-Kathedrale** (26) (*Archángel'skij sobór*) ist eine Verbindung von Renaissance-Elementen mit russischer Bautradition. Der italienische Architekt Alviso Nuovo entschied sich für eine dreischiffige Kreuzkuppelkirche mit einer Haupt- und vier Nebenkuppeln (Symbol für Christus und die vier Evangelisten). Hier sind bis Peter d. Gr. fast alle Zaren, Großfürsten und Kirchenoberhäupter bestattet, 1730 außerdem noch Peter II.; nur Boris Godunov ruht im Dreifaltigkeits-Kloster in Sergijev Posad (früher: Zagorsk). Insgesamt stehen in der Kirche 48 **Sarkophage**; die kunstvollsten sind jene von **Zarewitsch Dimitrij** und von **Ivan dem Schrecklichen** (letzterer ist nicht zugänglich). Die Ikonostase wurde um 1680 gestaltet, sie enthält auch altrussische Ikonen wie den „Erzengel Michael" (14./15. Jh.).

Am Kathedralenplatz fällt vor allem der mächtige **Glockenturm Ivan der Große** (27) (*Kolokól'nja Ivána Velíkogo*) ins Auge. Von Marco Ruffo 1505 errichtet, zeigt er vier aufeinander gesetzte oktogonale Baukörper, die sich nach oben verjüngen. Im Jahr 1600 erhielt der Glockenturm eine zweistöckige Turmspitze, so dass das Bauwerk insgesamt 81 Meter misst. Petrok Malyj baute 1532-1543 einen monumentalen Glockenstuhl an, 1624 wurde der Filaret-

Foto: NickolayV (iStockphoto.com)

Glockenstuhl hinzugefügt. Die mächtigste der 21 Glocken, Mariä Entschlafen geweiht, wiegt 65 Tonnen.

Neben dem Glockenturm befindet sich die imposante **Zarenglocke** (*Car' kolokól*), die an Gewicht – 200 Tonnen – noch von keiner anderen Glocke der Welt übertroffen, jedoch nie geläutet wurde. Beim Brand von 1737 brach ein 11,5 Tonnen schweres Stück heraus, als man den glühendheißen Klangkörper mit kaltem Löschwasser übergoss.

Die **Zarenkanone** (*Car' púška*) von 1586 nennt man „die beste Kanone der Welt", weil aus dem 40 t schweren Monstrum (Kaliber 89 cm) nie ein Schuss abgefeuert wurde. Die Kanone, die ursprünglich die Moskva-Brücke sichern sollte, steht heute vor dem **Patriarchenpalast** (28) mit der **Zwölf-Apostel-Kathedrale**. Nach seiner Erhebung 1652 zum Patriarchen gab Nikon den Auftrag zum Bau dieses Gotteshauses. Der 13 x 19 Meter große **Kreuzsaal** des Patriarchenpalastes, der als Empfangs- und Zeremoniensaal diente, wird von einem riesigen, säulenfreien Mulden-

Foto: Jonathan Smith

gewölbe überspannt – für die damalige Zeit eine gewaltige Bauleistung.

Die Südseite des Kreml nimmt der ★**Große Kremlpalast** (29) (*Bol'šój kremljóvskij dvoréc*) ein (mit Sondergenehmigung zu besichtigen). Das erste Gebäude fiel dem großen Brand 1812 zum Opfer. 1838-49 errichtete Konstantin Thon diesen Palast unter Einbeziehung alter Gebäudeteile aus dem 15. und 16. Jahrhundert. In den 1970er Jahren wurden zwei Säle zum Großen Sitzungssaal der Volksdeputierten umgebaut. Unter Jelzin kehrte man zum ursprünglichen Aussehen zurück. Die Deputierten tagen außerhalb des Kreml. Der 1250 m^2 große, mit Marmor und Stuck geschmückte Georgssaal im Obergeschoss wird jetzt für repräsentative Anlässe genutzt. An ihn schließt sich der achteckige Vladimirsaal an, der zu den ältesten Gebäudeteilen überleitet.

Oben: Die Zarenkanone, die nie einen Schuss abgegeben hat. Rechts: Zarenkronen in der Rüstkammer des Kreml.

Nördlich des Großen Kremlpalasts liegt der ★**Terem-Palast** (30) (*Teremnój dvoréc*; Innenbesichtigung mit Sondergenehmigung), der im 15. Jh. entstand und um 1635 barockisiert wurde. *Terem* nannte man im alten Russland Privatgemächer des Adels. Die Vorzimmer sind üppig dekoriert, das sog. Kreuzgemach ist mit Wandmalereien und farbigen Fenstern schier überladen. Mit Blumenmustern sind die Wände des Schlafzimmers dekoriert, tiefes Rot dominiert im Thronsaal. Düster wirkt das mit Wandmalereien geschmückte *Goldene Zarinnengemach*.

Zwischen Facettenpalast und Mariä-Gewandlegungs-Kathedrale blickt man auf die Ostfassade des Terem-Palastes und das Dach mit den elf Goldkuppeln, unter dem 1680/81 mehrere kleine Gotteshäuser der Zarenfamilie vereinigt wurden, unter anderen die **Kirche der Auferstehung des Lazarus**, ältestes Bauwerk des Kreml (1393).

Erster steinerner Profanbau des Kreml war der **Facettenpalast** (31) (*Granovítaja paláta*), den Ivan III. 1487 bei

» Stadtplan S. 82, Metroplan S. 76, Info S. 99

Foto: Jonathan Smith

den italienischen Architekten Marco Ruffo und Pietro Antonio Solari in Auftrag gab. Seinen Namen erhielt dieses Bauwerk der Frührenaissance von der facettierten Kalksteinfassade, die dem Kathedralenplatz zugewandt liegt.

In der ★★**Rüstkammer** (32) (*Oružéjnaja paláta*), dem ältesten Museum Moskaus, werden die wertvollsten Schätze des Landes aufbewahrt, die bis ins 12. Jh. zurückreichen. Unter ihnen finden sich das juwelenübersäte **Goldhalsband** aus dem Rjazaner Schatz (12./13. Jh.); goldene, mit Edelsteinen verzierte **Evangeliare** aus verschiedenen Jahrhunderten; wertvolle **Ikonen**; vergoldete **Ikonenbeschläge**; und fein ziselierte **Reliquienschreine**, darunter der des jüngsten Sohnes Ivans IV., Dmitrij: Man erkennt sogar das Muttermal des Jungen auf seiner Wange. Zu bewundern sind außerdem legendäre **Throne**, wie der Elfenbeinthron Ivans des Schrecklichen, der Diamantenthron des Zaren Alexej und der Doppelthron, den sich der spätere Peter der Große und sein Halbbruder Ivan V. teilten; riesige **Kutschen** und **Schlitten** der Herrscher; sowie Meisterwerke der Juwelierkunst bis ins 19./20. Jh., von denen besonders die weltberühmten **Ostereier** und andere Exponate aus dem Hause **Fabergé** die Blicke auf sich ziehen. Nicht zu vergessen die Sammlung von **Rüstungen** und **Waffen**, der das Museum den Namen Rüstkammer verdankt.

Im Gebäude der Rüstkammer ist auch der ★★**Diamantenfonds** der Russischen Föderation untergebracht. Er kann gegen eine zusätzliche Eintrittsgebühr besichtigt werden. Dort sind neben der großen edelsteinbesetzten Zarenkrone die größten und schönsten Diamanten ausgestellt, die die Welt zu bieten hat: *Fürst Orlov* (189 Karat, ein Geschenk des Fürsten Grigorij Orlov an Katharina II.) oder *Oktjabrskij* und *Komsomolskij* aus sowjetischer Zeit.

Zwischen April und Oktober findet jeden Samstag um die Mittagszeit im Kreml ein fotogener Event statt, wenn sich das **Kreml-Regiment** hoch zu Ross in historischen Uniformen dem Publikum präsentiert.

RUND UM DEN ★★ROTEN PLATZ

Der ★★**Rote Platz** (33), russisch *Krasnaja ploščad'*, ist wohl einer der schönsten Plätze der Welt. Man erreicht ihn am besten aus nordwestlicher Richtung durch das 1995 „wiederauferstandene" **Auferstehungstor**. Es verbindet das Historische Museum mit seinen weiß schimmernden Dächern und das ehemalige Gebäude der Stadt-Duma. Das Tor – es beherbergt die **Kapelle** mit der **Ikone der Mutter Gottes von Iberien**, der Beschützerin Moskaus – hatte man in den 1920er Jahren entfernen lassen, weil es den Militärparaden den Weg zum Roten Platz versperrte.

Das gleiche Schicksal traf 1936 die **Kazaner Kathedrale** (37), die heute wieder links den Eingang zum Roten Platz flankiert (in den 1990er Jahren wiederaufgebaut). Von hier eröffnet sich ein großartiger Blick auf den 330 Meter langen und 70 Meter breiten Platz: Im Westen begrenzt von der Kremlmauer und im Osten von der Hauptfassade des Kaufhauses GUM. Blickfang im Süden ist die fast unwirklich schöne Basilius-Kathedrale.

In den alten Tagen Moskaus kamen Händler aus allen Teilen des Reiches am Kreml zusammen, um ihre Waren anzubieten. Seit dem großen Brand von 1403 nannten die Moskauer ihren Marktplatz „Brandplatz". Im 17. Jh. bauten Händler hier stattliche Häuser. Wiederum benannte man diesen Ort um, diesmal in *Krasnaja ploščad'*, was „Schöner Platz", aber auch „Roter Platz" bedeutet. Diese Freifläche belebten einstmals die Prunkzüge der Zaren oder Prozessionen der Patriarchen. Selten fanden Hinrichtungen statt, doch der rebellische Kosakenführer Stenka Razin wurde hier gevierteilt.

Nach der Revolution 1917 diente der Platz als imposante Kulisse für Paraden und Festumzüge, Aufmärsche und Kundgebungen. Alljährlich am Tag der Arbeit (1. Mai) und ebenso am Jahrestag der Oktoberrevolution

Rechts: Durch das Auferstehungstor zum Roten Platz.

» Stadtplan S. 88, Metroplan S. 76, Info S. 99

(7. November) defilierten zu Sowjetzeiten Zehntausende von Werktätigen und Soldaten am **Lenin-Mausoleum** vorbei, auf dem sich eigens die gesamte Parteispitze aufgestellt hatte. Am 9. Mai – dem Tag des Sieges über Deutschland 1945 – findet hier noch immer die große Militärparade statt. Das Lenin-Mausoleum am Senatsturm – Denkmal, Grabstätte und Tribüne in einem – ist das modernste Bauwerk am Roten Platz. Gegen den ausdrücklichen Wunsch Lenins setzte Stalin durch, dass nach Lenins Tod 1924 dessen Leichnam einbalsamiert und zunächst in einem provisorischen Holzmausoleum bestattet wurde. 1930 wurde Lenin dann in dem von Aleksej Schtschusev gestalteten Monumentalbau aus dunkelrotem Granit und schwarzem Labradorstein beigesetzt. Lenins einbalsamierter Leichnam liegt in einem beleuchteten Kristallsarkophag aufgebahrt und aufwändig konserviert; alle 3 Jahre erhält er einen neuen Anzug. Bis zum Ende des Kommunismus war dieser Ort das Allerheiligste der Sowjetunion.

Das Mausoleum steht Besuchern gratis offen, doch der Strom der Neugierigen, die an Lenin vorbeidefilieren, wird streng überwacht: Kameras o. Ä. sind nicht erlaubt, pietätvolles Verhalten wird erwartet.

Im Frühjahr 1953 wurde Stalins Leichnam dem Lenins beigesellt. Im Zuge der Entstalinisierungspolitik verbannte Chruschtschov jedoch den Diktator 1961 wieder aus dem Mausoleum und ließ ihn an der Kremlmauer beisetzen, wo er in einer Reihe mit anderen namhaften Funktionären liegt. Wer Lenin besucht, passiert beim Verlassen des Mausoleums diese Gräber der Revolutionäre und Parteiführer (u. a. das von Breshnev) an der Kremlmauer. In der Mauer sind u. a. die **Urnengräber** von Maxim Gorkij, Jurij Gagarin, Clara Zetkin, John Reed, von Lenins Frau Nadeshda Krupskaja und seiner Geliebten, der französischstämmigen Revolutionärin Inessa Armand.

Foto: Jonathan Smith

★★Basilius-Kathedrale

Die ★★**Basilius-Kathedrale** (34) darf mit Fug und Recht das märchenhafteste Gebäude Russlands genannt werden. Es ist an bizarrer Schönheit, verwirrender Bauart und denkwürdiger Geschichte nicht zu übertreffen. Dem Dichter Michail Lermontov legte sich „ihr düsteres Äußeres" beschwerend auf die Seele. Er meinte, in ihr die Verkörperung des Geistes Ivans des Schrecklichen zu erkennen. Der französische Reisende Adolphe de Custine verglich sie mit „einer unregelmäßigen Frucht, die vor Auswüchsen starrt". Arthur Holitscher sprach gar von einem „Stachelschwein mit gemeinen Wehrvorrichtungen auf der Hornhaut." Kurz gesagt, die Schriftsteller waren im Grunde sprachlos und mussten die absonderlichsten Vergleiche bemühen.

Die Basilius-Kathedrale geht auf Ivan den Schrecklichen zurück, der 1555 zum Gedenken an den Sieg über die Goldene Horde den Bau einer Kirche auf dem Schönen Platz befahl. Ivan IV. hat-

» Stadtplan S. 88, Metroplan S. 76, Info S. 99

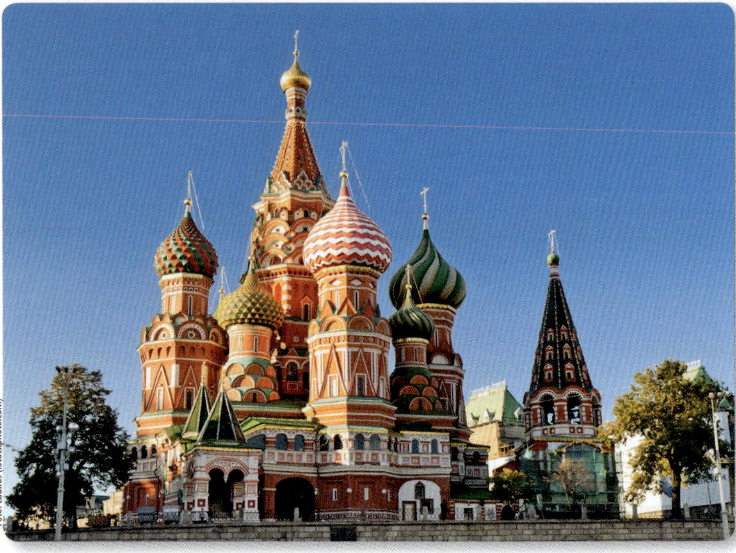

Foto: Ladiras (iStockphoto.com)

te den Baumeistern Barma und Postnik Jakovlev freie Hand gelassen, unter der Auflage, die Kirche solle schön sein und Freude ausstrahlen.

Obwohl von außen verwirrend, ist der Grundriss der Basilius-Kathedrale recht einfach: Vier Kapellen bilden ein Kreuz, dessen Schnittstelle von einer fünften großen Kapelle eingenommen wird. Vier weitere Kapellen besetzen die Zwischenräume dieses sternförmigen Gebildes. Die neun Kirchen tragen je einen eigenen Turm, so dass sich dem Betrachter von außen das Bild von neun farbenprächtigen Kuppeln bietet, von denen keine der anderen gleicht. Der größte Turm in der Mitte endet in einer Zeltdachspitze mit einer Zwiebel obenauf. Ihren heutigen Namen erhielt die Kirche durch Zar Fjodor I. Ivanovitsch, der 1588 eine zehnte Kapelle anbauen ließ, in der die sterblichen Überreste des Wanderpredigers Vasilij Blashennyj beigesetzt wurden. Seither nennen die Moskauer die Kirche *Vasilij-Blashennyj-Kathedrale*. Damals erhielt sie auch die gemusterten Zwiebelkuppeln, und 1670 wurde an der Südostseite ein Glockenturm angebaut. Offiziell hat sie Museumsstatus.

Vor der Kirche erhebt sich das **Denkmal** der Nationalheiligen **Minin und Posharskij**, die 1612 entscheidend dazu beitrugen, die Polen zu vertreiben. Die 1804-18 von Ivan Martos geschaffene Skulptur war das erste weltliche Denkmal in Moskau. Die Inschrift lautet: „Dem Bürger Minin und dem Fürsten Posharskij – das dankbare Russland, im Jahre 1818". Nicht weit vom Denkmal entfernt liegt der **Richtplatz** (*Lóbnoje mésto*), eine runde, massive Steinempore. Von dieser Empore aus ließen Kirche und Zar neue Erlasse verkünden oder sprachen zum Volk.

Oben: Die Basilius-Kathedrale erstrahlt in neuer Farbigkeit. Rechts: Das Historische Museum.

★GUM und ★Historisches Museum

Eine Legende ist das ★**Kaufhaus GUM** (35) mit seiner markanten Fassade. Es begrenzt den Roten Platz nach Osten

» Stadtplan S. 88, Metroplan S. 76, Info S. 99

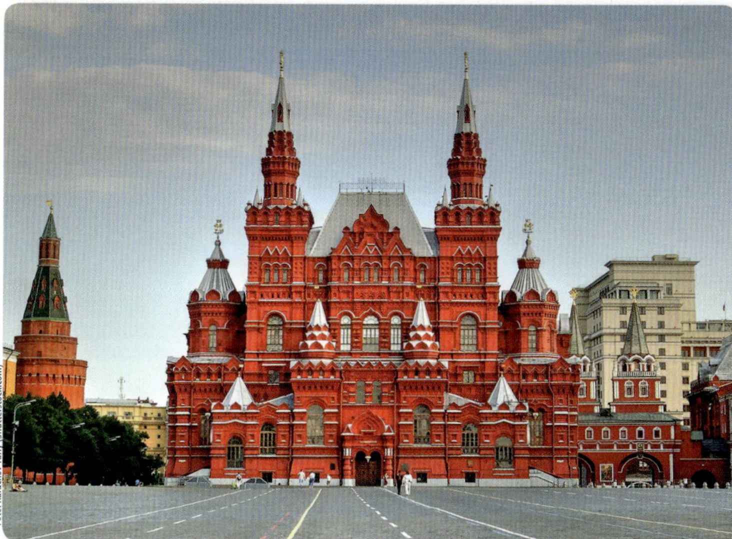

Foto: Karachev Yuriy (Shutterstock.com)

hin. Seit kurzem umranken Lichterketten das GUM und verwandeln bei Dunkelheit diese Seite des Platzes in eine kleine Disneyworld.

Der 252 m lange Bau, ein Projekt des Architekten Pomerancev, wurde 1889-93 unter dem Namen „Obere Handelsreihen" errichtet. Die riesige transparente Dachkonstruktion aus Eisenbögen und Glasplatten, die der Innenarchitektur heute noch besonderes Flair verleiht, war damals eine Sensation. 1953 ließ der sowjetische Staat den Bau von Grund auf renovieren und dann als GUM eröffnen. Es war das größte Kaufhaus der Sowjetunion.

Der gewaltige Komplex besteht aus drei Längs- und drei Querpassagen, die durch Brücken und Galerien miteinander verbunden sind. 300 000 Menschen aus der ganzen UdSSR strömten zu Sowjetzeiten tagtäglich ins GUM, um an den zusammengenommen 2,5 km Verkaufsständen jene Dinge zu ergattern, die im Land sonst nicht zu bekommen waren. Das GUM war jahrzehntelang *das* Einkaufsparadies der UdSSR.

Die Perestrojka veränderte alles: Der Westen hat das GUM mit Filialen teurer Marken erobert. Die weiten Gänge werden ab und zu als temporärer Ausstellungsraum genutzt, und seit neuestem verbinden auch moderne Rolltreppen die drei Geschosse. Ungefähr 30 000 Besucher zählt man heute hier pro Tag; Gedränge herrscht jedoch allenfalls in der obersten Etage, bei den Schnellimbissen. Unter Sonnenschirmen, auf Brücken oder auf winzigen Balkons können Sie bei Salat, Pizza oder Kaffee und Kuchen das GUM von oben genießen – eine ideale Fotoperspektive!

Das ziegelfarbene ★**Historische Museum** (36) (*Istoríčeskij muzéj*) gefällt bereits von außen durch seine weißen Dächer und die vielen Türmchen und Ziergiebel, sog. Kokoschniki. Die Architekten Sherwood und Semjonov entwarfen 1875 diesen Bau, der in der Entwicklung der russischen Architektur des ausgehenden 19. Jhs. eine wichtige Rolle spielte. Man wendete sich, besonders seit der Regierungszeit Alexanders III., von den westeuropäischen Leitbildern ab und suchte wieder nach dem ureigenen „russischen Weg". Überall in Moskau entstanden Bauten mit Türmen, Treppchen und Giebelchen.

Aufgabe des Historischen Museums ist es, die Geschichte des Riesenreichs bis in die Gegenwart zu dokumentieren, u. a. mit Zeugnissen der russischen Geschichte wie der *Russkaja Pravda*, dem vermutlich ältesten Gesetzbuch Russlands. Von 1986 bis 2002 wurde das Museum aufwändig renoviert. 42 prachtvolle Ausstellungssäle sind nun wieder geöffnet, ein jeder üppig dekoriert im Stil der Geschichtsperiode, der seine Ausstellung gewidmet ist.

★★Kitaj-Gorod

Hinter dem Kaufhaus GUM lag einst das Handels- und Handwerkerviertel Moskaus. Im 16. Jh. umgab man es mit einer eigenen Stadtmauer samt Wehrtürmen, von der vermutlich der Name des Viertels stammt: **★★Kitaj-Gorod** – von altrussisch *kita*, Erdwall, Festungsmauer. Teile dieser Mauer sind am Platz Teatralnaja ploschtschad und am Kitajskij projezd erhalten. Noch im 17. Jh. zählte man 72 Hausreihen mit 700 Handelshäusern und Geschäften. Viele dieser Häuser sind nicht mehr erhalten, doch ein Rundgang lohnt immer noch.

Auf der Nordseite des GUM beginnt die **Nikolskaja ulica**. Seit 2013 ist sie **Fußgängerzone** und lädt zum Flanieren ein. Die schmucke **Kazaner Kathedrale** (37) wurde 1636 anlässlich der Vertreibung der polnischen Invasoren (1612) errichtet, 1936 abgerissen und 1993 wieder aufgebaut. Sie beherbergte über 200 Jahre lang die Ikone der Gottesmutter von Kazan, das Symbol der Standfestigkeit Russlands.

An der Ecke gegenüber dem Historischen Museum erhebt sich das Gebäude der ehemaligen **Gouvernementsbehörde** (1740) mit dem **Münzhof** aus dem Jahr 1697. Werfen Sie ruhig einmal einen Blick hinter die Fassade der Nr. 7, in deren Hof sich das **Zaikonospasskij-Kloster** befindet. 1687 öffnete hier die erste höhere Lehranstalt, die Slawisch-Griechisch-Lateinische Akademie, die der spätere Universalgelehrte Lomonosov besuchte.

Ein weiteres wichtiges Gebäude in dieser Straße ist **Haus Nr. 15** mit der **Synodal-Druckerei** und dem Kaiserlichen Druckereihof, in dem Ivan Fjodorov 1564 das erste Buch in Russland druckte. Das **Denkmal**, 1909 von S. Volnuchin geschaffen, zeigt **Fjodorov**: rechts hält er einen frischen Abzug, die Linke ruht auf dem Druckbrett.

Auf der Südseite des GUM verläuft parallel zur Nikolskaja die **ulica Iljinka**, früher die lebendige Hauptgeschäftsstraße von Kitaj-Gorod. Das markanteste Gebäude ist der **Alte Kaufhof** (38) (*Stáryj Gostínyj dvor*), 1790 bis 1805 nach den Bauplänen von G. Quarenghi errichtet. Die monumentale Fassade gliedern korinthische Halbsäulen. Versuchen Sie, in den Innenhof zu gelangen. Nach umfassender Renovierung ist er nun mit einem riesigen Glasdach überspannt. Er wird u. a. für exklusive Modenschauen genutzt. Alte Fotos in den Gängen erinnern an das frühere Aussehen. Das orangefarbene Gebäude (1875, Kaminskij) nebenan war Sitz der Moskauer Börse.

Parallel zur ulica Iljinka erstreckt sich die **ulica Varvarka**, die das alte Hafenviertel *Zarjadje*, eines der am dichtesten bevölkerten und schmutzigsten Viertel des alten Moskau, begrenzte. Es wurde in den 1960er Jahren abgetragen, um dem riesigen Hotelkomplex *Rossija* Platz zu machen, mit 6000 Betten damals das größte Hotel Europas. Der Klotz aus Beton, Stahl und Glas wurde 2007 abgerissen. An seiner Stelle soll ein neues Luxushotel entstehen, das sich optisch besser in das historische Umfeld einfügt.

Zum Glück haben die Stadtplaner Moskaus die zahlreichen Kirchen ste-

Rechts: Der Alte Englische Hof in Kitaj-Gorod stammt aus dem 16. Jh.

 » Stadtplan S. 88, Metroplan S. 76, Info S. 99

Foto: Volkmar E. Janicke

hen lassen, die das Hotel Rossija umgaben. Nahe der Basilius-Kirche führt die **St.-Barbara-Kirche** (39) (*cérkov' sv. Varvary*) die Reihe an, 1794 im klassizistischen Stil erbaut. Gleich nebenan, unterhalb des Straßenniveaus, ist in sowjetischer Zeit der **Alte Englische Hof** (40) rekonstruiert worden, den Ivan der Schreckliche 1556 der englischen Kaufmannschaft schenkte.

Die weiße **St.-Maxim-Kirche** (41) (*cérkov' sv. Maksíma Bl.*) gab 1698 ein Moskauer Kaufmann in Auftrag. In den Kellergewölben konnten Moskauer bei Feuer oder Krieg wertvolle Besitztümer lagern. Der Glockenturm daneben gehört ebenso wie die – durch eine Zufahrtsstraße abgetrennte – fünfkuppelige ziegelfarbene Kirche zum **Kloster Mariä Erscheinung** (42) (*Známenskij monastýr'*), das im 17. Jh. nach der Wahl Michail Romanovs zum Zaren auf dem Familienstammsitz erbaut wurde. Von der ehemaligen Residenz ist nur noch das ★**Wohnhaus der Bojaren Romanov** (43) (*paláty v Zarjád'e*) erhalten, das einen hervorragenden Einblick in den altrussischen Alltag gibt. Zar Alexander II. hatte bereits Mitte des 19. Jh. hier ein Familienmuseum eröffnet.

Die **Kirche des hl. Georg auf dem Pskover Hügel** (44) (*cérkov' sv. Geórgija na Pskóvskoj góre*) mit markanten blaugoldenen Zwiebelkuppeln wurde nach dem Brand von 1812 wieder neu errichtet.

In dem Ipatjevskij pereulok steht das Haus (*palata*) des Malers Simon Uschakov, der die russische Ikonenmalerei im 17. Jh. entscheidend beeinflusst hat. Eines seiner Werke ist ganz in der Nähe zu bewundern: In der benachbarten Nikitnikov-Gasse findet der Besucher eine der schönsten Kirchen Moskaus – die ★**Dreifaltigkeitskirche in Nikitniki** (45) (*cérkov' Tróicy w Nikítnikach*) mit fünf Kuppeln. Der Kaufmann Grigorij Nikitnikov ließ sie 1635-53 neben seinem Handelshof auf einem flachen Lagerhaus errichten. Besondere Schätze der Ikonostase sind die **Ikonen** *Alttestamentliche Dreifaltigkeit und Mariä Verkündigung*. Außer Uschakov arbeiteten hier die ebenfalls landesweit bekannten

Ikonenmaler Jakov Kazanec und Gavril Kondratjev.

Vom Manegeplatz zum ★Bolschoj-Theater

In kultureller Hinsicht hat das Viertel zwischen GUM und Haus der Gewerkschaften, zwischen Manegeplatz und dem Hotel Metropol viel zu bieten: Hier sind einige der wichtigsten Theater Moskaus zu finden, darunter das Bolschoj. Außerdem kommen hier Architekturfreunde auf ihre Kosten: Die Gebäudekomplexe sind so vielfältig, dass diese Gegend Moskaus als Freilicht-Architekturmuseum bezeichnet werden könnte. Der Rundgang beginnt am **Manegeplatz** (*Manéžnaja plóščad'*).

Wo in der Sowjetzeit zwischen dem Manege- und dem Revolutionsplatz eine stark befahrene Straße verlief, entstand 1997 eine schmucke Fußgängerzone. Der Name **Jägerzeile** (46) (*Ochótnyj Rjad*) erinnert an die einstigen mittelalterlichen Marktreihen, deren Tradition die vielen Cafés, Schnellimbisse und vor allem das dreistöckige unterirdische **Einkaufszentrum Ochotnyj Rjad**, erkenntlich an der großen **Glaskuppel**, gewissermaßen fortführen. Die **Promenade** ist zu jeder Tageszeit bevölkert; es lohnt sich an ihr entlang zu bummeln, ein Bier zu trinken und sich am Anblick der **Wasserspiele** und **Märchenskulpturen** des Bildhauers Cereteli zu erfreuen.

Der **Revolutionsplatz** (*pl. Revoljucij*) wird von drei markanten Bauten beherrscht. Im hellroten Backsteingebäude der **ehemaligen Stadtduma** von 1905 wurde 1936 das Lenin-Museum eingerichtet. Lenin ist längst ausquartiert.

Nach langem Umbau öffnete zum 200. Jubiläum das **Museum des Krieges von 1812** seine Pforten. Dank originaler Exponate und modernster Technik

Oben: Die Glaskuppel dieses Brunnens am Manegeplatz spendet dem unterirdischen Einkaufszentrum Ochotnyj Rjad Licht. Rechts: Der Manegeplatz ist auch am Abend ein angenehmer Ort zum Bummeln.

» Stadtplan S. 88, Metroplan S. 76, Info S. 99

Foto: Gregor M. Schmid

kann der Besucher diese Epoche nachempfinden.

Gegenüber begrüßt das **Four Seasons Hotel Moscow** (47) Gäste in luxuriöser Umgebung. Äußerlich ähnelt es seinem Vorgängerbau, dem unter Stalin errichteten, 2003 abgerissenen, monumentalen *Hotel Moskva*.

In unmittelbarer Nähe steht das **Haus der Gewerkschaften** (48) (*Dom Sojúzov*), eines der interessantesten Gebäude der Metropole. Es wurde in seinem Hauptteil 1784-87 von dem berühmten Baumeister Matvej Kazakov im klassizistischen Stil für die Moskauer Adelsversammlung errichtet. Das Gebäude erstreckt sich an der Puschkinstraße von Ochotnyj rjad bis zum Georgijevskij pereulok. Die Frontseite ist durch einen Sechs-Säulen-Portikus gegliedert. Das Meisterwerk des Architekten ist der ★**Säulensaal**, der mit 28 majestätisch wirkenden, mit Kunstmarmor verkleideten Säulen ausgestaltet ist. Oberhalb der korinthischen Säulen ließ Kazakov spitz zulaufende große Fenster einbauen, die der Decke des Raumes eine schwebende Wirkung verleihen. Der Saal gilt als das schönste Beispiel klassizistischer Innengestaltung sowie als bester Aufführungsort für klassische Konzerte in Moskau. Puschkin und Lermontov, Turgenjev und Tolstoj besuchten einst die Bälle der Adelsgesellschaft. Hier hielt Dostojevskij im Jahr 1880 seine berühmte Puschkin-Rede, die in der russischen Geistesgeschichte wie ein Fanal wirkte. In diesem Saal nahm im Januar 1924 die junge Sowjetunion Abschied von Lenin. In den 30er Jahren ließ Stalin hier die Schauprozesse gegen „abtrünnige" Bolschewisten veranstalten.

Westlich des Gewerkschaftshauses befindet sich in einem Innenhof das **Älteste Wohnhaus Moskaus**, von dem Teile aus dem 16. Jh. stammen. Der Bojar Trojekurov erweiterte es im 17. Jh. zu einem Stadtpalast am Ufer der Neglinnaja, die hier seinerzeit floss.

Östlich des Gewerkschaftshauses stehen das Bolschoj-Theater, das Malyj-Theater und das Akademische Jugendtheater. Das legendäre ★**Bol-**

» Stadtplan S. 88, Metroplan S. 76, Info S. 99

Foto: Oleg GawriloFF (Shutterstock.com)

schoj-Theater (49) gilt zu Recht als eine der weltbesten und berühmtesten Spielstätten für Ballett und Oper. Seine Geschichte begann am 28. März 1776, als Fürst Urusov das Privileg erhielt, in Moskau Schauspiele aufzuführen. Dafür musste er sich verpflichten, ein ansehnliches Theater aus Stein zu errichten. So entstand 1781 das Petrovka-Theater, benannt nach der nahen ulica Petrovka.

Nach dem Brand von 1805 gestaltete Carlo Rossi auf dem Arbat ein neues Theater, das 1812 dem großen Brand zum Opfer fiel. 1825 wurde es nach Entwürfen von Andrej Michailov und Osip Bove wieder an alter Stelle nahe der Petrovka errichtet, nun im klassizistischen Stil mit dem charakteristischen Acht-Säulen-Portikus und der Bronze-Quadriga des Apollo. Als 1853 die komplette Inneneinrichtung in Flammen aufging, stattete der Architekt Albert Cavos das Theater auf das Prunkvollste neu aus.

Oben und rechts: Bolschoj Theater – Inbegriff der Ballettkunst. Jede Aufführung ist ein gesellschaftliches und persönliches Erlebnis.

Am Bolschoj, dem „Großen" Theater, wurden die Werke von Michail Glinka und Pjotr Tschaikovskij, Nikolaj Rimskij-Korsakov und Modest Musorgskij uraufgeführt. Hier sang der weltberühmte Fjodor Schaljapin (Bass), hier tanzte die unvergessene Galina Ulanova. Die führende Position im Opern- und Ballettgeschehen musste sich das Bolschoj-Theater gegen die Theater St. Petersburgs erkämpfen. Der Durchbruch gelang 1877 mit der Uraufführung von Tschaikovskijs „Schwanensee". Wer einmal im Zuschauersaal des Bolschoj gesessen hat, wird den Abend nie vergessen, sei es auch nur des neobarocken Interieurs wegen. 2011 wurde mit einer feierlichen Eröffnungsgala das Ende der sechsjährigen Restaurierung gefeiert.

Das **Kleine Theater** (50) (*Mályj teatr*) ist der kleine Bruder des Bolschoj. Es wurde 1824 als Sprechbühne eröffnet und gilt als älteste Einrichtung seiner Art in Moskau. Das einst als Geschäftshaus gebaute Gebäude gestaltete Konstantin Thon 1838-40 um, indem er die Bögen des Sockelgeschosses zumauern ließ und einen zweiten Portikus an der Nordseite anbaute, so dass das Gebäude streng symmetrische Formen erhielt. Das „Malyj" spielte im 19. Jh. eine aufklärerische Rolle und wurde deshalb „die zweite Moskauer Universität" genannt. Der Dramatiker Alexander Ostrovskij (1823-86) pflegte über 30 Jahre engste Beziehungen zu diesem Theater, das fast alle seine Stücke (*Der Wald, Gewitter, Wölfe und Schafe* u. a.) aufführte, weshalb vor dem Theater 1929 ein Ostrovskij-Denkmal des Bildhauers Andrejev enthüllt wurde.

Gegenüber dem Malyj Theater liegt das **Akademische Jugendtheater**, das 1921 als das erste professionelle Theater für junge Zuschauer gegründet wurde und heute als eines der besten Schauspielhäuser der Stadt gilt.

Im Süden des Theaterplatzes sorgt die ★**Fassade** des **Hotel Metropol** (51) für exzentrischen Formenzauber. William Walcot, der das Gebäude 1899 bis

» Stadtplan S. 88, Metroplan S. 76, Info S. 99

1903 im frühen Jugendstil erbaute, lockerte die Fassade durch Balkons und Erker, Spitztürme und Vorsprünge auf. Große Fassadenflächen, die in Majolika und Keramik gestaltet sind, verleihen dem Bau eine verspielte Note. Das zentrale Majolikabild – Prinzessin Gresa – ist in die Seite zum Teatralnyj projezd eingefügt. Es entstand nach Entwürfen von Michail Vrubel, dem Hauptvertreter des Nationalen Symbolismus.

Lubjanka-Platz, Neuer Platz, Alter Platz

Östlich des märchenhaft wirkenden Hotels Metropol schiebt sich ein altes Stück Festungsmauer ins Blickfeld, die einst die Handelsstadt Kitaj-Gorod vom übrigen Moskau abschirmte. Folgt man dem Mauerverlauf, kommt man zum **Lubjanka-Platz** (52). Bereits vor der Revolution trug der Platz diesen Namen, später wurde er nach Feliks Dzershinskij benannt, der die Geheimpolizei *Tscheka*, den Vorläufer des KGB, gründete. Die Moskauer holten ihn 1991 von dem Sockel in der Mitte des vielbefahrenen Platzes. Wie all die anderen Repräsentanten der Sowjetzeit kam auch der „eiserne Feliks" auf den Denkmalfriedhof am Zentralen Künstlerhaus gegenüber dem Gorkij-Park.

Das Kinderkaufhaus **Detskij Mir** im Nordwesten ließ schon zur Sowjetzeit Kinderherzen höher schlagen; man erkennt das denkmalgeschützte Gebäude an den hohen Portalfenstern. Wie das GUM war auch dieses Zentralkaufhaus einer der großen Sowjet-Mythen. Nach aufwändiger Restaurierung und Erweiterung ist es nun wieder geöffnet. Neu ist die **Dachterrasse** mit herrlichem Blick über die Innenstadt.

Gegenüber dem Detskij Mir steht das einstige Versicherungsgebäude, ab 1947 Zentrale des KGB, die auf den tiefen Kellergeschossen des Geheimdepeschendienstes des Zaren errichtet wurde. Zar Paul I. ließ das Depeschenbüro auflösen, die Kellergeschosse blieben

Foto: Sergey Petrov (Shutterstock.com)

gleichwohl erhalten. Die Sowjets nutzten sie als Gefängnis, das unter dem Namen **Lubjanka** jahrzehntelang Furcht und Schrecken im Land verbreitete. Die Memoiren der Dissidenten des Sowjetregimes sind voll von Erinnerungen an das grauenhafte Verlies. Nach dem Augustputsch 1991 wurde der Geheimdienst dreigeteilt, verkörpert aber noch immer insgeheim die Macht im Staate.

Vom Lubjanka-Platz gelangt man zum ★**Majakovskij-Museum** (53) am Lubjanskij-Prospekt, der parallel zum Neuen Platz verläuft. Im Haus Nr. 3 lebte acht Jahre lang Vladimir Majakovskij, der stimmgewaltige Lyriker der Revolution und Mitbegründer des russischen Futurismus. Sein Name wurde zu einem Synonym für die enttäuschten Erwartungen an die Oktoberrevolution. „Das Liebesboot ist am Alltag zerschellt", schrieb der Idealist, bevor er am 14. April 1930 seinem Leben ein Ende setzte. Sein Wohnhaus wurde zu einem originellen, sehr sehenswerten Museum im Stil des Konstruktivismus umfunktioniert. Am besten nimmt man an einer

» Stadtplan S. 88, Metroplan S. 76, Info S. 99

Foto: Gregor M. Schmid

Führung teil, die den Aufbau der raffinierten Exposition erklärt.

Zwischen dem Lubjanskij-Prospekt und dem **Neuen Platz** (*Nóvaja plóščad'*) dominiert der wuchtige Bau des 1872 gegründeten **Polytechnischen Museums** (54), das in 60 Sälen 20 000 Ausstellungsstücke aus Wissenschaft und Technik zeigt (bis 2018 wegen Renovierung geschlossen).

In der rosafarbenen Kirche des Evangelisten Johannes gegenüber ist das **Museum für die Geschichte und Rekonstruktion Moskaus** (55) untergebracht, das kein Architekturhistoriker versäumen sollte. Das Museum dokumentiert die Geschichte Moskaus von den Anfängen als Dorf auf einem Hügel über der Moskva bis zur riesigen Millionenmetropole unserer Tage. Eine ideale Ergänzung ist das **Schtschusev-Museum der russischen Architektur** (56) in der ulica Vozdvishenka.

Vom Neuen Platz bis zum Nogin-Platz erstreckt sich der **Alte Platz** (57) (*Stáraja plóščad'*), zu dem der **Iljinskij-Park** (abends Treff der Schwulenszene) parallel verläuft. Das gusseiserne **Plevna-Denkmal** im Park wurde zu Ehren der in der Schlacht bei Pleven (Bulgarien) im russisch-türkischen Krieg 1877/78 gefallenen Grenadiere errichtet. Von hier überblickt man die Häuserreihe am Alten Platz. Rechts steht das **Gebäude der Moskowiter Kaufmannschaft**, 1909 von Schechtel errichtet, einem der kreativsten Vertreter des Moskauer Jugendstils.

Es folgt der sog. **Bojarenhof** (58), ein 1901 ebenfalls von Schechtel erbautes Hotel und Handelshaus. Das Gebäude ist aufgrund seiner originellen Bauweise oft nachgeahmt worden. Die Architektur gibt sich in den unteren Stockwerken schlicht und sparsam, während die oberen Geschosse mit Balkons und einer Attika hervorgehoben werden.

Im Süden beschließt die rot-weiße, russisch- und griechisch-orthodoxe Kirche **Allerheiligen in Kulischki** aus dem 16. Jh. mit ihren beiden vergoldeten Zwiebeltürmen den Alten Platz.

Oben: Surreale Collage im Majakovskij-Museum.

» Stadtplan S. 88, Metroplan S. 76

INNENSTADT MOSKAU (☎ 495)

INTOURIST, 150 prospekt Mira, www.intourist.com

LUXUS: **Café Puschkin**, russ.-franz. Küche auf zwei Etagen, reservieren; Tverskoj Bul´var 26, Metro *Puschkinskaja*, Tel. 229 9411.
Savva, russisch-europäische Küche, elegant, Mo-Fr 8-24, Sa-So 9-24 Uhr, Teatralnyj pr-d 2 (im Hotel Metropol), Metro *Teatral'naja*, Tel. 2701062.
Oblomov, russ. Küche, in einer alten, restaurierten Villa, auf 3 Etagen mit Veranda, So-Sa 12-5 Uhr, 1. Monetčikovskij per. 5, Tel. 953 68 28.
Čemodan, sibirische Küche, z. B. Rentierfleisch-Gerichte nach alten Rezepten, sparsame Beleuchtung, 12-24 Uhr, Gogolevskij Bul´var 25/1, Tel. 695 3819, Metro *Arbatskaja*, *Kropotkinskaja*, www.chemodan-msk.ru.
MITTEL: **Lavkalavka**, neue russische Küche nach der Devise „vom Bauernhof auf den Tisch", lokale und saisonale Lebensmittel, ansprechender Gastraum im modern-rustikalen Stil, Mo 18-24, Di-Do/So 12-24, Fr/Sa 12-1 Uhr, Petrovka 21/2.
Kitesh, sehr gute russ. Küche in hist. Gebäude aus dem 18. Jh., dezent-stilvoll, ul. Petrovka 23/10, Tel. 209 66 85, Metro *Ochotnyj rjad*, *Teatralnaja* od. *Čechovskaja*.
Godunov, im Refektorium des ehemaligen Zaikonospasskij-Klosters von 1600, mehrere Räume, russ Küche, Teatralaja Pl. 5/1, Tel. 698 44 80, Metro *Teatralnaja*, *Ochotnyj rjad*.
Šokoladnica, Kuchen und kleine Gerichte, viel junges Publikum, zahlreiche Filialen in ganz Moskau, häufig 24 Std. geöffnet.
EINFACH: **Mandarinovyj Gus'**, Selbstbedienung, Petrovka 17, Tel. 495-6410297.
MuMu, Selbstbedienung, z. B. Malyj, zahlreiche Filialen in ganz Moskau. Gnezdnikovskij per. 9, Metro *Tverskaja*.

SEHENSWÜRDIGKEITEN: **Kreml**: Fr-Mi 10-17 Uhr, Eingang: Kutafja-Turm (Tickets u. Gepäckaufbewahrung für große Handtaschen und Rucksäcke), Metro *Bibl. Im. Lenina, Borovickaja, Aleksandrovskij Sad*, www.kremlin.museum.ru. Für den **Diamantenfonds** und **Rüst-(Schatz-)kammer** Extra-Tickets nötig.
Lenin-Mausoleum, geöffnet Di-Do u. Sa/So 10-13 Uhr, Roter Platz, Metro *Ochotnyj Rjad*.
Historisches Museum, Geschichte und Kultur Russlands, umfangreiche Ausstellung, ein eindrucksvolles Deckengemälde zeigt die Herrscher Russlands, auch wechselnde Ausstellungen, Mi-Mo 10-18 Uhr, 1. Mo im Monat geschl.; Krasnaja Pl., Metro *Pl. Revoljucii*.
Museum der Geschichte des Gulag, Di-Sa 10-17 Uhr (Anmeldung), ul. Petrovka 16, Metro *Teatralnaja*, *Kuzneckij Most*, Tel. 209 67 75.
Bojarenhaus (das Stammhaus der Romanov-Dynastie), Do-Mo 10-18 Uhr, Mi 11-18 Uhr; im Kloster zu Mariä Erscheinung, ul. Varvarka, Metro *Pl. Revoljucii*, *Kitaj-Gorod*.
Majakovskij-Museum, Mo 10-18, Di, Fr, Sa, So 12-16 Uhr, Do 13-21 Uhr; Lubjanskij Per., Metro *Lubjanka*.
Schtschusev-Museum, russ. Architekturgeschichte (seit dem 10. Jh.), Di-Fr 10-17.30 Uhr, Sa/So 10-16 Uhr; ul. Vozdvishenka 5, Metro *Bibl. Im. Lenina / Arbatskaja*.
Lev-Tolstoj-Wohnhausmuseum, Di-So 10-17 Uhr, Okt-April 10-15.30 Uhr; ul. L´va Tolstogo, Metro *Park Kultury*, Tel. 246 94 44.

KIRCHEN:
Basilius-Kathedrale, tgl. 10-17, Winter 11-16 Uhr; Roter Platz, Metro *Ochotnyj Rjad*.
Dreifaltigkeitskirche in Nikitniki, Mi-Mo 10-17.30; Nikitnikov Per. 3, Metro *Kitaj-Gorod*.
Christi-Erlöser-Kathedrale, größtes sakrales Gebäude Moskaus; ul. Volchonka (gegenüber dem Puschkin-Museum der Bildenden Künste), Metro *Kropotkinskaja*.
Kirche des hl. Nikolaus in Chamovniki, Kosmomol'skij pr., nahe Tolstoj-Haus.

Kaufhaus GUM, Mo-Sa 9-21 Uhr, So 8-18 Uhr; Krasnaja Pl. 3, Metro *Pl. Revoljucii*.
Petrovskij Passash, große, elegante Einkaufspassage (19. Jh.); ul. Petrovka 10, Metro *Teatralnaja*.
ZUM (CUM), zweitgrößtes Warenhaus Moskaus; ul. Petrovka 2, Metro *Teatralnaja*.

POLIZEI: **Policija**, Tel. 02.

Foto: Archiv für Kunst und Geschichte, Berlin

BOULEVARDS UND MUSEEN

TVERSKAJA
PUSCHKINPLATZ
BOLSCHAJA NIKITSKAJA
ARBAT / PUSCHKIN-MUSEUM
ZAMOSKVORETSCHJE
TRETJAKOV-GALERIE
AUF DER MOSKVA

BOULEVARDRING

Tverskaja und Puschkinplatz

Die **Tverskaja ulica** mit ihren eleganten Schaufenstern ist quasi der Ku'damm von Moskau, nur wesentlich lauter. Die alte Straße, die Moskau mit der nordwestlich gelegenen Stadt Tver verband, wurde in der Sowjetzeit auf sechs Spuren verbreitert. Viele Häuser verschwanden dafür von der Bildfläche, einige wenige jedoch (so das Rathaus) hat man auf Schienen gesetzt und nach hinten verschoben.

Vom **Manegeplatz** aus gesehen liegt gleich links an der Ecke das ausgezeichnet restaurierte **Hotel National** von 1903. Direkt daneben fügt sich das neue, architektonisch sehr gelungene (und sündhaft teure) **Hotel Ritz-Carlton** perfekt ins historische Bild ein. Die **O2-Lounge** auf dem Hoteldach mit herrlicher Aussicht ist ein In-Treff der Moskauer High Society.

Eher nüchtern wirkt das dunkelgraue **Zentrale Telegrafenamt** (59), 1930 im Stil des Konstruktivismus gebaut. Gegenüber, in der kleinen Seitengasse auf gleicher Höhe, setzte der Regisseur Konstantin Stanislavskij in dem von ihm 1897 gegründeten **Moskauer Künstlertheater (MChAT)** (60) mit seinen Tschechov- und Gorkij-Inszenierungen neue Maßstäbe in der russischen Dramengeschichte.

Wenige Fußminuten weiter bietet eine der größten **Buchhandlungen** Moskaus auch fremdsprachige Literatur und Reiseführer an. Im tiefroten Gebäude auf der linken Straßenseite residierte einst der Moskauer Generalgouverneur, nach Umbauten in den 1930er Jahren ist es Sitz des **Moskauer Rathauses (Stadtsowjet)** (61). Gegenüber dem Rathaus ließen die Sowjets 1947 zum 800jährigen Jubiläum der Stadt ein **Denkmal** für den Gründer Moskaus, **Jurij Dolgorukij**, enthüllen.

Das sechsstöckige Gebäude auf Nr. 10, erbaut 1911 vom Hofbäcker Filipov, nutzte man 1921-54, nun ***Hotel Lux*** genannt, als Gästehaus der Kommunistischen Internationale, später als schlichtes **Hotel Centralnaja** (62) – in tatsächlich zentraler Lage. Es soll nach Luxussanierung unter neuem Namen wiedereröffnet werden. Das Hotel und Café Filipov hatte seine besten Zeiten hinter sich, als es ab den 1920er Jahren unter dem Namen Lux zum legendären Domizil der „Komintern" wurde und neben Ho Chi Minh, Zhou Enlai und Tito auch vielen deutschen Linken, die nach 1933 vor dem Naziterror geflohen waren, als Unterkunft diente, darunter Herbert Wehner, Walter Ulbricht und Wilhelm

Links: „Das Drachenwunder des heiligen Georg", Ikone aus dem 15. Jh. in der Tretjakov-Galerie.

Pieck. Viele der (zeitweise über 600) Bewohner holten Stalins Terrorschergen nachts auf Nimmerwiedersehen ab – in diesem „Hotel" regierte die Angst.

Im Haus Nr. 14 eröffnete der russische Kaufmann **Jelisejev** (s. S. 193) in den 1890er Jahren einen Delikatessenladen, der seinesgleichen in Moskau suchte. Noch heute beeindrucken die verschwenderischen Stuckarbeiten und das Warenangebot. Zu Puschkins Zeit gehörte das Haus Zinaida Volkonskaja, in deren Salon sich die geistige Elite der Zeit versammelte. Zu Gast war auch Puschkin, dessen Statue ganz in der Nähe, am heutigen **Puschkin-Platz** (63), 1880 enthüllt wurde.

An der Kreuzung Tverskaja ulica / Tverskoj bul'var stehen zwei bekannte Theater Moskaus: links das **Neue Künstlertheater** mit dekorativen Laternen, rechts das **Puschkin-Theater**.

Die rote Villa im Landhausstil (Nr. 21) war zur Zarenzeit Sitz des Englischen Klubs, heute befindet sich hier das **Zentralmuseum für Zeitgeschichte Russlands** (64), mit Panzerspähwagen und Geschützen im Hof und einer neu gestalteten Exposition.

Bolschaja Nikitskaja ulica

Prachtvolle Palais in der **Bolschaja Nikitskaja ulica** zeugen davon, dass die Straße beim Adel sehr beliebt war. Hat man den Manegeplatz im Rücken, liegen links der alte Teil der Universität und das Studententheater, das in den 1970ern für Freisinnigkeit bekannt war. Stolz des **Zoologischen Museums** (65) rechter Hand ist ein Dinosaurierskelett.

In die Welt der großen Musiker wie Rachmaninov oder Rostropovitsch versetzt das **Tschajkovskij-Konservatorium** (66), in dessen Nähe man manchmal einem kostenlosen Konzert lauschen kann. Zum Gebäude der bedeutendsten musikalischen Ausbildungsstätte Russlands gehört das nette Café „Kafemania". In den Gassen links und rechts der Bolschaja Nikitskaja lebten viele

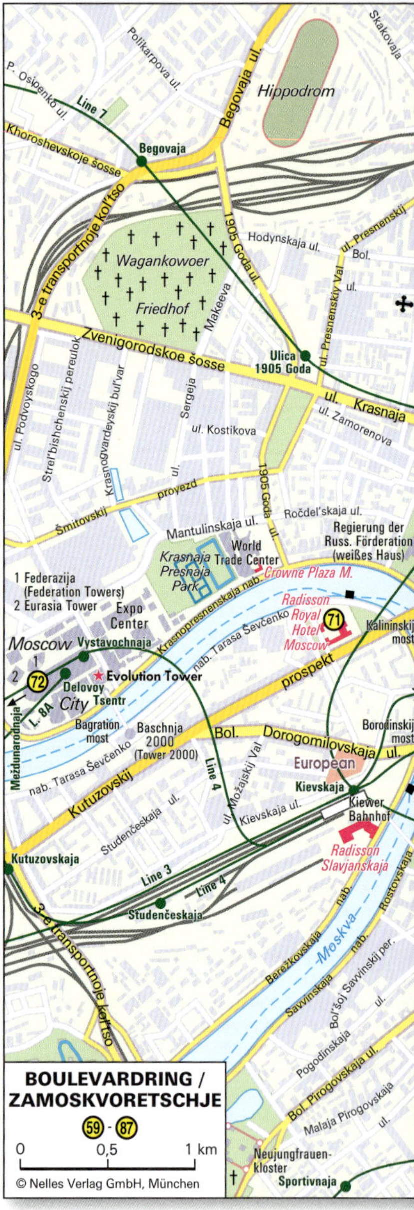

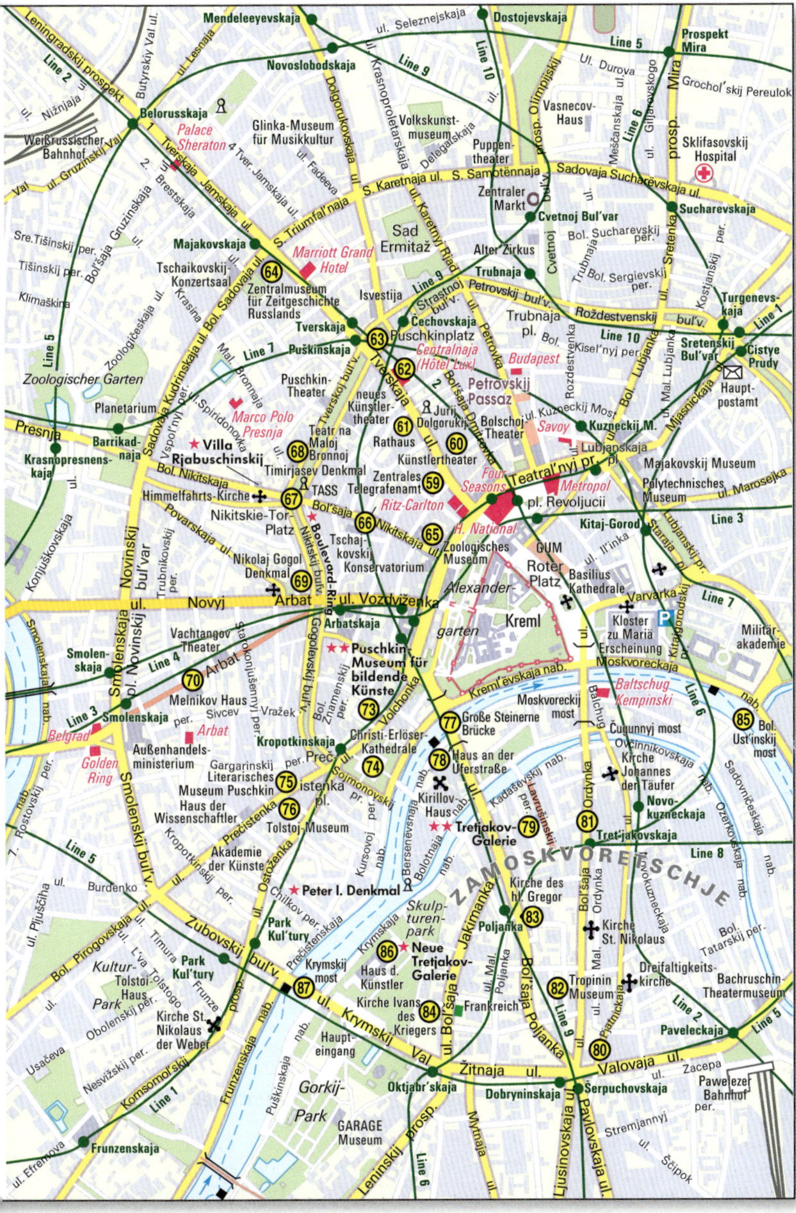

5 Boulevards und Museen

Künstler; Gedenktafeln erinnern an sie.

Sieht man sich am **Nikitskie-Tor-Platz** (67) (*Plóščad' Nikítskie voróta*) um, fällt einem das große **Kino** ins Auge. In der niedrigen **Himmelfahrts-Kirche** (17. Jh.) jenseits des Platzes heiratete der berühmte Dichter Alexander Puschkin die schöne Natalja Gontscharova. Die elegante ★**Villa Rjabuschinskij**, 1900-1902 vom Meister des Jugendstils, Schechtel, erbaut, begeistert durch die ausgeklügelte Komposition. Im Inneren zieht sich eine wellenartig geschwungene Treppe als vertikale Achse durch das Haus: Sie symbolisiert das Leben. Jedes Detail hat seine Bedeutung. Einige Räume erinnern an den Schriftsteller Maxim Gorkij, der hier von 1931 bis 1936 wohnte. Der Eintritt ist (noch) kostenlos, der Eingang befindet sich in der kleinen Seitenstraße.

In der gleichnamigen Gasse hat eines der besten Moskauer Theater, das **Teatr na Maloj Bronnoj** (68) (Dramatisches Theater), seinen Sitz. Zuvor war dies das Gebäude des Jüdischen Theaters, doch 1948 wurde sein Leiter, der Schauspieler Solomon Michoels, von Stalins Schergen ermordet und das Theater geschlossen. In der Malaja Bronnaja beginnt auch die Handlung des berühmten Romans von Michail Bulgakov, „Der Meister und Margarita".

Auf dem **Tverskoj-Boulevard** ragen hinter dem **Denkmal** für den Biologen Timirjasev figurale **Laternenpfähle** auf – ein repräsentativer Eingang zu öffentlichen Toiletten.

Man spaziert nun auf dem begrünten ★**Boulevard-Ring**, der die Innenstadt als Halbkreis einfasst, südwärts, und zwar auf dem Abschnitt namens **Nikitskij-Boulevard** in Richtung Arbat. Im Hof des Hauses Nr. 7 steht ein **Denkmal für Nikolaj Gogol** (69), den großen russischen Schriftsteller („Die toten Seelen", „Der Mantel"). Früher war es am Anfang des Gogol-Boulevards platziert. Doch es stellt Nikolaj Gogol (1809-1852), den Stolz der russischen Literatur, als geistig Umnachteten dar, was er am Ende seines Lebens tatsächlich war, und so versteckte man die Statue im Hof jenes Hauses, in dem er seine letzten Jahre verbracht hatte.

Rechts: Der Arbat, bevölkert von Touristen und Souvenirhändlern.

Arbat

In den 1980ern erlangte der **Arbat** (70), die 1 km lange erste **Fußgängerzone** Russlands, Kultstatus: Damals, in der Zeit der Perestrojka, geschahen hier unerhörte Dinge – man kritisierte öffentlich die Regierung, diskutierte über die Stalinzeit, las selbstgeschriebene Gedichte vor oder spielte regimekritische Lieder. Inzwischen gehört die Straße hauptsächlich Porträtmalern, Souvenirhändlern, Cafés und Kneipen. Doch nach wie vor treffen sich hier nicht nur Touristen, der Arbat ist auch bei den Moskauern beliebt. Und seit 2002 bereichert das Denkmal des beliebten Liedermachers **Bulat Okudshava** (1924-1997) den von ihm besungenen Arbat.

Von hier gelangt man durch die Plotnikov-Gasse zu dem in Form von zwei Zylindern erbauten sehenswerten **Privathaus des Architekten Konstantin Melnikov** (1890-1974) in der Krivoarbatskij-Gasse 10. Es gilt als Ikone der klassischen Moderne; leider ist seine Wirkung durch Neubauten in dichter Nachbarschaft beeinträchtigt.

Kurz bevor der Arbat auf den Smolenskij Prospekt stößt, fällt links ein türkisblaues Haus auf (Nr. 53). Hier verbrachte Alexander **Puschkin** die ersten Wochen nach seiner Hochzeit mit Natalja Gontscharova; das Denkmal gegenüber stellt beide dar.

Moscow City

Das **Hotel Ukraina** (71) am Ufer der Moskva zählt zu den auffälligsten Stalin-Bauten Moskaus; seit seiner aufwändigen Restaurierung erstrahlt es als **Radisson Royal Hotel Moscow** mit über

» Stadtplan S. 102-103, Metroplan S. 76, Info S. 111

Foto: LenaKozlova (iStockphoto.com)

500 eleganten Zimmern und Wellness-Center in neuem Glanz.

Es liegt gegenüber dem „**Weißen Haus**" Russlands, von 1990-93 Parlament und Sitz des Obersten Sowjets, heute der Regierung. Unvergessen sind die dramatischen Bilder vom Augustputsch 1991, als Boris Jelzin vor diesem Gebäude von einem Panzer herab zur Verteidigung des Parlaments aufrief. 1993 brannten die oberen Etagen des Hauses, nachdem Jelzin Schießbefehl erteilt hatte. Wieder war es ein Kampf gegen die Altkommunisten, die sich im Inneren verschanzt hatten.

Das auffälligste Symbol für das neue Moskau ist **Moscow City** (72) an der **Krasnopresnenskaja**-Uferstraße, ein etwa 1 km^2 großes, neues Geschäftsviertel mit ambitionierten Hochhäusern. Der 34-stöckige Büroturm **Tower 2000** sowie die überdachte **Bagration-Brücke** wurden als erstes fertig und 2016 der zweitürmige **Federazija-Wolkenkratzer** vollendet, mit 374 m Höhe (448 m mit Antenne) und 95 Etagen zu diesem Zeitpunkt das höchste Gebäude Europas. Die **Aussichtsplattform** des 104 m hohen Tower 2000 am Taras Schevtschenko-Ufer bietet eine fantastische Aussicht auf die Wolkenkratzer von Moscow City. Besonders elegant mutet der 246 m hohe, um 105 Grad verdrehte ★**Evolution Tower** an. Über die Metrostation **Delovoy tsentr** ist das Viertel schnell zu erreichen.

★★Puschkin-Museum für Bildende Künste

Folgt man dem **Gogol-Boulevard**, gelangt man zum **Pretschistenka-Platz** (*Prečístenka plóščad'*) und von dort in die Volchonka-Straße. Dort lockt eine große Attraktion: das ★★**Puschkin-Museum für Bildende Künste** (73) (*Muzéj ímeni Púškina*).

Zur Sammlung gehören Abgüsse und Kopien antiker und mittelalterlicher Skulpturen, darunter eine der besten Kopien des David von Michelangelo, ferner Kunstwerke aus Ägypten, Assyrien, Babylon, Griechenland und Rom. Außerdem beherbergt das Museum

Foto: Gilmanshin (Shutterstock.com)

die (nach der Petersburger Eremitage) reichste Sammlung von Meisterwerken westeuropäischer Malerei in Russland (mehr als 3000 Gemälde, 350 000 Zeichnungen und Gravuren sowie 100 000 Münzen und Medaillen).

Bis 1994 bestritt die Direktion vehement, dass in den Archiven seit Weltkriegsende das in Berlin durch die Rote Armee erbeutete Troja-Gold Heinrich Schliemanns lagerte, der legendäre **Schatz des Priamos**. Er wurde erst 1996 wieder der Öffentlichkeit präsentiert. Nur kleine Teile erhielt Deutschland zurück. Nun drängt die Türkei auf Rückgabe an den Ursprungsort Troja. 2012 feierte das Museum den 100. Jahrestag seiner Eröffnung. Es soll künftig erweitert und umgestaltet werden.

Die Silhouette der Volchonka beherrscht die **Christi-Erlöser-Kathedrale** (74). Der Neubau wurde erst Ende der 1990er Jahre geweiht. Das Original, ein Entwurf des Architekten Thon, stand nach 40jähriger Bauzeit von 1880 bis in die 1930er Jahre an derselben Stelle und galt als Denkmal des Sieges über Napoleon. 1931 ließ Stalin die Kathedrale sprengen, um an ihrer Stelle den „Palast der Sowjets" zu bauen. Aber der Boden trug das gigantische Projekt nicht; stattdessen legte man ein beheiztes Freibad an. Der Wiederaufbau der Kathedrale mit ihren gewaltigen goldenen Kuppeln verschlang ca. 250 Mio. US$, die durch Spenden und – zum größten Teil – aus dem Staatssäckel finanziert wurden.

Biegt man nun vom Gogol-Boulevard rechts ab, gelangt man auf die **Pretschistenka** (früher *Kropótkinskaja úlica*). Hier und entlang der Uferstraße **Pretschistenskaja Nabereshnaja** wohnten die Adelsfamilien im 18. und 19. Jh. in luxuriösen Gutshöfen. Viele Häuser tragen Gedenktafeln zur Erinnerung an die Dekabristen, Adlige, die am Aufstand gegen den Zaren im Dezember 1825 teilnahmen. In dieser Straße lebten zahlreiche berühmte Künstler,

Oben: Im Puschkin-Museum für Bildende Künste. Rechts: Nächtlicher Blick vom Baltschug auf den Kreml und die Brücke Moskvoreckij most.

» Stadtplan S. 102-103, Metroplan S. 76, Info S. 111

Foto: bbsferrari (iStockphoto.com)

Dichter und Schriftsteller. An der Pretschistenkaja liegen das **Haus der Wissenschaftler**, die **Akademie der Künste** sowie zwei interessante Museen, die großen Berühmtheiten der russischen Literatur gewidmet sind: Alexander Puschkin und Lev Tolstoj.

Alexander Sergejevitsch Puschkin (1799-1837) gilt in Russland als der größte Dichter. Viele Ereignisse seines Lebens und sein Tod sind geheimnisumwittert. Seine Ahn war „Der Mohr Peters des Großen", Ibrahim Hannibal, dem er den gleichnamigen Roman widmete. Puschkin war klein und nicht sehr attraktiv, aber dennoch eroberte er die Herzen der schönsten Frauen. Wegen seiner scharfzüngigen Epigramme und freisinnigen Gedichte war er der Obrigkeit und dem Zaren ein Dorn im Auge. Zweimal wurde er aus der Hauptstadt verbannt. Dokumente seines Schaffens zeigt das **Literarische Museum Puschkin** (75) (*Dom Púškina*).

Lev Nikolajewitsch Tolstoj (1828-1910), der wohl bekannteste russische Autor außerhalb Russlands, war eine widersprüchliche Persönlichkeit: Graf und Ackerbauer, Krösus und Asket, tiefgläubiger Christ und unversöhnlicher Gegner der Amtskirche, Autor komplizierter philosophisch-ästhetischer Werke und einfacher, hübscher Kindergeschichten. In Tolstoj verbanden sich auf seltsame Weise Güte und Despotismus, Logik und Unberechenbarkeit. Davon erzählen die Exponate des **Tolstoj-Museums** (76) – Handschriften, Porträts, persönliche Gegenstände und Erinnerungen von Zeitgenossen.

ZAMOSKVORETSCHJE

Südlich vom Kreml, jenseits der Moskva, liegt **Zamoskvoretschje**, der alte, denkmalgeschützte Moskauer Zunfthandwerker- und Kaufmannsbezirk. Hier haben die Straßen ihr Aussehen weitgehend bewahrt: lange Reihen niedriger Häuser, Villen, prachtvolle Kirchen. Einige Straßennamen erinnern an die Tatarenherrschaft vom 13.-15. Jh. So heißt die Straße zwischen der Brücke **Moskvoreckij most** und der **Kleinen**

Foto: Popova Valeriya (Shutterstock.com)

Eisenbrücke (*Mályj čugúnnyj most'*) **Baltschug**; diesen Namen trägt auch das Fünfsternehotel **Kempinski**; er bedeutet auf Tatarisch: Schlamm. Und in der Tat war es hier sumpfig, bevor man Ende des 18. Jh. einen Entwässerungskanal anlegte. Nach dessen Fertigstellung verwandelte sich ein Teil von Zamoskvoretschje in eine lange, hufeisenförmige Insel.

Von den drei Brücken, die die Insel mit dem Stadtzentrum verbinden, ist wohl die **Große Steinerne Brücke** (77) (*Bol'šój kámennyj most'*) die beeindruckendste. Sie bestand nur vom 17.-19. Jh. aus Stein, bevor sie einer Eisenkonstruktion weichen musste; ihre heutige Gestalt erhielt sie in den 1930ern. Von der **Uferstraße** vor der Brücke eröffnet sich ein toller ★**Blick auf den Kreml**.

Die Insel wurde im 20. Jh. teilweise mit Industrieanlagen bebaut. Gut erhalten ist ein Stadtgut aus dem 17. Jh.; heute beherbergt das **Kirillov-Haus** ein Forschungsinstitut.

An dieses altrussische Ensemble schließt sich neben der Kirche auch ein Gebäude aus sowjetischer Zeit an: Stalins graues **Haus an der Uferstraße** (78). Es wurde 1931 für hohe Sowjet-Funktionäre und ihre Familien gebaut. Es ist wie eine kleine Stadt mit Geschäften, Post, Friseur, Kindergarten, Turnhalle, Kino und dem **Estraden-Theater**. Trotz der Bequemlichkeiten hatte das Haus einen schlechten Ruf: Durch einen geheimen Eingang, den man von allen Treppenhäusern aus durch den Keller erreichen konnte, wurden unter Stalins Terrorregime Verhaftete nachts unauffällig abgeführt. Über das Haus und die Schicksale seiner Bewohner schrieb Jurij Trifonov den Roman „Das Haus an der Uferstraße". In einer der 505 Wohnungen erinnert ein **Museum** an die Willkür und Grausamkeit der Stalinära.

★★Tretjakov-Galerie

Das Schönste, was Zamoskvoretschje zu bieten hat, ist die weltberühmte ★★**Tretjakov-Galerie** (79) in der Lavruschinskij-Gasse, die auch die eigens restaurierte **Nikolaj-Kirche** für ihre einzigartige ★★**Ikonen-Ausstellung** nutzt, darunter die hoch verehrte *Gottesmutter von Vladimir* aus dem 12. Jh. Die nach ihrem Gründer benannte Galerie wurde 1881 eingerichtet. Damals zogen fast alle bekannten Moskauer Maler nach Zamoskvoretschje. Hier wohnte auch Pavel Tretjakov, ein Fabrikant und Kunstkenner, der seine Sammlung von 1200 Gemälden russischer Meister 1892 der Stadt schenkte. Seitdem haben sich die Bestände der Galerie auf 57 000 Werke vermehrt. Sie ist damit eine der bedeutendsten Sammlungen russischer Kunst vom 11. Jh. bis 1910.

In acht der 62 Säle sind Russlands wertvollste Ikonen ausgestellt, z. B. Theophanes' *Gottesmutter vom Don* und Andrej Rubljovs *Dreifaltigkeit* (frühes 15.

Oben: In der für ihre Ikonensammlung berühmten Tretjakov-Galerie. Rechts: Gigantisches Denkmal von Zereteli (1997) für Peter I. an der Moskva.

» Stadtplan S. 102-103, Metroplan S. 76, Info S. 111

Jh.) Die übrigen 54 Säle präsentieren Werke russischer Maler aller Stilrichtungen; ein Schwerpunkt liegt auf den Realisten, den „Peredvishniki" der 1870 gegründeten „Genossenschaft für Wanderausstellungen". Die Bilder des wichtigsten „Genossen", Ilja Repin (1844-1930), füllen alleine zwei Säle (Räume 29 u. 30), darunter *Prozession in Kursk, Ivan der Schreckliche* und *Pavlov*.

Außerdem sind Gemälde der Romantiker des frühen 19. Jh. wie Karl Brjullov und Werke des Symbolisten Michail Vrubel ausgestellt.

In der **Pjatnickaja** (80), einer alten Handelsstraße mit Geschäften, Restaurants und Szenekneipen, duftet es nach frischem Brot, das in der populären **Australischen Bäckerei** (*Avstrálija chleb*, Nr. 29) entsteht.

In der breiten und meist menschenleeren **Bolschaja Ordynka** (81) finden sich zwischen ausdruckslosen zweistöckigen Häusern auch einige wundervolle Beispiele der Architektur des 17. bis 19. Jh.: Kirchen in den verschiedensten Stilrichtungen von altrussisch über klassizistisch bis Jugendstil sowie würdevolle alte Stadtpalais.

Im **Tropinin-Museum** (82) in der Schtschetininskij-Gasse kann man die russische Porträt-Malerei des 18./19. Jh. studieren; zur Sammlung gehören über 3500 Gemälde. Der Maler Tropinin (1776-1857) war Leibeigener gewesen; erst mit 50 Jahren wurde er freigelassen.

Südlich der Tretjakov-Galerie trifft man in der Hauptstraße Bolschaja Poljanka auf die sehenswerte **Kirche des hl. Gregor** (83) (*cérkov' svjatógo Grigórija*) aus dem 17. Jh. mit einer kachelverzierten Fassade.

Besonders schön ist die **Kirche Ivans des Kriegers** (84) (*cérkov' Ivána Vojná*) mit bunten Kuppeln und der kunstvollen Ikonostase (17. Jh.). Ihr gegenüber, in der Bolschaja Jakimanka ulica, zeugt ein märchenhaft verspieltes ehemaliges Kaufmannshaus davon, dass es Ende des 19. Jh. eine aufstrebende Bürgerschicht gegeben hat. Heute ist es, ebenso wie der ziegelfarbene Neubau daneben, Sitz der **Französischen Botschaft**.

Foto: MstudioG (Shutterstock.com)

★AUF DER MOSKVA

Wer Moskau entspannt aus einer besonderen Perspektive erleben möchte, sollte eine ★**Schiffsfahrt auf der Moskva** unternehmen (Mai bis Oktober). Der Fluss durchzieht die Stadt auf einer Länge von 60 km, vorbei an vielen Sehenswürdigkeiten. Die schönste Tour beginnt an der Brücke **Ust'inskij most** (85) und endet am Kiever Bahnhof.

Nordwestlich des Anlegers an der Moskvoreckaja Nabereshnaja klafft eine riesige Baulücke. Hier stand bis 2007 das gigantische *Hotel Rossija*, in den 1960ern an der Stelle eines Klosters erbaut. Das Schiff unterquert die Brücke **Moskvoreckij most**. Danach eröffnet sich links der Blick auf die Uferstraße **Sofijskaja Nabereshnaja** mit palastartigen Häusern aus dem 19. Jh., von denen das schönste die **ehemalige Britische Botschaft** ist; gebaut wurde das Herrenhaus für den Industriellen

Foto: Gregor M. Schmid

Gustav List. Von hier hat man eine wunderbare **Aussicht auf den Kreml**, aber auch einen Blick auf das kolossale, 98 m hohe ★**Denkmal für Peter I.**, ein Werk des Moskauer „Hofkünstlers" Surab Zereteli von 1997. Ein nicht nur wegen der merkwürdigen Ästhetik ungeliebtes Monument – Peter hatte einst die Hauptstadt nach Petersburg verlegt.

Das südliche Ufer gehört zu einer großen Insel, die wiederum ein Teil Zamoskvoretschjes ist. Nun passiert man die letzte Brücke, die die Insel mit dem „Festland" verbindet: die **Große Steinerne Brücke** (77). Das große graue Haus links ist das **Haus an der Uferstraße** (78) (s. S. 108).

Rechts, an der Uferstraße **Pretschistenskaja Nabereshnaja**, stehen – wie so häufig in Moskau – Bauwerke der verschiedensten Stile und Epochen nebeneinander: klassizistische Fassaden und stilisierte Architektur des alten Russland; Wandbilder des Jugendstils aus Majolika mit Wassernymphen, Gewächsen und Tieren. Aus dem Grün der Bäume leuchtet die **Christi-Erlöser-Kathedrale** (74; s. S. 106) mit ihren fünf markanten goldenen Kuppeln.

Gegenüber, an der **Krymskaja Nabereshnaja**, tauchen jetzt das **Haus der Künstler** und die ★**Neue Tretjakov-Galerie** (86) (*Kartínnaja Galeréja*) auf. Dort werden Bilder aus dem Fonds der Tretjakov-Galerie gezeigt, die nach 1910 entstanden sind (u.a. Kandinskij, Tatlin). Gleich daneben haben in einem kuriosen **Skulpturenpark** neben ausgedienten Lenin- und Stalinstatuen auch andere steinerne Sowjetgrößen einen neuen Platz gefunden. Gleich daneben erinnern die berührenden Kunstwerke von Evgenij Tschudarov (1934-2012) an die Opfer des totalitären Regimes.

Die Brücke **Krymskij most** (87), von zwei Ketten getragen, ist die einzige Hängebrücke der Stadt und galt 1938 als Ingenieurswunder. Dahinter, am Ostufer der Moskwa, beginnt der **Gorkij-Park**; gegenüber zieht sich die Uferstraße Frunzenskaja Nabereshnaja hin.

Oben: Die Christi-Erlöser-Kathedrale, mit Spenden finanziert und 1997 geweiht.

» Stadtplan S. 102-103, Metroplan S. 76

BOULEVARDS UND MUSEEN (☎ 495 u. 499)

LUXUS: **Shinok**, ukrainische Küche der feineren Art, originelles Interieur mit Atrium und kleinem Zoo mit Pfau und Kaninchen etc., offene Küche, tgl. 12-24 Uhr. ul. 1905 goda 2a, Metro *ul. 1905 goda*, Tel. 651 8101.

Pavilion, russ. Küche am Patriarchenteich, an dem Michail Bulgakovs Roman „Der Meister und Margarita" beginnt (s.u., Kafe Margarita), tgl. 12-24 Uhr. Bol. Patriaršij per. 7/1, Tel. 697 5110.

Sky Lounge, Wahnsinnsblick über Moskau, vorher reservieren, So-Mi 13-24, Do-Sa 13-1 Uhr. Leninskij pr. 32a, 22.Etage, Metro *Leninskij Prospekt*, Tel. 495 7815775, www.skylounge.ru.

Bison Steak House, amerikanisch und europäische Küche, tgl. 12.24 Uhr, Ljubjanskij pr-d 15, Metro *Kitaj-Gorod*, Tel. 495 2319282, auch: Sadovnitscheskaja nab. 75.

MITTEL: **Momo**, u.a. italienische Küche, Fisch, 11-24Uhr, Pjatnickaja ul. 66/2 Metro *Paveleckaja*, Tel. 495 9539520, www.momorest.ru.

Jagannath, Moskaus erstes Vegetarier-Restaurant, bietet auch vegane Gerichte an, indisch inspiriert (mit Naturkostladen), tgl. 10-23 Uhr. Kuzneckij most 11, Metro *Kzneckij Most*, Tel. 6283580; Filiale Jagannath na Kurskoj, Zemljanoj val 24/30, Metro *Kurskaja*.

Scandinavia, kleine ruhige Oase in einer Seitenstraße der Tverskaja, skandinavische Küche unter alten Bäumen, leckere nicht-alkoholische Drinks, kleine Speisekarte, 12-1 Uhr. Malyj Palaschevskij per. 7, Metro *Puschkinskaja*, Tel. 495 9375630.

Scast'e na Krysche, schicke Dachterrasse mit schönem Blick, elegantes, modernes Restaurant, russische und europäische Küche, So-Do 10-24, Fr/Sa 10-3 Uhr. Bol'schoj Putinkovskij Per. 5, Metro *Tverskaja / Cechovskaja*.

EINFACH: **Kafe Margarita**, russische und europäische Gerichte und Kuchen, der Name des Cafés erinnert an die weibliche Hauptfigur aus Bulgakovs „Der Meister und Margarita", tgl. 13-24 Uhr. Malaja Bronnaja 28, Metro *Majakovskaja*, Tel. 6996534.

Kvartira 44, Bol'schaja Nikitskaja ul. 22/2, Tel. 2388234, Metro *Ochotnyj Rjad*, russisch-italienische Küche, in einer alten Moskauer Wohnung, nett und persönlich eingerichtet, weitere Filiale Malaja Jakimanka 24/2, Eingang durch Torbogen, Metro *Poljanka*, schöne Terrasse, oft Live-Musik, 12-24 Uhr, Fr, Sa 12-6 Uhr, Mo geschl.

Bulka na Pokrovke, schönes Café mit Bäckerei, auch kleine Gerichte, Pokrovka 19, Metro *Tschistye Prudy*.

MUSEEN: **Museum für Zeitgeschichte**, Revolutionsgeschichte, Di, Do-So 10-18 Uhr, Mi 11-19 Uhr, Mo geschl.; Tverskaja Ul. 21, Metro *Puschkinskaja*.

Zoologisches Museum, Di-So 10-17 Uhr; Bol. Nikitskaja Ul. 6, Metro *Ochotnyj Rjad, Teatralnaja*.

Puschkin-Museum für Bildende Künste, westeuropäischer Kunst, Altertümer aus dem Vorderen Orient, Schliemanns in Troja gefundener Priamos-Schatz, Sonderausstellungen, Di-So 11-20, Kasse bis 19, Do/Fr 11-21 Uhr; Volchonka 12, Metro *Kropotkinskaja, Aleksandrovskij Sad*.

Puschkin-Literaturmuseum, Puschkins Werke, Manuskripte, persönliche Gegenstände, Mi-Fr 12-20 Uhr, Sa, So 10-18 Uhr; Pretschistenka 12/2, Metro *Kropotkinskaja*.

Tolstoj-Museum, Di-So 11-18 Uhr (außer letzter Fr im Monat); Pretschistenka 11, Metro *Kropotkinskaja*.

Tretjakov-Galerie (alte), größte Sammlung russischer Kunst bis 20. Jh., Di-So 10-19 Uhr; Lavruschinskij pereulok 10, Metro *Tretjakovskaja, Novokusneckaja*, Tel. 233 5223. **Neue Tretjakov-Galerie** (Staatliche Gemäldegalerie), russische Kunst von 1910 bis zur Gegenwart, Di-So 10-19 Uhr; Krymskij wal 10, Metro *Park Kultury*.

Tropinin-Museum, russische Malerei des 18. und 19. Jahrhunderts, Mo/Do/Fr 12-19 Uhr, Sa/So 10-17 Uhr; Schtschetininskij Per. 10, Metro *Novokuszneckaja*.

Vergnügungszentrum **Samoljot**, es gibt u.a. ein russisches und ein japanisches Restaurant, zudem ein Steakhouse, Bowling, Gokart, Kino, Tanz, etc.; Presnensskij Val 14/1, Metro *Ulica 1905 Goda*.

Foto: Gregor M. Schmid

AN DEN UFERN DER MOSKVA

GORKIJ-PARK
SPERLINGSBERGE
NEUJUNGFRAUENKLOSTER
ANDRONIKOV-KLOSTER / ANDREJ-RUBLJOV-MUSEUM
KOLOMENSKOJE
OSTANKINO

AN DEN UFERN DER MOSKVA

Gorkij-Park

Die meisten Moskau-Besucher kennen den 110 ha großen **Gorkij-Park** (88) wegen des (1983 als Thriller verfilmten) Romans „Gorky Park" von Martin Cruz Smith. 1928 am Ufer der Moskva angelegt, sollten sich hier die Werktätigen entspannen können. In den 1970er Jahren nannte der Schriftsteller Jurij Trifonov den Park einen „unerforschten Kontinent, in dem es Dschungel und Höhlen gibt, einen Ort, wo in die allmähliche Stille ein Schuss peitscht, wo man aus einem Ebereschenstrauch eines Mannes mit heruntergelassenen Hosen ansichtig werden kann…".

Das Parkensemble, das eigentlich aus drei Anlagen besteht (Vergnügungspark, Neskučnyj- (Lust-)Garten sowie seit 2013 dem Naturschutzgebiet Sperlingshügel), kann man durch zwölf Eingänge betreten. Der zentrale Eingang zum „Park der Kultur und Erholung namens Gorkij" (so die vollständige Bezeichnung) liegt in der Nähe der Metrostationen Oktjabr'skaja und Park Kul'tury. Das 1955 im wuchtigen stalinschen Stil errichtete **Tor** wurde restauriert bzw. umgebaut und erhielt auf einer Höhe von 18m eine 555m² große **Aussichtsplattform**, von der aus man einen weiten Blick über den Park, auf Moscow City oder die Universität hat. Wer Feinheiten entdecken möchte, kann auf die bereitstehenden Fernrohre zurückgreifen.

In den 1990er Jahren verlotterte das Vergnügungsparadies inmitten der Stadt zusehends. 2011 machte sich die neue Leitung daran, das Gelände komplett umzugestalten. Kioske und unzeitgemäße Bauten wurden demontiert, einige nostalgische Einrichtungen restauriert und der Park so umgestaltet, dass er modernsten Wünschen entspricht: Die Rasenfläche wurde vergrößert und darf nun als **Liegewiese** genutzt werden, es gibt Radwege, **Fahrradleihstellen** (Ausweis und 1500 Rubel als Pfand hinterlegen, die erste Stunde Leihgebühr je nach Radtyp 200-350 Rbl, jede weitere 100-200), und die vielseitigen Sportanlagen sind kostenlos. Seit Dezember 2016 haben z. B. Snowboarder von Dienstag bis Sonntag ihre Freude, wenn sie im einzigen Snowboard-Park der Stadt die Abhänge hinuterbrettern können. Im Winter werden Loipen angelegt und die Teiche zu Eislaufflächen (Ski- und Schlittschuhverleih). Neue Sitz- und Liegemöbel stehen bereit, die Beleuchtung ist angenehm, kostenloses Wlan ermöglicht es, im Internet zu surfen usw. Für den kleinen Durst zwi-

Links: Beim Osterfest in Kolomenskoje werden Speisen gesegnet.

Foto: dimbar76 (Shutterstock.com)

schendurch gibt es Trinkwassersäulen an den Alleen, und wem der Sinn nach Eis, Kaffee und Kuchen oder Herzhaftem steht, kann zwischen mehreren Cafés oder Snack-Bars wählen. Kunstinteressierte zieht es ins **Kunstzentrum für moderne Kunst „Garage"**. Mehrere Ausstellungen sowie Café und Buchladen (auch originelle Souvenirs) sind in dem Gebäude untergebracht (Mo-Do 11-21 Uhr, Fr, Sa 11-22 Uhr, Eintritt ab 200 Rbl., www.garagemca.org).

Ganz allein wird man im Gorkij-Park nicht bummeln können: An Werktagen lockt die grüne Insel ca. 20 000, an Wochenenden etwa 100 000 Besucher an. Der Eintritt ist kostenlos, der Park täglich 24 Stunden geöffnet.

Erfahrungsgemäß ist der älteste Teil des Parks, der **Neskučnyj sad** 1, weniger bevölkert. Nikolaus I. ließ diesen Garten Ende der 1830er Jahre aus mehreren ehemaligen Adelsgütern gestalten. Aus dem 19. Jh. stammen auch die hübschen kleinen Brücken, Pavillons, Fontänen und Lauben. In einem der kleinen Gebäude im Empirestil befindet sich das von Peter I. gegründete **Mineralogische Museum** 2, mit rund 135 000 Exponaten. Für musikalische Abwechslung sorgen im Sommer Konzerte im **Grünen Theater** 3.

In Flussnähe sieht man in den Sperlingsbergen bereits das **Andronov-Kloster** sowie die **Mamonov-Datscha**, einen Palast im Grünen, in dem einst der exzentrische Graf Mamonov lebte, der sich weigerte, den Treueeid auf Nikolaus I. abzulegen und deshalb hier lebenslang unter Hausarrest stand.

Südlich der Brücke **Luzhnetskaya most** hebt sich der ehemalige **Pionierpalast** 4 von1962 (heute: „Kreativpalast für Kinder und Jugendliche") von der hügeligen Umgebung ab. Seine Front ziert ein ziemlich großformatiges Mosaik.

Oben: Der Gorkij-Park ist ein im Sommer wie im Winter gleichermaßen beliebtes Freizeitgelände.

» Stadtplan S. 115, Metroplan S. 76, Info S. 129

Sperlingsberge

Die **Sperlingsberge** (89) (in der Sowjetzeit: Leninberge) gehören zu den Lieblingsplätzen der Hauptstädter. Die Balustrade der ★**Aussichtsplattform** 5 ist das klassische Ziel von Hochzeitspaaren nach der Trauung, und wohl jeder junge Moskauer träumt davon, einmal in seinem Leben hier mit Sekt anzustoßen und sich über den Kuppeln der Stadt feiern zu lassen. Bei klarem Wetter ist der Ausblick überwältigend.

1920 wurde in den Sperlingsbergen **Mosfilm**, Russlands legendäres, größtes Filmstudio angesiedelt – Sergei Eisenstein und Andrei Tarkowski haben hier Regie geführt; interessant ist das **Oldtimermuseum**. An der Vorobjovskoje-(Sperlings-) Chaussee hatten Politbüro-Mitglieder ihre Häuser, heute wohnen VIP-Staatsgäste hier. In der Nähe liegt die weltgrößte **Deutsche Botschaft** (1992), eine von außen etwas finster anmutende Residenz in bester Lage, mit 120 Wohnungen, Schwimm- und Sporthalle und Restaurant.

Jenseits des Flusses, unterhalb des Plateaus, sieht man den **Sportpark Lushniki** 6 mit zwei Stadien, einem Schwimmbecken und weiteren Einrichtungen der Olympischen Sommerspiele 1980.

Werfen Sie einen Blick auf das monumentale Hauptgebäude der **Lomonosov-Universität** 7, zu Sowjet-Zeiten die beste und angesehenste Bildungsstätte des Landes. Der Bau wurde zwischen 1940 und 1953 im so genannten „Zuckerbäckerstil" der Stalinzeit errichtet. Den Mittelteil bildet ein 240 m hoher Turmbau, den eine 60 m hohe Spitze krönt. Hinter und neben dem Komplex liegen die Gebäude der Fakultäten, das **Observatorium**, der **Botanische Garten**, das **Geologische Museum**, die Bibliothek, ein Theater und diverse Einkaufszentren. Alle Gebäude sind von einer Grünanlage umgeben, in der die Studenten (rund 40 000 lernen hier) gern ihre Mußestunden verbringen.

Die Moskva fließt unter der zweistöckigen Metrobrücke hindurch. Die verglaste, stufenförmige Terrasse am Hang,

Foto: Kirill Trifonov (iStockphoto)

der Ausgang aus der Metro, führte früher direkt in den Park und ans Flussufer; heute gelangt man nur noch auf Schleichwegen an den durch Abwässer stark belasteten Fluss. Die meisten der Badenden sind Studenten; sie pflegen zu scherzen: „Der Mensch als Gattung hat überlebt, weil er sich anzupassen verstand."

Der Fluss macht eine Biegung. Für Schiffpassagiere kommen nun rechts die Mauern vom **Neujungfrauenkloster** ins Blickfeld. Links steigt das Ufer steil zum Filmstudio Mosfilm an und geht allmählich in die Bereshkovskaja Nabereshnaja über, an der – nahe dem **Kiever Bahnhof** – das **Hotel Radisson Slavjanskaja** steht (mit Cafés, Restaurants und gutem Blick auf die Borodino-Brücke).

Oben: Das Neujungfrauenkloster wurde im 16. Jh. vor den Toren Moskaus als Wehrkloster errichtet. Rechts: Die Türme der Christi-Verklärungskirche.

★★Neujungfrauenkloster

Nördlich vom Lushniki-Sportkomplex liegt das berühmte ★★**Neujungfrauenkloster** (90) (*Novodévičij monastýr'*), an das sich viele Ereignisse der russischen Geschichte knüpfen. Das vollständig erhaltene Kloster ist mit seinen Kirchen und dem Friedhof eines der interessantesten Baudenkmäler Moskaus und lohnt einen ausgedehnten Besuch. Es gehört zu einem Ring von Wehrklöstern, die ab dem 16. Jahrhundert vor den Toren Moskaus errichtet wurden. Großfürst Vasilij III. ließ die weitläufige Klosteranlage zu Ehren der Befreiung der Stadt Smolensk von polnisch-litauischer Besatzung im Jahr 1524 anlegen. Ivan der Schreckliche zwang nach der Hinrichtung der aufsässigen Bojaren deren Witwen, in das Kloster einzutreten und ihren gesamten Besitz der Kirche zu übergeben. Später traten – mehr oder weniger freiwillig – viele Zarinnen und Zarentöchter in das Kloster ein; auf diese Weise wurde das Neujungfrauenkloster mit seinen 36 Dörfern und ei-

» Stadtplan S. 115, Metroplan S. 76, Info S. 129

Foto: Gregor M. Schmid

nem Landbesitz von 179 000 Hektar das reichste Kloster Moskaus.

Die bedeutendste Gönnerin des Klosters war Sofija, die ehrgeizige Halbschwester Peters I., unter deren siebenjähriger Regentschaft im Namen des minderjährigen Peter und dessen geistig behinderten Bruders Ivan V. das Kloster im (später so genannten) „Moskauer oder Naryschkin Barock" ausgebaut und erneuert wurde.

Sofija wurde wegen ihrer staatsverräterischen Rolle im Strelizenaufstand 1697 hierher verbannt. Zur Abschreckung ließ Peter unmittelbar vor ihrem Fenster einige Strelitzen (Elitesoldaten seiner Leibgarde) erhängen. Die Mauern, die sie hatte errichten lassen, wurden ihr zum lebenslangen Gefängnis. Später verfiel das Kloster. 1923 wurde es aufgelöst, 1934 unterstellte die Partei die weitläufige Anlage dem Historischen Museum. Erst während der Breshnev-Zeit wurde das Neujungfrauenkloster etwas restauriert. Heute leben hier wieder Nonnen.

Man betritt die Anlage durch das **Nordtor** 1 mit der im „Moskauer Barock" gestalteten **Christi-Verklärungskirche**. Gegenüber liegt die fünfkuppelige ★**Kathedrale der Gottesmutter von Smolensk** 2 mit einmaligen prächtigen Fresken und einer der schönsten Ikonostasen Moskaus. Die 1524/25 von Zar Boris Godunov errichtete Kirche ist der Mittelpunkt des gesamten Areals. In der schmucklosen, sehr streng wirkenden Kathedrale hing früher eine berühmte Ikone der Gottesmutter, die während des Zweiten Weltkrieges verloren ging. Hier fanden Peters Halbschwester Sofija sowie seine erste Frau Jevdokija ihre letzte Ruhe.

Linker Hand erhebt sich der 72 m hohe, frei stehende **Glockenturm** 3, 1690 erbaut, 1988 sehr aufwändig restauriert. Der markante, von unbekannten Meistern anmutig im so genannten Naryschkin-Barock errichtete Turm wird auch gerne „die Braut Ivans d. Großen" (Kreml-Glockenturm) genannt. Westlich der Kathedrale befindet sich das Refektorium (*Trápeza*) mit der **Mariä-Entschlafenskirche** 4, weiter südlich

Foto: Volkmar E. Janicke

schließt sich die **Ambrosiuskirche** 5 an.

An der Südmauer des Klosters erhebt sich beim Friedhof die **Mariä-Schutz-Kirche** 6. In vier der fünf Klosterkirchen sind mittlerweile Museen untergebracht, nur in der Mariä-Entschlafenskirche werden heute noch **Gottesdienste** abgehalten.

★★Neuer Friedhof

Russlands Prominentenfriedhof Nr. 1 schließt sich an die Südmauer des Neujungfrauen-Klosters an. Der ★★**Neue Friedhof** 7, kurz *Novodevitschje* genannt, war bis ins 19. Jh. ein Friedhof für Normalsterbliche weit außerhalb der Stadt. Erst als Dichter und Schriftsteller, Musiker, Maler und Wissenschaftler zu „ihrem" Friedhof machten, erlangte er große Popularität. Die neue Sowjetmacht beanspruchte diesen Friedhof auch für sich und ihre Mitglieder.

Oben: Wer in der Sowjetunion Rang und Namen hatte, bekam auf dem Novodevitschje eine Grabstätte. Rechts: Das Grab von Jurij Nikulin, dem Clown und Zirkusdirektor des Alten Moskauer Staatszirkus.

Das Neujungfrauenkloster ist mit der Metro (Station Sportivnaja) zu erreichen; der **Haupteingang** zum Friedhof liegt am Lushneckij projezd. Noch vor wenigen Jahren wiesen die uniformierten Wachtposten jeden Touristen barsch ab.

In der Sowjetunion waren auch die Toten noch ein Politikum, die Geschichte verfolgte sie bis ins Grab. Ein besonders berühmtes Beispiel dafür ist der 1964 entmachtete Nikita Sergejevitsch Chruschtschov. Als man ihn 1972 auf dem Novodevitschje bestattete, verfügte sein Nachfolger Leonid Breshnev aus Angst vor Demonstrationen, dass der Friedhof geschlossen werde. Das **Grabmal Chruschtschovs** von Ernst Neizvestnyj zählt zu *den* touristischen Attraktionen auf dem Friedhof. Um den widersprüchlichen Charakter des Parteichefs herauszuarbeiten, verwendete der Bildhauer schwarzen und weißen Granit: Denn Nikita Chruschtschov, ein

» Plan S. 117, Metroplan S. 76, Info S. 129

fleißiger Schüler Stalins, hatte selbst eine Menge „Dreck am Stecken" – obwohl er im Jahr 1956 in seiner berühmten Rede die Verbrechen des großen Diktators angeprangert hatte.

Jedes Grab auf dem Novodevitschje-Friedhof hat seine eigene Geschichte. So hatte zum Beispiel das schlichte Grab des bekannten Schriftstellers **Michail Bulgakov**, Autor von *Der Meister und Margarita*, zwölf Jahre lang keinen schmückenden Stein, der an ihn erinnerte. Warum Bulgakov so lange keinen Grabstein hatte, ist einfach zu erklären: Alle hatten Angst. Kein Friedhofsdirektor, kein Bildhauer wollte sich nach 1940 an dem Verfemten die Finger verbrennen. Schließlich hatte Bulgakov in seinem Roman *Der Meister und Margarita* das Stalinsche Moskau wie kein anderer verspottet. Das Grab solcher Leute durfte kein Stein schmücken.

Seine Witwe Jelena Sergejevna mochte sich damit nicht abfinden. An einem Sommertag im Jahr 1952 schlenderte sie zum Schuppen der Friedhofsarbeiter. In einer Ecke entdeckte sie einen narbigen schwarzen Steinklumpen. „Das ist ein Golgatha", erklärte ein Arbeiter. Zu seinem hundertsten Todestag im März des Jahres 1952 hatte man die **Grabstätte von Gogol**, dem berühmten Schriftsteller etwas besser ausgestattet; der große Sonderling der russischen Literatur sollte zu seinem Festtag ein würdiges Denkmal bekommen. Bildhauer N. Tomskij meißelte eine stattliche Büste, und Gogols altes Grabkreuz „Golgatha" landete auf dem Müll. Jelena Bulgakova kaufte den Stein, und wenige Tage später wurde der dunkle Klotz auf das Grab ihres Mannes gewuchtet, und dort liegt er bis heute.

2009 tauschte man jedoch Gogols Grabstein erneut aus, und seither ziert sein Grab ein mit einem goldenen Kreuz gekrönter Stein, der an den ersten „Golgatha" erinnert.

Ein ausgedehnter Spaziergang über den Novodevitschje ist ein einzigartiger, höchst spannender Streifzug durch

Foto: Jonathan Smith

die russische Geschichte und Kultur. Die erfolgreichen Komponisten Alexander **Skrjabin**, Sergej **Prokofjev** und Dimitrij **Schostakovitsch**, die Filmregisseure Sergej **Eisenstein** und Dziga **Vertov**, der Maler Valentin **Serov** sowie die Kunstsammler Pavel und Sergej **Tretjakov** haben hier ihre letzte Ruhestätte gefunden. Hunderte Gräber warten darauf, entdeckt zu werden. Glücklich sind dabei jene Besucher, die die kyrillische Schrift entziffern können.

Zwischen all diesen Gräbern verläuft eine unsichtbare Grenze weltanschaulicher und ästhetischer Natur. Denn hier wurde bei weitem nicht nur die russische Intelligencija beigesetzt. Wer in der Kommunistischen Partei, in der Roten Armee oder in der sowjetischen Wissenschaft Rang und Namen hatte, dem wurde nach dem Tod hier ein Platz zuteil. Die stolzen Angehörigen ließen den Toten in der Regel lebensecht in Stein hauen und setzten das Abbild auf ein hohes Postament. Teilweise wirkt der Friedhof wie ein Garten von überlebensgroßen Skulpturen – ein be-

» Plan S. 117, Metroplan S. 76, Info S. 129

drückendes Bild. In tadelloser Uniform und mit strammer Haltung mustern die Generäle und Wissenschaftler (darunter die Flugzeugkonstrukteure **Tupolev** und **Iljuschin**), die Parteiapparatschiks und Flottillenadmirale mit festem Blick den Besucher, als lebten sie noch und stiegen gleich von ihrer Säule herab. Panzergeneräle bekamen einen Panzer auf den Grabstein gesetzt, Generäle der Luftwaffe einen Düsenjet.

Die alte Intelligencija dagegen pflegt, wie es sich für sie geziemt, das feine Understatement. Das Grab des Dichters des Symbolismus Andrej **Belyj**, ein Schüler des Anthroposophen Rudolf Steiner, ziert eine kleine schlanke Säule. Auf der letzten Ruhestätte des Lyrikers Alexander **Tvardovskij** liegt nichts als ein tonnenschwerer Findling – für Kenner der Literaturszene eine Anspielung auf die erdrückende Last seiner Arbeit als Chefredakteur der Literaturzeitschrift *Novyj Mir*.

Das Grab des 1904 in Badenweiler verstorbenen **Anton Tschechov** ziert ein schlichter weißer Stein mit einem Metalldach.

In seiner Nähe findet man auf vielen Grabsteinen eine besondere Gravur: eine weiße Möwe, die mit weit ausgebreiteten Flügeln über den Meereswellen schwebt – das Signet des berühmten Moskauer Künstlertheaters. Auch das Grab eines seiner bekanntesten Regisseure ist darunter: **Konstantin Stanislavskij**. Seine Interpretationen der Tschechovschen Komödien verhalfen diesen zu Weltruhm, auch wenn Tschechov selbst seine handelnden Figuren bisweilen falsch dargestellt sah.

Bummelt man zwischen den Gräbern im benachbarten Feld Nr. 1, entdeckt man fast an der Mauer eine schmale Skulptur aus weißem Marmor unter schützendem Glas. Es ist das Grab der zweiten Ehefrau Stalins, **Nadeshda Allilujeva**, die 1932 unter ungeklärten Umständen aus dem Leben schied. Auch **Alexandra Kollontai**, die Tochter eines russischen Adligen und engagierte Schriftstellerin, Revolutionärin und Botschafterin der jungen Sowjetunion in Norwegen, Mexiko und Schweden, fand hier 1952 ihre letzte Ruhestätte.

An der Allee zwischen der dritten und vierten Friedhofsparzelle leuchtet die weiße Marmorskulptur des großen Sängers **Fjodor Schaljapin**; in den 1980er Jahren hatten Verwandte des 1938 in Paris gestorbenen Künstlers seine sterblichen Überreste hierher überführen lassen.

Raisa Gorbatschova, Gattin Michail Gorbatschovs, erhielt 1999 an der Südmauer ihre letzte Ruhestätte. In der Nähe erinnert eine monumentale Statue an den populären **General Lebed**, dessen Eingreifen den 1994 unter Jelzin begonnenen Tschetschenienkrieg 1996 beendete. **Boris Jelzin** wurde im April 2007 in unmittelbarer Nachbarschaft beigesetzt. Auf seinem Grab „weht" eine überdimensionale russische Flagge aus Natursteinen. Wohltuend schlicht ist das Grab des 2007 verstorbenen Cellisten **Rostropovitsch** und seiner Ehefrau, der 2012 verstorbenen Sopranisten Galina Vischnevskaja.

★Andronikov-Kloster / ★Andrej-Rubljov-Museum

An der Ust'inskij-Brücke beginnt ein weiteres denkmalgeschütztes Gebiet, es heißt **Zajauzje** („hinter der Jauza"), weil es am linken Ufer der Jauza, dem größten Nebenfluss der Moskva, liegt.

In alten Reiseführern wird über Zajauzje nichts Gutes berichtet: Die Straßen seien krumm und schlecht, sie fielen steil zum Flussufer ab, sogar im Sommer sei es zu gefährlich, sie hinunterzufahren; es gäbe viele Bettler und Obdachlose, und überhaupt hätten „anständige Leute" dort nichts zu suchen. Längst ist hier alles ganz anders geworden, auch wenn Zajauzje in vielem sein früheres Aussehen bewahrt hat: die-

Rechts: Erzengel-Michael-Kirche und Erlöser-Kathedrale des Andronikov-Klosters.

 » Plan S. 117, Metroplan S. 76, Info S. 129

Foto: De Gor (iStockphoto.com)

selben niedrigen, düsteren, hässlichen Häuser in den krummen Gassen – und dazwischen tauchen plötzlich schmucke Kirchen und Paläste auf. Beherrscht wird das alles von einem Hochhaus an der Kotelnitscheskaja-Uferstraße.

Östlich davon, an der Jauza, steht seit mehr als 600 Jahren das ★**Andronikov-Kloster** (91) (Andronevskaja pl. 10). Der Moskauer Metropolit Aleksej gründete es im 14. Jahrhundert zur Erinnerung an seine Errettung von einem heftigen Unwetter, das ihn auf seinem Rückweg von Konstantinopel überrascht hatte. Das Kloster ist nach seinem ersten Abt Andronik benannt, berühmt wurde es jedoch durch den legendären Mönch und Maler Andrej Rubljov, der dort zu Beginn des 15. Jh. lebte.

Seltsamerweise weiß man über diesen hervorragenden Künstler sehr wenig und sehr viel zugleich: Man weiß, wo er lebte und arbeitete, ja sogar, wie er aussah und mit wem er befreundet war. Doch bis heute hat man auf dem Gelände des Klosters weder sein Grab noch eine einzige Ikone gefunden, die seine Handschrift erkennen lässt. Die von ihm gemalten Fresken der 1410-27 erbauten Erlöser-Kathedrale sind unwiederbringlich verloren. In den Ikonenwerkstätten malten meistens mehrere Mönche an einem Bild, und oft hatte jeder seine feste Aufgabe: der eine malte z. B. immer die Gesichter, der andere die Kleidung. Dem Glauben nach führte Gott selbst die Hand der Maler – deshalb sind alte Ikonen selten signiert. Dementsprechend schwierig ist es, sie eindeutig einem bestimmten Künstler zuzuordnen.

Auch Andrej Rubljov malte in solchen Werkstätten. Er genoss im Kloster außergewöhnliche Hochachtung; nach seinem Tod stellte man ihn auf Ikonen mit Heiligenschein dar und begann seinen Stil und seine sanften Farben zu kopieren. Man schätzte seine Arbeit ebenso hoch wie jene der byzantinischen Meister. So ist es nicht verwunderlich, dass das ★**Andrej-Rubljov-Museum der Altrussischen Kunst** seinen Namen trägt. Obwohl hier keine Ikonen mehr vorhanden sind, die von Rubljov

selbst gemalt wurden, sind diejenigen, die an den Wänden dieses Klostermuseums hängen, wahre Schätze. In Moskau gibt es aber in den Kreml-Kathedralen und in der Tretjakov-Galerie einige Ikonen, die man Rubljov zuschreibt.

Wunderschön präsentiert sich die Klosteranlage besonders zur Flussseite hin. Hinter den Zinnen der weißen Festungsmauern an den Berghängen ragt die prächtig verzierte **Erzengel-Michael-Kirche** auf, die der vornehmen Familie Lopuchin, Verwandten Peters des Großen, als Grabstätte diente. Von den Gebäuden des seit 1947 denkmalgeschützten Klosters ist fast jedes in einem anderen Stil errichtet.

Das Zentrum der Klosteranlage bildet die **Erlöser-Kathedrale** (*Spásskij sobór*), die zwischen 1410 und 1427 aus weißem Stein errichtet wurde. Ursprünglich war sie eine Vierpfeilerkirche mit drei Apsiden und einem Kreuzkuppelschema. Leider hat sie durch die verschiedenen Umbauten und bei dem großen Brand Moskaus im Jahr 1812 sehr gelitten.

Sehenswert ist auch das **Refektorium** (1504/6), das einer kleinen Festung gleicht.

Das Andronikov-Kloster war von jeher ein kulturelles Zentrum. Jetzt setzt es als Museum seine Tradition fort. Auch das religiöse Leben ist in das Kloster zurückgekehrt; in den Kirchen finden heute wieder Gottesdienste statt und in der geistlichen Lehranstalt werden junge Mönche zu Priestern ausgebildet. Einzig die Grablegen in der **Klosternekropole** warten noch auf ihre Restaurierung – hier sind viele bedeutende Persönlichkeiten Russlands beigesetzt. Es lohnt sich, an einer der sehr guten Führungen teilzunehmen.

★★Kolomenskoje

Wer in der hektischen Millionenmetropole zur Abwechslung ein bisschen Ruhe sucht, findet diese, besonders an Wochentagen, im Freilichtmuseum ★★**Kolomenskoje** (92), etwa 20 km südöstlich vom Stadtzentrum entfernt; von der Metrostation *Kolomenskaja* geht man entweder zu Fuß oder fährt mit dem Taxi hin.

Kolomenskoje war seit dem 16. Jh. Sommerresidenz der russischen Herrscher. Der im 17. Jh. erbaute und 1768 im Auftrag Katharinas der Großen wegen Baufälligkeit abgerissene **Holzpalast** wurde vor kurzem fast originalgetreu an anderer Stelle wiederaufgebaut.

Die weitläufige Anlage hoch über dem Ufer der Moskva – die hier in einer sehr fotogenen Schleife fließt – bietet viel Sehenswertes. Sie sollten sich für diesen Ausflug einen guten halben Tag Zeit nehmen.

Gleich neben dem Eingang ist das **Erlöser-Tor** aus der Regierungszeit Alexej Michailovitschs (1645-76) erhalten. Von hier führt eine schnurgerade Allee direkt zum **Vorderen Tor** 2. Mit seinem zeltdachgekrönten Uhrenturm ist es

Rechts: Die blaugoldenen Kuppeln der Kirche der Gottesmutter von Kazan (17. Jh.) in Kolomenskoje.

» Plan S. 122, Metroplan S. 76, Info S. 129

Foto: Balakate (Shutterstock.com)

von strenger, aber dennoch anmutiger Architektur. Linker Hand leuchten die blauen und mit goldenen Sternen verzierten Zwiebeltürme der ★**Kirche der Gottesmutter von Kazan** 1. Zar Alexej, der Vater Peters des Großen, hatte diese Kirche 1649 in Auftrag gegeben. Ein Großteil der Ikonostase stammt noch aus der Entstehungszeit, die Wandmalereien hingegen datieren aus dem 19. Jh. In der Kirche wurden auch während der Sowjetzeit Gottesdienste gefeiert.

Zu beiden Seiten wurden später noch Seitenflügel angebaut, die heute das **Museum** beherbergen. Einst dienten sie als Amtsstuben, deren Einrichtung erhalten ist und besichtigt werden kann. Außerdem sind im Museum Kacheln, Ikonen und Holzschnitzereien ausgestellt. Achten Sie besonders auf die Butzenfenster aus Glimmer! Das Prunkstück der Sammlungen ist das **Modell** des im 18. Jahrhundert abgetragenen und nun rekonstruierten Zarenpalastes. Mit all seinen Türmen, Treppen und Verbindungsgängen, den 280 Räumen mit Fenstern aus Glimmer sowie seiner technischen Ausstattung (Aufzüge und fließendes Wasser) galt er bei Zeitgenossen als das achte Weltwunder. Zeichnungen aus dem 18. Jh. dienten dem Holzkünstler Smirnov als Vorlage für sein originalgetreues Modell, an dem er neun Jahre lang, bis 1867, arbeitete.

Beim Durchschreiten des Vorderen Tores öffnet sich der Blick auf die großartige ★**Christi-Himmelfahrts-Kathedrale** 3, ein Meisterwerk der altrussischen Architektur und UNESCO-Welterbe. Großfürst Vasilij III. ließ sie im Jahr 1532 als Dank für die Geburt seines Thronfolgers, des späteren Zaren Ivans IV. bauen. Sie ist die erste Kathedrale, die nach dem Vorbild der volkstümlichen hölzernen Zeltdachkirchen aus Stein errichtet wurde und bildete den Prototyp eines Baustils, der dann in ganz Russland Schule machte.

Das fein gegliederte Untergeschoss, die schmalen, hohen Fenster unter den dreifach gestaffelten Kokoschniki (Blend- bzw. Ziergiebel, dem traditio-

» Plan S. 122, Metroplan S. 76, Info S. 129

Foto: Alexey Popov (iStockphoto)

nellen russischen Frauenkopfschmuck nachempfunden) und das 62 Meter hohe, rhombenverzierte Zeltdach der Kirche erwecken den Eindruck einer himmelstrebenden Bewegung.

Neben der Kirche ragen der wuchtige **Wasserturm** (17. Jh.) mit Tonnendach und der **St.-Georg-Glockenturm** (16. Jh.) auf; einige Schritte flussaufwärts liegt das **Sommerhaus Alexanders I.** 4, das eine kleine Sammlung russischer Gemälde beherbergt. Bei gutem Wetter sitzen vor der Himmelfahrts-Kirche am Steilhang der Moskva stets ambitionierte Maler, die das herrliche Panorama der Flussbiegung vor den in der Ferne aufragenden Hochhäusern auf die Leinwand bannen. Im Herbst brauchen sie dabei viel Gelb für die herrlich leuchtenden goldenen Ahornbäume.

Flussabwärts führt ein schöner Spazierweg am Steilufer entlang zu den Fischteichen, die einst zu den Wirtschaftsanlagen der Zarenresidenz gehörten. Überquert man den Bach am Grund der Talsohle und folgt dem Fußweg weiter aufwärts, gelangt man zum Waldfriedhof des Dorfes **Djakovo**, wo die **Kirche Johannes des Täufers** 5 von 1529 steht. Sie ist älter als die Christi-Himmelfahrts-Kirche und wirkt mit der großen Hauptkuppel über dem achteckigen Unterbau sehr kompakt.

Von hier kann man den Rundgang den Hügel hinab fortsetzen. Eine kleine Brücke führt wiederum über den Bach, und es lohnt, am anderen Ufer bachaufwärts zu gehen. Dort trifft man auf eine Stelle, wo mehrere klare Quellen sprudeln und sich in das Flüsschen ergießen. Teilweise werden sie durch Rohre geleitet, und viele Menschen füllen hier Wasser in ihre mitgebrachten Gefäße ab. Dieser Ort liegt fern jeglichen Großstadtlärms. Manchmal sieht man, wie jemand von dem Wasser schöpft und sich bekreuzigt, bevor er trinkt.

Seit 1923 sind im Museumsreservat Kolomenskoje viele Objekte russischer

Oben: Der Holzpalast von Kolomenskoje, 1768 abgerissen und nun fast originalgetreu rekonstruiert. Rechts: Ein Beispiel russischer Holzarchitektur – das Haus Peters des Großen von 1702.

» Plan S. 122, Metroplan S. 76, Info S. 129

Foto: Gregor M. Schmid

Holzarchitektur zusammengetragen worden. Das interessanteste Beispiel ist das **Haus Peters des Großen** 6 von 1702, das ursprünglich auf der Insel Markov in der Mündung der Nördlichen Dvina stand. Peter wohnte in den drei niedrigen, bescheidenen Zimmern, als er in Archangelsk den Bau der Flotte überwachte. Heute ist das Haus mit Gebrauchsgegenständen aus jener Zeit ausgestattet.

Imposant ist auch der quadratische **Torturm** 7 (1692) des Nikolaus-von-Karelien-Klosters, der ebenfalls von der Weißmeerküste stammt.

Unter den Bäumen des Parks findet man auch einen grob behauenen weiblichen Torso aus Stein, dessen Formen an heidnische Fruchtbarkeitsgöttinnen erinnern, die so genannte **Frau von Polovec** aus dem 12. Jh. Manche Bäume sind mehrere hundert Jahre alt, manche legendenumwoben – wie so vieles in russischen Landen.

Nur drei Stationen weiter liegt **Caricyno**. Im 18. Jahrhundert hatte Katharina II. den Bau eines Palastes in Auftrag gegeben, doch nach 10 Jahren Bauzeit befohlen, die Arbeiten zu stoppen. Caricyno blieb eine Bauruine bis ins 21. Jh. Seit der 2007 erfolgten Fertigstellung dient das Schloss als **Museum**. Den weitläufigen **Park** nutzen die Moskauer gerne.

Ostankino: Ausstellungs-Zentrum und ★Schloss

Der folgende Rundgang im Norden der Stadt führt durch **Ostankino** (93), an die frühere Stätte der Leistungsschau des Sozialismus **WDNCh** 1 (engl. VDNH); die Abkürzung steht für *Ausstellung der Errungenschaften der Volkswirtschaft*. Heute ist dies ein Messegelände und vielbesuchter Erholungspark und dient auch für Kultur-, Vergnügungs- und Sportveranstaltungen; dazu gehören der Botanische Garten beim Schloss und der Ostankino-Park – insgesamt mehr als 520 ha. Von der früheren Mustermesse, die Macht und Größe des ersten und größten sozialistischen Staates der Welt demonstrieren sollte, stammen

» Plan S. 122, Metroplan S. 76, Info S. 129

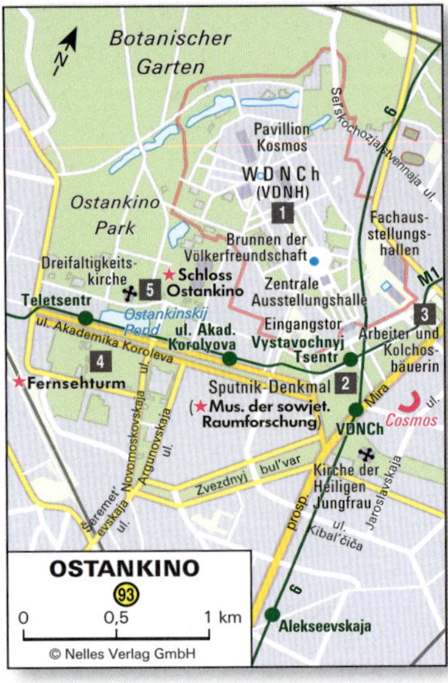

das skulpturengeschmückte, 25 m hohe **Eingangstor**, 80 **Ausstellungspavillons**, Springbrunnen und das gigantische, 99 m hohe **Sputnik-Denkmal** 2.

In seinem Sockel befindet sich das ★**Museum der Sowjetischen Raumforschung** mit dem ersten *Sputnik*-Satelliten, Gagarins *Vostok*-Raumschiff von 1961, dem russischen Mondauto *Lunochod*, Sojuskapseln und der Weltraumstation *Mir* in Kopie.

Im Ostankino-Ausstellungskomplex können Besucher die Symbolik der Stalinära noch sehen und den Glauben der Sowjetmenschen erahnen, dass ihr Leben das schönste sei. Manches erscheint heute wie ein Hohn auf die Wirklichkeit, wie der **Brunnen der Völkerfreundschaft** mit 15 Frauenfiguren, die die untrennbare Freundschaft der 15 Unionsrepubliken darstellen sollten.

In den 1960er Jahren, als die Ausstellung ihre Blütezeit erlebte, gab es dort wirklich etwas zu sehen. Im großen **Pavillon Kosmos** zum Beispiel waren früher – anders als in vielen anderen Hallen – echte Errungenschaften ausgestellt (es war jedoch ein offenes Geheimnis, dass fast alles, was gezeigt wurde, nur in einem Exemplar existierte). Vor dem Eingang steht noch eine mehrstufige **Vostok-Rakete** – so ein Exemplar beförderte 1961 zum erstenmal eine Raumkapsel mit einem Menschen in den Kosmos: dem Sowjetmenschen Gagarin, der hier verehrt wurde. Daneben steht ein Modell der **Raumfähre Buran**.

Das berühmteste Werk der sowjetischen Kunst ist Vera Muchinas **Skulptur „Arbeiter und Kolchosbäuerin"** 3 aus rostfreiem Stahl. Sie verkörpert das Bündnis zwischen Arbeiterklasse und Bauernschaft. 1937 zierte sie bei der Weltausstellung in Paris den sowjetischen Pavillon. Vera Muchina arbeitete an diesem Werk, das dem Ruhm der Sowjetunion dienen sollte, Ende der 1930er Jahre – allerdings unter strenger Aufsicht der Sicherheitsorgane. Eines Nachts wurde sie verhaftet, denn einer der Aufseher hatte den Eindruck bekommen, dass aus den Falten des Kleides der stählernen Kolchosbäuerin das Gesicht Trotzkijs, Stalins ärgstem Feind, hervorlugte. Zum Glück konnte das Missverständnis aufgeklärt werden. Nach jahrelanger Restaurierung wurden „Arbeiter und Kolchosbäuerin" im Jahr 2010 wieder aufgebaut, auf einem nun 10 m höheren Postament.

Ein weiteres Symbol der einstigen UdSSR ist der sowjetische **Pavillon der Weltausstellung 1967** in Montreal. Kanadische Zeitungen schrieben seinerzeit, dass dies das beste Pavillonprojekt aller Weltausstellungen sei. Die Halle wurde aus Kanada hierhergebracht.

Heute ist ein Teil der Gebäude an Firmen vermietet, die sie als Büros und für Verkaufsausstellungen, etwa für westliche Nobelautos, nutzen, aber auch als Geschäfte für den Handel mit billigen Waren aus China, Südkorea, Taiwan und

Oben: Fernsehturm Ostankino. Rechts: Vera Muchinas Skulptur „Arbeiter und Kolchosbäuerin" repräsentiert wie keine andere den Kunststil der Sowjetunion.

 » Plan S. 126, Metroplan S. 76, Info S. 129

Foto: Oleg Korchagin (Shutterstock.com)

Foto: Gregor M. Schmid

Indien. Auf dem gesamten Gelände handeln auch Dutzende von Kooperativkiosken mit den „Errungenschaften der asiatischen Volkswirtschaft".

Der an eine startbereite Rakete erinnernde ★**Fernsehturm Ostankino** 4 ist eine der Hauptattraktionen Moskaus. Der im Jahr 1967 fertig gestellte Turm war eines der technischen Wunder der Nachkriegszeit und damals als das weltweit höchste freistehende Gebäude der Stolz der Sowjetunion. Heute ist er mit seiner Höhe von 540 m immer noch einer der höchsten Fernsehtürme der Welt. Es locken das Drehrestaurant „Siebter Himmel" und die **Aussichtsplattform** in 337 m Höhe mit ihrem Glasboden, per Hochgeschwindigkeitsaufzug in weniger als 1 Minute zu erreichen. Bei klarer Sicht liegt einem Moskau zu Füßen.

Mit dem Fernsehzentrum verbinden die Moskauer den Namen Ostankino erst seit 50 Jahren, doch schon seit über 300 Jahren ist das der Name eines Adelssitzes: ★**Schloss Ostankino** 5 (wg. Restaurierung geschlossen), das für seine Kunstdenkmäler aus dem 17.-18. Jh. berühmt ist und früher den Namen **Museum für das Kunstschaffen Leibeigener** trug. Die **Dreifaltigkeitskirche**, ein roter Ziegelbau mit fünf grünen Zwiebelkuppeln, stammt aus dem 17. Jh. und ist der älteste erhaltene Bau.

Als das Gut 1788 in den Besitz des Adligen Nikolaj Scheremetjev, eines aufgeklärten, kunstbegeisterten Fürsten, überging, ließ dieser auf dem Gelände von leibeigenen Architekten, Handwerkern und Künstlern einen Palast errichten. Scheremetjev gründete ein **Theater** mit leibeigenen Schauspielern. Seine Truppe galt als eine der besten in Moskau, ihr Repertoire umfasste Dramen, Opern und Ballette. „Star" des 1795 eröffneten Theaters wurde die begabte Sängerin und Schauspielerin Praskovja Kovaljova-Shemtschugova, eine junge Leibeigene, in die der Fürst unsterblich verliebt war – so sehr, dass er alle Normen brach, Praskovja die Freiheit gab und sich 1801 mit ihr vermählte. Für seine Liebste ließ der Fürst ein kostspieliges Theater erbauen. Es

Foto: Pukhov K (Shutterstock.com)

war mit einer damals ungewöhnlichen Theatertechnik ausgestattet. Sie ermöglichte besondere szenische Effekte ebenso wie auch, den Zuschauerraum in wenigen Minuten in einen Tanzsaal zu verwandeln. An der Projektierung des Theaters im Hauptgebäude des Palastes beteiligten sich Baumeister aus Italien, doch seine wahren Väter sind die leibeigenen einheimischen Architekten Mironov, Dikuschin und Argunov.

Es wurde ein wunderbares Palais. Es ist ganz aus Holz, wirkt aber wie aus Stein gebaut. Aus Holz sind der Intarsienfußboden, die Leuchter und die „Marmorsäulen". Die Lorbeerzweige, die vergoldeten Möbel – alles feinste Holzschnitzarbeit. Doch 1803 starb Praskovja mit nur 35 Jahren und hinterließ einen untröstlichen Fürsten, der daraufhin den Theaterbetrieb einstellte. Heute werden im Saal Gemälde sowie eine Kollektion von Leuchtern und Kunstwerken, die von Leibeigenen geschaffen wurden, ausgestellt. Gelegentlich gibt es auch Konzerte.

Das Schloss Ostankino ist von einem **Französischen Park** mit vielen Skulpturen umgeben. Sternförmig angelegte Wege führen zu den Teichen, hinter denen sich der **Botanische Garten** der Akademie der Wissenschaften erstreckt. In der Wärme der 5000 m^2 großen **Orangerie** gedeihen Blumen und Bäume, die in kühlen Zonen nicht vorkommen; rankende Lianen und Bassins mit exotischen Wasserpflanzen schaffen ein tropisches Flair.

Oben: Schloss Ostankino – berühmt vor allem für sein Theater aus dem 18. Jh. – und die Dreifaltigkeitskirche.

» Plan S. 126, Metroplan S. 76

LUXUS: **Bočka**, Grill, rustikales Ambiente („bočka" heißt „Fass"), 24 Std. geöffnet, ul. 1905 goda 2, Tel. 651 8110, Metro *ul 1905 goda*, www.vbochke.ru.

MITTEL: **U Pirosmani**, sehr gute georgische Küche, Livemusik am Abend, Holzveranda mit schöner Aussicht auf das Neujungfrauenkloster; Novodevitschij projezd 4, Metro *Sportivnaja*, Tel. 495/247 1926.

Panorama, herrlicher Ausblick über Moskau, im Hotel Golden Ring, Smolenskaja Pl. 5, Metro *Smolenskaja*, Tel. 495/725 0195.

Danilovskij, Hotelrestaurant auf dem gleichnamigen Klostergelände; Bolschoj Starodanilovskij per. 5, Metro *Tulskaja*, Tel. 495/954 0566.

Gurija, kaukasische Küche; Komsomolskij prospekt 7/3, Metro *Park Kultury*.

EINFACH: **Grabli**, Selbstbedienung, russ. Küche, Prospekt Mira 99, Metro Alekseevskaja.

Kružka, z. B. Ul. Ljublinskaja 163/1, Novočerkasskij Bul´var 57/2 und 13a, alle Metro *Mar´ino*. Zurzeit 48 Filialen allein in Moskau, Logo ist ein mit Bier überschäumender Krug, einfaches, aber gutes Essen.

FAST FOOD: **Kombi's**, Prospekt Mira 46/48 und Prospekt Mira 180.

Pizza-Hut, Kutuzovskij prospekt 17.

MUSIKCAFÉS: **Jazz Art Club**, nette Atmosphäre, gute Musik, nur Sa/So; Begovaja ul. 5, Metro *Begovaja*.

Club Garage, 24 Std. geöffnet, Terrasse von April bis Oktober, Brodnikov per. 8, Metro *Poljanka*, www.garageclub.ru.

MUSEEN UND KIRCHEN: **Neujungfrauenkloster**; tgl. 10-18 Uhr, prachtvollstes Kloster Moskaus, Novodevitschij Projezd 1, Metro *Sportivnaja*; mit **Novodevitschje-Friedhof**, tgl. 10-17 Uhr, Eingang Lushneckij Pr. 2.

Andrej-Rubljov-Museum im **Andronikov-Kloster**, altrussische Ikonenmalerei, schöne Klosteranlage, Do-Di 11-18 Uhr; Pl. Andronjevskaja 10, Metro *Pl. Iljitscha*.

Jüdisches Museum und Zentrum der Toleranz, 2012 in einem 8500m^2 großen ehem. Busdepot eröffnet, das der bekannte konstruktivistische Architekt K. Melnikov 1927 entwarf. Mit neuester Technik ausgestattet, jedoch wenige hist. Exponate, So-Do 12-22 Uhr, Fr 10-15 Uhr, Sa und an jüd. Feiertagen geschl., ul Obrascova 11/1a, Metro *Mar´ina Roschtscha*, Tel. 645 0550, www.jewish-museum.ru.

Ostankino und WDNCh: Ostankinskaja ul. 5, Metro *WDNCh*. Für eine Besichtigung des **Ausstellungszentrums** empfiehlt sich diese Metrostation, da in der Nähe auch das Museum der Kosmonauten, der Fernsehturm und das Hotel Kosmos liegen. Der hintere Bereich, u.a. mit der Kosmosrakete, ist von einem Seiteneingang nahe der Metrostation Botanitscheskij Sad (Botanischer Garten) zu erreichen, wo auch der Botanische Garten liegt. Das weitläufige WDNCh-Gelände besichtigt man zu Fuß, am besten von einer Metrostation zur anderen. Das im Ostankino-Schloss befindliche **Museum für das Kunstschaffen Leibeigener** bleibt bis etwa 2020 wegen Restaurierung geschlossen.

Kolomenskoje, Freilichtmuseum im äußeren Stadtgebiet, Park 10-19 Uhr, Museum Di-So 10-17 Uhr; Pr. Andropova 39, Metro *Kolomenskaja*.

M. I. Glinka-Musikmuseum, Di-So 12-19 Uhr; ul. Fadejeva 4, Metro *Majakovskaja*.

Staatliches Skrjabin-Museum, letzte Wohnung des Musikers in einer Villa aus dem 18. Jh., original eingerichtetl im Erdgeschoss Konzertsaal, regelmäßig Konzerte klassischer und zeitgenössischer Musik, an Geburts- und Todestagen Skrjabins auf dem originalen Flügel des Komponisten, Mi, Do 12-18.30 Uhr, Fr-So 10-16.30 Uhr, Mo, Di und letzter Fr im Monat geschl.; Bolschoj Nikolopeskovskij per. 11, Metro *Smolenskaja*, Tel. 495/241 19 01.

Borodino-Panorama-Museum, erinnert an den Sieg der russischen Truppen unter General Kutuzov gegen Napoleon 1812, Di-So 10.30-18 Uhr; Kutuzovskij Pr. 38, Metro *Kutuzovskaja*.

Dostojevskij-Wohnhaus, winzige Wohnung in einem Flügel des Marien-Krankenhauses, wo der Vater Arzt war, Dostojevskij verbrachte hier seine ersten Lebensjahre, Mi, Fr 14-18.30, Do, Sa, So 11-18 Uhr, Mo, Di geschl.; ul. Dostojevskogo 2, Metro *Novoslobodskaja*.

Flohmarkt im Izmailovskij-Park, Sa/So 10-16 Uhr; Metro *Izmailovskaja*.

Dmitry Zamorin (Dreamstime)

Blick vom Nero-See auf den Kreml von Rostov Velikij

Foto: Eduard Titov (Dreamstime)

DER GOLDENE RING

SERGIJEV POSAD
VLADIMIR
SUZDAL
PERESLAVL-ZALESSKIJ
ROSTOV VELIKIJ
JAROSLAVL

DER GOLDENE RING

Die Besichtigung der jahrhundertealten Klosteranlagen des „Goldenen Rings", wie Touristiker die Reihe von altrussischen Städten rund um Moskau nennen, ist ein Muss, denn entlang der Route wird das Verständnis für Russlands historische Größe geweckt. Die alten Bauensembles, die größtenteils unter Denkmalschutz stehen, wurden jahrzehntelang aufwändig restauriert und bieten heute wieder einzigartige Einblicke in die altrussische, vor allem religiös geprägte Kultur. Die goldenen Kuppeln der Zarenkirchen des Goldenen Rings strahlen nun prachtvoller denn je, und wie eine „Steinerne Chronik" zeugen sie von der Unvergänglichkeit des Glaubens.

Sergijev Posad

Versäumen Sie auf keinen Fall einen Besuch in **Sergijev Posad** ❶ (75 km von Moskau), wo sich das berühmte, 1340 gegründete ★★**Dreieinigkeits-Sergiuskloster** (*Tróice-Sérgieva Lávra*), das Hauptheiligtum und geistliche Zentrum des alten Moskauer Staates, befindet. *Lavra* ist ein Ehrenname für besonders bedeutende Klöster (s. S. 215).

Links: Mariä-Entschlafens-Kathedrale in Sergijev Posad.

Man betritt das Kloster durch das Heilige Tor und die Torkirche Johannes des Täufers. Wie an vielen anderen Klöstern und Kirchen muss der Besucher an einer Schar von bettelnden alten Frauen und Männern vorbei, die auf eine milde Gabe hoffen, um ihre bescheidene Rente aufbessern zu können.

Die Troice-Sergieva Lavra war mit riesigen Ländereien und über hunderttausend leibeigenen Bauern lange Zeit das reichste Kloster Russlands. Im Lauf der Jahrhunderte entwickelte es sich zu einem Kleinod der altrussischen Architektur und Kunst. Doch seine Anfänge waren bescheiden.

Im Jahr 1345 erbaute der Mönch Sergius von Radonesh auf dem Hügel, auf dem sich heute das Kloster erhebt, eine schlichte Holzkirche. Die anstürmenden Tataren vertrieben die inzwischen entstandene Gemeinde jedoch und zerstörten das Gotteshaus. Im 15. Jh. fand man unter den Trümmern Sergius' Leichnam, der wundersamerweise fast unversehrt war. Daraufhin begannen die Menschen zu dem Ort zu pilgern, eine neue, aktive Mönchsgemeinschaft entstand. Sie errichtete 1422-24 aus Kalkstein die **Dreieinigkeitskathedrale** (*Tróickij sobór*), heute die älteste Kirche des Klosters. Äußerlich erkennt man sie an ihrer einzigen vergoldeten Kuppel und dem ebenfalls vergoldeten, verzierten Kokoschnik-

Dach. Sie steht an der Stelle der alten Holzkirche über dem Grab des Klostergründers.

Sergius wurde noch im Jahr seines Todes heiliggesprochen und zum Schutzheiligen des russischen Landes erklärt. Ein Sargtuch mit seinem Porträt wird im Klostermuseum gezeigt.

Die **Ikonostase** der Dreieinigkeitskathedrale ist ein Werk Andrej Rubljovs. Mit seinen Gehilfen schuf er für diese Bilderwand 42 Ikonen. Sie befinden sich heute zum Teil in den Kathedralen des Moskauer Kremls, teils – wie seine berühmte „Dreieinigkeit" – in der Moskauer Tretjakov-Galerie.

Die imposante Hauptkirche des Klosters ist die ★**Mariä-Entschlafens-Kathedrale** (*Uspénskij sobór*). Ivan der Schreckliche ließ sie 1559-85 errichten. Mit ihren fünf Zwiebelkuppeln, von denen die mittlere vergoldet ist, bildet sie das weithin sichtbare Wahrzeichen des Klosters; die vier anderen sind leuchtend blau und mit kleinen goldenen Sternen übersät.

Ein Gottesdienst in der reich ausgemalten Kirche mit der kunstvoll geschnitzten Ikonostase ist ein unvergessliches Erlebnis. Sonntags, wenn die Gläubigen in Scharen herbeiströmen, finden gewöhnlich drei Messen statt. Die Menschen stehen dicht gedrängt beieinander. Trotz des über Jahrzehnte staatlich verordneten Atheismus beherrschen viele Menschen, auch junge, Texte und Melodien der Liturgie. Gegen Ende des Gottesdienstes werden Zettel eingesammelt, auf denen die Namen der Menschen stehen, die der Priester in sein Fürbittgebet einschließen soll.

Noch im 16. Jh. wurde das Kloster zu einer Festungsanlage ausgebaut. Es erhielt eine mächtige Ziegelmauer mit zwölf Türmen, von denen heute noch elf stehen. So konnte das Kloster 1608-10 der Belagerung durch die Polen unter dem „Falschen Dimitrij" widerstehen. Dadurch wuchs die Bedeutung des Ortes, er wurde zu einem Symbol russischer Widerstandskraft.

Rechts: Sergijev Posad, Gesamtansicht der Klosteranlage.

» Karte S. 134, Info S. 147

Foto: Marion Kappler

Von den vier Eckbasteien der Wehrmauer ist der achteckige **Ententurm**, auf dessen Spitze heute eine goldene Ente prangt, mit seinem Grundriss architektonisch am reizvollsten. Es heißt, Peter I. habe von dort aus Enten geschossen.

Einer der Festungstürme enthält angeblich das größte Depot von Siegestrophäen aus dem Zweiten Weltkrieg. 16 000 Kunstwerke aus Deutschland könnten hier lagern, teilweise kostbare Kulturschätze der Menschheit, die die Rote Armee mitgebracht haben soll.

Im Klosterhof, neben der Mariä-Entschlafens-Kathedrale, ruht in einem Familiengrab Boris Godunov, Abkömmling einer wenig begüterten Familie und Zar von 1598-1605. Sein Aufstieg begann, als seine Schwester den Sohn und regierungsunfähigen Nachfolger Ivans des Schrecklichen heiratete und Boris es verstand, die Staatsgeschäfte an sich zu reißen. Bis heute hält sich das Gerücht, dass er aus Machtgier den jüngsten Sohn Ivans, den neunjährigen Dimitrij, als möglichen Rivalen um den Thron ermorden ließ. Unter Boris Godunovs Regentschaft wurde die russisch-orthodoxe Kirche unabhängig von Konstantinopel. Beim Volk war der Held des gleichnamigen Dramas von Puschkin und der düsteren Oper von Modest Musorgskij nicht beliebt.

Vom Ende des 17. Jh. stammt die nahegelegene **Brunnenkapelle**. In ihrem Inneren entspringt eine Quelle, deren ungewöhnlich wohlschmeckendes Wasser als heilkräftig gilt. Heiter und verspielt wirkt die mehrfarbig bemalte Kapelle mit den kleinen Ziersäulchen. Sie vertritt den Naryschkin-Barock, in dessen Zeichen auch das **Refektorium** des Klosters entstand. Der Bau mit seiner langen Rundgalerie, den weinlaubverzierten Halbsäulen und Muschelornamenten erhielt weitgehend in den Jahren 1686-92 sein heutiges Aussehen. Im Inneren befindet sich ein großer Saal mit üppig verziertem Muldengewölbe. Ein schmiedeeisernes, vergoldetes Gitter trennt ihn von einer Kirche, in der Gottesdienste abgehalten werden.

Von den übrigen Gebäuden des

» Karte S. 134, Info S. 147

Foto: Jonathan Smith

Klosterensembles seien noch erwähnt: die **Residenz des Metropoliten**, auch Haus der Jahrhunderte genannt, weil jedes seiner drei Stockwerke in einem anderen Jahrhundert erbaut wurde (16.-18. Jh.), heute Residenz des Patriarchen, die **Zarenkartause**, ein zweistöckiges Gebäude, in dem die Zaren mit ihrem zahlreichen Gefolge bei ihren Besuchen im Kloster Quartier nahmen, sowie der 1777 von Rastrelli erbaute, 88 m hohe ★**Glockenturm** mit seinen 42 Glocken, der als einer der schönsten in ganz Russland gilt.

Nach der Verstaatlichung des Klosters durch die Bolschewiken 1917 setzte der Verfallsprozess der Gebäude ein. Dass die Lavra sich heute wieder in neuer Pracht darbietet, ist wesentlich dem Architekten und Denkmalpfleger Viktor Baldin zu danken. Fast sein ganzes Leben widmete er der Erhaltung und Wiederherstellung der rund fünfzig Bauwerke umfassenden Anlage. Er erarbeitete die Konzepte dafür, beseitigte entstellende Anbauten und sorgte für die Ausbildung von Restaurierungsfachleuten. Im Krieg übermalte er die goldenen Kuppeln mit Tarnfarbe, um sie vor Luftangriffen zu schützen.

Ein Besuch im **Historischen Kunstmuseum** vermittelt eine Vorstellung von der Vielfalt altrussischer Kunst: Ikonen aus dem 14.-17. Jahrhundert, darunter „Das Heilige Abendmahl" von Simon Uschakov, liturgische Geräte, kostbare Stickereien, Kleinodien der Gold- und Silberschmiedekunst sowie Kleinplastiken sind nur einige Schwerpunkte der Sammlung.

Auf dem Gelände des Klosters befindet sich ein Priesterseminar, das großen Zulauf hat. 500 Seminaristen werden zur Zeit hier zu Priestern ausgebildet: Jede Gemeinde möchte heute wieder ihren eigenen Geistlichen haben. Das Kloster wird vom Archimandriten (Abt) geleitet, der dem Metropoliten in Moskau untersteht. Unter den Scharen der Pilger, Touristen und Bettler begegnet man im Klosterhof hin und wieder ei-

Oben: Die Brunnenkapelle von Sergijev Posad im Stil des Naryschkin-Barocks.

» Karte S. 134, Info S. 147

nem der bärtigen Geistlichen im typischen knöchellangen Priestergewand mit hoher, schwarzer Kopfbedeckung.

Im Städtchen Sergijev Posad gibt es übrigens zwei Fabriken für **Matrjoschkas** und andere Spielwaren; im Ort befindet sich auch ein **Spielzeug-Museum**. Touristenführerinnen empfehlen oft, diese beliebten Souvenirs hier und nicht in Moskau zu kaufen.

Vladimir

Der 190 km lange Weg von Moskau nach Vladimir führt durch die ruhigen Landschaften Mittelrusslands. Bemerkenswert ist ein Städtchen mit dem lustigen Namen **Petuschki** (Hähnchen), das in die russische Literatur eingegangen ist. Denn ein Autor des Moskauer Underground namens Venedikt Jerofejev hat ihm mit seinem Roman *Die Reise nach Petuschki* 1969 ein Denkmal gesetzt. Der Roman spiegelt das Weltempfinden eines intellektuellen Alkoholikers wider, der von Moskau diese Strecke zu seiner Liebsten fährt.

Die Chaussee von Moskau nach Nishnij Novgorod, über die man Richtung Vladimir fährt, ist die traurig berühmte **Vladimirka**: Es ist der Weg in die Straflager Sibiriens und des fernen Nordens, den Zehntausende von Häftlingen nehmen mussten – unter den Zaren ebenso wie später unter den Kommunisten. Vor allem die politischen Häftlinge blieben im Gefängnis von Vladimir, das schon im 19. Jh. wegen der hier eingekerkerten Personen Bekanntheit erlangte. Anhand seiner Häftlingskarteien könnte man die Geschichte der Dissidentenbewegung in der UdSSR schreiben. Der Vladimirka hat der Maler I. Levitan ein berühmtes Bild gewidmet, das in der Tretjakov-Galerie in Moskau hängt.

„Weiße Monumente von Vladimir und Susdal" ist die Bezeichnung der UNESCO für acht zum Welterbe zählende weißsteinerne Denkmäler altrussischer Baukunst in der Oblast Vladimir, wozu auch der Suzdaler Kreml gehört.

Die Stadt **Vladimir ❷**, die zu Beginn des 12. Jh. von dem Kiever Fürsten Vladimir II. Monomach gegründet wurde, liegt am Hochufer der Kljazma. Die waldreiche Region ist von alters her für ihren Fisch und ihre Pelztiere berühmt. Mitte des 12. Jh. wurde Vladimir Hauptstadt eines der größten altrussischen Fürstentümer. Es entstanden wunderbar ausgemalte Paläste und Kirchen aus weißem Stein. Bei einem Feuer Ende des 12. Jh. verbrannten, so berichtet die Chronik, allein 32 Kirchen. Die Stadt wurde wiederaufgebaut, aber 1238 von den Tataren erobert, geplündert und niedergebrannt. Damals wurde Moskau die Hauptstadt des russischen Reiches, die sich nicht nur bemühte, die Kunst und Architektur Vladimirs nachzuahmen, sondern die sich auch das Hauptheiligtum, die Ikone der Gottesmutter (von Vladimir), aneignete.

Von den stürmischen Reformen Peters I. im 18. Jahrhundert wurde die Stadt kaum berührt, abgesehen von der Eröffnung der ersten nichtkirchlichen Schule. Das Geld im Stadtsäckel schwand dahin, und trotz der vereinzelten Versuche der örtlichen Behörden, in der Stadt Ordnung zu schaffen – die Bürgersteige zu pflastern, eine Wasserleitung zu legen, eine Beleuchtung anzubringen und den Verkehr zu organisieren –, verfiel sie immer mehr.

Freilich, die Altertümer Vladimirs sind wirklich schön. Den Auftakt macht das eindrucksvolle **Goldene Tor**, Teil einer mächtigen Verteidigungsanlage aus dem 12. Jahrhundert, die von einer Kirche gekrönt ist. In alter Zeit waren die Kupferbeschläge des Tores vergoldet, daher sein Name. Am Tor haben sich viele Inschriften der alten Einwohner erhalten, darunter wird eine sogar ins 12. Jahrhundert datiert. Das Goldene Tor hat nicht nur durch die fremden Eroberer gelitten, sondern auch durch die Stadtväter, die immer wieder versuchten, das Tor zu verbreitern oder umzubauen.

Um das Goldene Tor herum gibt

» Karte S. 134, Info S. 147

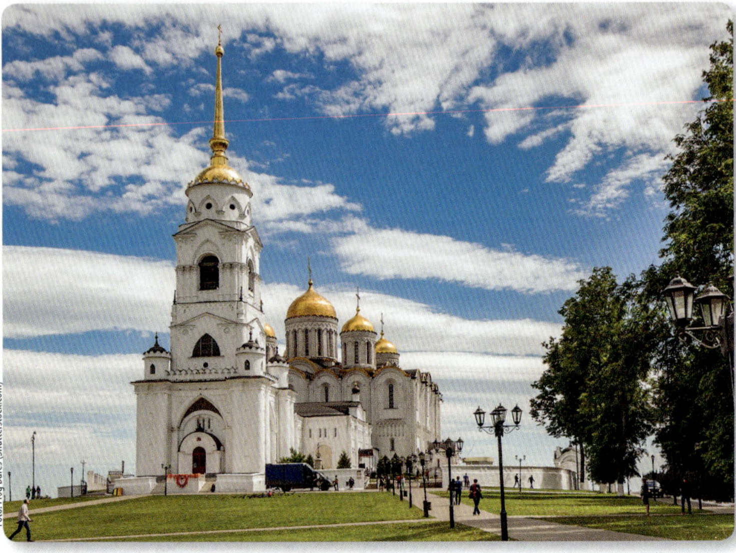

Foto: Frog Dares (Shutterstock.com)

es einige jüngere Bauten: die **Dreieinigkeitskirche** (*Tróickaja cérkov'*) von 1913, wo Lackminiaturen aus dem Dorf Mstjora und Erzeugnisse der Glasbläsermeister aus der Stadt Gus-Chrustalnyj ausgestellt sind; die Mariä-Himmelfahrts-Kirche des Knjaginin-Klosters, die Erlöserkirche und die Nikolauskirche. Am Hochufer der Kljazma stehen die berühmte Mariä-Entschlafens-Kathedrale und die Demetrius-Kathedrale, deren Grundstein jeweils im 12. Jh. gelegt wurde. Beide sind aus weißem Kalkstein erbaut, der damals für Kirchen und Paläste verwendet wurde, und mit Steinmetzarbeiten verziert.

Die ★★**Mariä-Entschlafens-Kathedrale** war seit ihrem Bau im 12. Jh. das Zentrum des religiösen und politischen Lebens der alten Rus. Hier wurden bis zum 15. Jh. die Fürsten von Vladimir und Moskau zu Großfürsten erhoben. Die Fresken konnten nur mit großem Aufwand gerettet werden. Bei der Restaurierung kamen Freskenfragmente von Andrej Rubljov zum Vorschein – im Gewölbe des Nordschiffes der „Einzug der Gerechten in das Paradies" und im Westteil „Posauneblasende Engel".

Auch die ★★**Demetrius-Kathedrale** blieb erhalten, wenn auch durch Zufall. Den schlimmsten Schaden erlitt sie erst im 19. Jh.: Zar Nikolaus I. besuchte die Stadt, war höchst unzufrieden mit ihrem Aussehen und befahl, es zu verbessern. Die eifrigen Untertanen brachen die Galerie und die Türme der Kathedrale ab, so dass sie fast einstürzte. Dank der Initiative des Architekten Stoletov wurde die Kathedrale im 20. Jh. aufwändig restauriert. Die figürlichen Darstellungen an der Fassade stellen in ihrer Fülle und Verspieltheit ein einzigartiges Zeugnis altrussischer Steinmetzkunst dar.

Vergleichen Sie die Fresken, insbesondere das „Jüngste Gericht", in der Demetrius-Kathedrale und der Mariä-Entschlafens-Kathedrale. Die Gesichter der Apostel in der ersteren sind in byzantinischer Manier gemalt: Sie sind streng, angespannt und lassen keinen

Oben: Die Mariä-Entschlafens-Kathedrale in Vladimir.

» Karte S. 134, Info S. 147

Zweifel daran, dass das Gericht wirklich schrecklich sein wird. In der Mariä-Entschlafens-Kathedrale hingegen, die im 15. Jh. von Malern unter der Leitung Andrej Rubljovs ausgestaltet wurde, wecken die zu Gericht sitzenden Apostel mit ihren gütigen, barmherzigen Gesichtern Hoffnung auf Errettung.

Erhalten sind auch einige Gebäude zweier Klöster aus dem 12. Jh. Wer noch Zeit hat, sollte unbedingt 10 km ostwärts nach **Bogoljubovo** zur ★★ **Mariä-Schutz-und-Fürbitte-Kirche** am Nerl fahren – das ist vielleicht das poetischste und vollkommenste Bauwerk der Baumeister aus dem 12. Jh. Die Fassade der 1165 errichteten Kirche ist üppig mit Steinreliefs geschmückt, in denen romanische, byzantinische sowie orientalische Vorbilder wirksam werden. Schon die Zeitgenossen rühmten die Maria-Schutz-Kirche als Russlands schönsten Sakralbau.

★★Suzdal

Die Baumeister des Fürsten Jurij Dolgorukij wählten für die fürstliche Residenz das hohe Flussufer des Nerl, von dem sich ein ungewöhnlich schöner Blick eröffnet. Natürlich spielten bei der Auswahl auch strategische Überlegungen eine Rolle: Die wichtige Wasserstraße musste gesichert werden. Auch heute noch sehen die Touristen an der Kreuzung der Landstraße und des Flusses Nerl das herrliche Architekturensemble des alten Dorfes **Kidekscha**, das in der Chronik erstmals im Jahr 1015 erwähnt wird; seine **Boris-und-Gleb-Kirche** wurde 1152 geweiht.

Obwohl es von Kidekscha nach Suzdal noch fünf Kilometer sind, beginnt die Bekanntschaft mit der Stadt schon hier: Hinter der niedrigen **Kremlmauer** von Suzdal stehen Kirchen, die zwischen dem 12. und 18. Jahrhundert erbaut wurden. ★★**Suzdal** ❸ taucht hinter einer Wegbiegung auf, klein und komplett denkmalgeschützt: Mit über 300 historischen Bauten ist es das besterhaltene altrussische Städtchen. Es hat wunderbarerweise die Atmosphäre jener Jahre bewahrt, als die russischen Großfürsten bei der Aufteilung der Ländereien unter ihren Nachkommen Suzdal als das Filetstück ansahen. Zu Beginn des 12. Jh. war Suzdal die Hauptstadt des Fürstentums, trat diesen Rang jedoch bald an Vladimir ab. Rasch vergrößerte sich die Zahl der Händler und Handwerker, die Klöster wuchsen und häuften Reichtümer an. Im 13. Jh. wurde die Stadt von den Tataren zerstört, und sie brauchte fast zwei Jahrhunderte, um wiederzuerstehen. Doch vom 15. Jh. an wurde Suzdal das religiöse Zentrum des Landes, die Stadt der Klöster, die in Russland seit alters als Instrument der geistlichen und der weltlichen Macht dienten. Gegen Ende des 17. Jh. begann trotz der fürchterlichen Zerstörungen durch die polnisch-litauische Intervention ein bemerkenswerter ökonomischer Aufschwung. „Kaufmannsprovinz" nannte man die Stadt mit den gepflasterten Straßen und Plätzen, den steinernen Häusern und Handelsreihen, den Märkten.

1862 wurde die Eisenbahnlinie von Moskau nach Nishnij Novgorod gebaut, und die Stadt Suzdal, die plötzlich ihre Rolle als Umschlagplatz verloren hatte, erlebte einen raschen Niedergang. So wäre sie dem Verfall preisgegeben gewesen, wenn sich nicht kluge und mutige Leute gefunden hätten, die es schafften, sogar in den schwierigen Jahren der Revolution die meisten Kostbarkeiten der Stadt zu erhalten und sie später zu einem Hauptanziehungspunkt des Tourismus in Nordostrussland zu machen.

„Es ist die Stadt der Kirchen, Glockentürme und Türme, dunkler Volksüberlieferungen und Grabdenkmäler", schrieb im 19. Jh. ein Historiker. Zu allen Zeiten war die Stadt für ihre Ikonenmaler und Baumeister berühmt; bekannt war sie auch als Stadt der Ausgestoßenen, in deren Klöstern „lebende Leichname" ihre Tage beschlossen. Im Erlöser-Eu-

» Karte S. 134, Info S. 147

Foto: Slowbird (Dreamstime)

thymios-Kloster gab es noch bis vor kurzem ein Gefängnis für geisteskranke Verbrecher, doch hier wurden auch Andersdenkende isoliert, sowohl weltliche als auch geistliche. In den letzten Jahren seines Bestehens saßen in diesem Gefängnis auch Dissidenten ein. Das Mariä-Schutz-Kloster war vom 14.-16. Jh. ein ganz normales, unauffälliges Frauenkloster, bis die großfürstliche Familie es zum Verbannungsort adeliger Frauen erkor. So wurde das Kloster im fernen Suzdal mit üppigen Schenkungen in Form von Geld und Ländereien überhäuft, die es ihm erlaubten, Bauten aus Stein zu errichten.

Von den vier Klosteranlagen und beinahe zwei Dutzend Kirchen seien die wichtigsten kurz vorgestellt. Die ★★**Maria-Geburts-Kathedrale** (*Roždéstvenskij sobór*) des **Kreml** wurde bereits im 13. Jh. erbaut und in der ersten Hälfte des 16. Jh. umgestaltet. Aus der ersten Bauphase blieben nur einige Fresken und Fragmente sowie vergoldete Kupferportale mit biblischen Darstellungen erhalten.

Oben: Orthodoxe Kirche im Freilichtmuseum für Holzarchitektur und bäuerliches Leben in Suzdal. Rechts: Erlöser-Verklärungs-Kathedrale in Suzdal.

An dem architektonisch verspielten ehemaligen **Palast des Metropoliten** (1682-1707) bewundern Besucher die Anordnung von Galerien, Treppen, Portalvorbauten und Glockentürmchen. Der südwestliche Teil der Palastbauten stammt noch aus dem 15. Jahrhundert und wurde in den Neubau miteinbezogen. Der ganze Komplex ist mit Zeltdächern gedeckt. Die Sammlung des hier untergebrachten **Historischen Museums** umfasst sakrale Schätze, wertvolle Silberschmiedearbeiten, Stickereien sowie auch alte Handschriften und Miniaturen.

Im 13. Jh. entstand das **Kloster der Gewandlegung** (*Rizopoložénskij monastýr'*), eine Anlage mit mehreren Kirchen. Die niedrige Kremlmauer wird von einer architektonischen Kuriosität überragt, einem klassizistischen **Glockenturm** von 1813 – „dem schiefen Turm von Suzdal". Einen legendären Ruf in Russland genießt das Heilige Tor, dessen zwei Durchgänge von einem Zeltdach gekrönt werden.

Zwölf unterschiedlich große Türme sind das Kennzeichen des **Erlöser-St. Euthymios-Kloster** (*Spáso-Jefímijevskij monastýr'*), das im 14. Jh. erbaut wurde und den Namen des Gründungsabtes trägt. Die in den Klosterkomplex integrierte **Erlöser-Kathedrale** stammt aus dem 14. Jh., sie wurde jedoch im 16. Jh. erweitert. Für Russen hat der Ort eine nationale Bedeutung: Hier ist das Grab des Fürsten Dmitrij Posharskij, der sich 1612 im Kampf gegen Polen auszeichnete.

An der Kamenka erhebt sich das 1364 gegründete ★**Mariä-Schutz-Kloster** (*Pokróvskij monastýr'*), das aus der Ferne wie eine Märchenstadt anmutet. Anfang des 16. Jh. wurde die Mariä-Schutz-Kathedrale, eine imposante dreikuppelige Vierpfeilerkirche, aus Stein gebaut. Die mit einer Zwiebelkuppel gekrönte

» Karte S. 134, Info S. 147

Foto: Pavel Suhov (Shutterstock.com)

Barockkirche aus dem 17. Jh. ist dem hl. Nikolaus geweiht.

Die Kirchen wurden nicht nur in Hinblick auf die geistlichen, sondern auch auf die physischen Bedürfnisse der Menschen in Suzdal gebaut: die meisten von ihnen existieren paarweise – die eine ist kalt, die andere „warm", nämlich heizbar. Heute teilen sich in Suzdal Staat und Kirche nahezu alle Klöster. Für Nonnen und Mönche ist es manchmal schwer, sich mit dem Rummel der Touristen zu arrangieren, die in die Museen der Klöster strömen.

Am Ufer der Kamenka gibt es, gegenüber dem ältesten und wichtigsten Architekturdenkmal der Stadt, dem Kreml, ein **Freilichtmuseum für Holzarchitektur und bäuerliches Leben**, wo Kirchen, Bauernhäuser und Windmühlen aus den umliegenden Dörfern zusammengetragen sind. Die russische Holzarchitektur zeichnet sich nicht nur durch große Formenvielfalt aus, sondern auch durch eine große Kunstfertigkeit, zu der es gehört, keinen einzigen Eisennagel zu verwenden.

Pereslavl-Zalesskij

Zalesskij bedeutet „hinter dem Wald gelegen". Und wirklich, der alte Weg nach Pereslavl verläuft unter hohen Bäumen, und wenn der Wald auseinandertritt, glänzt in der Sonne der Pleschtschejevo-See, an dessen Ufern die Stadt auf Befehl des Fürsten Jurij Dolgorukij 1152, fünf Jahre nach Moskau, gegründet wurde.

Pereslavl ❹ war einst eine mächtige Festung und ein reiches Kulturzentrum. Seinen Reichtum verdankte es seiner strategisch günstigen Lage am Weg, der Moskau mit Archangelsk verband. Bis ins 16./17. Jh. führte der Handel zwischen Russland und Westeuropa über diese Route.

Berühmtester Sohn der Stadt ist Alexander Nevskij, der Stolz der russischen Geschichte, der hier vermutlich 1220 geboren wurde. In seiner Regierungszeit sah er sich Bedrohungen vom Westen und Osten ausgesetzt (s. S. 25). Im November 1263 wurde Alexander Nevskij ermordet, als er von einem

» Karte S. 134, Info S. 147

Foto: Andrey Ivanov (Dreamstime)

Besuch beim Mongolen-Khan zurückkehrte. Die russisch-orthodoxe Kirche sprach ihn für seine Verdienste um Vaterland und Glauben heilig. Peter der Große ließ ihm zu Ehren die Lavra in St. Petersburg bauen und zwar an der Stelle, an der – den damaligen Kenntnissen zufolge – 1240 die Schlacht gegen die Schweden stattfand. Doch der letzte Fürst von Pereslavl starb kinderlos, 1302 wurde das Fürstentum daher Moskau angegliedert.

Seither hatten die Zaren für Pereslavl eine große Vorliebe und kamen oft zu Besuch. Von ihrem Geld wurden Gotteshäuser und Klöster errichtet. Und obwohl die Stadt viele Male von ausländischen Eroberern zerstört wurde, baute man sie jedesmal wieder auf.

Gegen Ende des 17. Jh. lebte hier lange Zeit der junge Peter I. An den Ufern des Pleschtschejevo-Sees begann er mit dem Bau der ersten russischen Flottille, von der nur ein einziges Schiff erhalten geblieben ist, die **„Fortuna“**, die im örtlichen kleinen **Botik-Museum** aufbewahrt wird (4 km südwestlich vom Gorickij-Kloster). Doch unbewusst trug Peter I. Schuld an dem zweiten, diesmal endgültigen Niedergang der Stadt. Er verlegte die Hauptstadt von Moskau nach Petersburg, und dadurch geriet Pereslavl in Vergessenheit. Die Industrie entwickelte sich nur langsam, die Eisenbahnlinie verlief abseits. Vielleicht hat gerade das die Stadt als historische Kostbarkeit gerettet.

Die ältesten Bauten sind die **Festungswälle** aus dem 12. Jh. und die zur gleichen Zeit entstandene Christi-Verklärungs-Kathedrale. Die 2,5 Kilometer langen, 15 Meter hohen und acht Meter breiten Wälle gehören zu den imposantesten Erdbefestigungen Russlands. Nur in der Stadt Vladimir gab es noch mächtigere Erdwälle. Die Aufschüttung wurde von einer doppelten Palisade aus Eichenpfählen und zwölf Wachtürmen gekrönt. Im Norden steht die ★**Christi-Verklärungs-Kathedrale** aus weißem Kalkstein, die alle Kriege und Zerstörungen überdauerte, massiv, unerschütter-

Oben: Das Gorickij-Kloster in Pereslavl-Zalesskij.

» Karte S. 134, Info S. 147

lich und streng. Sie erscheint wie aus einem Monolith herausgehauen – so sorgfältig sind ihre Fassaden bearbeitet. Die Fresken aus dem 12. Jh. im Inneren der Kirche sind leider schlecht erhalten. Die manieristisch wirkende Ikonostase viel späteren Datums will sich nicht so recht in den streng gehaltenen Innenraum einfügen und wirft einen großen Kontrast auf.

Innerhalb und außerhalb des alten Schutzwalls haben sich wunderbare Kirchen aus dem 16.-18. Jahrhundert erhalten. Einige von ihnen sind Überbleibsel einst reicher **Klöster**, von denen bis in unsere Tage noch vier existieren: das Daniel-, das Fjodor-, das Nikita- und das Gorickij-Kloster.

Die drei erstgenannten sind mit dem Namen des ersten und grausamsten russischen Zaren, Ivan dem Schrecklichen, verbunden: Die Hauptkathedrale des **Daniel-Klosters** wurde anlässlich seiner Geburt, das älteste Gebäude des **Fjodor-Klosters** zu Ehren der Geburt seines Sohnes errichtet. Das noch vor Entstehung der Stadt gegründete **Nikita-Kloster** wurde auf Befehl Ivans völlig umgebaut, und zwar in nur drei Jahren. Man munkelte damals, dass der Zar das Nikita-Kloster als seine Residenz herrichten ließ – für den Fall eines Umsturzes.

Das auf einem Berg liegende ★**Gorickij-Kloster** hatte seine Blütezeit im 17./18. Jh. Man beseitigte die baufälligen Gebäude aus dem 14.-16. Jh., und das Kloster wurde Residenz des Metropoliten. Für die Innenausstattung der Gebäude zog man die besten Meister heran. Sie schufen in der äußerlich schlichten **Klosterkathedrale** ein Wunder kirchlicher Pracht. Die vergoldete, geschnitzte Ikonostase und die barocken Stuckverzierungen erstaunen durch ihre Fantasie und Pracht.

Ein anderer Schatz des Gorickij-Klosters ist das Heilige oder **Goldene Tor**. Dieses an Spitzen aus Stein erinnernde Werk eines unbekannten Meisters beeindruckt seit fast 400 Jahren durch seine Schönheit. Das Kloster dient als **historisch-künstlerisches Museum**, es ist eines der reichsten Provinzmuseen des Landes. Die Sammlung umfasst Gegenstände der Kunst und des bäuerlichen Lebens; das **Refektorium** birgt wertvolle Ikonen und Schnitzereien.

★Rostov Velikij

Nur zwei Städte der alten Rus nannten sich *velikij*, groß: die „nördliche Hauptstadt" Novgorod und ★**Rostov Velikij** ❺, das wie ein Märchenkönigreich zwischen zwei alten Klöstern am Ufer des Sees Nero liegt. Rostov wird in den Chroniken fast 300 Jahre früher erwähnt als Moskau, nämlich 862. Im 10. Jahrhundert war es für die damaligen Verhältnisse schon eine große Stadt mit einem Kloster, einem Fürstenpalast und einem Kreml. Anfang des 13. Jahrhunderts wurde Rostov Hauptstadt eines separaten Fürstentums; es entstanden Kirchen und Kathedralen aus Stein, das kulturelle Leben blühte. Der damalige Fürst Konstantin war berühmt als ein Förderer der Wissenschaften und Künste. Ein Bibliophiler war auch sein Zeitgenosse, der Bischof Kirill, aus dessen Bibliothek sich bis in die heutige Zeit Handschriften erhalten haben. Niemand weiß, wieviele kostbare Bücher in den Jahren der Tatareneinfälle, unter denen die Stadt von 1238 an fast hundert Jahre lang zu leiden hatte, vernichtet wurden.

Doch die Kriege gingen zu Ende, und das kulturelle Leben erneuerte sich. Der Ruhm der Rostover Bibliotheken zog Menschen an, die nach Wissen strebten. Hier erhielten die späteren Aufklärer und Schriftsteller ihre Bildung. Rasch entwickelte sich eine Schule der Malerei, deren Werke bis heute Stolz und Zierde Russlands sind. Hier lebte und wirkte Dionisij, einer der größten russischen Maler des 15./16. Jh. Architekten und Steinmetze aus Rostov wurden in die Nachbarstädte für den Bau der wichtigsten Gebäude verpflichtet.

» Karte S. 134, Info S. 147

Foto: Elena Biliba (iStockphoto)

Im 16. Jh. begann der Handel mit Westeuropa über Archangelsk, und in Rostov, das am Weg von Moskau zum Weißen Meer lag, begann ein gewaltiger wirtschaftlicher Aufschwung. Während die Behörden Kunst und Wissenschaft förderten, vergaßen sie offenbar, Maßnahmen zur Verteidigung der Stadt zu treffen. So wurde Rostov 1608 von den polnisch-litauischen Truppen geplündert, und zwar gründlich: Als man zehn Jahre später an die Besteuerung der Einwohner ging, zeigte sich, dass sie nichts besaßen, was man noch hätte wegnehmen können.

Und so begann alles von vorn. Das 17. Jh. wurde für die Stadt eine Zeit des Aufbaus, durch den sie für Jahrhunderte Weltruhm erlangte. Zuerst friedete man unter der Leitung des Holländers Jan Cornelius Rodenburg den zentralen Teil mit Erdwällen ein, später errichtete man auf Initiative des Metropoliten Jona am Seeufer das architektonische Ensemble des Rostover ★★**Kreml**. Es gibt in Russland nur wenige Bauten, die ihm an Schönheit gleichen.

Von den Steinmetzen, die der Stadt diesen Schatz schenkten, ist der Name des wichtigsten überliefert: Pjotr Dosajev. Einem einfachen Arbeiter war es selten beschieden, noch zu Lebzeiten berühmt zu werden, doch Dosajev steht im Kirchenbuch unter den besten Leuten der Stadt an zweiter Stelle nach dem Metropoliten!

Fast alle Bauten des Kreml sind untereinander mit Galerien, Treppen und Übergängen verbunden. Sein Hauptgebäude ist die **Mariä-Entschlafens-Kathedrale**, die der gleichnamigen Kathedrale im Moskauer Kreml ähnelt. Hier liegt der Metropolit Jona begraben. Neben der Kathedrale steht ein ungewöhnliches, vierbogiges **Glockenhaus** mit 13 Glocken. Jede einzelne hat ihren ureigenen Klang, der auch in großer Entfernung von der Stadt zu hören ist. Die Glöckner von Rostov schufen eine besondere Art musikalischer Kunst. Das Glockenspiel ist ein kompli-

Oben: Das Jakobskloster am Ufer des Nero-Sees in Rostov Velikij.

» Karte S. 134, Info S. 147

ziertes polyphones Werk, das nur von wirklichen Meistern ausgeführt werden konnte. Sie mussten nicht nur über musikalische Fähigkeiten und bedeutende physische Kräfte verfügen, sondern auch die besonderen Geheimnisse des Glockenspiels kennen. Man war in der alten *Rus* Glocken gegenüber voller Hochachtung. Doch die ausländischen Eroberer, die die Stadt trotz ihres langen, erbitterten Widerstands einnahmen, „exekutierten" eine Glocke, indem sie ihr den Klöppel herausrissen.

Die Kirchen des Kreml sind – jede auf ihre Art – außergewöhnlich schön: die **Auferstehungskirche** und die **Erlöserkirche** ebenso wie die **Kirche Johannes des Evangelisten**. Hier wie auch in den anderen Bauten des Kreml haben sich wunderbare Fresken erhalten. In der Erlöserkirche ersetzen sie sogar die traditionell hölzerne Ikonostase. In zwei der Kirchen gibt es auf Anordnung des Metropoliten Jona ein ungewöhnlich hohes und breites Podium vor dem Altar. Jona liebte nämlich publikumswirksame Gottesdienste und stilisierte sie zu wahren Spektakeln.

Schön und erhaben ist der Rostover Kreml, prachtvoll sind die am Seeufer gelegenen Klöster, das **Jakobkloster** und das **Abrahamkloster**, unvergesslich bleiben auch die anderen Architekturdenkmäler der Stadt. Doch berühmt ist Rostov auch für seine **Emailkunst**, die hier bis heute Tag gepflegt wird: Miniaturen, Ohrgehänge, Broschen und Armbänder locken zum Kauf.

★★Jaroslavl

Am hohen Ufer der Wolga, an der Mündung des Flüsschens Kotorosl, stand in alter Zeit ein heidnisches Heiligtum. Die Ortsansässigen, Nachfahren finnisch-ugrischer Stämme, trieben Ackerbau, Jagd und Fischfang. Als Hauptgottheit verehrten sie eine Bärin. Doch im 11. Jh. fielen die Krieger Jaroslavs des Weisen, Fürst von Rostov, ein, erschlugen mit der Axt die heilige Bärin, brannten das Heiligtum nieder und errichteten an seiner Stelle auf Befehl des Fürsten eine Festung aus Holz, die sie nach ihm **★★Jaroslavl** ❻ nannten. 2010 feierte die zum UNESCO-Welterbe zählende Stadt ihr 1000jähriges Jubiläum. Aus diesem Anlass gab man dem Stadtbild die 1215 als erste Steinkirche erbaute, jedoch 1937 gesprengte **Mariä-Entschlafens-Kathedrale** am Ufer der Wolga zurück. Ihre weißen Mauern schenken dem wunderbaren **Dreifaltigkeits-Denkmal** des Bildhauers Nikolaj Muchin einen würdigen Hintergrund

Der eigentliche Aufstieg Jaroslavls begann erst im 16. Jh. mit der Eröffnung des Handelswegs nach Europa. Diesen Trend konnte nicht einmal die polnisch-litauische Intervention beeinträchtigen: Die Stadt, die eigene Münzen prägte, wurde faktisch Landeshauptstadt. Aus jener Zeit stammt die **Christi-Verklärungs-Kathedrale** im gleichnamigen Kloster, erbaut innerhalb eines Jahrzehnts (1506-1516).

Ende des 17. Jh. war Jaroslavl eine der größten Städte des Reichs, ein Zentrum von Handwerk, Handel und Kultur. Hier lebte ein Sechstel der reichsten Kaufleute des Landes. Die Jaroslavler Meister der Ikonenmalerei erlangten seinerzeit Weltruhm. In den fünfzig Jahren nach dem großen Brand von 1658, in dem die Stadt mit ihren Holzbauten in Schutt und Asche sank, schufen die örtlichen Baumeister ihre besten Werke: die **Prophet-Elias-Kirche**, die **Epiphaniaskirche** und andere Sakralbauten.

Die meisten Jaroslavler Kirchen sind reich verziert und vielfarbig, in ihrer Bemalung gibt es keine Spur von Askese. Sie wurden von reichen Kaufleuten gestiftet, die die leuchtenden Farben der Länder des Orients selbst gesehen hatten; immer wieder fließen profane Motive in das christliche Bildprogramm ein. Die relativ gut erhaltenen Fresken aus dem 16. Jahrhundert veranschaulichen die Frömmigkeit in der alten Rus.

Fast unüberschaubar ist die Pracht und die Fülle der Wandmalereien aus

» Karte S. 134, Info S. 147

Foto: VitalyTitov (stock.adobe.com)

dem 17. Jh. im Hauptraum und in den Galerien der ★**Kirche Elias des Propheten**. Zwei Freskenstreifen, beginnend am südlichen Rand der Ikonostase, erzählen aus dem Leben des Namensgebers Elias. Besonders schön ist die vergoldete und mit geschnitztem Weinlaub verzierte **Ikonostase**.

Im 19. Jh. entstanden in Jaroslavl mit Schnitzereien verzierte **Kaufmannshäuser**, die **Uferstraße** wurde zur schönsten Promenade aller Wolgastädte ausgebaut. Zu Beginn des 20. Jahrhunderts wurde die Stadt ein wichtiges Zentrum der bolschewistischen Partei, das bei der Errichtung der Sowjetmacht in dieser Gegend eine entscheidende Rolle spielte. Während des Aufstands der Weißgardisten 1918 erlitt die märchenhaft schöne Epiphaniaskirche beträchtliche Schäden.

Die beiden wichtigsten Museen der Stadt, das **Geschichts- und Architekturmuseum** (mit alten Ikonen) im **Spasskij-Kloster** (sein Glockenturm kann bestiegen werden) und das **Kunstmuseum** aus den 1820er-Jahren, sind reich ausgestattet.

Oben: Die wiederaufgebaute Mariä-Entschlafens-Kathedrale an der Wolga in Jaroslavl.

Jaroslavl ist eine erstaunliche Stadt: Obwohl es hier so viele Kirchen gibt, wirkt sie heiter; sie ist ein Industrie- und Handelszentrum, und doch entstand hier im Jahr 1750 das erste professionelle dramatische Theater Russlands, erschien die erste Provinzzeitschrift, wurde eine der ersten Hochschulen gegründet. Jaroslavl ist der Geburtsort von Gelehrten, Schriftstellern und Komponisten sowie der Astronautin Valentina Tereschkova, die als erste Frau in den Weltraum flog.

Wenn Sie es einrichten können, fahren Sie mit dem Schiff nach Jaroslavl. Es gibt schöne Kreuzfahrten auf der Wolga, die 6-12 Tage dauern und die Sie auch in andere Städte des Goldenen Rings, nach **Kostroma** und **Uglitsch** (s. S. 20) führen. Das Leben in den alten russischen Städten fließt noch gemächlich dahin, so wie das Wasser des großen Wolga-Stroms.

» Karte S. 134

Jaroslavl (☎ 4852)

Spasskij-Kloster, ab 1. Mai tgl. 8-20 Uhr (Museen Di-So 10-17.30 Uhr); Bogojavlenskaja pl.
Epiphaniaskirche, ab 1. Mai Mi-So 9-16 Uhr; Bogojavlenskaja pl.
Prophet-Elias-Kirche, ab 1. Mai-Okt. 8-20 Uhr; Sovjetskaja pl.

ZUG: vom Moskauer Bahnhof *Jaroslavskij vokzal* (*Metro Komsomolskaja*) in ca. 4,5 Std. (260 km).
BUS: 1 bis 2 x tgl. ab Station *Ščelkovskaja*.
BOOT: Anfang Juni bis Anfang Okt. Wolga-Kreuzfahrten zwischen Moskau und Astrachan, Stop in Jaroslavl, Infos bei *Capital Shipping Company*, Tel/Fax 2773902.

Pereslavl-Zalesskij (☎ 48535)

Gorickij-Kloster, Gelände ganzjährig tgl. 9-17 Uhr, Museum Di-Fr 9-17 Uhr, Sa/So 10-17 Uhr, Muzejnyj per. 4, Tel. 485 353 8100.

BUS: 3 x tgl.ab Station *Ščelkovskaja* in ca. 2,5 Std.(130 km von Moskau).

Rostov Velikij (☎ 48536)

Kreml, tgl. 10-17 Uhr, Territorium Sa/So 10-20 Uhr, Eintritt am Westtor. **Jakobkloster**, Bus Nr. 1 , 2 ab Kreml Richtung Westen. **Abrahamkloster**, Bus Nr.1 ab Kreml Richtung Osten.

ZUG: ab *Jaroslavskij vokzal* (*Metro Komsomolskaja*), in Rostov Velikij Bus Nr. 6 vom Bahnhof zum Zentrum.
BUS: ab Station *Schtschjolkovskaja (Ščelkovskaja)* in 4 bis 5 Std. (200 km von Moskau).

Sergijev Posad (☎ 49654)

Gostevaja izba, russ. Küche, urig, 11-1 Uhr, Fr/Sa/So Live-Musik; pr. Krasnoj Armii 134.

Dreieinigkeits-Sergiuskloster, tgl. 10-18 Uhr, Führungen, Buchung unter Tel. 45356.
Kunstmuseum, Di-So 10-17 Uhr (außer letzter Fr im Monat).

ZUG: vom *Jaroslavskij vokzal* (*Metro Komsomolskaja*) in ca. 1,5 Std. (75 km von Moskau).
BUS: Busstation am *Jaroslavskij vokzal* (Metro *Komsomolskaja*) 8.30 bis 19.30 Uhr alle 30 Min. (ca. 1 Std.).

Suzdal (☎ 49231)

Trapeznaja, im Kreml, etwas Zeit mitbringen; ul. Kremljovskaja 12, Tel. 217 63.
Bal'zaminov Dvorik, russische Küche; ul. Lenina 75 (über dem Geschäft „Kvartal").
Puschkarskaja Sloboda, 2005 eröffneter Hotelkomplex mit traditionellen kleinen Holzhäuschen und modernen sanitären Einrichtungen, zum Hotel gehören die Restaurants **Puschkar** und das originell gestaltete **Traktir Ulej**, 8-24 Uhr; ul. Lenina 43, Tel. 23350, Fax 23363, email: info@slobodahotel.com.

Kreml, Mi-Mo 10-17 Uhr (außer letzter Fr im Monat).
Freilichtmuseum für Holzarchitektur und bäuerliches Leben, Mai bis Okt. Mi-Mo 9.30-15.30 Uhr (außer letzer Fr im Monat); südl. des Kreml.

Vladimir (☎ 4922)

Staryj Gorod, russ. und europäische Küche, Menü ca. 20-25 Euro, Mo-Mi 11-24 Uhr, Do-Sa 11-2 Uhr, Do-Sa russ. Live-Musik, zentral gelegen in der Altstadt; ul. Bol'šaja Moskovskaja 41, Tel. 322954.
Tri Peskarja, Fischspezialitäten, Menü ca. 12-20 Euro, tgl. 11-1 Uhr, 12-16 Uhr Business Lunch; ul. Bol'šaja Moskovskaja 88, Tel. 325401.

Goldenes Tor, Museum, Mi-Mo 10-16 Uhr (außer letzter Do im Monat).

ZUG: ab Moskaus *Kursker Bahnhof* (160 km).
BUS: ab *Schtschjolkovskaja (Ščelkovskaja) Station*, 2 x tgl. (ca 3,5 Std.).

Andrew Koturanov (Shutterstock.com)

Eine „Weiße Nacht" in St. Petersburg; im Hintergrund: die Peter-Paul-Kathedrale. Die Zugbrücken öffnen sich von April bis Oktober zwischen 2 und 5 Uhr morgens

Drozdin Vladimir (Shutterstock.com)

Strelka, die Ostspitze der Basilius-Insel, mit der klassizistischen Alten Börse von 1810 und den beiden Rostra-Säulen.

HÖHEPUNKTE

St. Petersburg

★★**St.-Isaaks-Kathedrale** (S. 167): Unter der viertgrößten Kuppel der Welt schaffen riesige Gemälde und edle Natursteine den feierlichen Rahmen für den Gottesdienst.

★★**Schlossplatz** (S. 173): Der größte Platz der Stadt mit der Alexandersäule wird eingerahmt vom Winterpalast und dem weiten Bogen des Generalstabsgebäudes.

★★**Winterpalast** mit ★★**Eremitage** (S. 173): Die Winterresidenz der Zaren birgt eine der reichsten und größten Kunstsammlungen der Welt.

★★**Russisches Museum** (S. 185): Vier Paläste gehören zum Museum, die Hauptsammlung im Michailspalast beeindruckt durch die Vielfalt und Qualität russischer Kunst.

★★**Nevskij Prospekt** (S. 188): „Die größte Bühne der Welt" nannte man die Hauptstraße schon zur Zarenzeit. Noch heute gehen die Petersburger am liebsten zum *Nevskij*, wenn es etwas zu feiern gibt.

★★**Jusupov-Palast** (S. 202): Einer der prunkvollsten Paläste der Stadt, der aber vor allem mit der Ermordung Grigorij Rasputins im Dezember 1916 verbunden ist.

★★**Strelka** (S. 206): Von der Spitze der Basilius-Insel – der größten der Stadt – bietet sich ein grandioser Blick auf den Palastkai.

★★**Peter-Paul-Festung** (S. 211): Auf der kleinsten Neva-Insel erbaut, ist sie eines der Wahrzeichen von St. Petersburg und eines der meistbesuchten Museen der Stadt.

★**Admiralität** (S. 167): Die 72,5 m hohe, vergoldete Turmspitze ist eines der Wahrzeichen St. Petersburgs.

★**Bootsrundfahrt** (S. 195): Besonders stimmungsvoll erlebt man St. Petersburg vom Wasser aus bei einer Fahrt durch die zahlreichen Kanäle.

★**Eherner Reiter** (S. 197): Das berühmteste Denkmal Peters I. ist ein Wahrzeichen der Stadt und der wohl beliebteste Hintergrund für Hochzeitsfotos.

★**Nikolaus-Marine-Kathedrale** (S. 201): In der Sowjetzeit war das Gebäude mit den prachtvollen vergoldeten Kuppeln die Hauptkathedrale St. Petersburgs.

★**Haus Peters des Großen** (S. 211): In diesem winzigen Holzhäuschen lebte Peter I. während der Bauarbeiten an der Peter-Paul-Festung.

★**Alexander-Nevskij-Kloster** (S. 215): Auf den Friedhöfen des Klosters sind weltbekannte Künstler und Wissenschaftler begraben.

Rund um St. Petersburg

★★**Peterhof** (S. 227): Die älteste Sommerresidenz wurde unter Peter I. am Ufer des Finnischen Meerbusens gebaut und unter den Nachfolgern erweitert; einzigartig in der vielfältigen Sommerparklandschaft sind die herrlichen Fontänen und Wasserspiele wie die Große Kaskade.

★★**Zarskoje Selo** (S. 233): Die prunkvollste Sommerresidenz der Zaren mit dem Katharinen-Palast. Seit 2003 ist das Bernsteinzimmer Hauptattraktion dieses Schlosses. Nach der Fertigstellung der sieben Achatzimmer in der „Cameron-Galerie", einem Anbau des Palastes, ist nun eine weitere grandiose Kostbarkeit zu besichtigen.

★★**Pavlovsk** (S. 236): Die im eleganten Stil des Klassizismus gehaltene Sommerresidenz Pauls I. liegt inmitten eines englischen Parks.

★**Oranienbaum** (S. 231): Nur dieses Schlossensemble lag im 2. Weltkrieg außerhalb des Blockaderings; im Chinesischen Palast, dem Lieblingsschloss Katharinas der Großen, ist vieles original erhalten.

Rechts: Eine Bootsfahrt auf den Kanälen ist ein Höhepunkt jeder St.-Petersburg-Reise.

Foto: MaraZe (Shutterstock.com)

EINSTIMMUNG

Im Poem *Der Eherne Reiter* nennt Alexander Puschkin 1833 St. Petersburg ein „Fenster nach Europa". Tatsächlich erscheint die Stadt westlichen Besuchern auf den ersten Blick unerwartet vertraut. Das ist kein Zufall: Von Beginn an ging es Peter I. darum, seine Stadt zum Symbol der neuen Westorientierung Russlands zu machen. Der Bruch mit dem alten Moskauer Reich sollte sich auch in Architektur und Kunst ausdrücken.

Über zwei Jahrhunderte hinweg gelang es den Baumeistern, mit Hilfe unzähliger Leibeigener St. Petersburg zu einem einzigartigen Bauensemble und einer der schönsten Städte der Welt werden zu lassen; die Innenstadt mit ihren 2400 historischen Gebäuden zählt heute zum UNESCO-Welterbe.

Dass die Sowjetregierung sich 1918 für Moskau als Hauptstadt entschied, rettete „die Wiege der Revolution" davor, durch Abrisse ihr Gesicht zu verlieren; doch spielte die Ex-Zarenresidenz, die von 1924 bis 1991 den Namen Lenins trug, nun die zweite Geige. Die Rivalität mit Moskau schwelt nach wie vor, auch wenn St. Petersburg zum Trost Titel tragen darf wie „Russlands Kulturhauptstadt" oder „Nördliche Hauptstadt". Hier, auf 60° nördlicher Breite, kann man von Mitte Juni bis Anfang Juli die berühmten „Weißen Nächte" miterleben, wenn die Lebensfreude in der Newa-Stadt überschäumt.

Zum 300. Geburtstag 2003 wurde St. Petersburg medienwirksam herausgeputzt. Seither werden allerorten Kuppeln vergoldet, Fassaden restauriert, Straßen geteert und Gehwege gepflastert. Doch es wird noch lange dauern, bis das historische Mauerwerk saniert ist, dem das feuchtkalte Klima und die Abgase schaden. Aber auch wenn vielerorts die Farbe (noch) abblättert – der besonderen Ausstrahlung dieser mit rund 5 Millionen Einwohnern nördlichsten Millionenstadt der Welt kann sich kaum jemand entziehen. Auch einige moderne Bausünden aus Stahl und Glas ändern nichts daran.

Foto: Paul Spierenburg

ST. PETERSBURG AM ABEND

Die Weißen Nächte

Die Zeit der Sommersonnenwende ist die Zeit der berühmten Petersburger „Weißen Nächte". Von Mitte Juni bis Anfang Juli gehen die langen Tage und die hellen Nächte fast unmerklich ineinander über – geschuldet ist dies der geografischen Lage der nördlichsten Millionenstadt der Welt auf 60° nördlicher Breite.

Die Berühmtheit dieser Nächte verdankt Petersburg Alexander Puschkin, der ihnen in seinen Versen diesen Namen gab und ihre magische Stimmung so unvergleichlich schilderte. Puschkin, unter Zeitgenossen bekannt als Frauenheld und Zocker, hat diese Nächte häufig beim Kartenspiel verbracht. Einige Orte, an denen er selbst sein Glück im Spiel oder in der Liebe versuchte, tauchen in seinen Gedichten und Novellen als Handlungsorte auf.

Auch im Werk von Fjodor Dostojevskij ist Autobiografisches und Fiktives miteinander verwoben; eine melancholische Liebeserklärung an die Stadt im hohen Norden und eine der schönsten romantischen Geschichten der Weltliteratur ist seine Erzählung „Weiße Nächte" (1848).

Für viele Petersburger ist ihre Metropole bis heute die einzige russische Stadt von Weltniveau; Moskau ist und bleibt für sie ein großes Dorf ohne Esprit. Das alles ist subjektiv, aber in einer Hinsicht wird Moskau der einstigen Zarenresidenz nie den Rang ablaufen können: Nur in St. Petersburg kann man zur Mittsommerzeit in der Nacht an der mit Granit verkleideten Uferpromenade der eindrucksvoll wogenden Neva stehen und bei Wodka, Bier, Sekt oder auch einfach im Arm des oder der Liebsten staunen, wenn zwischen 2 und 5 Uhr die gewaltigen Brückenhälften über dem breiten Fluss nacheinander hochgezogen werden und dann für Stunden in einen milchig-weißen Himmel ragen.

Am Mittsommernachtsfreitag steigt um Mitternacht, am Schlossplatz nahe der Neva, eine gigantische Schulabschlussfeier mit Partyzone, Live-Konzert und vor allem einer grandiosen Feuer- und Lichtshow unter Mitwirkung eines historischen Groß-Segelschiffs – *Alyje Parusa*, Feuerrote Segel, heißt dieses Spektakel.

Am Nevskij Prospekt

Die Petersburger lieben ihre Stadt während der Weißen Nächte ganz besonders. Die ganze Nacht hindurch herrscht Leben auf den Straßen und an den Kanälen, es scheint, als habe man den Schlaf ganz in die dunkle Jahreszeit verbannt. Besonders der *Nevskij Prospekt* zieht viele Menschen geradezu magisch an. Er ist der Dreh- und Angelpunkt der Stadt, ihre Bühne, ihr Laufsteg. Hierher kommt man, um zu sehen und gesehen zu werden, an Feiertagen, an Silvester und am allerliebsten eben zur Zeit der Weißen Nächte. Er sei „die größte Bühne der Welt", schrieb schon Nikolaj Gogol 1836 über den *Nevskij* in seiner gleichnamigen Novelle und entwarf ein buntes Kaleidoskop an Gestalten und Charakteren, die den berühmten Prachtboulevard rund um die Uhr bevölkerten.

Das ist bis heute so geblieben. Zwar hatte man dem Prospekt in der Sowjetzeit seine Eleganz genommen und ihn mit glanzloser sozialistischer Biederkeit übergossen, doch blieben wenigstens die herrlichen Fassaden erhalten. Heutzutage lohnen die exklusiven Auslagen aus aller Welt in den erleuchteten Geschäften wieder einen abendlichen Schaufensterbummel.

Zudem ist der Prospekt wieder Flaniermeile und prachtvolle Kulisse für Flirts und Vergnügungen von – meistens jungen – Einheimischen und Gästen gleichermaßen. Und im Gegensatz zur Sowjetzeit ist für das leibliche Wohl

Links: Tanzvorführung im Jusupov-Palast.

» Metroplan S. 166

Foto: Jonathan Smith

gesorgt: Gleich nach der Wende Anfang der 1990er Jahre machten am und in unmittelbarer Umgebung des *Nevskij* die ersten Cafés und Restaurants neuen Typs Furore – kleiner als die sowjetischen Massenabfertigungshallen und mit individueller Atmosphäre. Seither hat sich die Kneipenszene enorm weiterentwickelt und an Vielfalt, Kreativität und Experimentierfreude mangelt es nicht. Die *Rubinstein-Straße*, eine Seitenstraße des Nevskij jenseits der Fontanka, hat sich zu einem Café-, Bar- und Restaurant-Zentrum gemausert. Auf der anderen Seite des Nevskij, im *Dichter-Viertel bis zur ul. Vosstanija* sind in den letzten Jahren viele Kneipen und kleine Restaurants entstanden, die man sich in manch anderer Stadt der westlichen Welt wünschen würde. Auch die (wieder entdeckte) Sowjetromantik kommt nicht zu kurz: Imbisse oder „Bufets", in denen der Ton noch so raubeinig, das Interieur noch so trist wie einst, die Gäste überwiegend russisch und die

Oben: Live-Musik im Club Money-Honey.

Gerichte aus allen Teilen der Ex-Sowjetunion sind.

Orientalischen Zauber verbreitet das exklusive *Magrib* am oberen *Nevskij*. Das im eigentlichen und übertragenen Sinn gut betuchte Publikum (strenge Türsteher!) genießt – umgeben von warmen Farben und verspielten orientalischen Details – die ausgezeichnete marokkanische Küche oder amüsiert sich ab 22 Uhr auf der Tanzfläche und beim (an manchen Tagen erotischen) Showprogramm.

Wer kein Problem mit Enge und fehlenden Notausgängen hat, kein dickes Portemonnaie besitzt und die nette Gesellschaft von Einheimischen wie Ausländern sucht, ist z. B. im *Club Gribojedov* nahe dem Moskauer Bahnhof an der richtigen (Musik-) Adresse. Hier tanzt man vor allem zu Alternative Rock und Techno.

Lebhaften Diskobetrieb auf drei großen Tanzflächen, eine Karaoke-Bar und gemütliche Sitzecken bietet das beliebte *Metro* mit einer moderaten Türpolitik.

Oper- und Theaterbühnen

Ein fester Bestandteil des abendlichen Lebens der Stadt sind die Oper- und Theaterbühnen der Stadt; rund 40 soll es geben.

Am berühmtesten ist natürlich das Mariinskij-Theater, das bei weitem nicht nur von seinen großen Ballettlegenden Anna Pavlova oder Vaclav Nijinskij zehren muss, sondern immer noch Weltstars hervorbringt wie den Dirigenten Valerij Gergijev oder die Operndiva Anna Netrebko. Von Mai bis Juli treten hier im Rahmen des Festivals *Stars der Weißen Nächte* hochkarätige russische und internationale Künstler auf.

Ähnlich wie in Moskau sind ausländische Touristen inzwischen fast unter sich bei den Aufführungen, weil die Eintrittspreise viel zu hoch für ein durchschnittliches russisches Einkommen sind (für Ausländer noch wesentlich teurer).

» Metroplan S. 166

THEATER / OPER / BALLETT:

Zentrale Vorverkaufsstelle, Nevskij Pr. 42, Tel. 571 31 83; Kioske im Zentrum und Theater.

Mariinskij-Opern- und Balletthaus 1 und 2, größte Bühne der Stadt (von Mai bis Juli großes Festival **Stars der Weißen Nächte**); Teatralnaja Pl. 1, Metro *Sennaja Ploščad* (von dort ca. 20 Minuten zu Fuß), Tel. 326 41 41, www.mariinsky.ru/en.

Michajlovskij (Malyj-) Opern- und Balletthaus, zweitgrößte Musikbühne der Stadt; Pl. Iskusstv 1, Metro *Nevskij Prospekt*, Tel. 219 19 78.

Eremitage-Theater, Haustheater der Zaren, überwiegend Ballettaufführungen, keine festen Sitzplätze, frühzeitig kommen; Dvorcovaja nab. 34 (Eingang über den Winterkanal hinweg), Metro *Nevskij Prospekt, Admiralitejskaja* (ca. 20 Min. zu Fuß), Tel. 571 90 25.

Rimskij-Korsakov-Konzertsaal, Teatralnaja Pl. 3 (im Konservatorium; gegenüber Mariinskij), Tel. 312 25 19.

Kapella, Kammer- und Klavierkonzerte, schönes Ambiente, gute Akustik; Mojka 20, Metro *Nevskij Prospekt* (etwa 15 Minuten zu Fuß), Tel. 314 10 58. Außerdem finden Konzerte in mehreren Palästen statt: z. B. im Haustheater des **Jusupov-Palastes** (Mojka 94), im Konzertsaal des **Beloselskij-Beloserskij-Palastes** (Nevskij Pr. / Ecke Fontanka).

Philharmonie – Großer (Schostakovitsch) Saal, Michailovskja ul. 2, Metro *Nevskij Prospekt / Gostinyj dvor*, Tel. 571 73 33.

Kleiner Saal der Philharmonie, schönes Ambiente und oft ausgezeichnete Konzerte, überwiegend russische Besucher; Nevskij Pr. 30, Metro *Nevskij Prospekt / Gostinyj dvor*, Tel. 571 83 33.

Alexandrinskij-(Puschkin-)Theater, eigentlich Sprechtheater, wird aber vor allem im Sommer als auch als Musikbühne genutzt, wunderschönes Ambiente in Rot und Gold; Pl. Ostrovskogo 2, Metro *Gostinyj dvor*, Tel. 312 15 45. Seit 2013 gibt es die Neue Bühne (Fontanka nab. 49A) für zeitgenössisches Theater (russisch). Auf dem Dach dieses Gebäudes zeigt man im Sommer Filme aus diversen Ländern, auch gibt es Lesungen und Konzerte.

Großes Dramatheater Tovstogonov, eine der führenden Sprechbühnen Russlands; Nab. Reki Fontanki 65, Metro *Gostinyj dvor*, Tel. 310 04 01.

Malyj-(Kleines) Dramatheater: ul. Rubinstejna 18, Metro *Majakovskaja*, Tel. 713 20 78.

Konzertsaal des Mariinskij-Theaters (Bühne Nr.3), ul. Dekabristov 37, *Metro Sennaja Pl.* (ca. 25 Min. Fußweg), Bus 3,22,27, Marschrutka 169.

Akimov-Komödientheater, seit 1929 im Haus des Jelisejev-Lebensmittelladens; Nevskij Pr. 56, Metro *Gostynyj dvor / Nevskij Prospekt*, Tel. 312 45 55.

***ZIRKUS*: Zirkus**, Nab. Fontanki 3, Metro *Gostinyj dvor*, Tram 12 u. 34 (fährt unregelmäßig), Tel. 314 84 78.

LIVE-MUSIK / BARS / CLUBS:

Bar812, schickes Publikum, unglaubliche Cocktail-Kreationen, 18-1 Uhr, Fra, Sa 18-4 Uhr; ul. Zhukovskogo11, Metro *Majakovskaja*.

Sky Bar (im Hotel Azimut), großartiger Blick über die Innenstadt; Lermontovskij pr. 43/1, Metro *Baltijskaja*.

Magrib, Café 11-6 Uhr, Restaurant 18-6 Uhr; Nevskij Prospekt 84, Metro *Majakovskaja / Pl. Vosstanija*, Tel. 275 7620, 275 1255, www.magrib.a-alliance.ru.

Fish Fabrique, teuer, Rock und Jazz, täglich geöffnet, Do-So gibt es ab 20 Uhr Programm; Puschkinskaja ul. 10 (Eingang Ligovskij Pr. 53), Metro *Pl. Vosstanija / Majakovskaja*, Tel. 164 48 57.

Metro, sehr groß, sehr voll, tgl. ab 22 Uhr, Fr, Sa und vor Feiertagen bis 6 Uhr; Ligovskij Pr. 192, Metro *Ligovskij Pr.*

Zapravka, kleine, gemütliche Bar, von Dienstag bis Samstag Live-Musik; Bolschoj Pr. 28, Tel. 235 28 16.

JFC Jazz Club, Schpalernaja ul. 33, Metro *Petrogradskaja*, Tel. 272 98 50.

Jazz-Philharmonie, Zagorodnyj Pr. 27, Metro *Vladimirskaja / Dostojevskaja*.

Datscha, Dumskaja ul. 9, Metro *Nevskij Prospekt / Gostynyj dvor*.

Club Gribojedov, 12.01-6 Uhr, Voroneshskaja ul. 2a, Metro *Ligovskij Prospekt*, Tel. 764 43 55, 973 72 73, www.griboedovclub.ru.

Music-Hall, Shows und Akrobatik; Aleksandrovskij Park 4, Metro *Gorkovskaja*, Tel. 232 92 01.

Jimi Hendrix Blues Club, 11-24 Uhr, reservieren, Litejnyj Pr. 33, Metro *Majakovskaja*, Tel. 579 88 13, www.hendrix-club.ru.

Graf-In, gute Cocktails, So-Do bis 24 Uhr, Fr, Sa bis 6 Uhr, Konnogvardejskij Bv, Tel. 601 01 60, Metro *Admiralitejskaja*, www.graf-in.com.

Foto: Paul Spierenburg

SHOPPING IN ST. PETERSBURG

Wer hätte als Reisender vor 30 Jahren daran gedacht, in St. Petersburg (bzw. Leningrad) ausgiebig shoppen zu gehen? Und selbst wenn, wäre einem beim Anblick der trostlosen Schaufensterauslagen ohnehin jede Lust vergangen: Die Kleidung, egal ob Damen- oder Herrenkonfektion, war bar jeglicher Eleganz, die Schuhe hielten wohl den unwirtlichen Wetterbedingungen, keinesfalls aber den Ansprüchen an modischen Schick stand. Gute Bücher waren – abgesehen von den Standardwerken des Marxismus-Leninismus – ebenso Mangelware wie schöne Ansichtskarten. „Gibt es in Westdeutschland tatsächlich ein noch größeres Warenangebot als in der DDR?" – fragten damals Sowjetbürger Reisende aus dem Westen.

Heute staunen Besucher der Stadt über das enorme Angebot an raffinierter Kleidung und todschicken Markenschuhen, die Buchläden quellen über vor Kunstkalendern bester Qualität, und in den Regalen stehen Bücher aller Sparten. Überall in der Innenstadt sind riesige Einkaufszentren eröffnet worden. Nach Schnäppchen aber sucht man meist vergebens.

Hie und da schleicht sich der Gedanke ein, dass sich der Handel vielleicht doch zu sehr am westlichen Markt orientiert, man erwartet eigentlich mehr russische Erzeugnisse wie das Porzellan der Kaiserlichen Manufaktur, das nirgends in solcher Vielfalt und so preiswert angeboten wird wie in St. Petersburg, auch wenn in den letzten Jahren die Preise ziemlich gestiegen sind.

Wer gerne nascht und ein landestypisches Souvenir sucht, sollte zu russischer Schokolade greifen; eine Leckerei, die sich jeder leisten kann. Auch russischer Honig (z. B. Buchweizenhonig) ist sehr gut und bezahlbar. Kaviar hingegen hat mit weit über 200 Euro pro Dose (Beluga, ca. 115 g) einen Preis erreicht, der so manchen Spontankäufer zurückzucken lässt.

Oben: Kaviar – ein begehrtes, aber sehr hochpreisiges Souvenir.

» Metroplan S. 166

***KAUFHÄUSER UND PASSAGEN*:** **Gostinyj Dvor**, Mo-Sa 10-22 Uhr, So 10-21 Uhr; Nevskij Prospekt 35, Metro *Gost. Dvor*. **Passash**, Kleidung, Glas und Porzellan, Souvenirs etc., teuer; Nevskij Prospekt 48, Metro *Nevskij Prospekt / Gost. Dvor*. **Vladimirskij Passage**, 90 Läden, westliche und russische Waren überwiegend junge Käufer, viel Glas hinter historischer Fassade, 11-21 Uhr; Vladimirskij pr. 19, Metro *Dostojevskaja / Vladimirskaja*. **DLT** (Dom Leningradskij Torgovli), schönes Jugendstilkaufhaus von 1910, frisch restauriert; ul. Bol. Konjuschennaja 21, Metro *Nevskij Prospekt*. **Sennaja**, viele Shops mit Klamotten, unterschiedliche Preise und Qualitäten, Supermarkt Paterson; ul. Jefimova, Metro *Sadovaja / Sennaja Pl.* **Galeria**, größte Marken-Auswahl, 10-23 Uhr, hinter Moskauer Bahnhof, Ligovskij Pr. 30 A, Metro *Pl. Vosstanija*, www.galeria-spb.ru. **TK Nevskij Centr (Stokmann)**, riesige Mall hinter historischer Fassade, Kleidung, Kosmetik, Schmuck, Souvenirs, etc., mehrere Cafés (u.a. russ. u. internat. Ketten) sowie Restaurants uvm., tgl. 10-23 Uhr, Nevskij Pr. 114-116, Metro *Pl. Vosstanija/ Majakovskaja*, www. nevskijcentr.ru.

***SOUVENIRS*:** **Nevskie Suveniry**, tgl. 10-21 Uhr; Nevskij Prospekt 18 u. 58, Metro *Nevskij Prospekt / Gost. Dvor*. **Souvenirmarkt Vernissage**, teuer, größte Auswahl an Souvenirs, ca. 9-20 Uhr (wetterabhängig); am Gribojedov-Kanal (hinter der Blutskirche), Metro *Nevskij Prospekt / Gost. Dvor*.

***PORZELLAN*:** **Imperatorskij Farfor** (Lomonosov-Porzellan), älteste Porzellanmanufaktur Russlands; Nevskij Prospekt 160, Metro Pl. *Aleksandra Nevskogo*. **Gshel**, blauweiße Keramik, Geschirr/ Nippes, sehr beliebt bei Russen; ul. Gorochavaja 25, Metro *Sadovaja*.

***KLEIDUNG*:** **Tatjana Parfjonova**, bekannteste russische Designerin der Stadt, Mo-Sa 12-20 Uhr; Nevskij Prospekt 51, Metro *Majakovskaja*.
Lilia Kisselenko, russ. Designerin, auch größere Größen, vorher anrufen (engl.), Kirotschnaja ul. 47, Wohnung 1, *Metro Tschernyschevskaja*, Tel. 271 2552.
Paloma, Pelze und Lederwaren; ul. Malaja Morskaja 8, Metro *Sadovaja* und ul. Bol. Konjushennaja 27, Metro *Gostinyj Dvor*, www.palomafurs.ru. **Mir Koshi i Mecha**, Pelze und Leder; ul. Sadovaja 43, Metro *Sadovaja*.

***SCHMUCK*:** **Ananov**, bekanntester Juwelier der Stadt, Fabergé-Eier u. v. m., Mo-Fr 9-17 Uhr; Mitscherinskaja ul. 7, Tel. 235 83 38.
Smolenskie Brillianty, Nevskij Prospekt 57 (im *Hotel Corinthia Nevskij Palace*) Metro *Majakovskaja / Pl. Vosstanija* und Nevskij Pr. 38, Metro *Nevskij Prospekt*.

***BÜCHER / CDs*:** **Dom Knigi**, größte Buchhandlung der Stadt, vielseitiges Angebot, Reiseführer, Kunstbücher in vielen Sprachen, Kalender, Postkarten, 9-22 Uhr, So 10-21 Uhr; Nevskij Prospekt 28, Metro *Nevskij Prospekt / Gost. Dvor*.
Bukvojed Knishnyj Supermarket, gute Auswahl an Stadtplänen und Postkarten, durchgehend geöffnet, Mo-Sa 10-22 Uhr; Ligovskij Pr. 10 (*Hotel Oktjabrskaja*), Metro *Pl. Vosstanija*.
Knishnaja Jarmarka, auch Souvenirs, 10-18 Uhr, Mo. geschl.; Pr. Obuchovskoj Oborony 103 (Dom Kultury im. N. Krupskoj). **Kajlas**, Jazz, Rock, Klassik, Mo-Sa 11-21 Uhr; Puschkinskaja ul. 10, Metro *Majakovskaja / Pl. Vosstanija*.
505.Ru, CDs, DVDs, Software, 10-21 Uhr, So 11-21 Uhr; ul. Bol. Konjuschennaja 10, Metro *Nevkij Prospekt*, www.505.ru.
The Open World, Klassik, 10-22 Uhr; ul. Malaja Morskaja 13, Metro *Sadovaja*, Bus 22.

***KUNST*:** **KGallery**, nab. Reki Fontanki 24, Tel. 273 0056, www.kgallery.ru.
Sol Art, zeitgenössische Gemälde, Skulpturen, Grafiken; Soljanoj per. 15 (Baron-Stieglitz-Museum für Angewandte Kunst), Metro *Nevskij Prospekt, Tschernyschevskaja*.

***LEBENSMITTEL*:** Die Lebensmittelabteilungen der Kaufhäuser der Innenstadt sind teurer als die außerhalb. In den Hauptstraßen des Zentrums findet man aber preiswertere kleinere Lebensmittelgeschäfte, z. T. im Souterrain. Am schönsten ist immer noch **Jeliseev-Feinkost**, Nevskij-Pr. 56.
Baltic Bread, köstliche Backwaren; Vladimirskij Pr. 19 (in Vladimirskij Passage), Bolshoj Pr. 80, Grecheskij Pr. 25, Moskovskij Pr. 137, u.a.

***MÄRKTE*:** **Kuznetschnyj Rynok**, die schönste Markthalle; Kuznetschnyj per. 3, Metro *Vladimirskaja / Dostojevskaja*.

Foto: Priymak Evgeniy (Shutterstock.com)

Oben: Für die beliebte Borschtsch-Suppe sind bis zu 20 Zutaten erforderlich.

KÜCHE UND RESTAURANTS

Genau genommen besteht die „echt russische Küche" aus den delikatesten Gerichten verschiedener Völker der ehemaligen Sowjetunion. Aus der Ukraine stammt so manches Schweinefleischgericht; die Gemüserezepte kommen vornehmlich aus Moldawien oder aus den kaukasischen Republiken. Exzellente Hammelfleischgerichte – insbesondere Schaschlik und Kebab – wurden aus den zentralasiatischen und kaukasischen Staaten eingeführt. Die baltischen Länder steuerten vorwiegend Wild- und Fischgerichte sowie Desserts bei.

Mit Vorliebe werden verschiedene Arten von Brei und pikant gewürzte Buchweizengrütze serviert, sehr häufig gibt es Kartoffeln in diversen Formen als Beilage, Reis ist rar auf der Tafel. Salat ist selten üppig komponiert, als Dressing wird meist Essig verwendet, aber auch Joghurt, Kefir oder Smetána. Eingelegte Salzgurken oder Weißkraut (*Kapústa*) ersetzen oft den frischen Salat. Geschätzt werden marinierte Heringe oder Trockenfische, Fisch- oder Kohlsuppen, Sülze und Süßigkeiten.

Beliebt sind Appetithäppchen (*Zakúska*). Piroggen (*Piroschkí*) dürfen bei keiner reichhaltigeren Mahlzeit fehlen: Die Hefe- oder Blätterteigspeise kann mit *Kapusta*, mit Rind- und/oder Schweinehackfleisch, mit gedünsteten Pilzen oder auch süß – mit Äpfeln oder getrockneten Aprikosen – gefüllt sein.

Häufig angeboten werden *Bliný*, in heißem Öl gebackene Hefeplinsen. Nicht zu verwechseln mit *Pelméni*, gefüllten Teigtaschen, ähnlich wie Ravioli, die in der russischen Küche obligatorisch sind. Die zugehörige heiße Brühe, mit Dill bestreut, wärmt bei Minustemperaturen auf. Auch sollte *Smetana*, eine fetthaltige saure Sahne nicht fehlen. Sie ist die weiße Krone auf jeder Portion der beliebten *Borschtsch*-Suppe, für die bis zu 20 Zutaten erforderlich sind, vor allem Rote Beete (die die intensive rote Farbe der Suppe berwirkt), Weißkohl und Mohrrüben. Das Ganze kann mit Fleischbrühe oder vegetarisch/vegan serviert werden. Unbedingt probieren sollte man die *Soljanka* – eine kräftige Suppe aus Rindfleisch oder Fisch, die wie fast alle Suppen mit Smetana und Weiß- sowie dunklem Brot serviert wird; oder auch die Sauerampfersuppe *Zeljonnyj schtschi* (auch: *sup iz schtschavélja*) – wunderbar!

Das liebste alkoholische Getränk der Russen ist – muss es extra erwähnt werden? – Wodka (wörtlich: Wässerchen). Es gibt zahlreiche verschiedene Sorten, die man alle bevorzugt pur und eiskalt genießt. Im Sommer sollte man *Kvas* probieren – ein traditionelles Erfrischungsgetränk aus Schwarzbrot, Hefe, Zucker – versetzt mit Rosinen.

Wenn auch nur noch selten aus dem Samowar, ist der Schwarztee (*Tschaj*) fester Bestandteil jeder Mahlzeit.

» Metroplan S. 166

LUXUS:

Palkin, sehr teuer, gilt als eines der besten Restaurants der Stadt, reservieren, 12-23 Uhr; Nevskij Pr. 47, Metro *Majakovskaja*, www.palkin.ru, Tel. 812 7035371.

Terrassa, schöner Blick, gleich hinter der Kazaner Kathedrale, in einem modernen Bau, 11 Uhr bis letzter Gast, Sa/So 12-letzter Gast, Kazanskaja ul. 3, Metro *Nevskij Pr.*, www.terrassa.ru.

Moskva (im Nevskij Centre), Terrasse zum Nevskij hin, reservieren, 10-1 Uhr, Nevskij Pr. 114, Metro *Pl. Vosstanija*, Tel. 6401616, www.moskvavpitere.ru.

Baku, aserbaidschanische und russische Küche, edles, orientalisch inspiriertes Interieur, Live-Musik, viele Kreditkarten akzeptiert, Mo-Fr Business Lunch 12-16 Uhr, Sadovaja ul. 12/23, Tel. 571 84 70, 954 2929, *Metro Gostynyj Dvor/ Nevskij Pr.*

Caviar Bar, gängige Kreditkarten akzeptiert, tägl. 17.30-1 Uhr; Michailovskaja ul. 1/7 (im *Hotel Belmond Grand Europe*, 1. OG), Tel. 329 66 22.

Taleon, russ. und internationale Küche, eingerichtet im luxuriösen, ehemaligen Wohnhaus der Familie Jelisejev So 12-17 spezielle Menüs, in den Sommermonaten Frühstück 7:30-11 Uhr, Nevskij Pr. 15, Tel. 324 99 11, Metro *Nevskij Pr./Gost. Dvor, Admiralitejstvo* www.taleonimperialhotel.com.

Car', russ. Küche in bester Tradition, viel Stuck, Antiquarisches, Gemälde und historische Fotos, werktags 8 Uhr bis zum letzten Gast, Sa, So ab 12 bis zum letzten Gast, Küche bis 23.30 Uhr, Sadovaja ul., Metro *Nevskij Pr./ Gost. Dvor*, Tel. 640 19 00, www.tsar-project.ru.

MITTEL:

Teplo, russische und europäische Küche, das Lokal bietet eine Raucher- und Nichtraucherzone, Garten, Kinderspielraum, ul. Bol. Morskaja 45 (im Haus der Komponisten), nächste *Metro Sennaja* oder *Nevskij Pr.* plus 15 Min. Fußweg, Bus 22, Tel. 570 19 74, www.v-teple.ru.

Chachapuri & Vino, gute georgische Küche, auch vegetarische Gerichte, Granatapfelwein, Mineralwasser Borzhomi (Geschmackssache), 11.30-24 Uhr, Fr/Sa 11.30-1 Uhr; Sozialisticheskaja ul. 10/9, Metro *Zvenigorodskaja*.

Blinnyj domik, russische Pfannkuchen (*Bliny*) in allen denkbaren wohlschmeckenden Variationen, ab und zu ertönt dazu auch Live-Musik auf dem Klavier; Kolokolnaja ul. 8, Metro *Vladimirskaja, Dostojevskaja*, Tel. 315 99 15.

Demidoff, russische Küche, Räume im Stil des 19. Jahrhunderts sowie auch ein Saal im altrussischen Stil, gängige Kreditkarten werden akzeptiert, geöffnet ab 12 Uhr bis zum letzten Gast, Business Lunch 12-17 Uhr; Nab. Reki Fontanki, 14, Tel. 272 91 81.

Demjanova Ucha, traditionelle Fischgerichte in russischem Holzhaus: Kronverkskij Pr. 53, Metro *Gorkovskaja*, Tel. 232 80 90.

Restoran, schickes Restaurant, faire Preise; Tamoshennyij Per. 2 (hinter der Börse), Metro *Sportivnaja*, Tel. 327 89 79.

Tschechov, russ. Küche, urig, reservieren, Petropavlovskaja ul. 4, Metro *Petrogradskaja*, Tel. 234 45 11.

EINFACH:

ZooM, Mo-Fr 9-24, Sa 11-24, So 13-24 Uhr, Gorochovaja ul. 22, Tel. 612 13 29, Metro Sadovaja/ Sennaja pl./Spasskaja, www.cafezoom.ru.

Street Life, usbekische Küche, Tagesmenüs, vegetarische Gerichte, 12-2 Uhr; 2-aja Krasnoarmejskaja ul. 6, Metro *Technologitscheskij Institut*, Tel. 575 05 45.

Stolle, Piroggen und mehr, beliebt bei Einheimischen; Kamennoostrovskij pr. 54, 9-21 Uhr; Vasil´evskij ostrov, 1-linija 50, 8-22 Uhr; und Dekabristov 19 und 33.

CAFÉS:

Café Singer, schöner Blick auf den Nevskij u. die Kasaner Kathedrale; sehr gut, aber teuer, leckere Kuchen u. Snacks, nur Nichtraucher, im Singerhaus, 1. OG.; Nevskij Prospekt 28, www.singercafe.ru.

Sadko's, Café/Bar/Restaurant, schick, Nevskij-Blick, abends öfter Live-Musik; Michailovskaja ul. 1/7, Metro *Nevskij Prospekt*

5,3 GHz, Internet-Café, 24 Std.; Nevskij Pr. 63, Metro *Majakovskaja oder Vladimirskaja*, Tel. 314 60 09.

Ideal´naja Tschaschka, **Schokoladnica**, **Kofechaus** und **Tschajnaja Loshka** sind beliebte russische Kaffeehausketten-Filialen und über die Stadt breit gefächert.

DAS LITERARISCHE ST. PETERSBURG

Er begegnet einem in Russland dort, wo es am schönsten ist. An den von Harmonie bestimmten Plätzen weiß er die Aufmerksamkeit auf sich zu lenken; in den entlegenen Ecken der bezaubernden Garten- und Parkanlagen kann seine einsame Gestalt die Stille nicht verstören. In der Öffentlichkeit tritt er meist aufrecht, mit stolz erhobenem Kopf auf, sein Blick ist herausfordernd, seine Gestik großzügig und mitreißend. Auf dem Land kann es schon passieren, dass man ihn in einer anderen Verfassung antrifft. Er sitzt dann zurückgelehnt auf einer Bank, den Kopf mit dem lockigem Haar in eine Hand gestützt, sinnend, träumend oder vielleicht dichtend. Schön wirkt er fast immer, anmutig, dabei hielt er sich selbst für hässlich – **Alexander Sergejevitsch Puschkin** (1799-1837), die „Sonne der russischen Literatur", ein Muss der Schullektüre und Inbegriff der russischen Seele für viele begeisterte Leser.

In mütterlicher Linie ein Nachkomme eines von Peter I. nach Russland mitgebrachten Mohren, machte Graf Puschkin dessen wildes Blut für seinen unsteten Lebenswandel verantwortlich. Unzählige Liebesaffären und Geldnöte, sentimentale Lyrik und regimekritische Gedichte, Verbannungen in die Provinzen und das hauptstädtische Leben als Kammerjunker am Hofe des Zaren füllten die 37 schnellen Jahre seines Lebens. Puschkin teilte seine Begabung zwischen Dichtung, Prosa und Drama; sein Leben zwischen der alten und neuen Hauptstadt, den elterlichen Gütern und dem Süden. Seine Dichtung indes kannte in Wahrheit nur einen Ort, St. Petersburg „die Petropole".

„Ich lieb' Dich, Schöpfung Peters, deine gestrenge, einheitliche Pracht", gestand Puschkin in seinem Poem *Der Eherne Reiter* und schuf eine Hymne von einnehmender Leichtigkeit und prägender Ausdruckskraft. Für Generationen von Russen sind diese Verse aus der Empfindung Petersburgs nicht mehr wegzudenken. Die Neva ist nun einmal „königlich" in ihren „granitenen Kleidern"; man kann sich dem Eindruck nicht entziehen, dass die helle Juninacht mit ihrem „durchsichtig-weißen Licht" „nachdenklich" ist, und kein Vergleich trifft die schlanke Silhouette der Admiralitätsspitze so perfekt wie der mit einer Nadel.

Puschkin kreierte den Mythos Sankt Petersburg und bevölkerte ihn mit Gestalten seiner Fantasie. Durch die menschenleeren Straßen der Stadt donnerten die Hufe des Ehernen Reiters hinter dem armen umnachteten Jevgenij; vor dem Haus der alten Gräfin in der Bolschaja Morskaja sah der skrupellose Hermann zu den Fenstern hinauf, bereit, der greisen „Pique Dame" ihr Kartengeheimnis zu entreißen; in den Sommergarten führte der nachsichtige „Mesieur" seinen Eleven Eugen Onegin spazieren – die Kulisse der Werke Puschkins ist eine wunderbare Stadt der Strenge, Harmonie und Glanz.

In dieses Petersburg strebte aus seiner ukrainischen Heimat, bewaffnet mit Empfehlungsschreiben und erfüllt vom Wunsch nach einer juristischen Karriere, der junge **Nikolaj Gogol** (1809-1852). In sich gekehrt steht er nun mit seiner berühmten großen Nase und dem schulterlangen, gescheitelten Haar in der Malaja Konjuschennaja, der neuen Fußgängerzone. Sein Mantel scheint sein einziger Schutz zu sein – vor der nassen, windigen Petersburger Kälte, vor der Scheinheiligkeit und dem Spießertum seiner Beamtenwelt, vor menschlicher Eitelkeit, Oberflächlichkeit und dem Selbstbetrug.

Mit unnachahmlicher Ironie schilderte Gogol in *Die toten Seelen*, *Revisor*, *Die Nase* und anderen Werken die russische Gesellschaft, wie er sie im konservati-

Rechts: Alexander Puschkin liebte St. Petersburg und verewigte die Stadt in seinen Geschichten und Romanen.

Foto: Thomas Stankiewicz

ven Zeitalter von Nikolaus I. erlebt hatte, und er legte in der grotesken Verzerrung deren Laster bloß.

Vor den prachtvollen Fassaden des – auch Puschkinschen – sorglosen Petersburg lässt Gogol einen ganzen Reigen an Gestalten aufmarschieren. Dort trifft sich alles, was Rang und Namen hat: lebende, sich aufprustende modische Fräcke, „Gehröcke von provinziellem Zuschnitt", einzigartige „samtene Backenbärte", „schwarz wie Pech oder Zobelpelz, denen die beste Hälfte des Lebens gewidmet ist" oder wundersame Damenhütchen.

Petersburg erscheint bei Gogol als „Jahrmarkt der Eitelkeit", in dessen Überfluss nur eines fehlt – Menschen und menschliche Gesichter. Im Schatten dieser Scheinwelt der „Toten Seelen" – zu deren Symbol der Nevskij Prospekt in der gleichnamigen Novelle wurde, – entdeckte der Autor für den russischen Leser die Welt der kleinen Leute, wie des verschüchterten, untergebenen Akakij Akakijevitsch aus der Novelle *Der Mantel* (1840).

„Wir alle sind aus Gogols Mantel hervorgegangen", schrieb später **Fjodor Dostojevskij** (1821-1881). In seinem Roman *Schuld und Sühne* (1866) kehrte der Schriftsteller dem Gala-Petersburg endgültig den Rücken. Seine Helden – Beamte niederen Ranges, Wucherer, kleine Händler, arme Studenten und allerlei Handwerkervolk – hausen in den Mietshäusern der wenig privilegierten Stadtviertel. Die Straßennamen spiegeln das berufliche Leben ihrer Bewohner wider: Kleinbürgerstraße, Tischler- und Wäschereigasse. Dostojevskij meidet auch in seinen anderen Werken – *Arme Leute, Weiße Nächte, Erniedrigte und Beleidigte, Der Idiot* – die repräsentativen Teile der Stadt, deren Architektur seiner Meinung nach nichts Eigenständiges besitzt, sondern ein treffender Ausdruck der Charakterlosigkeit nicht nur der Stadt Peters I., sondern des ganzen nachpetrinischen Zeitalters ist: „Fenster, Löcher – Monumente. Nein, ich liebe sie nicht, die Schöpfung Peters".

Foto: Thomas Stankiewicz

Dostojevskijs erste Station in St. Petersburg war das düster-berühmte Michaelschloss (*zámok*), wo vierzig Jahre zuvor Paul I. seinen Tod von der Hand der Meuchelmörder gefunden hatte. Nach Jahrzehnten der Verlassenheit hatte man hier die Ingenieurschule eingerichtet, in die auch der aus Moskau stammende junge Fjodor Dostojevskij aufgenommen wurde. Dem gutbürgerlichen Beruf zog er jedoch schon sehr bald die Schriftstellerei vor und schloss sich dem revolutionären Zirkel der Petraschevcen an. Als dieser aufflog, wurde Dostojevskij 1849 zum Tode verurteilt, dann begnadigt – die Todesstrafe wurde durch vier Jahre der Zwangsarbeit in Sibirien ersetzt, die er in „Aufzeichnungen aus einem Totenhaus" schildert.

In dieser Periode seines Lebens bildete sich die Philosophie heraus, die alle seine großen Werke durchdringt: Heil durch die eigenständige, im russischen Volk lebendige Kraft, Erlösung durch Demut im Sinne christlichen Glaubens.

Oben: Fjodor Dostojevskij hat in seinen Romanen eher die dunkle, ärmliche Kehrseite der glänzenden Hauptstadt beschrieben. Rechts: Was sie wohl liest?

Die neue Hauptstadt mit ihren „palazzi" und ihrem Nevskij Prospekt ist für Dostojevskij wie für Gogol keine russische, sondern eine deutsche Stadt, in der die Bürokratie und die aufgezwungene Ordnung die Regie führen. Sie ist dem Rest des Landes entfremdet, entwurzelt aus der tausendjährigen Kultur- und Traditionsgeschichte Russlands und daher unheimlich und gespenstisch. Vielleicht entschied sich Dostojevskij deshalb bei jedem seiner zahlreichen Umzüge innerhalb Petersburgs für eine Eckhauswohnung – wo die Straßen sich kreuzen, ein Kreuz bilden –, mit Blick auf eine Kirche, ein Versuch, dem verderbenden Einfluss dieser Stadt zu entgehen?

Auf dem Grabstein Dostojevskijs stehen Worte aus dem Evangelium: „Wenn ein Korn in die Erde fällt und nicht stirbt, so bleibt es allein; stirbt es, so trägt es große Frucht." Das von ihm gezeichnete Bild Petersburgs hatte eine mehr als fünfzigjährige Tradition in der russischen Literatur eingeleitet; für demokratische Schriftsteller wurde die auf den Knochen der Leibeigenen gegründete Stadt zum Sinnbild der sozialen Ungerechtigkeit.

Erst bei den symbolistischen, akmeistischen und futuristischen Dichtern der Jahrhundertwende gewann die Beschreibung Petersburgs eine neue Dimension. In ihrer Poesie wird die Substanz der Stadt weder verleugnet noch verklärt: Die Farbpalette **Alexander Bloks** (1880-1921) weist kalte graue, blass grüne und matte Pastellfarben auf, **Anna Achmatova** (1889-1966) versetzt ihre Zeilen mit Attributen wie „dunkel", „neblig", „rau", **Vladimir Majakovskij** (1893-1930) findet für die Großstadt absolut neue, revolutionäre Metaphern. Verschwunden sind abstoßende, langweilige und kranke Züge, die Petersburg lange Zeit anhafteten, und es wird angenommen in seiner ganz einmaligen mehrschichtigen Gestalt. Für

Foto: Angela Plöger

die Lyrikerin Achmatova ist es eine Melange aus Puschkins „granitener Stadt aus Ruhm und Not", wo „breite Flüsse" im „strahlenden Eis" verschlossen strömen, und intimen Erlebnissen in den „sonnenlosen düsteren Gärten", wo die „Stimme der Muse kaum hörbar" ist. Für den Lyrikverächter Majakovskij ist es ein Molotov-Cocktail aus „Fetzen eines warmen Balls", „grauhaarigem Schnee" und den Menschen verschlingenden Nebel.

Blok überlebte die Not des Bürgerkrieges nicht. Majakovskij erschoss sich u. a. aus Enttäuschung über die zur Diktatur ausgearteten Revolution. Anders als die meisten ihrer Künstlerkollegen aus der Zeit vor 1917 emigrierte Achmatova nach der Oktoberrevolution nicht aus Russland. Um „nichts in der Welt" wollte sie das Leben in dieser Stadt eintauschen, niemals „unter fremden Flügeln" leben. In *Requiem* gelang ihr – die selbst Stunden um Stunden in Warteschlangen vor den Toren der stalinschen Gefängnisse verbrachte –, das einmalige Sprachdenkmal für Millionen von Frauen in Leningrad und ganz Russland. Der Gedichtzyklus durfte jedoch nicht veröffentlicht werden, die Dichterin wurde 1946 aus dem Schriftstellerverband ausgeschlossen.

Auch ein Denkmal für Anna Achmatova ist in Sankt Petersburg zu finden: Im Hof eines Gymnasiums, das ihren Namen trägt, hat sie sich zur Ruhe niedergelassen. Im Russischen Museum hängen die großartigen Achmatova-Portäts von Altman und Petrov-Vodkin, ihr Geist aber ist im Fontanka-Haus, wo sie von 1918-20 und von Mitte der 20er-Jahre bis 1952 als berühmte Dichterin lebte, der Klang ihrer Gedichte ist in den Parks von Zarskoje Selo und im Sommergarten zu spüren, genauso wie die beklemmende Stimmung der Dostojevskij-Romane in der Gegend um den Heuplatz oder Gogols Ironie im Rummel auf dem Nevskij Prospekt.

Eine Stadt lebt nicht nur von ihrer Architektur, sondern auch von der wahren und angedichteten Geschichte, die das Leben – und die Literatur – für sie geschrieben haben. Sie ist allen ihren Dichtern ein großes, wahres Denkmal.

2
Парнас
Parnas
Проспект Просвещения
Prospekt Prosveščenija
Озерки
Ozerki
Удельная
Udel'naja
Пионерская
Pionerskaja
Черная Речка
Černaja Rečka
Петроградская
Petrogradskaja
Горьковская
Gor'kovskaja
Невский Прос.
Nevskij Pros.
1
Девяткино
Devjatkino
Гражданский Проспект
Graždanskij Prospekt
Академическая
Akademičeskaja
Политехническая
Politechničeskaja
Площадь Мужества
Ploščad' Mužestva
Лесная
Lesnaja
Выборгская
Vyborgskaja
Площадь Ленина
Ploščad' Lenina
Чернышевская
Černyševskaja
Площадь Восстания
Ploščad' Vosstanija
Маяковская
Majakovskaja
5
Комендантский
Проспект
Komendantskij Prospekt
Старая Деревня
Staraja Derevnja
Крестовский Остров
Krestovskij Ostrov
Чкаловская
Čkalovskaja
Спортивная
Sportivnaja
3
Беговая
Begovaja
Новокрестовская
Novokrestovskaja
Приморская
Primorskaja
Василеостровская
Vasileostrovskaja
Гостиный Двор
Gostinyj Dvor
Адмиралтейская
Admiralteyskaja
4
Горный
Институт
Gorniy
Institut
(2019)
Театра ьная
Teatral'
naja
Садовая
Sadovaja
Сенная Пл.
Sennaja Pl.
Спасская
Spasskaja
Достоевская
Dostoevskaja
Владимирская
Vladimirskaja
Звенигородская
Zvenigorodskaja
Пушкинская
Puškinskaja
Лиговский Проспект
Ligovskij Prospekt
Пл. Александра Невского
Pl. Aleksandra Nevskogo
Технологический Институт
Technologičeskij Institut
Обводный Канал
Obvodnyj Kanal
Балтийская
Baltijskaja
Нарвская
Narvskaja
Кировский Завод
Kirovskij Zavod
Автово
Avtovo
Ленинский Проспект
Leninskij Prospekt
Проспект Ветеранов
Prospekt Veteranov
1
Фрунзенская
Frunzenskaja
Московские Ворота
Moskovskie Vorota
Электросила
Elektrosila
Парк Победы
Park Pobedy
Московская
Moskovskaja
Звездная
Zvezdnaja
Купчино
Kupčino
2
Волковская
Volkovskaja
Бухарестская
Bucharestskaja
Международная
Meždunarodnaja
Проспект С авЫ
Prospekt Slavy
Дцнайская
Dunayskaya
Шушары
Shushary
5
(End 2018)
Елизаровская
Elizarovskaja
Ломоносовская
Lomonosovskaja
Пролетарская
Proletarskaja
Обухово
Obuchovo
Рыбацкое
Rybackoe
3
Новочеркасская
Novočerkasskaja
Ладожская
Ladožskaja
Проспект
Большевиков
Prospekt
Bol'ševikov
Улица
Дыбенко
Ulica Dybenko
4
METRO
ST. PETERSBURG
© Nelles Verlag GmbH, München
Обухово
Obuchovo
U-Bahn-Station
Метро со станциями
Umsteigestation
Станция пересадки
U-Bahn-Linie in Bau
Строящиеся линий

SANKT PETERSBURG

ADMIRALITÄT
MARIINSKIJ-THEATER
ST. -ISAAKS-KATHEDRALE
SCHLOSSPLATZ / EREMITAGE
RUSSISCHES MUSEUM
NEVSKIJ PROSPEKT
NEVSKIJ-/ SMOLNYJ-KLOSTER
MOSKAUER PROSPEKT

★★ST. PETERSBURG

St. Petersburg, Petrograd, Leningrad und seit 1991 wieder St. Petersburg – keine andere Stadt spiegelt die Umbrüche in der russischen Geschichte so in ihrem Namen wider wie die von Zar Peter I. 1703 gegründete Metropole an der Neva. 1712-1918 war *Piter*, wie die Einheimischen sagen, mit nur einer kurzen Unterbrechung die Hauptstadt Russlands. Der **Neva** und ihrer nahen Mündung in den Finnischen Meerbusen verdankt St. Petersburg seine Existenz. Wasser prägt die Stadt, die sich auf 42 Inseln verteilt; mehr als 300 Brücken überspannen die Wasserstraßen im „Venedig des Nordens". Doch im Vergleich zum eher morbiden Venedig ist Petersburg höchst vital, wie auch das große Musik- und Kulturangebot in den magischen *Weißen Nächten* zeigt. Drei breite Boulevards laufen strahlenförmig auf Peters einstige Schiffswerft, die Admiralität zu und unterstreichen so die Bedeutung, die der Zar der Zukunft Russlands als Seemacht beimaß.

★Admiralität

Die ★**Admiralität** (1) (*Admiralitéjstvo*) ist ein guter Ausgangspunkt für einen Stadtrundgang. An der Stelle, an der das heutige Gebäude steht, ließ Peter 1704 eine von Wällen und Gräben geschützte Werft bauen, eine zweite Festung, die seine Stadt vor den Schweden schützen sollte. Damals arbeiteten hier 10 000 Menschen, unter ihnen war der Zar selbst. Ende des 18. Jh. wurde die Werft verlegt. Das leuchtend gelbe, 1823 vollendete Admiralitätsgebäude stammt von Andrejan Zacharov.

Die über 400 m lange Hauptfassade wendet sich dem **Alexandergarten** und dem **Admiralitätsprospekt** zu und wird durch den markanten, 72,5 m hohen **Turm** unterbrochen. Die goldene, von einem Segelschiff als Wetterfahne gekrönte Spitze ist eines der Wahrzeichen der Stadt. Der **Relieffries** am Turm zeigt symbolisch die Gründung der Flotte, die 28 Skulpturen stehen für die Größe und die (See-)Macht Russlands. Eine **Fontäne** und **Büsten** der Schriftsteller Gogol und Lermontov sowie des Komponisten Glinka und des Forschers Przewalski, Entdecker der nach ihm benannten Wildpferde, schmücken den Park. Die Admiralität beherbergt heute die Hochschule für Ingenieure der Kriegsmarine.

★★St.-Isaaks-Kathedrale

Wenn man mit dem Schiff auf der Neva in die Stadt fährt, leuchtet einem die riesige goldene Kuppel der ★★**St.-Isaaks-Kathedrale** (2) (*Isaákevskij sobór*) entgegen – das vierte Gottes-

haus, das man hier dem hl. Isaak von Dalmatien weihte: Das erste Gebäude aus Holz entstand 1707, darin heiratete 1712 Zar Peter I. die bürgerliche Martha Skavronskaja (die spätere Zarin Katharina I.). 1717 legte der Zar den Grundstein für eine neue Isaaks-Kirche an der Stelle, an der heute Peters Reiterdenkmal steht. Ab 1818 ließ Alexander I. die Kirche bis auf den Altarraum abreißen und zum Nationaldenkmal umgestalten; aber erst 1841 wurde die Hauptkuppel errichtet – die erste aus Metall in dieser Größe weltweit – und erst 1858 der Innenraum vollendet. Es wurde ein Gebäude der Superlative: 24 000 geteerte Kiefernstämme mussten in den sumpfigen Boden gerammt werden, um das Gewicht der Kathedrale zu tragen; allein das dauerte schon fünf Jahre.

Hauptschmuck der **Fassade** sind die 112 Säulen unterschiedlicher Größe. Die 48 großen Säulen mit einem Gewicht von je 14 t und 17 m Höhe konnte man mithilfe eines Holzgerüsts und 16 gusseisernen Winden so perfekt aufziehen, dass – nach den Worten des Architekten August Ricard de Montferrand – „kein einziges Mal das sonst übliche Knarren zu hören war“. Ein **Holzmodell** dieser Konstruktion ist in der Kathedrale zu sehen). Erst danach begann man mit den Mauern.

Die ★★**Kuppel** ist mit einer Höhe von 101,5 m und einem Durchmesser von 26 m die viertgrößte der Welt. Sie besteht aus drei verbundenen Metallkonstruktionen; in die Wände baute man 100 000 konische Hohltöpfe ein, die das Gewicht der Kuppel verringern und gute Akustik garantieren sollten. Erstmals in Russland verwendete man die dreifache Feuervergoldung: Dabei erhitzt man ein Gemisch aus Gold und Quecksilber, bis das Quecksilber verdampft und das Gold sich mit den Kupferplatten verbindet – sehr haltbar, aber ein tödliches Verfahren: Durch die giftigen Dämpfe kamen viele Arbeiter ums Leben. Auch bei der **Innenausstattung** wurde nicht gekleckert,

Rechts: Das Reiterstandbild Nikolaus' I. und die St.-Isaaks-Kathedrale.

Foto: Sobolev_Igor (Shutterstock.com)

sondern geklotzt: 400 kg Gold, 1000 t Bronze, 16 t Malachit und über 11 m^2 Lapislazuli wurden verwendet. Dazu kam tonnenweise Marmor aus verschiedenen Ländern in mehreren Farben für Wände und Boden, verschwenderische Stuckarbeiten und gigantische **Gemälde**, die die bekanntesten Künstler ihrer Zeit gestalteten, wie Bruni, Brüllow und Neff. Das größte ★**Deckengemälde** füllt eine Fläche von 800 m^2 aus. Im Lauf der Zeit tauschte man wegen des feuchten Klimas die gemalten Ikonen gegen **Mosaiken** aus. Eine Rarität in russisch-orthodoxen Kirchen ist das riesige **Buntglasfenster** im Hauptaltarraum, ein Wunsch Montferrands. Es stellt Christi **Auferstehung** dar, 1841 entworfen von dem Münchner Glasmaler Hess. Die hohen **Türen** sind aus Eichenholz und mit Bronze verkleidet.

Nach der Oktoberrevolution durften nur noch bis 1928 in der Kathedrale Gottesdienste gefeiert werden. 1931 beschloss die Sowjetregierung, die größte Kathedrale Russlands in ein Museum umzuwandeln; nun konnte man hier anhand des Foucault'schen Pendels verfolgen, wie sich die Erde um die eigene Achse dreht. Seit den 1990er Jahren war die Kathedrale als Staatsbesitz teils Museum, teils für Gottesdienste geöffnet. Künftig soll sie wieder ganz der Russisch-Orthodoxen Kirche gehören.

Bei gutem Wetter genießt man von der Kuppel – gegen Extra-Eintritt – eine wunderbare ★★**Aussicht**.

★Isaaks-Platz

Der ★**Isaaks-Platz** (3) (*Isáakevskaja plóščad'*) ist nach der gewaltigen Kathedrale benannt, die die ganze Umgebung überragt. Die Platzmitte nimmt das leichte, elegante ★**Reiterdenkmal Nikolaus' I.** (1859, von Klodt) ein. Am Postament erkennt man die Töchter und die Gattin des Autokraten, die Reliefs stellen die verschiedenen Stationen von Nikolaus' Regentschaft dar.

Mit der Enthüllung des Denkmals ist eine Anekdote verbunden: Die Tochter Marija empörte sich, dass sie aus dem Palastfenster nur den Rücken ihres Va-

Peter- und Paul-Festung
ZAJAČIJ OSTROV
Malaja Neva
Birževoj most
Makarova
Rostra-Säule
Strelka
Birževoj proyezd
Alte Börse
Rostra-Säule
Südspeicher
Kunstkammer
Akademie der Wissenschaften
Universitetskaja nab.
Dvorcovyj most
Bol'šaja Neva
Line 5
Line 3
Admiraltejskaja nab.
1 ★Admiralität
ADMIRALTEJSKIJ
Eherner Reiter
Senatsplatz (Dekabristen-platz)
Alexandergarten
Admiraltejskij prospekt
6
Palais Lobanov-Rostovskij (Four Seasons Lion Palace)
Manege
Jakubovica ul.
2
★★St. Isaaks-Kathedrale
5 Angleterre
4 Astorija
Voznesenskij prospekt
Hauptpostamt
Počtamtskaja ul.
Renaissance
★Isaaks-platz
★Nikolaus I.
3
7 Blaue Brücke
Bol'šaja Morskaja ul.
Kircha
Postbrücke
8 Marien-palast
Antonenko per.
KAZANSKIJ
Grivcova
Fonarnyj per.
Pirogova per.
Dekabristov ul.
Voznesenskij prosp.
Kazanskaja
Przeval'skogo
Graždanskaja ulica
Sadovaja
Sennaja pl. (Heumarkt)
Sennaja ploščad'
PIK
Spasskaja
Spasskij per.
Line 5
Line 2
SPASSKIJ
Gorochovaja ul.
Apraksin per.
Sadovaja ulica
Mučnoj per.
Kamennyj most
Krasnyj most
Gorochovaja ul.
Bol'šaja Morskaja ul.
Malaja Morskaja ul.
Jachont
★★Eremitage
12
13 Eremitage-Theater
17 Palastufer Dvorcovaja nab.
★★Winterpalast
Winter-kanal
Millionnaja
★Alexander-säule
9
★★Schlossplatz
Generalstabs-gebäude 11
10 Gebäude des Kadettenkorps
14 Sängerbrücke
15 Kapella (Glinka-Chorkapelle)
16 Puschkin-Museum
Moškov per.
Moyki reki
Mojka
★★Nevskij prospekt
Admiraltejskaja
Schule 40
Kotomin-Haus 42
39 Bankhaus Wawelberg
41 Haus mit den Säulen
43 ★Stroganov-Palais
ehemal. Holländische Kirche 44
Petri-Kirche 45
Petri-Schule 46
DLT
Volynskij per.
Bol. Konjušennaja ul.
Mal. Konjušennaja ulica
47
Haus des Buches 48
Kleiner Saal der Philharmonie
Nevskij Prospekt
49
★Kazaner Kathedrale
Kazanskaja
★Greifenbrücke (Bankbrücke)
50
Universität
Assignaten-bank
Apraksin Dvor
Lomonosova
Gostinj dvor
Duma
53 Signal-turm
54
51
52 Katharinen-Kirche
Belmond Grand H. Europe 36
Michajlovskij Theater 35
37
Platz der Künste 31
Kan. Griboedova
Griboedova nab.
★Kirche der Auferstehung Christi 38
Konjušennaja pl.
P
Line 2
Marsfeld 21
Kasernen
Aptekarskij per.
★Marmorpalais 18
Alexander III Denkmal
Suvorov-Platz 19
★Dreifaltigkeits-brücke
20
HISTORISCHES ZENTRUM
1 - 73
0 200 m
© Nelles Verlag GmbH, München

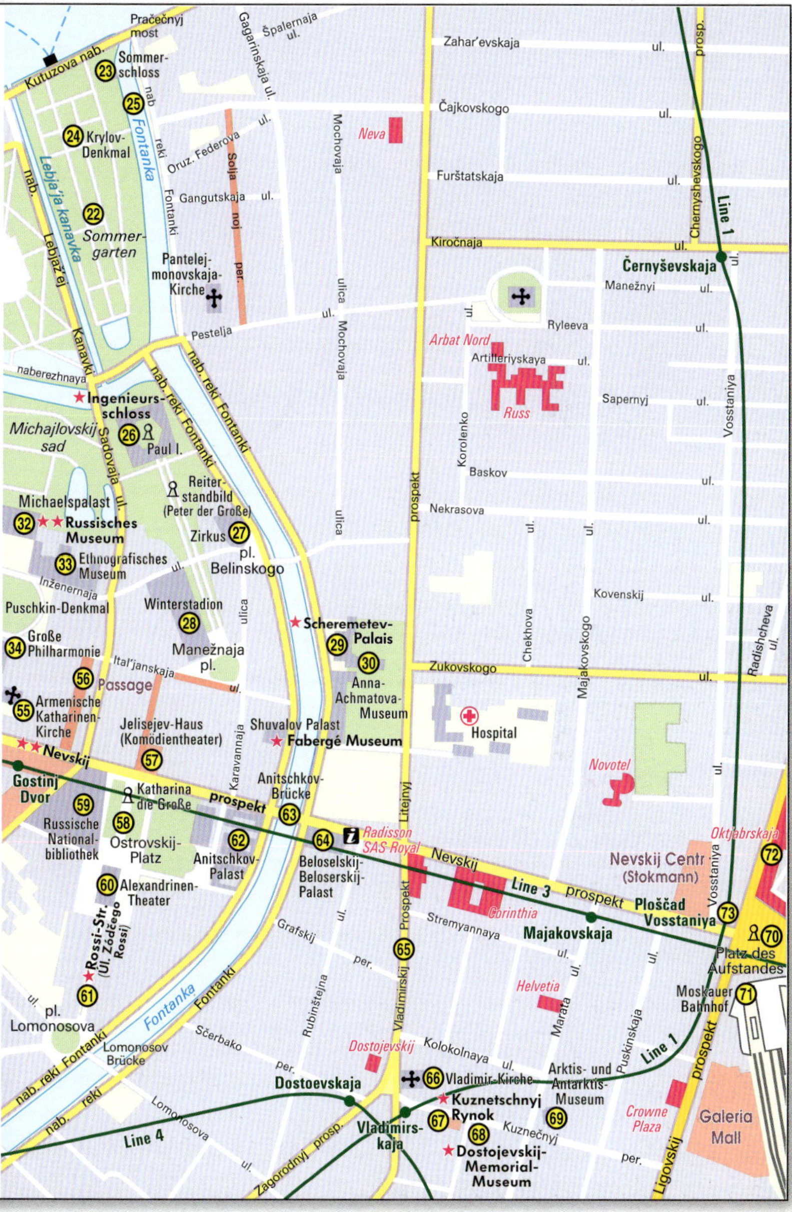

9 St. Petersburg

Foto: dimbar76 (Shutterstock.com)

ters sehe – man drehte das Denkmal um. Nun protestierten die Kirchenvertreter, dass der Monarch mit dem Rücken zu ihrem Gotteshaus stehe. Die Geistlichkeit setzte sich durch – und wieder drehte man den Reiter um 180 Grad.

Hotel Astorija und Hotel Angleterre

Das **Hotel Astorija** (4) (1912, Lidval) und das **Hotel Angleterre** (5), die den Platz im Osten begrenzen, entstanden zeitgleich mit der Kaiserlich-Deutschen Botschaft (P. Behrens); sie zählten zu den führenden Häusern der Stadt. In der Sowjetzeit verwahrlosten sie, doch 1992 eröffnete man die beiden Häuser wieder als Luxushotels.

Neben dem Fahrstuhl in der Lobby des *Astorija* findet sich eine Tafel mit den Namen prominenter Gäste, darunter US-Präsident Bush sen., Gorbatschov, Jelzin, der Schriftsteller Maxim Gorkij und der exzentrische „Dorfpoet" Sergej Jesenin mit seiner Gattin, der US-amerikanischen Tanzlegende Isadora Duncan. Jesenin, von der Sowjetregierung ungeliebt, kam 1925 unter dubiosen Umständen im *Hotel Angleterre* ums Leben. Eine Marmortafel an der Fassade erinnert an ihn.

Palais des Fürsten Lobanov-Rostovskij

Hinter dem *Hotel Angleterre* ragt ein gelbes klassizistisches Gebäude mit scharfer Ecke in den Isaaks-Platz: das **Palais des Fürsten Lobanov-Rostovskij** (6) (1820, de Montferrand). Es hat einen festen Platz in der russischen Literaturgeschichte, denn hierher, zu den steinernen **Löwen**, die das **Hauptportal** bewachen, flüchtete Puschkins Held Evgenij im *Ehernen Reiter* vor den Fluten der Neva.

Heutzutage genießen die Gäste des **Four Seasons Hotel Lion Palace** das luxuriöse Ambiente in diesem noblen Palais.

Oben: Der Winterpalast der Eremeitage.

» Stadtplan S. 170-171, Metroplan S. 166, Info S. 222-223

Blaue Brücke und Marienpalast

Der Isaaks-Platz erstreckt sich vom Admiralitejskij-Prospekt bis zur Mojka, die hier von der **Blauen Brücke** (7) überdeckt wird. Sie ist mit rund 100 m die breiteste Brücke der Stadt und nur durch das blaue Geländer als solche erkennbar.

Hinter der Brücke, an der Ecke zum Vosnesenskij-Prospekt, der dritten Straße, die strahlenförmig von der Admiralität wegführt, fallen an dem sandsteinfarbenen **Marienpalast** (8) (1839-1844, Stakenschneider) die Fahne der Stadt St. Petersburg sowie hochrangige Sowjetorden auf. Sie erinnern an die heldenhafte Verteidigung Leningrads während des 2. Weltkriegs. Der Palast gehörte einst Großfürstin Marija, der Tochter Nikolaus' I.; später diente er, noch zur Zarenzeit, dem Staatsrat. Ein monumentales Gemälde Ilja Repins im Russischen Museum (s. S. 185) zeigt eine Sitzung dieses Staatsrates, an der auch Nikolaus II. teilnahm. Heute arbeitet in dem Palais der Petersburger Stadtrat.

★★Schlossplatz

Zwei der eindrucksvollsten Plätze der Stadt flankieren die Admiralität: im Westen der **Senatsplatz** (74; auch **Dekabristenplatz**, s. S. 197) mit der St. Isaaks-Kathedrale; im Osten breitet sich der größte Platz der Stadt aus, der ★★**Schlossplatz** (9) (*Dvorcóvaja plóščad'*) den – dem Uhrzeiger folgend – der **Winterpalast** mit der Kleinen Eremitage (12; s. rechts), das **Gebäude des Kadettenkorps** (10) sowie der weite Bogen des **Generalstabsgebäudes** (11) umgibt. Der sonnengelbe klassizistische Bau ist ein Werk Carlo Rossis. 47 m hoch ragt die mächtige, 600 t schwere ★**Alexandersäule** (1829-34, de Montferrand) auf dem Schlossplatz in die Luft. Die aus einem Stück gehauene Granitsäule steht nur durch das eigene Gewicht. 1250 geteerte, 6 m lange Kiefernstämme mussten als Fundament in den Sumpfboden gerammt werden. 1834 richteten Tausende Soldaten die Säule mit einer ausgeklügelten Hebevorrichtung in nur zwei Stunden auf. Sie erinnert an den Sieg der Russen über Napoleon 1814 und trägt daher den Namen des Zaren Alexander I. Das Gesicht des Engels auf der Spitze gleicht dem des Zaren, den man den „Retter Europas" nannte. Die schönste Fotoperspektive auf die Alexandersäule mit dem Winterpalast hat man, von der Bolschaja Morskaja kommend, durch Rossis raffiniert konzipierten, von einem bronzenen Siegeswagen gekrönten **Triumphbogen**. Dieser verbindet die beiden Flügel des monumentalen Generalstabsgebäudes und schafft so einen perfekten Rahmen für dieses prächtige Bild.

★★Eremitage

★★Winterpalast

Hauptgebäude des ★★**Eremitage-Museums** (12) ist der ★★**Winterpalast** (*Zímnij dvoréc*). Leuchtend grün und mit einer wahren Flut von weißen Säulen, Skulpturen und bronzefarbenem Stuckwerk geschmückt, war er seit dem 18. Jh. die offizielle Residenz der Zaren. In der heutigen Form errichtete ihn der Lieblingsarchitekt der Zarin Elisabeth I., Bartolomeo Rastrelli (1700-1771). Der Traum Elisabeths, der Tochter Peters des Großen, war es, mit einem glanzvollen Petersburg die westeuropäischen Hauptstädte zu übertreffen. Rastrelli hatte großen Anteil an der Verwirklichung dieses Projekts; seiner Fantasie entstammt der Stroganov-Palast, das Smolnyj-Kloster sowie die Paläste in Peterhof und Zarskoje Selo, die er wie den Winterpalast zu Perlen des russischen Barocks ausbaute. Aber weder Zarin Elisabeth noch ihr Nachfolger Peter III. erlebten die Vollendung des Palastes 1762, nach achtjähriger Bauzeit; die erste Hausherrin über 1057 Räume – mit insgesamt 46 000 m^2! – wurde die

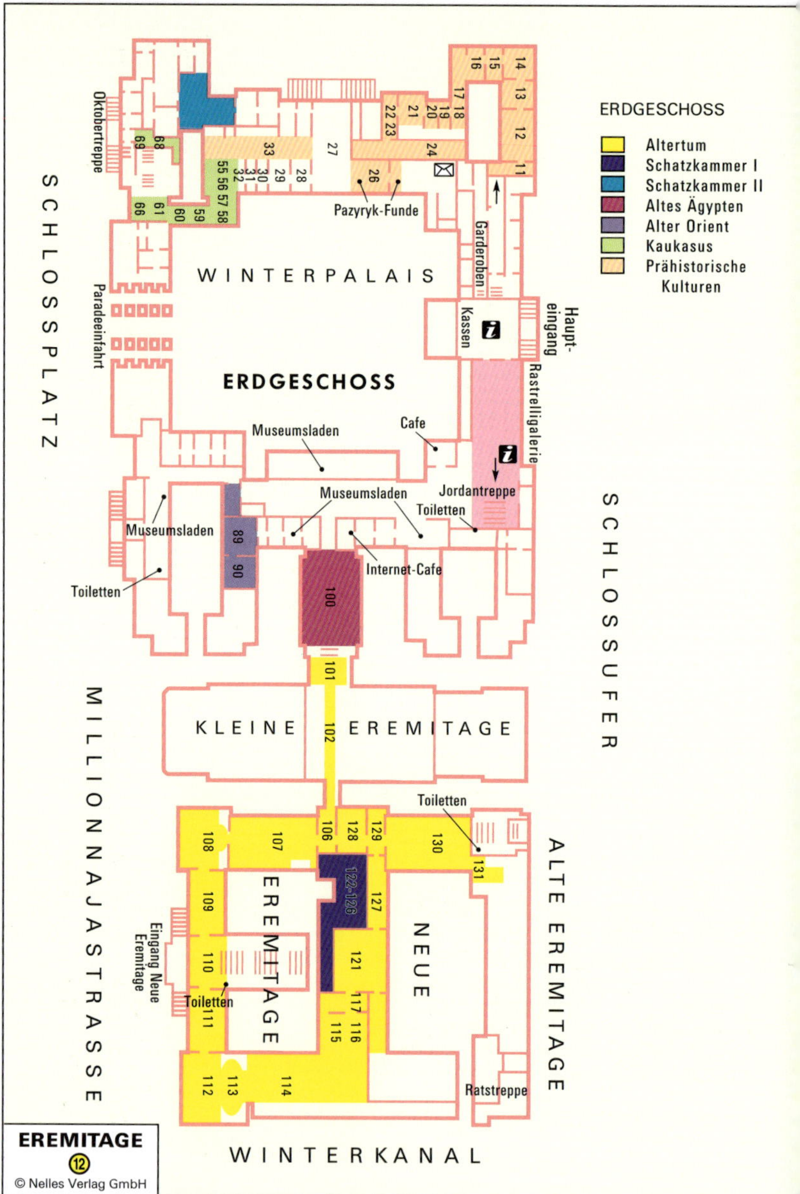
ERDGESCHOSS
Altertum
Schatzkammer I
Schatzkammer II
Altes Ägypten
Alter Orient
Kaukasus
Prähistorische Kulturen
SCHLOSSPLATZ
WINTERPALAIS
ERDGESCHOSS
Oktobertreppe
Paradeeinfahrt
Pazyryk-Funde
Garderoben
Kassen
Haupteingang
Rastrelligalerie
Museumsladen
Cafe
Jordantreppe
Toiletten
Internet-Cafe
SCHLOSSUFER
MILLIONNAJASTRASSE
KLEINE EREMITAGE
EREMITAGE
NEUE
ALTE EREMITAGE
Eingang Neue Eremitage
Ratstreppe
WINTERKANAL
EREMITAGE
12
© Nelles Verlag GmbH

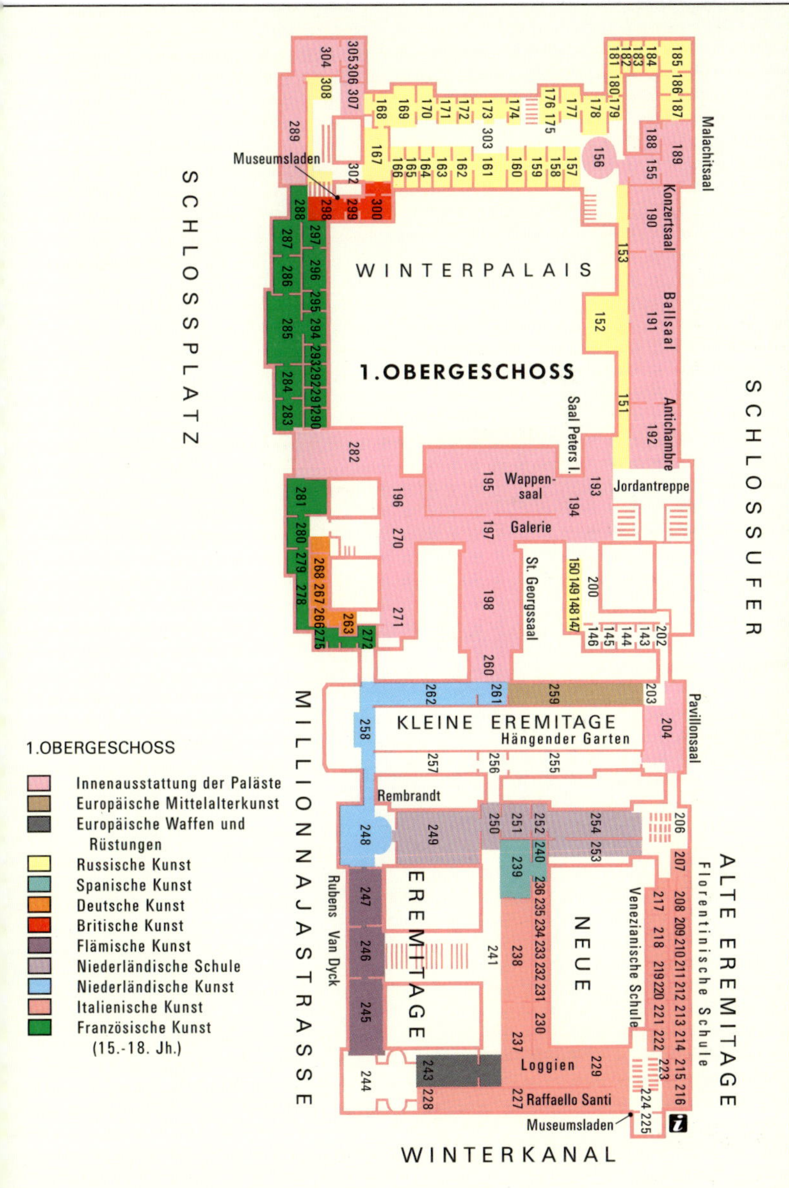
1.OBERGESCHOSS
WINTERPALAIS
KLEINE EREMITAGE
Hängender Garten
NEUE EREMITAGE
ALTE EREMITAGE
SCHLOSSPLATZ
SCHLOSSUFER
MILLIONNAJASTRASSE
WINTERKANAL
Museumsladen
Malachitsaal
Konzertsaal
Ballsaal
Antichambre
Saal Peters I.
Jordantreppe
Wappensaal
Galerie
St. Georgssaal
Pavillonsaal
Rembrandt
Rubens
Van Dyck
Venezianische Schule
Florentinische Schule
Loggien
Raffaello Santi
1.OBERGESCHOSS
Innenausstattung der Paläste
Europäische Mittelalterkunst
Europäische Waffen und Rüstungen
Russische Kunst
Spanische Kunst
Deutsche Kunst
Britische Kunst
Flämische Kunst
Niederländische Schule
Niederländische Kunst
Italienische Kunst
Französische Kunst (15.-18. Jh.)

Foto: Alatom (iStockphoto.com)

deutschstämmige Katharina die Große.

Im **Inneren** erinnert kaum noch etwas an die Schöpfung Rastrellis, denn spätere Zaren und Zarinnen ließen die Räume umgestalten. Im Jahr 1837 vernichtete ein Brand fast die ganze Innenarchitektur. Nikolaus I. ließ einiges rekonstruieren, darunter das prachtvolle **Treppenhaus**, das zur Neva-Seite hinführt. Breite Treppenstufen und Balustraden aus blendendweißem Carrara-Marmor führen in das Obergeschoss, mächtige Säulen aus grauem Granit mit vergoldeten Kapitellen, vergoldeter Stuck an den weißen Wänden, Skulpturen und ein riesiges **Deckengemälde** in 20 m Höhe schaffen eine majestätische Atmosphäre. Spiegel verdoppeln die Fenster und vergrößern den Raum scheinbar, einer der Lieblingskniffe des Architekten. Diese **Botschafter-** oder **Jordantreppe** schritt der Zar alljährlich am 6. Januar zur symbolischen Taufe in der Neva hinab, um der Taufe Christi im Jordan zu gedenken.

Oben: Prunktreppe im Winterpalast. Rechts: Henri Matisse, „Der Tanz". Eine Fassung dieses Gemäldes gehört zu den Schätzen der Eremitage.

Im 1. Weltkrieg dienten einige Säle als Lazarett, auch die Zarin und ihre Töchter pflegten hier Verwundete. Nach der Abdankung Nikolaus' II. arbeitete die Provisorische Regierung unter Kerenskij in den historischen Mauern. Eine Marmortafel im **Weißen Speisezimmer** erinnert an die Verhaftung der Regierungsmitglieder, die das Ende der bürgerlichen Republik markierte. Nach der Revolution im Oktober 1917 erklärten die neuen Führer das Palais zu einem staatlichen Museum.

Heute ist die ★★**Eremitage** (*Ermitáž*) eines der größten und berühmtesten Museen der Welt. *Eremitage* heißt „Einsiedelei" und bezeichnete ursprünglich im Winterpalast einige Räume Katharinas II. der Großen, in denen sie Kunstgegenstände aufbewahrte. Der Name ging auf weitere Gebäude über, die für die schnell wachsende Sammlung der Zarenfamilie gebaut wurden. Drei reihen sich am Palastkai an den Winterpalast: die **Kleine Eremitage**, die **Alte Ere-**

Foto: Thomas Stankiewicz

mitage und das **Eremitage-Theater** (s. S. 180). Vom Wasser nicht sichtbar ist die **Neue Eremitage** (1851) von dem deutschen Architekten Leo von Klenze; deren **Eingang** befindet sich in der Millionnaja-Straße. Zu ihrem **Portal** gehören 10 riesige, wohlproportionierte ★**Atlantenfiguren** aus poliertem grauem Granit – man witzelt gern, dies seien die schönsten Männer der Stadt.

Inzwischen zählen auch das **Menschikov-Palais** (s. S. 208) auf der Basilius-Insel und – nach aufwändiger Renovierung – der östliche Teil des **Generalstabsgebäudes** zur Eremitage.

Heute besuchen etwa 4 Mio. Menschen pro Jahr die Eremitage. Besonders zur Zeit der Weißen Nächte sind die Warteschlagen immens, auch wenn es für Gruppen Sondereingänge und feste Zeiten gibt. Internettickets ersparen das Warten. Wer das Museum individuell, aber mit Anleitung besichtigen will, kann **Audiogeräte** mieten.

Erwarten Sie nicht, an einem Tag *die* Eremitage mit ihrer Fläche von mehr als 100 000 m² zu besichtigen! Sie werden allenfalls einen kleinen Ausschnitt der Sammlung sehen und Exponate ignorieren, für die man anderswo ein eigenes Museum bauen würde; Fülle und Reichtum sind überwältigend. Kostenlose Pläne für die fünf Hauptgebäude gibt es an der Kasse. In den Gängen im Erdgeschoss sind Bildschirme zur Unterstützung aufgestellt.

Um nur einige der prachtvollen Säle aufzuzählen: Gleich an die **Paradetreppe** schließt sich der **Feldmarschallsaal** an, ihm folgt der **Petersaal** (auch: **Kleiner Thronsaal**), dessen Wände mit leuchtend rotem und mit Silber besticktem Samt aus dem 19. Jh. bespannt sind. Achten Sie auf den herrlichen Fußboden! Der 1000 m² große **Wappensaal** (auch: **Goldener Saal**) mit seinen imposanten goldfarbenen Säulen verdankt seinen Namen den riesigen Kronleuchtern, an denen die Wappen der russischen Gouvernements der Zarenzeit zu sehen sind.

Weiter führt der Weg in die **Galerie der Helden** von 1812. Über 330 Porträts russischer Helden des Kriegs gegen

Foto: Thomas Stankiewicz

Napoleon sind abgebildet. 13 Rahmen sind leer; sie gehören zu Männern, von denen kein Porträt mehr angefertigt werden konnte. Am Saalende das Bildnis Alexanders I., stolz zu Pferd, ebenso wie seine Verbündeten, Friedrich Wilhelm III. von Preußen und Kaiser Franz I. von Österreich. Der berühmte Generalfeldmarschall Kutuzov verabschiedet die Gäste neben dem Eingang in den imposanten **Großen Thronsaal** (auch: **Georg-Saal**), ganz in Weiß und Gold gehalten. Das Muster im Parkett wiederholt den bronzenen Deckenschmuck – mit einem Unterschied: auf dem Boden fehlt der Doppeladler, damit niemand das Wappen Russlands mit Füßen tritt!

In der **Kleinen Eremitage** nimmt der **Pavillonsaal** fast die ganze Etage ein. Er wurde 1858 vom deutschstämmigen Architekten Stakenschneider entworfen und wirkt orientalisch-verspielt durch die schlanken weißen Marmorsäulen und Bögen, die vergoldeten Balkongitter und die vier Tränenbrunnen an den Wänden. Ein Blickfang ist auch die **Pfauenuhr**, ein Geschenk des Fürsten Potjomkin an seine Geliebte, Katharina II. Ein Mal pro Woche wird das Uhrwerk in Betrieb gesetzt. Die Eremitage ist stolz darauf, fast nur Originale zu besitzen.

Oben: Blick von der Neva auf das Palastufer mit der Eremitage (rechts).

Die Mosaiken im Pavillonsaal nach römischem Vorbild zählen zu den zwei Kopien, die es gibt. Die zweite, wesentlich umfangreicher, ist die Kopie der Raffael-Loggien (Original im Vatikan) in der Galerie der **Alten Eremitage**. Deren Besuchermagnet ist vor allem der Saal, in dem Leonardo da Vincis ★**Madonna Litta** und ★**Madonna Benois** zu bewundern sind, beide nach den früheren Besitzern benannt. Achten Sie in diesem Saal unbedingt auf die **Türen**: Sie sind in der Boulle-Technik angefertigt und zeigen Ornamente aus Schildpatt, Ebenholz und vergoldeter Bronze; das Positiv und Negativ jeweils auf der Vorder- bzw. Rückseite der Türflügel.

Auch in weiteren Sälen weiß man kaum, wohin man zuerst schauen soll: Giorgiones ★**Judith**, Tizians ★**Sebas-**

tian, in der **Neuen Eremitage** Raffaels ★**Madonna Conestabile**, Michelangelos Skulptur ★**Hockender Knabe** oder Caravaggios ★**Lautenspieler** sind nur einige Beispiele der italienischen Sammlung. Die Spanier sind ebenfalls prominent vertreten durch El Grecos sensibles Meisterwerk ★**Die Apostel Petrus und Paulus**, Goyas Porträt ★**Antonia Zárate** sowie mehrere Gemälde von Murillo und Velasquez.

In den Sälen der flämischen und holländischen Kunst hängen dicht an dicht Gemälde von Rubens, z. B. der berühmte ★**Bacchus**, und Werke van Dyks. Ein Saal beherbergt einige der bedeutendsten Gemälde Rembrandts, darunter ★**Die Heimkehr des verlorenen Sohnes**, ★**Flora** sowie die berühmte ★**Danae**, 1985 durch ein Säureattentat zerstört und nach jahrelanger Restaurierung nun wieder ausgestellt.

Doch die Eremitage ist mehr als eine Bilderkollektion, so gibt es zudem die **Ägyptische Sammlung**; die Abteilung für **Antike Skulpturen** mit der frühhellenistischen ★**Taurischen Venus** (3. Jh. v. Chr.); und die umfangreichen **Münz- und Kameekollektionen** mit dem ★**Kameo Gonzaga**, einem vierschichtigen Sardonyx mit dem Doppelporträt des ägyptischen Herrscherpaares Ptolemaios II. und Arsinoe (3. Jh. v. Chr.). Weltberühmt ist der kostbare ★★**Skythenschatz** (spezielle Eintrittskarte).

Wer die Kunst des 19. und 20. Jh. schätzt, muss den Schlossplatz überqueren und in den **östlichen Teil des Generalstabsgebäudes** wechseln (Ticket gilt auch für dieses und andere Gebäude der Eremitage). Seit 2014 ist hier die beispiellose Gemälde- und Skulpturensammlung der westeuropäischen Künstlerelite jener Epochen zu genießen: Claude Monet (u.a. seine ★**Dame im Garten**); Renoir; Degas; die Stilleben Cézannes; van Gogh, Gauguin; von Matisse u.a. eine Version seines mitreißenden Gemäldes ★**Tanz**; über 30 Bilder Pablo Picassos; nicht zu vergessen die sinnlichen **Skulpturen Rodins** und viele mehr. Ein Großteil der grandiosen Sammlung stammt aus dem Besitz der Moskauer Kaufleute und Kunstmäzene

Morozov und Schtschukin und kam – ebenso wie zahlreiche Kunstsammlungen enteigneter Adliger – erst in der SU-Zeit in den Winterpalast. Einige der Gemälde stammen aus der so genannten **Beutekunst**, d.h. sie gehören zu den Werken, die Sowjetsoldaten nach dem Krieg aus Privatsammlungen in Deutschland mitnahmen. Lange Jahre leugnete die Eremitage die Existenz dieser Gemälde; erst Mitte der 1990er wurden sie öffentlich zugänglich gemacht. Die Rückgabe verweigert Russland.

ZWISCHEN WINTERKANAL UND FONTANKA

Eremitage-Theater

Verlässt man die Eremitage durch den Ausgang in Richtung Schlossplatz und geht die Millionaja-Straße entlang, gelangt man zum **Winterkanal** (*Zímnjaja kanávka*), der Mojka und Neva verbindet. Ihn überspannt ein **Übergang**, von der Alten Eremitage zum (1783-1787 von Quarenghi vollendeten) **Eremitage-Theater** (13), dem ehemaligen Privattheater der Romanovs (Eingang von der Neva-Seite). Dieser Übergang erinnert entfernt an die Seufzerbrücke, was zum Ruf Petersburgs als „Venedig des Nordens" passt.

Sängerbrücke und Kapella

Zwischen **Kadettenkorps- und Generalstabsgebäude** (10) und (11); s. S. 173) führt der Weg zur Mojka und zu der besonders filigran verzierten **Sängerbrücke** (14) (*Pévčeskij most'*).

Das sorgfältig restaurierte Anwesen auf dem Uferkai gegenüber ist die **Kapella** (15) – einst Sitz des Kaiserlichen Hofsängerchores, dessen Kapellmeister u. a. der große russische Komponist Michail Glinka war. Heute probt hier wieder ein Chor auf hohem Niveau.

Rechts: Italienische Statuen schmücken die Wege des Sommergartens.

Puschkin-Museum

Unweit der Kapella sieht man ein gelbes Gebäude mit Erker: das **Puschkin-Museum** (16) (*Memoriálnyj muzéj-kvartíra Púskina*; Mojka-Ufer 12). Für Literaturfreunde ein Muss, denn hier verbrachte der in Russland hoch verehrte Dichter Alexander Puschkin seine letzten Tage – er starb, nach einem Duell, am 10. Februar 1837 an den Folgen eines Bauchschusses. Im originalen **Sterbezimmer**, seiner reich bestückten Bibliothek, schildern die Führer den Tod Puschkins besonders dramatisch. 1999, zum 200. Geburtstag des berühmten Poeten, wurden das Haus und die Uferstraße aufwändig saniert.

Palastufer mit ★Marmorpalast

Folgt man dem Winterkanal, erreicht man das **Palastufer** (17) der Neva. Der Name ist Programm: Ein Palais reiht sich an das andere. Hier, in unmittelbarer Nachbarschaft zum Winterpalast, residierten die engsten Verwandten der Zarenfamilie. Die Gebäude werden nach und nach restauriert – zumindest die Fassade; Spötter sprechen deshalb bereits von Potjomkinschen Dörfern.Den schönsten Blick auf diese Symphonie in Stein bietet hat man von der **Peter-Paul-Festung** (118); s. S. 211) oder von der **Strelka** (94); s. S. 206). Zum einen verbirgt die Entfernung gnädig die Spuren des Verfalls, zum anderen verleiden Autolärm und Abgase ohnehin einen Bummel entlang der **Uferstraße**. Angenehmer ist die **Millionaja-Straße**, wo Minister und Adlige wohnten.

Nach wenigen Fußminuten erreicht man auf der linken Seite den grauen ★**Marmorpalast** (18) (*Mrámornyj dvoréc*), der, von der Neva-Seite aus betrachtet, die Reihe der Prunkschlösser abschließt. Der Palast, im 18. Jh. nach dem Entwurf des Architekten Rinaldi errichtet, war eine Liebesgabe von Katharina II. an ihren Günstling Graf Orlov. Für das Interieur verwendete man 32 Sor-

Foto: Thomas Stankiewicz

ten Marmor. Von 1937 bis in die 1990er Jahre war der Prunkbau dem Andenken Lenins gewidmet; vor dem Eingang stand der Panzerwagen, von dem der Revolutionsführer nach seiner Rückkehr aus dem Exil zum Volk gesprochen hatte.Heute ist das Palais eine **Zweigstelle des Russischen Museums** (s. S. 185) und beherbergt u. a. **Kunstwerke** von Picasso, Koons, Beuys und Warhol – eine Schenkung der bekannten deutschen Kunstsammler Irene und Peter Ludwig. An der Stelle von Lenins Panzerwagen steht nun die grobschlächtige **Reiterstatue** des von ihm so gehassten Zaren Alexander III. Über seine 1909 im Beisein der Zarenfamilie enthüllte Skulptur soll der Bildhauer Paolo Trubeckoj gesagt haben: „Ich habe zwei Bestien geschaffen, die eine sitzt auf der anderen!"

Suvorov-Platz und ★Dreifaltigkeits-brücke

Das Denkmal auf dem **Suvorov-Platz** (19) (*Suvórovskaja plóšcad'*) stellt den erfolgreichen Feldherrn aus der Zeit Katharinas II., Aleksandr Suvorov, als römischen Kriegsgott Mars dar. Sein Blick wendet sich der ★**Dreifaltigkeitsbrücke** (20) (*Tróickij most'*) zu, der prächtigsten aller Neva-Brücken, die ihr Pendant in der Pariser Alexander-III.-Brücke hat und zur Petrograder Seite führt.

Marsfeld

An den Suvorov-Platz schließt das **Marsfeld** (21) (*Mársovo póle*) an, das seinen Namen bekam, weil hier die Truppen der Zaren exerzierten. Im Jahr 1917 begrub man hier 184 Opfer der Februarrevolution. Am 1. Mai 1920 traf sich dann die Petrograder Bevölkerung zu einem unbezahlten Arbeitseinsatz, dem ersten sozialistischen *Subbotnik*, und legte das Gelände neu an. Seit den 1950er Jahren flackert in der Mitte das **Ewige Feuer**.

Sommergarten und Fontanka

Im Westen begrenzt die gelbe Fassade der **Kaserne** des Pauls-Regimentes das Marsfeld, im Osten der **Schwanenkanal**, der wiederum den **Sommergarten** (22) (*Létnij sad*) Peters I. abschließt. Einst schmückten ihn ialienische Marmorskulpturen und –büsten, die der Zar von seinen Europa-Reisen mitgebracht hatte. Peter entfachte mit den nackten Statuen einen handfesten Skandal und musste zu ihrem Schutz Wächter neben ihnen postieren. Die meisten Figuren zerstörte das Hochwasser von 1777. Nach einer umfassenden Restaurierung des Parks erinnert er nun an die Zeit Peters: Die ebenfalls 1777 zerstörten Brunnen sind nun wieder aufgebaut, auch die blitzsauberen Skulpturen stehen in Kopie wieder am angestammten Platz (die restaurierten Originale sind jetzt im Michaelspalast zu sehen) und ungefähr 18 000 neue Bäume und Sträucher wurden gepflanzt.

Der edelste Schmuck des Parks bleibt jedoch das von Jurij Veldten (Felten) im 18. Jh. entworfene, von 36 Granitsäulen unterbrochene **Gitter** des Parks. Der Legende nach soll im 19. Jh. ein englischer Kaufmann nach seiner Ankunft in St. Petersburg dieses Meisterstück der Schmiedekunst einige Stunden lang bewundert und dann befohlen haben, die Segel zu hissen. Befragt nach dem Grund der plötzlichen Abreise sagte er: „Ich habe das Schönste gesehen, das diese Stadt bieten kann!"

Im Nordosten des Sommergartens steht das kleine **Sommerschloss** (23) (*Létnij dvoréc*) Peters I. des Großen und seiner Frau Katharina I., ein gemütliches zweistöckiges Gebäude im holländischen Stil mit Eichenfensterrahmen, in dem persönliche Gegenstände die Lebensart des Zarenpaars erhellen (z. Zt. wegen Restaurierung geschlossen). Zwischen den Fenstern prangen 29 **Basreliefs** des preußischen Hofbildhauers und Architekten Andreas Schlüter mit Szenen des Nordischen Kriegs. Zar Peter I. holte Schlüter 1713 nach St. Petersburg, nachdem dieser in Berlin unter anderem bereits das Bernsteinzimmer und das Stadtschloss entworfen hatte.

Nicht weit vom Schlösschen entfernt, erinnert das **Ivan-Krylov-Denkmal** (24) von Klodt (1855) an den 1844 gestorbenen russischen Fabeldichter. Auf dem Sockel sind Szenen aus seinen sozialkritischen Fabeln zu sehen.

Den Sommergarten umfließt im Osten die **Fontanka** (25), die der Neva entspringt, in weitem Bogen durch die Stadt fließt und wieder in die Neva mündet; im 18. Jh. markierte dieser Fluss die Stadtgrenze.

Rechts: Das Puschkin-Denkmal vor dem Michaelsschloss.

★Ingenieursschloss (Michaelsburg)

Der südliche Ausgang des Sommergartens führt über die Mojka in den nächsten Park, der das pfirsichfarbene ★**Ingenieursschloss** (26) umgibt, die einstige Residenz des Zaren Paul I. (1796-1801). Damals nannte man es **Michaelsburg** (*Michajlovskij zámok*), zu Ehren des Erzengels Michael. Es unterscheidet sich von allen anderen Palästen der Stadt durch seinen wasserburgähnlichen Charakter und ist so geprägt von seinem Bauherrn Paul I., dass man das Schloss auch als sein „architektonisches Selbstbildnis" bezeichnet. Paul, Sohn Katharinas II., ließ nach Morddrohungen das Hochsicherheitsschloss mit Geheimgängen versehen und von außen durch einen Festungsgraben und Zugbrücken sichern; geholfen hat es ihm nicht. Im März 1801 – nur 40 Tage nach seinem Einzug in das teuerste Schloss seiner Zeit – ermordeten ihn die eigenen Höflinge in seinem Schlafzimmer; möglicherweise, weil er die Briten in Indien angreifen wollte. Zar wurde nun sein Sohn Alexander. Fortan mieden die Romanovs den Palast, in dem man im 19. Jahrhundert schließlich eine Ingenieurschule einrichtete. Prominentester Schüler war der Schriftsteller Fjodor Dostojevskij (1821-1881). Seit 1994 gehört das Schloss größtenteils zum

» Stadtplan S. 170-171, Metroplan S. 166, Info S. 222-223

Foto: Thomas Stankiewicz

Russischen Museum (32; siehe S. 185) und wird restauriert, was sich schwierig gestaltet, denn viel von dem wertvollen Interieur hat man schon in der Zarenzeit abmontiert, um damit andere Paläste zu verschönern.

Im Innenhof begrüßt ein neues **Bronzedenkmal Pauls I.** die Besucher, vor dem Haupteingang steht ein **Reiterstandbild Peters des Großen**, das Paul I. enthüllen ließ – mit der rekordverdächtig kurzen Widmung „Pradedu – Pravnuk“: „Dem Urgroßvater – der Urgroßenkel“.

Ein **Relief** an der Südfassade illustriert den „Ruhm Russlands“.

Zirkus und Winterstadion

Südöstlich des Ingenieursschlosses entstand 1877 am Ufer der Fontanka das erste **Zirkusgebäude** (27) Russlands. Es bietet 2350 Zuschauern Platz, hat aber nicht den großen Ruf des Moskauer Zirkus.

Unweit des Zirkus liegt das **Winterstadion** (28), die frühere Manege.

★Scheremetev-Palais mit Musikinstrumenten-Museum und Anna-Achmatova-Museum

Folgt man der **Fontanka** weiter, entdeckt man am rechten Ufer den riesigen, zartgrauen **Schuvalov-Palast**; seit dem Jahr 2013 zeigt hier das private ★**Fabergé-Museum** der Stiftung Svjas Vremjon von V. Vekselberg eine Sammlung von etwa 4000 Kunstwerken, darunter neun der legendären Ostereier von Fabergé aus dem Besitz der Zarenfamilie.

Am linken Flussufer gegenüber fällt hinter einem verschnörkelten und mit einem auffallenden Wappen geschmückten Gitter das bezaubernde ★**Scheremetev-Palais** (29) (*Šeremétevskij dvoréc*; 1750-55, S. Tschevakinskij). Die hoch gebildete, europaweit bekannte Familie scharte die führenden Vertreter aller Kunstrichtungen um sich und unterhielt ein eigenes Theater. Zum Skandal kam es, als einer der Hausherren seine Primadonna, eine Leibeigene heiratete. Heute befindet

Foto: Thomas Stankiewicz

sich hier im Erdgeschoss ein sehenswertes **Musikinstrumenten-Museum** in den Räumen, einige restaurierte Paradesäle dienen als stimmungsvoller Rahmen für Konzerte.

In einem kleinen Hinterhaus im Gartenflügel des Scheremetev-Palais lebte die bedeutendste russische Dichterin, Anna Achmatova (1889-1966), der Stalin zeitweise Schreibverbot erteilt hatte. Die vom Schicksal arg gebeutelte Poetin ehrt man hier, wo sie über zwanzig Jahre in einer Kommunalka, einer Gemeinschaftswohnung, sehr bescheiden wohnte, mit dem **Anna-Achmatova-Museum** (30) (*Muzéj Anny Achmátovoj*) Zugang über Litejnyj Prospekt 53, Toreinfahrt; vom Nevskij-Prospekt 300 m entfernt).

Im benachbarten Haus Fontanka 36 mit klassizistischer Fassade (1804-07, Quarenghi), als Pensionat für wenig betuchte Adelstöchter errichtet, befindet sich heute eine **Zweigstelle der Nationalbibliothek**.

Oben: Das Russische Museum beherbergt die größte Sammlung russischer Kunst weltweit. Rechts: Im Ethnografischen Museum.

Platz der Künste

Am **Platz der Künste** (31) (*Plóščad' Iskússtv*) ist die elegante Handschrift des Architekten Carlo Rossi unverkennbar. Im Zentrum steht das 1957 enthüllte **Denkmal von Alexander Puschkin**. Hier treffen sich Puschkin-Verehrer an den Geburts- und Todestagen ihres Idols. Der Bildhauer Anikuschin verewigte den jungen Poeten in schwungvoller Pose. Den Rücken hat Puschkin dem Michaelspalast zugewandt.

Michaelspalast mit ★★Russischem Museum

Der 1825 vollendete **Michaelspalast** (*Micháјlovskij dvoréc*), ein Werk des genialen Carlo Rossi, ist das schönste Gebäude am Platz. Monumental und zugleich nahezu schwerelos leuchtet die gelbweiße klassizistische Fassade hinter dem eleganten Gitter mit vergoldeten

» Stadtplan S. 170-171, Metroplan S. 166, Info S. 222-223

Lanzenspitzen. Acht weiße Säulen tragen den Portikus, die Stufen bewachen zwei der für St. Petersburg typischen Steinlöwen mit einer Kugel unter einer Vordertatze. Schläft der Löwe ein, rollt die Kugel davon und weckt ihn wieder.

Großfürst Michail Pavlovitsch, Sohn Pauls I., war Hausherr im Palast; seine Frau, eine württembergische Prinzessin, organisierte hier einen Künstlersalon, aus dem das erste russische Konservatorium hervorging. Nach ihrem Tod kümmerten sich die Erben nicht um das herrliche Anwesen. Um das Palais zu retten, kaufte es der Staat und richtete darin 1898 das ★★**Russische Museum** (32) (*Rússkij muzéj*) für Kunst und Kunsthandwerk ein. Heute gehören drei weitere Paläste dazu (s. S. 180, 182, 190); zumindest die grandiose **Hauptsammlung Russischer Kunst** hier im Michaelspalast sollte man gesehen haben. Üppig vertreten ist die Porträtmalerei des 18. und 19. Jh.

Man betritt das Palais durch das Souterrain (der ehemalige herrschaftliche Eingang wird nur für hohe Gäste geöffnet). Hat man die schmale Treppe ins Erdgeschoss hinter sich gelassen, breitet sich der **Paradeaufgang** eindrucksvoll aus. Granitstufen führen in die obere Etage, 18 weiße Säulen veredeln die Galerie, Leuchter aus Kristall und Bronze runden das Bild ab.

Man beginnt die Besichtigung am besten im 1. OG mit der **Ikonensammlung**. Sie gibt einen Überblick über die Entwicklung und die einzelnen Schulen der Ikonenmalerei und umfasst vier Säle; die älteste Ikone, **Engel mit den goldenen Haaren**, stammt aus dem 12. Jh. Erst im 18. Jh. entwickelte sich in Russland die weltliche Malerei.

Auf dem Weg in die Kunst des 19. Jh. passiert man den Saal 11, den **Weißen Saal** – der einzige, der noch original im Empirestil Rossis erhalten ist und mit seinen Deckengemäldemotiven aus der griechischen Götterwelt die einst prächtige Gesamtausstattung des Palasts erahnen lässt.

Foto: Thomas Stankiewicz

Leider interessieren sich viele Besucher nur für die berühmten Werke von Malevitsch oder Kandinsky und übersehen dabei andere großartige Gemälde. Verweilen Sie z. B. auch im **Akademischen Saal** (Nr. 15) vor den ★**Meeresansichten** von Ivan Ajvazovskij! Aus einem bestimmten Abstand betrachtet, hat man fast das Gefühl, gleich von der Gischt nassgespritzt zu werden. Die ★**Genrebilder** von Aleksej Venecianov geben Einblicke in das bäuerliche Leben des 19. Jh. Der Maler Pavel Fedotov hält die Umbrüche in der russischen Gesellschaft in seinen Gemälden fest; Vasilij Perov gilt als „Dostojevskij der Leinwand". Nicht zu vergessen die Werke des Ilja Repin, unter anderem seine ausdrucksvollen Porträts von Lev Tolstoj, vor allem aber die monumentalen Gemälde ★**Wolgatreidler** oder ★**Die Zaparoger Kosaken schreiben einen Brief an den Sultan**, bei deren Anblick sich kaum ein Besucher das Schmunzeln verkneifen kann. Der 1919 angefügte **Benois-Flügel**, der sich bis zum Griboedov-Kanal erstreckt, wird

Foto: Paul Spierenburg

für Sonderausstellungen genutzt. Seine strenge Fassade kontrastiert mit der nahen, märchenhaft verspielten Christi-Auferstehungs-Kirche .

Ethnografisches Museum

Das gelbweiße **Ethnografische Museum** (33) (*Etnografíčeskij muzéj*) am Platz der Künste wurde 1901 als Museum an den Michaelspalast angebaut, um die Kulturen der vielen Völker des Russischen Reichs darzustellen.

Große Philharmonie und Kleines Opern- und Balletttheater

Zum Ensemble des Platzes der Künste gehören auch die **Große Philharmonie** (34) (*Filarmónija*), einst das Haus der Adelsversammlung, und das **Michajlovskij-Theater** (35), auch Musorgskij- oder Kleines Opern- und Balletttheater (*Málуj teatr*) genannt. Im Haus nebenan wohnte der Maler **Isaak Brodskij** bis zu seinem Tod 1939. Seine Wohnung ist zu besichtigen.

Oben: Jugendstil-Ambiente im Grand Hotel Europe. Rechts: Die Auferstehungskirche, im Volksmund auch Erlöser-auf-dem-Blut-Kirche genannt.

Belmond Grand Hotel Europe

Gegenüber der Großen Philharmonie nimmt das **Belmond Grand Hotel Europe** (36) (*Grand otel' Evrópa*) den ganzen Straßenzug der Michajlovskaja ulica vom Nevskij Prospekt bis zum Platz der Künste ein. Es zählt zu den ältesten (1875 eröffnet) und luxuriösesten Hotels in Russland. Ein Blick in den exquisiten **Speisesaal** im Jugendstil lohnt sich.

Gribojedov-Kanal

Ursprünglich nannte man den **Gribojedov-Kanal** (37) wegen seines eigenwilligen Verlaufs „Krivuschka" („der Krumme"). Er zweigt im noblen Stadtviertel auf der Höhe des Marsfeldes von der Mojka ab und schlängelt sich durch die ehemaligen Kleinhändler- und Ga-

» Stadtplan S. 170-171, Metroplan S. 166, Info S. 222-223

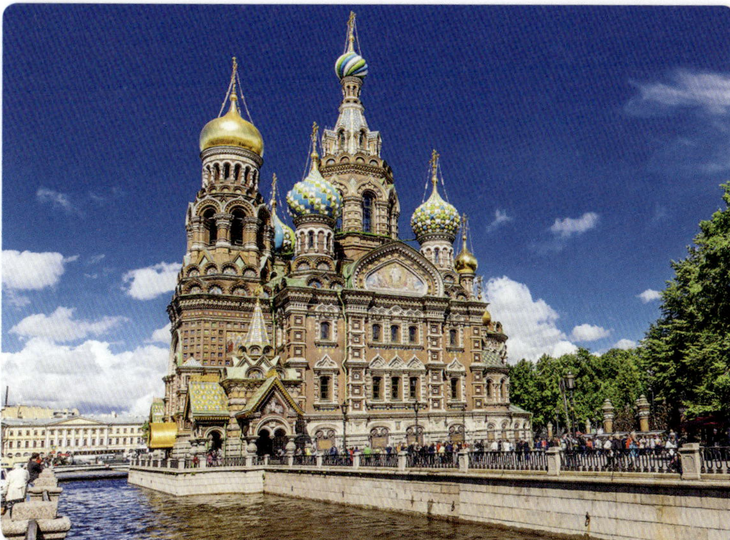

Foto: dimbar76 (Sutterstock)

novenbezirke, in denen Dostojevskijs Romane spielen, bis zur Mündung in die **Fontanka**. Unter Katharina II. taufte man ihn Ekatherinen-Kanal, später bekam er den Namen des Schriftstellers Gribojedov, Autor der berühmten Komödie: „Verstand schafft Leiden", den im Jahr 1829, auf diplomatischer Mission in Teheran, von den Briten aufgehetzte Perser ermordeten.

★Auferstehungskirche

So richtig passt die ★**Auferstehungskirche** (38) (*Chram Voskresénija Christóva*), im Volksmund **Erlöserkirche auf dem Blut** (*spas na krovi*) genannt, nicht ins Stadtbild. Sie ist an der Stelle gebaut, an der 1881 Alexander II. bei einem Bombenattentat förmlich in Stücke gerissen wurde. 20 Jahre zuvor hatte der Zar die Leibeigenschaft der Bauern aufgehoben, aber seine Reformen blieben hinter den Erwartungen zurück, und so fällte die Terrorvereinigung *Narodnaja Volja* (Volkswille) das Todesurteil über ihn. Als Erinnerung an seinen Vater ließ Alexander III. eine Kirche im pseudorussischen Stil errichten; eine Kirche, die keine eigene Gemeinde haben, sondern den Romanovs für Gedenkgottesdienste vorbehalten sein sollte. Erst Nikolaus II. konnte sie 1907 nach 24 Jahren Bauzeit einweihen. Architekt Parland nahm die berühmte Basilius-Kathedrale auf dem Moskauer Roten Platz und die Kiever Vladimir-Kathedrale als Vorbilder. Weder bei der äußeren und noch bei der inneren Gestaltung musste er sparen: Marmor, Halbedelsteine, Silber, Gold und Email zuhauf, und wundervolle **Mosaiken** im Jugendstil, nach Entwürfen bekannter Künstler wie Vasnecov, Nesterov oder Rjabuschkin. In fein abgestimmten Farbschattierungen schauen biblische Gestalten und kanonisierte Persönlichkeiten der russischen Geschichte auf die Besucher herab.

Im westlichen Teil der Kirche sind das originale Geländer des Kanals und das **Straßenpflaster mit dem Blut des Zaren** Alexander II. erhalten.

1930 schloss man die Kirche und

Foto: Thomas Stankiewicz

richtete darin eine Marmor-Werkstatt ein. Es gab sogar Überlegungen, das Gebäude, das als „weder historisch noch künstlerisch wertvoll" eingestuft war, abzureißen. 1970 wandelte man die Kirche in ein Museum um, bald danach verschwand sie hinter Baugerüsten. Seit 1997 können Besucher das hervorragend restaurierte Gebäude als **Mosaik-Museum** wieder in seiner ganzen Pracht bewundern.

Ein herrliches schmiedeeisernes **Gitter** umrahmt die rechte Kirchenseite.

★★NEVSKIJ PROSPEKT

Der ★★**Nevskij Prospekt** ist die östliche der drei Straßen, die strahlenförmig auf die Admiralität zulaufen.

Das russische Wort *Prospekt* ist vom Wort „Perspektive" abgeleitet und schon seit Peter I. dem Großen gebräuchlich; es bezeichnet eine lange, schnurgerade Straße. Der *Nevskij*, wie die Einheimischen ihre Hauptmagistrale kurz nennen, macht jedoch auf seinem rund 5 km langen Weg von der Admiralität zum Alexander-Nevskij-Kloster einen Knick beim Platz des Aufstands – seiner Anziehungskraft schadet das nicht. Schon zur Zeit Peters I. begann man mit dem Bau dieses Boulevards; bald wuchsen die ersten Paläste für den Adel aus dem Boden. „Es gibt nichts Schöneres als den Nevskij-Prospekt, für die Stadt bedeutet er alles", heißt es 1835 in der gleichnamigen Novelle des Schriftstellers Nikolaj Gogol, der – ebenso wie Puschkin oder Dostojevskij – eine ganze Parade von Literaturhelden auf diese „längste Theaterbühne der Welt" schickt.

Von der Admiralität zur Mojka

Der Bummel über den Nevskij beginnt an der **Admiralität** (1; s. S. 167); auf dem interessantesten Abschnitt bis zum **Platz des Aufstands** (70; s. S. 197) sind es etwa 3 Kilometer. Jenseits dieses

Oben: Wichtigste Verkehrsader und quirlige Einkaufsmeile der Stadt – der Nevskij Prospekt. Rechts: Der Stroganov-Palast wurde aufwändig restauriert.

Foto: Volkmar E. Janicke

Platzes heißt der Prospekt dann „Alter Nevskij" und ist weit weniger elegant und herrschaftlich. Mehrere Geschäfts- und Bankhäuser säumen den Prospekt im obersten Teil, wie das an der Ecke zur Malaja-Morskaja-Straße 1912 entstandene **Bankhaus Wawelberg** (39) (Haus Nr. 7-9) mit der italienisch angehauchten, granitverkleideten Fassade.

Auf der anderen Straßenseite passt ein sowjetisches **Schulgebäude** (40) nicht ganz in die Umgebung. Erkennbar ist noch ein blauweißer Schriftzug aus den Blockadejahren des 2. Weltkriegs: „Bürger! Bei Artilleriebeschuss ist diese Seite besonders gefährlich". Oft liegen frische rote Nelken davor. als Erinnerung an diese furchtbare Zeit.

In dem auffallenden lachsfarbenen **Eckhaus mit weißen Säulen** (41) (Nr. 15) befand sich im 19. Jh. u. a. das bekannte Restaurant *Taleon*, in dem Puschkin oft Gast war. 1858 kauften die Kaufleute Jelisejev das Anwesen. Nach der Enteignung siedelte man junge Künstler darin an, wie den Dichter Nikolaj Gumiljov, der 1921 hier verhaftet und ins Lager gebracht wurde, wo er ums Leben kam. 1930 richtete man im Haus das Kino *Barrikada* ein. 2007 verschwand das Haus hinter Bauplanen und tauchte dann wie Phönix aus der Asche als Luxushotel **Taleon** wieder auf. Vieles ist neu, manches noch original erhalten.

Das **Kotomin-Haus** (42) (Nr. 18), das sich von der Bolschaja Morskaja bis zum Mojka-Ufer hinzieht, ist charakteristisch für die Bebauung des Prospekts in der ersten Hälfte des 19. Jh. Damals befand sich darin die berühmte Konditorei **Wolf & Béranger**, ein beliebter Treffpunkt für die Petersburger Literaturszene. Hier trank Alexander Puschkin am 8. Februar (neuen Stils) 1837 seine letzte Tasse Kaffee, bevor er zu dem für ihn tödlich ausgehenden Duell aufbrach. Auch Michail Lermontov und Ivan Turgenev gehörten zu den Stammgästen des Cafés. Fjodor Dostojevskij lernte hier Mitglieder des revolutionären Petraschevskij-Zirkels kennen. In der Sowjetzeit wurde hier das als Puschkin-Gedenkstätte verehrte **Literaturcafé** eröffnet; dieser Name existiert noch, aber auch der alte Name

„Wolf & Béranger" ist wieder an der Hauswand zu lesen. Im Erdgeschoss des Restaurants sitzt ein nachdenklicher **Puschkin** als **Wachsfigur** mit krausem Haar an einem Bistrotisch.

Nun ist man an der **Mojka** mit der schönen alten, mit Laternen geschmückten **Brücke** (*Naródnyj most'*) angekommen, an dem ersten von drei Wasserwegen, die den Nevskij-Prospekt durchschneiden.

★Stroganov-Palast

In der Mojka spiegelt sich der ★**Stroganov-Palast** (43) (*Stróganovskij dvoréc*) im Wasser, Mitte des 18. Jh. von Rastrelli im Stil des russischen Barocks gebaut. Obwohl der Palast einer der reichsten Familien Russlands gehörte, war die Küche des Hauses nicht allzeit auf Gäste eingestellt. Eines Tages musste der Koch angeblich mit einem recht kleinen Fleischvorrat einen vielköpfigen Überraschungsbesuch verwöhnen. Seine Idee: Er schnitt das Fleisch in kleine Stücke, fügte Pilze und Zwiebeln hinzu und mischte eine gehörige Portion *Smetana* (Schmand) darunter – so wurde der Legende nach das weltbekannte Gericht *Bœuf Stroganoff* geboren!

Nach der Sowjetzeit und jahrzehntelanger Nutzung durch verschiedene Ämter, übergab die Stadt den Palast Anfang der 1990er Jahre dem **Russischen Museum** (s. S. 185). Seither haben Restauratoren schier Unglaubliches vollbracht. Die gewaltigen Summen dafür kamen überwiegend aus einer Stiftung, die die letzte Stroganov-Nachkommin gegründet hat. Die wertvolle Gemäldesammlung der Stroganovs befindet sich weitgehend im Besitz der Eremitage, die eine Rückgabe an den Palast bislang verweigert. Leider hat man den romantischen, verwilderten **Innenhof** vor wenigen Jahren mit einem Restaurant-Zelt überdacht, dem sowohl die alten Bäume als auch die Skulpturen aus dem 18. Jh. zum Opfer fielen.

Das „**Schokoladen-Museum**" im Souterrain entpuppt sich als Geschäft, in dem man neben Pralinen auch Leninköpfe kaufen kann – wahlweise aus weißer oder dunkler Schokolade.

Holländische Kirche und Bolschaja Konjuschennaja-Straße

Im Mittelteil des zartgrauen, klassizistischen Gebäudes Nr. 20 gegenüber befand sich die **Holländische Kirche** (44) (*Dom Gollándskoj cérkvi*), zu erkennen an der flachen Kuppel und dem von vier Säulen gestützten Portikus. Im Seitenflügel arbeitete im 19. Jh. die Redaktion der Zeitschrift *Vaterländische Blätter* (*Otéčestvennye Zápiski*), die großen Einfluss hatte und aus politischen Gründen mehrmals geschlossen wurde. Diese literarische Tradition führt hier die **Alexander-Blok-Bibliothek** fort. Daneben mündet die **Bolschaja Konjuschennaja Ulica**, an der das Jugendstilkaufhaus **DLT** steht, in den Nevskij Prospekt ein.

Petri-Kirche und Petri-Schule

Zwischen der Bolschaja Konjuschennaja und der Malaja Konjuschennaja steht, von der allgemeinen Fassadenfront zurückversetzt und von zwei symmetrisch angeordneten Wohnhäusern (Nr. 22-24) gerahmt, die evangelisch-lutherische **Petri-Kirche** (45) (*Cérkov' apostóla Petrá*) aus dem Jahr 1833. Zur Sowjetzeit erlangte die Petri-Kirche traurigen Ruhm, weil man sie in ein Schwimmbad umgewandelt und an der Stelle des Altars einen Sprungturm unter dem Gewölbe errichtet hatte. 1992 erhielt die Evangelische Kirche das malträtierte Gotteshaus wieder zurück.

Inzwischen zählt die Gemeinde wieder etwa 500 Mitglieder, und in dem schlichten weißen, aber imposanten Raum finden wieder Gottesdienste statt. Im ebenfalls neu eingerichteten **Deutsch-Russischen Begegnungs-**

Rechts: Jugendstildekor schmückt den Eingang zum Haus des Buches (Singer-Haus).

Foto: Volkmar E. Janicke

zentrum kann man sich über die Deutschen informieren, die seit Beginn der Petersburger Geschichte die Stadt mitgeprägt haben. Das noch vorhandene Schwimmbecken dient als Ausstellungsraum und als **Gedenkstätte für die Opfer des Stalinterrors**.

Hinter dem Kirchengebäude liegt die deutsche **Petri-Schule** (46) von 1762, zur Zarenzeit eine der besten Schulen der Stadt, in der u. a. auch der Komponist Modest Musorgskij und der Architekt Carlo Rossi die Schulbank drückten. Heute, in postsowjetischer Zeit, hat man wieder an diese Tradition angeknüpft.

Die **Malaja Konjuschennaja** (47) ist eine **Fußgängerzone** mit Cafés und Restaurants. Ein **Bronzedenkmal** zeigt **Nikolaj Gogol**, den Autor der Novelle *Der Mantel*. Das gelbe Eckhaus beherbergt heute, wie schon zur Zarenzeit, die größte **Apotheke** der Stadt; vor der Revolution gehörte sie der deutschstämmigen Familie Kresling. In diesem Viertel lebten vor 1917 viele Ausländer: Deutsche und Holländer, Finnen und Schweden, mit jeweils eigenen Kirchen.

Haus des Buches (Singer-Haus)

Nur ein paar Schritte weiter zieht an der Ecke zum Gribojedov-Kanal eine gläserne **Kuppel** mit einer **Weltkugel** den Blick auf sich. Das eigenwillige Gebäude im Petersburger Jugendstil ließ die amerikanische Nähmaschinenfirma *Singer* 1904 errichten. Seit 1919 kennt man es als **Haus des Buches** (48) (*Dom knígi*). Es beherbergt die größte, beliebteste **Buchhandlung** der Stadt. Sehr zu empfehlen ist das ★**Café Singer** hier – zwar teuer, aber mit guter Küche, leckerem Kuchen und unschlagbarem Blick auf den Nevskij und die Kazaner Kathedrale.

★Kathedrale der Gottesmutter von Kazan und ★Greifenbrücke

Gegenüber beeindruckt die einzige orthodoxe Kirche am Nevskij: die ★**Kathedrale der Gottesmutter von Kazan** (49) (*Kazánskij sobór*). Der russische Architekt Voronichin schuf 1801-1811 nach dem Wunsch Pauls I. einen kleinen

» Stadtplan S. 170-171, Metroplan S. 166, Info S. 222-223

Foto: Volkmar E. Janicke

„Petersdom für Petersburg" mit streng klassizistischer Innengestaltung. Die mächtige halbkreisförmige Kolonnade öffnet sich zum Nevskij hin. Die beiden **Statuen** verewigen die Helden des Krieges gegen Napoleon von 1812, Barclay de Tolly und Kutuzov. Letzterer ist in der Kathedrale beigesetzt. In der Sowjetzeit richtete man ein Museum für Religion und Atheismus in der Kirche ein, heute zelebriert man wieder zwei Mal täglich den Gottesdienst.

Hinter der Kathedrale erblickt man ein buntes Gemisch von Architekturstilen und – wenige Meter weiter – die ★**Greifenbrücke** (50) (*Bánkovskij most';* wegen der Nähe zur früheren Assignatenbank auch **Bankbrücke** genannt), eine der berühmtesten Brücken der Stadt. Dieses beliebte Fotomotiv spannt sich über den Gribojedov-Kanal. Der badische Ingenieur Wilhelm von Traitteur entwarf die Greifenbrücke 1826 und vereinte das badische Wappentier (Greif) mit dem Petersburger Löwen (wird z.Zt. restauriert).

Oben: Die Greifenbrücke – pittoreske Hängebrücke über dem Gribojedov-Kanal.

Kleiner Saal der Philharmonie und Katharinen-Kirche

Zurück zum Nevskij Prospekt:Das hellblaue Gebäude auf der anderen Straßenseite ist auf den ersten Blick nicht als U-Bahnstation erkennbar. Doch zählt die **Metrostation** *Nevskij Prospekt* (blaue Linie) zu den am meisten frequentierten des Metronetzes. Hier sollten Sie besonders vorsichtig sein, denn Taschendiebe nutzen das Gedränge und die Sorglosigkeit von Touristen gern aus! Im gleichen Gebäude treten oft Stars wie die Opernsängerin Anna Netrebko im **Kleinen Saal der Philharmonie** (51) auf.

In unmittelbarer Nachbarschaft steht – ebenfalls zurückversetzt und von Wohnhäusern eingerahmt – die katholische **Katharinen-Kirche** (52) (*Cérkov' sv. Ekateríny*), 1762-1783 von Vallin de la Mothe und Rinaldi im Stil des frühen Klassizismus gestaltetet. In der Sow-

» Stadtplan S. 170-171, Metroplan S. 166, Info S. 222-223

jetzeit wurde sie zweckentfremdet und brannte aus. Mit Spenden konnte sie restauriert werden, und heute finden hier wieder Gottesdienste statt.

Signalturm und Gostinyj Dvor

Gegenüber fällt eine Drahtkonstruktion auf dem Dach des markanten fünfeckigen **Signalturms** (53) ins Auge. Sie diente als Telegrafenverbindung zwischen dem Winterpalast und der Residenz Nikolaus' II. im 25 km entfernten Carskoje Selo. Der Turm lehnt sich an die ehemalige **Duma** (Stadtrat) an.

2 km Fußweg legt man angeblich zurück, wenn man die ganze Verkaufsfläche des traditonsreichen Großkaufhauses **Gostinyj Dvor** (54) (wörtlich: „Gästehof") aus dem 18. Jahrhundert abmessen möchte. Die 230 m lange Schokoladenseite des riesigen Karrees zeigt zum Nevskij hin und dehnt sich bis zur Sadovaja-Straße aus. Direkt an der Ecke befindet sich im Gebäude selbst ein Eingang in die **Metro** (*Gostínyj Dvor*; grüne Linie). Auch hier gilt: Vorsicht vor Taschendieben! Nach einer Luxussanierung und der Einrichtung von edlen Shops lockt der Gostinyj Dvor eher betuchte Kunden an. Waren russischer Herkunft sind eher selten. Wer sparen will, kauft besser am Heumarkt (*Sennája plóščad'*, s. S. 219) oder im Apraksin Dvor an der Sadovaja-Straße ein.

Armenische Katharinen-Kirche

Vom Gostinyj Dvor aus hat man den schönsten Blick auf die leuchtendblaue **Armenische Katharinen-Kirche** (55) (*Armjánskaja cérkov' ímeni sv. Ekateríny*). Auch dieser Sakralbau von Jurij Veldten überstand die Sowjetzeit in bedauernswerter Verfassung; rechtzeitig zum 1700-jährigen Jubiläum der Armenischen Kirche im Jahre 2001 gelang es Armeniern, sie in freiwilliger Feierabend- und Wochenendarbeit zu restaurieren. Ihre Entstehung (1771-1780) soll mit dem berühmten Orlov-Diamanten verbunden sein, den Grigorij Orlov, der Geliebte Katharinas II., den armenischen Brüdern Lazarjan abkaufte und der Zarin schenkte. Die Brüder wiederum spendeten das Geld für den Bau der Armenischen Kirche.

Kaufhaus Passage, Jelisejev und Komödientheater

Das **Kaufhaus Passage** (56) (*Passáž*) wurde bereits Mitte des 19. Jh. gegründet und mehrmals umgestaltet. Der *Supermarket* im Souterrain war einer der ersten der postsowjetischen Ära.

Berühmt ist der Feinkostladen **Jelisejev** (57). Die schöne **Jugendstilfassade** von 1903 mit Skulpturen des estnischen Bildhauers Amandus Adamson und hat die Sowjetzeit nahezu unversehrt überstanden. Das Jugendstilinterieur hat unter der jüngsten Restaurierung etwas gelitten; in das Geschäft ist nun ein Café integriert.

Die Jelisejevs waren ein Phänomen, wie man es eher von amerikanischen Tellerwäscher-Stories kennt: Firmengründer Pjotr war 1812 als ehemaliger Leibeigener nach Petersburg gekommen und hatte seine Kaufmannskarriere mit einem Bauchladen gestartet. Als er rund 30 Jahre später starb, hinterließ er seinen Erben ein Millionenvermögen. Bis zur Revolution blieb *Jelisejev* Anlaufpunkt für die Gourmets der Stadt, weil hier die besten und frischesten Waren angeboten wurden. Zumindest in diesem Punkt konnte das sozialisierte Lebensmittelgeschäft *Central'nyj* – so der sowjetische Name – die Tradition aufrechterhalten, doch mit Delikatessen haperte es. Erst nach Ende der Sowjetherrschaft passten die edle vorrevolutionäre Innenausstattung und das Warenangebot wieder zusammen.

Im Obergeschoss dieses Jugendstilhauses hat das beliebte **Akimov-Komödientheater** seinen Sitz. Gezeigt werden amüsante Klassiker wie „Die Verliebten" von Goldoni, Shakespaeres „Lustige Weiber von Windsor", „Harold

Foto: Thomas Stankiewicz

und Maude“ von Higgins oder Oscar Wildes „Ernst sein ist alles“.

Ostrovskij-Platz und ★Rossi-Straße

Der **Ostrovskij-Platz** (58) (*Plóščad' Ostróvskogo*) ist benannt nach dem bedeutendsten Bühnenschriftsteller des 19. Jh., Alexander Ostrovskij. Ein majestätischer Platz, nicht nur, weil in der Grünanlage das imposante **Denkmal Katharinas der Großen** steht, das die reife Zarin auf einem hohen Piedestal mit den Insignien ihrer Macht darstellt. Ihr zu Füßen sitzen berühmte Zeitgenossen, darunter ihr langjähriger Geliebter, Fürst Potjomkin.

Die Umgebung des Denkmals ist einer Zarin würdig. Zur Rechten steht das hellgraue, mit weißen Säulen geschmückte Gebäude der ältesten öffentlichen Bibliothek Russlands: die **Russische Nationalbibliothek** (59) (*Rossíjskaja gosudárstvennaja bibliotéka*), 1795 von Katharina II. gegründet und von Carlo Rossi entworfen. Sie ist die zweitgrößte Russlands – nach der Moskauer Lenin-Bibliothek.

Das nach Alexandra Fjodorovna, der Gattin Nikolaus' I., benannte **Alexandrinen-Theater** (60) (früher Puschkin-Theater), ein imposanter Rossi-Bau von 1832 (2006 restauriert), bildet mit sechs weißen Säulen und Apollo-Quadriga einen würdigen Hintergrund für Katharina. Im Vorgängerbau wurde 1756 die russische Theaterkunst begründet.

Sie sollten nicht versäumen, einen Blick hinter das Theater in die ★**Rossi-Straße** (61) (*Úlica Zódčego Rossi*) zu werfen. Sie gilt mit ihren perfekten Proportionen als schönste Straße Petersburgs: 220 m lang, 22 m breit, mit einer 22 m hohen gelben Fassadenfront, die ein Meer von weißen Säulen gliedert. Im westlichen Gebäude ist unter anderem die berühmte **Vaganova-Ballettschule** untergebracht, in der einst Weltstars wie Nijinskij, Nurejev und Anna Pavlova das Spitzentanzen lernten.

Oben: Ballett im Alexandrinen-Theater. Rechts: Rossebändiger aus Bronze schmücken die Anitschkov-Brücke an der Fontanka.

» Stadtplan S. 170-171, Metroplan S. 166, Info S. 222-223

Foto: Thomas Stankiewicz

Anitschkov-Palast

Auf der östlichen Seite begrenzt der Park des **Anitschkov-Palastes** (62) (*Aníčkov dvoréc*) mit seinen **Pavillons** den Ostrovskij-Platz. Es ist das älteste Palais am Nevskij, wurde jedoch oft umgebaut und völlig verändert. Zarin Elisabeth schenkte es 1754 ihrem Günstling Razumovskij. Bis zum Ausbruch der Revolution gehörte das Palais zu den Lieblingswohnsitzen der Romanovs, auch der letzte Zar Nikolaus II. verlebte einen Teil seiner Jugend darin. Seit der Sowjetära dient der Palast als **Freizeitzentrum für Kinder**. Einige Paraderäume sind noch erhalten.

Der Anitschkov-Palast erstreckt sich bis zur **Fontanka** (25), s. S. 182). Hier führt eine der bekanntesten Brücken der Stadt über den Kanal, die **Anitschkov-Brücke** (63) (*Aníčkov most'*). Die vier ★**Rossebändiger** aus Bronze von 1843 des deutschstämmigen Petersburger Künstlers Peter Klodt von Jürgensblog (1805-1867) symbolisieren den Kampf der Menschen mit den Naturgewalten. Am Postament einer Skulptur sieht man noch Spuren des 2. Weltkriegs sowie eine **Bronzetafel**, die an die rund 150 000 Geschosse erinnert, die während der Blockade die Stadt trafen.

Von der Anitschkov-Brücke starten ★**Bootsrundfahrten** durch die Kanäle bis auf die Neva. Wer im Sommer bei schönem Wetter die Stadt besucht, sollte unbedingt eine solche Fahrt buchen, aber zuvor nach der Route fragen.

Beloselskij-Beloserskij-Palast

Auf der anderen Seite der Fontanka schließt der imposante **Beloselskij-Beloserskij-Palast** (64) (*Dvoréc Belosélskich-Belozérskich*) die Reihe der Prunkresidenzen am Nevskij ab. Mitte des 19. Jh. baute ihn Andrej Stakenschneider im Stil des Neobarocks um. In der Sowjetzeit nutzte man ihn als Gebietsrathaus und verunstaltete ihn rigoros. Inzwischen sind die **Paradetreppe** und einige **Prunksäle** geschmackvoll restauriert, es finden **Führungen** und **Konzerte** statt.

» Stadtplan S. 170-171, Metroplan S. 166, Info S. 222-223

Foto: Thomas Stankiewicz

Vladimirskij Prospekt und Kuznetschnyj-Gasse

Vom Nevskij Prospekt zweigt rechter Hand der **Vladimirskij Prospekt** (65) ab, der seinen Namen nach der sonnengelben **Vladimir-Kirche** (66) (*Vladímirskij sobór*) erhielt. Die Kirche, 1761-1769 von S. Tschevakinskij erbaut und im 19. Jh. mehrmals erweitert, diente in der Sowjetzeit u. a. als Werkstatt, Lagerhalle und als Abteilung für antireligiöse Literatur der Öffentlichen Bibliothek. 1989 überließ die Stadt das Gebäude wieder den Gläubigen.

Zwischen Vladimir-Kirche und dem Eingang zur Metrostation *Vladimirskaja* verläuft die **Kuznetschnyj-Gasse**. Meist herrscht hier viel Betrieb, denn hier befindet sich eine der schönsten, aber auch teuersten Lebensmittelmarkthallen der Stadt, der ★**Kuznetschnyj Rynok** (67). Die Händler lassen potenzielle Kunden gerne eingelegte Gurken oder auch Honig probieren.

Nebenan, im zweiten Stock des Eckhauses, verbrachte Fjodor Dostojevskij (1821-1881) seine letzten Lebensjahre. Im Jahr 1971, zum 150. Geburtstag des großen russischen Schriftstellers, eröffnete man hier dann das ★**Dostojevskij Memorial Museum** (68), in dem persönliche Gegenstände und Dokumente aus dem Besitz der Familie gezeigt werden. Auf dem Schreibtisch, an dem er *Die Brüder Karamasov* schrieb, steht bis heute immer ein Glas mit starkem Tee bereit – genau so, wie Dostojevskij es liebte.

Wo die Kuznetschnyj-Gasse auf die Marat-Straße (ulica Marata) stößt, birgt eine ehemalige Kirche das weltweit einzige **Arktis- und Antarktis-Museum** (69) (*Muzéj Árktiki i Antárktiki*). Dieses 1937 eröffnete Museum gehört zu dem gleichnamigen Forschungsinstitut und widmet sich ganz den Themen Natur, Bevölkerung und Erforschung der arktischen Regionen.

Oben: Bunt und reichhaltig – das Obst- und Gemüseangebot in der Markthalle Kuznetschnyj Rynok. Rechts: „Der eherne Reiter“ – das Denkmal Peters des Großen vor dem Senatsgebäude.

» Stadtplan S. 170-171, Metroplan S. 166, Info S. 222-223

Foto: Mikhail Khromov (iStockphoto)

Platz des Aufstandes

Links führt die Marat-Straße wieder zum Nevskij-Prospekt. Nun trennt den Spaziergänger nur noch ein kurzes Stück vom **Platz des Aufstandes** (70) (*Plóščad' Vosstánija*). Der 48 m hohe **Obelisk** wurde 1985 zum 40. Jahrestag des Kriegsendes enthüllt.

Der Platz wird vom palastartigen **Moskauer Bahnhof** (71) (*Moskóvskij vokzál*; 1845-51, A. Thon) dominiert. Etwa zeitgleich entstand gegenüber das *Hotel Znamenskaja*, damals eines der größten und besten Häuser der Stadt. Heute heißt es **Oktjabrskaja** (72) und wartet noch auf Modernisierung.

Ein rundes, tempelartiges Gebäude markiert die Stelle, wo bis etwa 1930 die fünfkuppelige Znamenskij-Kirche (Kirche der Gottesmutter des Zeichens) stand. Hier ist der Eingang zur **ältesten Metrostation** (73) Petersburgs.

Vom Platz des Aufstandes führt der *Nevskij* weiter zum ca. 1,5 km entfernten **Alexander-Nevskij-Kloster** (126; s. S. 215).

WESTLICHE INNENSTADT

★Senatsplatz (Dekabristenplatz) und ★Eherner Reiter

Der ★**Senatsplatz** (74) (*Senátskaja plóščad'*) schließt sich an die **Admiralität** (1; s. S. 167) an (Metro *Admiralitejskaja*). In der Sowjetzeit nannte man den Platz **Dekabristenplatz** (*Plóščad' Dekabrístov*) – heute gelten beide Bezeichnungen. Die Dekabristen waren eine Gruppe von überwiegend adligen Offizieren, die im Dezember 1825 auf diesem Platz einen dramatischen Aufstand gegen die Autokratie des Zaren wagten. Zar Nikolaus I. besiegte die Aufständischen innerhalb weniger Stunden und rächte sich grausam: 5 Hauptschuldige ließ er hängen; über 100 Teilnehmer, meist Adlige aus dem Umfeld des Zaren, verbannte er in die Bergwerke Sibiriens.

Das Schmuckstück des Senatsplatzes ist das **Denkmal Peters I. des Großen**; eines der Wahrzeichen der Stadt und als ★**Eherner Reiter** (75) (*Médnyj vsád-*

WESTLICHE INNENSTADT
74 - 110
0 200 400 m
© Nelles Verlag GmbH, München
PETROGRADSKIJ
Petrovskij park
Petrovskij pr
Ždanovskaja nab.
Krasnogo Kursanta ul.
Pionerskaja
Malyj prosp.
Bol'šoj prospekt
Bol. Puškarskaja ul.
Lizy
Voskova
Vvedenskaja ul.
Markina
Čajkinoj ul.
S'ezžinskaja
Blochina ul.
Jabločkova ul.
Theater Baltisches Haus
Planetarium
Music-Hall
Kronwerk
Artillerie-museum
Zoo
Kronverkskij prosp.
Kronverkskaja nab.
Peter-Paul-Festung
Sportivnaja
Dobroljubova prospekt
Stadion "Petrovskij"
Ždanovka
Bol'šoj prospekt
Dvorec sporta "Jubilejnyj"
Tučkov most
Line 5
Mytninskaja nab.
Smolenki nab.
Malyj prosp.
4-5
2-3
S'ezdovskaja
Malaja Neva
Makarova nab.
Birshevoj-Brücke
96
Smolensker Friedhof (1 km)
Park Inn Pribaltijskaja (3 km)
109
BASILIUS-INSEL
(VASILEVSKIJ OSTROV)
10-11
8-9
6-7
prosp.
1-ja linii
★★ Strelka
94
Rostra-Säule
Birževaja pl.
Nordspeicher
★ Alte Börse 97
Rostra-Säule
98 Südspeicher
12-13
Novy Muzej
linii
Kirche der hl. drei Bischöfe
St. Catherine
Universität
101
★ Kunst-kammer 99
100
Dvorcovyj-Brücke
95
Vasileostrovskaja
Srednij
104
Nash
Trojekurov-Haus 105
103 St. Andreas-Kathedrale
★ Menschikov-Palais
102
Akademie der Wissenschaften
Winterpalais
prospekt
★ Akademie der Künste
Line 3
Admiraltejskaja nab.
Admiralität
14-15
linii
Bol'šoj
Wasileostrowskij rynok
106
Universitetskaja nab.
★ Eherner Reiter 75
Alexandergarten
★ Erarta Museum (1,3 km)
110 Seehafen (2 km)
16-17
(Lejtenanta Smidta)
Mariä-Verkündigungs-Brücke
80
★ Senatsplatz
76 74
Admiraltejskij prospekt
Gorochovaja ul.
Morskaja ul.
93
18-19
107
Leutnant-Schmidt-Ufer
Bol'šaja Neva
Angliiskaja nab.
Senats- & Synodgebäude
77
St. Isaaks-Kathedrale
Mal.
20-21 linii
Rumjancev-Villa
Nikolaus-Palast
Konnogvardejskij bul'var
Manege
ADMIRALTEJSKIJ
Astorija
Krasnyj most
81
Galjornaja
78
79
Jakubovića ul.
Počtamtskaja
92
Isaaks-platz
Grivcova per.
★ Geologisches Museum (Bergbauinstitut)
108
Verkündungsplatz (Platz der Arbeit)
Admiraltejskij k.
Krjukov kanal
Truda ul.
Bolschaja Morskaja ul.
91 Kircha
90 Postbrücke
Marien-palast
NOVOADMIRALTEJSKIJ
82
★★ Jusupov-Palast 89
Pirogova per.
Fonarnyj per.
prospekt
Kazanskaja ul.
NEU-HOLLAND (OSTROV NOVAJA GOLLANDIJA)
Bogen-portal
83
Jusupov-Park 88
Kuss-brücke
ulica
nab. kanala Griboedova
kanal Griboedova
Mojki r. nab.
Maklina
Pisareva
Rimskij-Korsakov
★ Mariinskij-Theater
86
Voznesenskij most
Große Synagoge
84
85
Konser-vatorium
MATISOV
Matisov Domik
A. Bloka ul.
ul.
Dekabristov
Masterskaja ul.
Lermontovskij
pečatnikov ulica
kanal Krjukov
Obelisk prosp.
Nikolskaja pl.
Voznesenskij
Jussupowskij sad
★ Nikolaus-Marine-Kathedrale
87
Sojuza prosp.
Drovjanoj per.
V. Ermaka ul.
Rimskogo Korsakova
prosp.
Kanonerskaja ul.
Sadovaja ulica
Sepanoj per.
Mjasnikova ul.
Sadovaja ulica
POKROVSKIJ

nik) bekannt, nach dem gleichnamigen Poem von Alexander Puschkin. Katharina die Große, geborene Prinzessin von Anhalt-Zerbst, hatte zum 100. Jahrestag der Thronbesteigung Peters den Franzosen Etienne Falconet mit der Skulptur beauftragt. Am 7. August 1782 wurde das Denkmal als erstes in Russland geschaffenes feierlich enthüllt. „Peter dem Ersten – Katharina die Zweite" steht auf Latein auf dem 1600 t schweren **Felspostament**. Es stellt eine Meereswoge dar, die Ross und Reiter in die Zukunft mitzureißen scheint. Peters Pferd bäumt sich auf, während es mit den Hinterhufen eine riesige Schlange zertritt – ein Symbol für die konservativen Kräfte, die sich den Reformplänen des Zaren in den Weg stellen wollten. Der Herrscher in Cäsarenpose, mit Schwert, Toga und Lorbeerkranz, weist gebieterisch auf die Neva, die seinem Reich den Zugang zur Ostsee sicherte und St. Petersburg zum „Fenster gen Westen" machte. Im Rücken hat der Zar die mächtige St.-Isaaks-Kathedrale.

Das lang gezogene **Senats- und Synodgebäude** (76) (*Senát i Sinód*), Sitz der höchsten weltlichen und kirchlichen Staatsorgane im Zarenreich und durch einen Torbogen verbunden, entstand unter Federführung Alexander Stauberts nach Carlo Rossis Entwurf im Stil des Klassizismus. Bis vor einigen Jahren diente es als Historisches Archiv; seit 2008 sitzt hier das Russische Verfassungsgericht.

Konnogvardejskij Bul'var

Das majestätische Gebäude am **Konnogvardejskij Bul'var** war einst die Offiziersreitschule, die **Manege** (77). Giacomo Quarenghi entwarf sie zu Beginn des 19. Jh.; heute dient sie als **Ausstellungshalle**.

Am Ende des Bul'vars steht der herrliche **Nikolaus-Palast** (78). Seine restaurierte Vorderseite erstrahlt in neuen Farben. Andrej Stakenschneider entwarf ihn für Großfürst Nikolaj Nikolajevitsch, den Oberkommandeur der russischen Kavallerie. Nach 1917 nutzten Gewerkschaften das Palais – als „Palast der Arbeit". Heutzutage finden u. a. **Folklore-Konzerte** im ehemaligen **Ballsaal** statt. Allein schon die pompöse **Paradetreppe** des Palastes, typisch für Stakenschneider, lohnt einen Besuch.

Foto: Thomas Stankiewicz

Rechts: Der Senatsplatz, beliebt für den Fototermin nach der Hochzeit.

Englischer Kai

Biegt man am **Verkündigungs-Platz** (79) (*Blagovéščenskaja plóščad'*; auch: **Platz der Arbeit**, *Plóščad' Trudá*) nach rechts ab, gelangt man wieder zur **Neva**. Die bildschöne, mit gusseisernen Seepferdchen geschmückte **Mariä-Verkündigungs-Brücke** (80) (bis 2007 **Leutnant-Schmidt-Brücke** genannt) aus dem 19. Jh. führt über die Neva auf die **Basilius-Insel** (s. S. 206), rechts und links zweigt der **Englische Kai** ab. Hier residierten Großfürsten, Adlige und Politiker, wie 1859-1862 der preußische

9 St. Petersburg

Foto: Olga Visavi (Shutterstock.com)

Gesandte Otto von Bismarck (Nr. 50, mit entsprechender Gedenktafel).

In der repräsentativen **Rumjancev-Villa** (81) (Nr. 44) ist ein sehr ergreifendes **Museum** eingerichtet, das der Geschichte der Stadt in den Jahren des 2. Weltkriegs gewidmet ist; der Fokus liegt dabei auf der 900-tägigen Blockade durch die deutsche Wehrmacht.

Neu-Holland und Kussbrücke

Biegt man am Verkündigungsplatz nach links ab, fällt der Blick auf einen langgezogenen, finsteren Backsteinbau am Ufer des Krjukov-Kanals. **Neu-Holland** (82) (*Nóvaja Gollándija*) war Werft, Holzlager und in der Sowjetzeit streng abgeschirmtes Militärgebiet. Seit Jahren rätselt man, welchem Zweck Neu-Holland nach dem Umbau dienen wird.

Die nächstgelegene Brücke über die Mojka ist die **Kussbrücke** (83) *(Pocelújev most´)*, 1816 als eine der ersten Eisenbrücken gebaut. Von ihr aus hat man einen grandiosen Blick entlang der Mojka bis zur Isaak-Kathedrale.

Oben: Das Mariinskij-Theater von 1856. Rechts: Die spätbarocke Nikolaus-Marine-Kathedrale von 1762.

Große Synagoge

Die **Große Synagoge** (84) (*Sinagóga*) westlich des Krjukov-Kanals, das religiöse Zentrum der einst 90 000 Petersburger Juden, ist die zweitgrößte Europas. Nachdem Zar Alexander II. den Juden das uneingeschränkte Siedlungsrecht in der russischen Hauptstadt gewährt hatte, errichtete die Gemeinde 1880-1893 den innen weit und licht wirkenden Sakralbau mit maurischen Stilelementen.

★Mariinskij-Theater und Konservatorium

Den **Theaterplatz** beherrscht das berühmte **★Mariinskij-Theater** (85) (*Maríinskij teatr*) von 1856. Seine sowjetische Umbenennung nach Sergej *Kirov* gilt heute noch offiziell für die Balletttruppe. Dieses Schauspielhaus ist mit

Foto: Volkmar E. Janicke

Sternstunden der russischen Musikkultur verbunden: 1836 wurde (noch im alten Gebäude) die erste russische Oper, Glinkas *Ein Leben für den Zaren* uraufgeführt, ebenso Werke von Tschajkovskij und Rimskij-Korsakov.

Der luxuriöse Zuschauerraum des Theaters ist ganz in Gold und Petrolblau gehalten. Doch seine 1620 Plätze reichen schon lange nicht mehr, besonders wenn Weltstars wie Anna Netrebko oder Valerij Gergijev auftreten. Seit 2013 löst nun ein Neubau, direkt hinter dem alten Gebäude errichtet, das Problem: Außen schlicht und elegant, innen eine Synthese aus Tradition und Zeitgeist, ist das **Mariinskij-2** eine der wohl am besten ausgestatteten Bühnen der Welt.

Das grau-weiße **Konservatorium** (86) gegenüber dem alten Mariinskij ist mit berühmten Komponisten wie Stravinskij oder Glasunov verbunden. Rechts vom Gebäude (z. Zt. eingerüstet) steht das Denkmal von M. Glinka, links jenes von Rimskij-Korsakov, der lange Jahre Direktor des Hauses war.

★Nikolaus-Marine-Kathedrale

Schon von Weitem funkeln die fünf goldenen Kuppeln der blauen ★**Nikolaus-Marine-Kathedrale** (87) (*Nikólskij Morskój sobór*); geweiht ist die prächtige orthodoxe Barockkirche (1753-62, Čevakinskij) Sankt Nikolaus, dem Schutzpatron der Seefahrer und Reisenden. Im Innenraum zeugen Wandtafeln mit den Namen von Opfern gesunkener U-Boote davon, dass der Heilige nicht allen helfen kann. Hier fand die Trauermesse für die Mannschaft des im Jahr 2000 gesunkenen U-Boots *K-141 Kursk* statt. Der obere, helle und festliche Raum der zweigeschossigen Kirche wird nur an Sonn- und Feiertagen und im Sommer genutzt. Ein **Gottesdienstbesuch** lohnt schon wegen des wunderbaren **Kirchenchors**. Da viele Touristen diese sehenswerte Kathedrale besuchen, wird von Ausländern Eintrittsgeld erhoben. Am Ufer des Krjukov-Kanals erhebt sich der viergeschossige **Glockenturm**. Den schönsten Blick darauf hat man vom Wasser aus.

» Stadtplan S. 198, Metroplan S. 166, Info S. 222-223

Foto: Thomas Stankiewicz

★★Jusupov-Palast (Mojka-Palast)

Biegt man, vom **Mariinskij-Theater** (s. S. 200) aus gesehen, rechts in die Dekabristenstraße ein, kommt man schon nach wenigen Schritten zu einem gelben **Pavillon**, der nicht in die ansonsten wenig ansprechende Umgebung passt: Er gehört zum **Jusupov-Park** (88) und beherbergte lange Zeit das Gourmet-Restaurant „**Adelsnest**" (*Dvorjánskoe Gnezdó)*. Namensgeber ist ein Roman von Ivan Turgenjev.

Kehrt man nun zur Mojka zurück, dann dominiert auf der rechten Uferseite die sonnengelbe Hauptfassade des ★★**Jusupov-Palasts** (89) (*Jusúpovskij dvoréc*; auch **Mojka-Palast** genannt). Das Äußere verrät nicht allzu viel über das prunkvolle Innere – „Die Jusupovs haben alles außer Vogelmilch", tuschelte man früher. Weltberühmt wurden die märchenhaft reichen Jusupovs und ihr Palast, weil sich hier im Dezember 1916 ein für Russland historisches Ereignis abspielte: Zusammen mit vier weiteren Verschwörern ermordete Felix Jusupov den „Wunderheiler" und Vertrauten der Zarenfamilie, Grigorij Rasputin. Nachdem Rasputin weder durch das Gift, das man ihm gegeben hatte, noch durch einen Schuss gestorben war, ertränkte man ihn schließlich. Da die Verschwörer zum Teil Verwandte der Zarenfamilie waren, sah man von einer genauen Untersuchung und Anklage ab. Felix Jusupov musste jedoch Russland verlassen. In der Sowjetzeit öffnete man seinen Palast als „Museum der Adelskultur", später machte man aus ihm ein „Haus der Lehrer". Kriegs- und Brandschäden konnten behoben werden.

Oben: Konzert im prachtvollen Theatersaal des Jusupov-Palastes. Rechts: Eine Tanzeinlage verstärkt die orientalische Atmosphäre im Maurischen Badezimmer.

In den letzten Jahren entwickelte sich der Jusupov-Palast zu einem wahren Besuchermagneten: Die luxuriösen **Gemächer** der Fürstin; die eleganten **Ballsäle**; das mosaikverzierte **Maurische Badezimmer**; das prachtvolle hauseigene **Theater** – eine Miniaturausgabe

» Stadtplan S. 198, Metroplan S. 166, Info S. 222-223

Foto: Paul Spierenburg

des Mariinskij, auf dessen Bühne die berühmtesten Künstler ihrer Zeit aufgetreten sind – das alles zeugt vom erlesenen Geschmack seiner früheren Bewohner. Und im **Keller** sitzt im originalen Ambiente der lebensgroße **Rasputin** als **Wachsfigur** mit wirren Haaren und Bauernhemd am Tisch, im gegenüber steht sein Mörder, in Uniform und brav gescheitelt, mit der Pistole in der Hand.

Postbrücke und Kircha

Überquert man die Mojka auf der kleinen **Postbrücke** (90) (*Počtámtskij most'*) und geht die Bolschaja Morskaja in Richtung Kathedrale weiter, hebt sich bald ein verunstaltetes Gebäude von den anderen ab: die frühere deutsche **Kircha** (91) (1862-65, Bosse und Grimm). Der ehemals hohe und spitze **Turm** wurde in den 1930er Jahren großteils abgetragen, das Gebäude im Stil des Konstruktivismus umgebaut und die **Fassade** mit Balkons und Skulpturen im Stil des sozialistischen Realismus versehen; nur die schmalen hohen Fenster deuten noch auf ein religiöses Gebäude hin. Es birgt heute einen **Sportkulturpalast**.

Bolschaja Morskaja Ulica

Die **Bolschaja Morskaja Ulica** (92) zählt zu den ältesten Straßen der Stadt; sie misst 1,14 km und verbindet den Schlossplatz mit dem Krjukov-Kanal. Im frühen 18. Jh. lebten hier Werftarbeiter in armseligen Holzhütten, im 19. Jh. säumten repräsentative Bauten die Straße, in denen Adlige, Staatsmänner sowie berühmte Vertreter Kunst und Kultur lebten. Um nur einige vorzustellen: Das **Haus Nr. 52** besticht durch seine strenge klassizistische Fassade, die lediglich ein kleiner Erker auflockert.

Im Inneren hingegen erwartet den Besucher beeindruckender Luxus in der Beletage: der **Weiße Saal** im Stil Ludwigs XV., der **Eichensaal**, die **Bibliothek** und vor allem der riesige **Bronzene Saal**, ein Entwurf des Architekten Mesmacher. Im Erdgeschoss befindet sich im privaten **Speisesaal** des Sena-

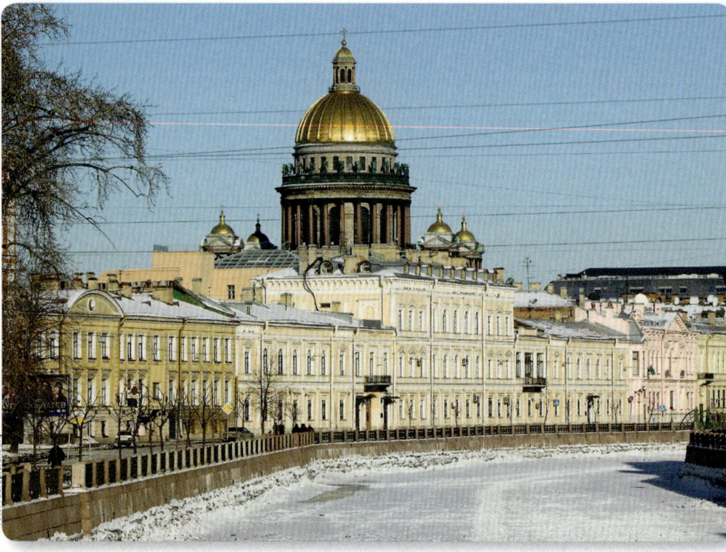
Foto: Paul Spierenburg

tors Polovcev, der das Haus bis 1916 bewohnte, das Restaurant *Villa Polovcev*. Heute ist der Palast Sitz der *Vereinigung der Petersburger Architekten*. Führungen durch die Paraderäume sind nach Vorbestellung (beim Wärter) möglich.

Schräg gegenüber im **Haus Nr. 45** hat die Vereinigung der Komponisten ihren Sitz. Einst gehörte es der Fürstin Gagarina. Von der Ausstattung ist leider wenig übrig geblieben, lediglich die Holzvertäfelung der früheren **Bibliothek**, die heute als **Konzertsaal** dient, gibt noch einen Eindruck der ehemaligen soliden Eleganz.

Das benachbarte **Haus Nr. 47** mit dem schönen Mosaikfries über den Fensterreihen wechselte häufig den Besitzer. Zu ihnen gehörte der geheimnisvolle Graf Valickij, ein leidenschaftlicher Spieler, den man wegen seines unvorstellbaren Reichtums auch den „Russischen Graf von Monte Christo" nannte. 1898 ging das umgebaute Haus in den Besitz der Familie Nabokov über. Im April 1899 erblickte hier Vladimir Nabokov im 1. Obergeschoss das Licht der Welt; zu seinem 100. Geburtstag weihte man sein **Memorialmuseum** in der Nabokovschen Wohnung ein. Leider ist wenig aus dem Besitz des in der Sowjetzeit verfemten Schriftstellers erhalten.

Das **Haus Nr. 43** zeichnet sich durch üppigen Fassadenschmuck aus. Auguste Ricard de Montferrand, der Architekt der nahen St. Isaaks-Kathedrale, hat es in den 1830er Jahren unter Verwendung von Barock-Elementen gestaltet. Das Innere steht dem Äußeren nicht nach; so verwendete de Montferrand hier erstmals grünen Malachit als Raumdekoration. Damit war dieser Malachitsaal älter als der berühmte Saal der Eremitage. 1911 arbeitete die italienische Botschaft im Gebäude, und es heißt, dass die Angestellten nach Ausbruch der Revolution den ganzen Malachit mit nach Italien genommen hätten. Heute beherbergt es eine Bank.

Oben: Häuserzeile entlang der Mojka, überragt von der St.-Isaaks-Kathedrale (in der Nähe des Jusupov-Palastes). Rechts: Velo-Taxis warten auf Touristen (an der Mojka).

 » Stadtplan S. 198, Metroplan S. 166, Info S. 222-223

Foto: Volkmar E. Janicke

Der Unterschied zum benachbarten **Haus Nr. 41** könnte kaum größer sein: Dessen Fassade ist ganz aus grob behauenem, dunkelrotem Granit mit massigen Dreiviertelsäulen, die sich über drei Etagen erstrecken. Das 1913 fertiggestellte Gebäude gilt als eines der besten Beispiele der Architektur des frühen 20. Jahrhunderts und ist ein Produkt des deutschen Baumeisters Peter Behrens, dem damals der junge Mies van der Rohe assistierte. Unter Zeitgenossen löste es allerdings auch viel Antipathie und Spott aus; so warf man Behrens vor, keine Rücksicht auf die traditionelle Architektur der Stadt genommen zu haben. In den 1930er Jahren jedoch beeinflusste gerade dieser Bau die Architektur der jungen Sowjetunion. Nur für kurze Zeit, bis 1914, war der **Behrens-Bau** Sitz der Kaiserlich-Deutschen Botschaft gewesen. Bei Ausbruch des 1. Weltkriegs stürzten wütende Petersburger die Pferdeskulpturen, die den Mitteltrakt betonten, herunter. Heute haben verschiedene Organisationen im Gebäude ihre Niederlassungen.

Malaja Morskaja Ulica

Jenseits des Isaaks-Platzes gelangt man auf der Bolschaja Morskaja zum **Haus Nr. 38**, das sich durch **Mosaikschmuck** und ein filigranes Schneegitter auf dem Dach abhebt. Es birgt das Ausstellungszentrum der **Petersburger Künstlervereinigung**.

Am **Haus Nr. 13** der parallel verlaufenden **Malaja Morskaja ul.** (93) findet man eine Marmortafel, die darauf hinweist, dass in diesem Haus der berühmte Komponist Pjotr **Tschajkovskij** (1840-1893) starb – ob an der Cholera oder durch Selbstmord, ist unter russischen Experten umstritten.

Im **Eckhaus** direkt gegenüber, an der Gorochovaja-Straße, lebte die Fürstin Golicyna, die Alexander Puschkin 1834 in seiner Novelle *Pique Dame* als Vorbild genommen haben soll. In diesem Bezirk vermuten Puschkin-Forscher einen Großteil der Schauplätze dieser Novelle um das Geheimnis, wie man drei Gewinnkarten voraussehen kann. Tschajkovskij vertonte sie 1890.

» Stadtplan S. 198, Metroplan S. 166, Info S. 222-223

Foto: Vladimir Waldin

★BASILIUS-INSEL

★★Strelka

Die ★**Basilius-Insel** (*Vasílevskij óstrov*) ist mit 1600 ha das größte Eiland der Stadt. Die Landzunge im Osten trennt die Arme der **Großen** und der **Kleinen Neva**; der historische Gebäudekomplex auf dem eleganten Uferplatz ★★**Strelka** (94), der östlichen Inselspitze, ist am besten von weitem zu betrachten. Die **Dvorcovyj-Brücke** (95) und die **Birshevoj-Brücke** (96), die den Strelka-Platz vor der Börse mit dem Admiralitätskai und der Petrograder Seite verbinden, verleihen dem Ensemble Symmetrie und Harmonie. Hier befand sich der erste Hafen der Stadt. Neu gestaltet im 19. Jh., ist es heute einer der beliebtesten Plätze der Petersburger.

Oben: Die Börse und die Rostra-Säulen markieren die Strelka, die östliche Spitze der Basilius-Insel. Rechts: Die klassizistische Akademie der Wissenschaften aus dem 18. Jh.

★Börse und Speicher

Dominierendes Bauwerk auf der Strelka ist die majestätische ★**Börse** (97) (*Birža*, 1805-10, de Thomon), entworfen nach dem Vorbild des griechischen Poseidon-Tempels in Paestum. Das Fundament ist aus Granit, die Wände und die 44 dorischen Säulen aus verputzten Ziegelsteinen. Das **Giebelfeld** (Tympanon) schmückt die Skulpturengruppe *Neptun mit zwei Flüssen* von Suchanov. Heute residiert hier das **Zentralmuseum der Kriegsmarine** mit 1500 **Schiffsmodellen** .

Die „Speicher" der Börse erbaute 1826-1832 I. F. Lucchini. Der **Südspeicher** (98) beherbergte 1829 die Erste Russische Industrieausstellung. Seither dient er als **Zoologisches Museum**, das u. a. ein ausgestopftes Mammut zeigt. Im **Nordspeicher** sind wissenschaftliche Einrichtungen untergebracht.

Am halbkreisförmigen Platz vor der Börse erheben sich die beiden **Rostra-Säulen** (*rostra* = Schiffsschnäbel), einst Leuchttürme, die die Hafeneinfahrt

» Stadtplan S. 198, Metroplan S. 166, Info S. 222-223

Foto: Volkmar E. Janicke

markierten. Die 5 m hohen **Steinfiguren** zu ihren Füßen versinnbildlichen vier große Flüsse des alten Russlands: Wolga, Neva, Wolchov und Dnjepr. In den Schalen auf den Säulen werden an hohen Feiertagen Feuer entzündet.

★Kunstkammer

Die ★**Kunstkammer** (99) (*Kunstkámera*) am Universitätskai (1718-34, Mattarnovi, Härbel, Chiaveri, Semcov) ist eines der wenigen gut erhaltenen Beispiele der Baukunst der Epoche Peters I. des Großen. Zwei lange, vertikal gegliederte Trakte sind durch einen prächtigen Mittelturm verbunden. Das Gebäude war als Bibliothek und erstes russisches Museum mit anatomischem Theater und erstem Observatorium Russlands geplant. Heute sind hier Sammlungen des **Museums für Anthropologie und Ethnologie** sowie die **Raritätensammlung Peters I.** ausgestellt. Im Turm befindet sich das **Lomonosov-Gedenkmuseum** mit dem **Gottorfer Riesenglobus** aus dem 17. Jh.

Akademie der Wissenschaften und Universität

Das Hauptgebäude der **Akademie der Wissenschaften** (100) (*Akadémija naúk*; Universitetskaja nab. Nr. 5) wurde 1783-1789 vom Meister des Klassizismus, Giacomo Quarenghi, errichtet. Die Haupttreppe im Inneren des Gebäudes schmückt Lomonosovs Mosaikbild **Schlacht bei Poltava**.

Das Hauptgebäude der St. Petersburger **Universität** (101) (*Universitét*), die **Zwölf Kollegien**, entstand 1720-1734 und war zur Unterbringung zentraler staatlicher Verwaltungseinrichtungen („Kollegien", Vorläufer der Ministerien) gedacht, die Peter I. geschaffen hatte. Das fast 400 m lange Barockgebäude besteht aus zwölf Teilen, die zu einer Einheit verbunden sind. Die schlichte dekorative Gestaltung ist typisch für die Zeit Peters des Großen: Weiße Lisenen ziehen sich über das rote Mauerwerk, Fenster sind von weißen Rahmen umgeben. Die **Innenausstattung** von 1730 ist im **Peter-Saal** noch erhalten.

» Stadtplan S. 198, Metroplan S. 166, Info S. 222-223

Seit 1819 wird das Gebäude als Universität genutzt; hier wirkten Wissenschaftler von Weltrang wie der Chemiker Dimitrij Mendelejev oder der Physiologe und Nobelpreisträger von 1904, Ivan Pavlov.

★Menschikov-Palais

Das ★**Menschikov-Palais** (102) (*Ménšikovskij dvoréc*) war 1720 Petersburgs erster Steinpalast (Architekten u. a. Carlo Fontana und Gottfried Johann Schädel); sogar der Zar wohnte damals bescheidener. Alexander Fürst Menschikov war aus einfachsten Verhältnissen aufgestiegen, vom Jugendfreund Peters zu dessen engstem Vertrauten, erfolgreichem Feldmarschall und mächtigem Generalgouverneur von St. Petersburg.

Trotz mehrerer Umbauten erkennt man am Palast typische Züge des Frühbarocks, einige prachtvolle Innenräume wie der **Salon** und das **Walnusskabinett** sind mit Möbeln und Gemälden aus der Zeit Peters I. ausgestattet. 1727, nach Peters Tod, wurden die Menschikovs nach Sibirien verbannt (wo Alexander 1729 starb) und hier das Adeligenkorps untergebracht, eine Elite-Lehranstalt. Heute ist es mit der Sammlung **Kultur Russlands im ersten Drittel des 18. Jh.** eine Filiale der **Eremitage**.

Oben: Vor der frühklassizistischen Akademie der Künste prangen zwei ägyptische Sphingen.

St.-Andreas-Kathedrale

Zu den architektonischen Sehenswürdigkeiten der Basilius-Insel gehört die **St.-Andreas-Kathedrale** (103) (*Andréevskij sobór*, A. Vist), am Bolschoj Prospekt, von 1764-80, der Wende vom Barock zum Klassizismus, erbaut. Die geschnitzte Ikonenwand ist original erhalten.

Neben der Kathedrale steht die vermutlich von Giovanni Trezzini 1740-1760 geplante **Kirche der hl. drei Bischöfe** (104), ein Meisterwerk früher Petersburger Baukunst, und das **Trojekurov-Haus** (105) (1720-1730), eines der ersten Steinhäuser Petersburgs.

» Stadtplan S. 198, Metroplan S. 166, Info S. 222-223

★Akademie der Künste

Die ★**Akademie der Künste** (106) (*Akadémija chudóžestv*) in der Universitetskaja nab. Nr. 17 ist ein Baudenkmal des Frühklassizismus mit teilweise noch barocken Zügen (1764-88, A. Kokorinov, J. B. Vallin de la Mothe). Vom runden **Innenhof** führte ursprünglich ein Durchgang zur Neva. Die Zimmerflucht der zweiten Etage ist mit **Deckenmalereien** verziert. Einige berühmte russische Künstler gingen aus dieser Akademie hervor, so der Maler Ilja Repin (1844-1930).

Heute beherbergt das Gebäude das **Ilja-Repin-Institut** für Malerei, Bildhauerei und Architektur. In der **Kunstsammlung** sind Abschlussarbeiten von Studenten, Kopien bekannter Gemälde und Modelle wichtiger Petersburger Gebäude zu sehen.

Der Kai vor dem Gebäude ist mit **Bronzekandelabern** geschmückt. Ziemlich unerwartet steht man vor zwei fast 3500 Jahre alten ägyptischen ★**Sphingen**, aus Syenit gemeißelt und majestätisch auf einem Granitsockel ruhend. 1832 kaufte sie der russische Staat in Theben in Ägypten. Heute sind sie eines der spektakulärsten Fotomotive der Stadt, mit einem grandiosen Hintergrund.

Mariä-Verkündigungs-Brücke

Werfen Sie einen Blick stromabwärts auf die **Mariä-Verkündigungs-Brücke** (80), *Blagovéščenskij most'*; früher Leutnant-Schmidt-Brücke), die man 2007 nach Renovierung und Verbreiterung um 13 m wieder eröffnete. Von 1843-1850 wurde sie als erste Eisenbrücke über die Neva erbaut, mit einem sehr kunstvoll verzierten schmiedeeisernen **Gitter**.

In der Schifffahrtssaison werden die riesigen **Zugbrücken** zweimal pro Nacht hochgeklappt – ein großartiger Anblick, besonders während der **Weißen Nächte** im Juni und Juli.

Bergbauinstitut mit ★Geologischem Museum / ★Erarta

Am **Leutnant-Schmidt-Ufer** (107) stehen viele Wohnhäuser, deren Fundamente oft noch aus der Zeit Peters stammen. Interessant sind das **Wohnhaus der Akademie der Wissenschaften** (Nr. 1), die **Marinehochschule** (Nr. 17; früher Gebäude des Marinekadettenkorps), das „**Haus der Vornehmen**" (zwischen der 19. und 20. Linie) und das **Bergbauinstitut** (108) (*Górnyj institút*; Nr. 45). Es war die erste technische Hochschule Russlands und die zweite der Welt, gegründet 1773. Das Portal des Bergbauinstituts schmücken zwölf dorische Säulen und Skulpturengruppen. Zusammen mit den Gebäuden am anderen Ufer bildet das Bergbauinstitut ein imaginäres Tor, durch das die Schiffe nach St. Petersburg einlaufen.

Lohnend ist das integrierte ★**Geologische Museum** mit über 1 Mio. Exponaten, darunter Dinosaurierknochen und eine 26 m^2 große **Landkarte der Sowjetunion aus Halbedelsteinen**.

1500 m nordwestlich des Geologischen Museums, im Haus Nr. 2, Linie 29 auf der Basilius-Insel, warten über 2000 zeitgenössische Kunstwerke auf Besucher – das ★**Erarta** ist somit das größte private Museum Russlands.

Hotel Pribaltijskaja und Seehafen

Von den neueren Gebäuden im Westteil der Basilius-Insel sind das an der Ostsee gelegene **Hotel Pribaltijskaja** (109) (ul. Korablestroitelej Nr. 14) von 1979, mit 2400 Zimmern die größte Unterkunft der Stadt, und der **Seehafen** (110) (*Morskój port*) eine Erwähnung wert. Die Fassade des **Hafengebäudes** ist mit Metallplatten verkleidet, die an ein Segel im Wind erinnern.

Nahe dem Hafen liegt das zu besichtigende, restaurierte **Museums-U-Boot D2** *Narodowolez* (Škíperskij protók Nr. 10) von 1929, das im 2. Weltkrieg fünf deutsche Schiffe versenkte.

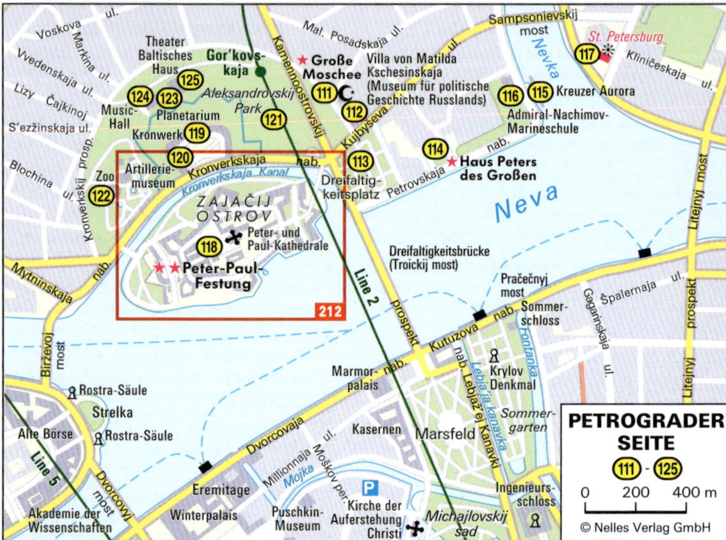

PETROGRADER SEITE

Der nächste Spaziergang führt durch den nördlichen Teil der Stadt, die **Petrograder Seite**. Man fährt dafür am besten zur Metrostation *Gor'kovskaja* (Linie 2) und läuft dann durch einen Park zum **Kamennoostrovkij-Prospekt**.

Große Moschee

Schaut man vom Kamennoostrovkij-Prospekt Richtung Neva, überragt links die imposante Kuppel der ★**Großen Moschee** (111) (*Bol'šája Mečét'*), eingerahmt von zwei zierlichen Minaretten, die Baumkronen. Sie entstand in den Jahren 1910-1912 unter Mitwirkung von mittelasiatischen Baumeistern nach dem Vorbild der grandiosen Kuppel des Gur-Emir-Mausoleums in Samarkand aus dem 15. Jh., dem Grabmahl des grausamen Herrschers Timur Lenk („Tamerlan"). Frisch saniert, dient sie heutzutage den zahlreichen muslimischen Tataren von St. Petersburg als Gebetshaus.

Kschesinskaja-Villa / Museum für Politische Geschichte Russlands

An der Ecke zur Kujbyscheva-Straße steht die wunderschöne, 1906 von Hohen und Dmitriev im Jugendstil errichtete **Villa von Matilda Kschesinskaja** (112). Die begnadete Ballerina (geboren 1872 nahe Peterhof, gestorben 1971 im Pariser Exil) war u.a. die Geliebte des späteren Zaren Nikolaus II. In der Sowjetzeit eröffnete in der prächtigen Villa mit modernem Anbau das Revolutionsmuseum. Heute hat es als **Museum für Politische Geschichte Russlands** einen neuen Namen und eine abgeänderte Ausstellung; auf Fotos sieht man nun auch wieder „Unpersonen" der frühen Stalin-Ära, die die Sowjets wegretuschiert hatten. Daneben ist noch einiges vom Originalinterieur erhalten.

Dreifaltigkeitsplatz und ★Haus Peters des Großen

Der Kamennoostrovkij-Prospekt überquert den ältesten Platz der Stadt,

» Stadtplan S. 210, Metroplan S. 166, Info S. 222-223

den **Dreifaltigkeitsplatz** (113) (*Troíckaja plóščad'*). An die einstige, gleichnamige Kirche, die gesprengt wurde, erinnert eine kleine **Kapelle**.

Links am Ufer der Neva entlang, kommt man zu Petersburgs ältestem Wohnhaus, dem ★**Haus Peters des Großen** (114) (*Dómik Petrá Pérvogo*). Es liegt etwas versteckt in einer Grünanlage und besteht nur aus drei winzigen, insgesamt nur 64 m² großen Zimmern, hier lebte der Zar, als er die Bauarbeiten zur Peter-Paul-Festung leitete. Sein Ururenkel Alexander I. ließ das Häuschen 1823 durch einen steinernen Überbau schützen. Die meisten Gegenstände stammen aus dem Besitz Peters und geben einen Einblick in den Lebensstil der schillernden Persönlichkeit.

Panzerdeckkreuzer Aurora und Admiral-Nachimov-Marineschule

Wer sich für die Geschichte der Oktoberrevolution interessiert, sollte am Petrovskij-Ufer weiter gehen bis zu der Stelle, an der die Große Nevka von der Neva abzweigt. Hier liegt der berühmte **Panzerdeckkreuzer Aurora** (115) (*Kréjcer Avróra*) vor Anker. Am 25. Oktober 1917 wurde von diesem um 1900 gebauten Kriegsschiff, das bereits Narben aus dem Russisch-Japanischen Krieg hatte, der Startschuss für die Revolution gegeben. Seit 1957 ist die Aurora **Denkmal**, **Museums-** und **Schulschiff** zugleich; 1968 erhielt der Kreuzer sogar den „Orden der Oktoberrevolution".

Das blaue Gebäude nebenan ist die renommierte **Admiral-Nachimov-Marineschule** (116). Hier werden Jugendliche für die Offizierslaufbahn bei der Kriegsmarine ausgebildet.

Das 1970 auf der anderen Seite der Bol´schaja Nevka eröffnete Betonhotel *Leningrad* passt nicht ins Stadtbild, auch wenn heute der Namenszug **Hotel Saint-Petersburg** (117) an dem renovierten 399-Zimmer-Haus leuchtet. Unübertroffen ist jedoch die **Aussicht** von der Terrasse auf den Palastkai!

★★Peter-Paul-Festung

Den Grundstein zur ★★**Peter-Paul-Festung** (118) (*Petropávlovskaja krépost'*) legte Peter I. der Große selbst am 16. (27.) Mai 1703. Dieser Tag gilt als Gründungstag von St. Petersburg. Die Festung liegt auf der **Haseninsel** (*Zájači óstrov*), der kleinsten der Petersburger Inseln und hat die Form eines Sechsecks mit sechs durch Mauern verbundenen Bollwerken. Zur Zarenzeit war die Festung wie eine Stadt in der Stadt mit eigenen Geschäften und Institutionen. Der Kommandant wurde vom Zar selbst bestimmt und stammte aus dessen engstem Kreis.

Meistens betreten Fußgänger die Peter-Paul-Festung über die hölzerne **Johannesbrücke** 1, die älteste Brücke der Stadt (2003 erneuert); sie überspannt den **Kronwerkkanal** und führt zum **Johannestor** 2. Durch das nachfolgende **Petertor** 3 (*Petróvskie Voróta*) (1717-1718) geht es in die eigentliche Festung. Das **Basrelief** oberhalb des Durchgangs zeigt ein biblisches Sujet, den Sturz des Zauberers Simon; es soll den Sieg Peters I. über Schwedens König Karl XII. symbolisieren. Der fallende Simon trägt die Züge Karls XII. Ebenfalls am Tor ist das Wappen Russlands, ein schwarzer Doppeladler mit dem Wappen der Romanovs, dem hl. Georg (Drachentöter) erhalten.

Linkerseits an der Hauptallee liegen das **Ingenieurhaus** 4 und das **Kommandantenhaus** 5. Hier wohnte der Kommandant, hier tagte das Gericht und wurden Todesurteile gesprochen. Heute finden in beiden Häusern **Ausstellungen** statt.

Zwischen beiden Gebäuden sitzt in einer kleinen Grünanlage der Stadtgründer auf seinem Thron. Die **Bronzestatue Peters I.** 6 des Bildhauers Schemjakin, 1991 enthüllt, rief zunächst einen Sturm der Entrüstung hervor, da der Zar mit unproportioniert kleinem Kopf gezeigt wird. Inzwischen haben sich die Gemüter längst beruhigt und

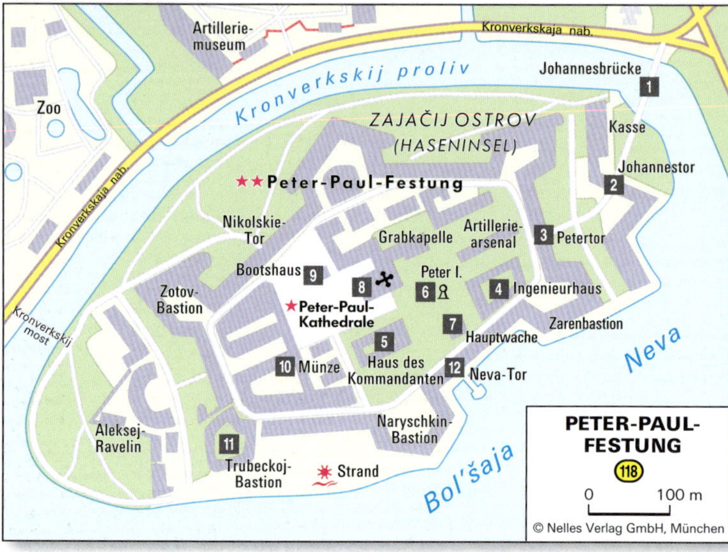

Peter hat blanke Knie und Hände bekommen, da es Glück bringen soll, wenn man diese Stellen streichelt. Nicht nur Kinder lieben es, sich für ein Foto auf den Schoß des Zaren zu setzen.

Das gelbe Haus hinter dem Zarendenkmal war einst die **Hauptwache** 7 der Festung, heute ist es Sitz der Direktion des Historischen Museums.

Hauptattraktion der Festung ist die ebenfalls von D. Trezzini 1712-33 erbaute ★**Peter-Paul-Kathedrale** 8, die erste Kirche Russlands, die im westlichen Stil gebaut wurde. Der **Glockenturm** ist mit 122,5 m noch heute der höchste Punkt der historischen Innenstadt. Der 3,2 m hohe **Engel**, der ein 7 m hohes Kreuz trägt, ist eines der Wahrzeichen von St. Petersburg. Bei der jüngsten Restaurierung entdeckten Arbeiter einen Brief ihrer Kollegen aus dem 18. Jh., in dem diese über die schlechten Arbeitsbedingungen klagten.

Rechts: Die Peter-Paul-Kathedrale. Im westlichen Stil gestaltet, ist die Kirche Begräbnisstätte fast aller russischer Zaren.

Seit Peter I. ist diese Kathedrale **letzte Ruhestätte aller russischen Zaren** und ihrer Familien, außer Peter II. und Ivan VI. Zu einer Aussöhnung mit der Vergangenheit wurde im Juli 1998 die Beisetzung des letzten russischen Zaren Nikolaus II. und seiner Familie sowie der vier Bediensteten, die ihnen in die Verbannung gefolgt und ebenfalls ermordet worden waren. Die Gebeine sind jedoch nicht im Hauptraum bestattet, sondern in der kleinen seitlichen **Kapelle der hl. Katharina**; man hat sie eigens für dieses Ereignis restauriert, nachdem sie während der Sowjetzeit mal als Werkstatt, mal als Büroraum genutzt worden war. Auf Wunsch der Romanovs wurden die sterblichen Überreste der Bediensteten gemeinsam mit der Zarenfamilie in einem Grab beigesetzt. Nach langen Verhandlungen gab es 2006 ein weiteres Begräbnis im Beisein der Romanov-Familie: Prinzessin Dagmar von Dänemark, in Russland bekannt als Marija Fjodorovna, die Mutter des letzten Zaren und Gattin Alexanders III., bekam – ihrem Wunsch entspre-

» Plan S. 212, Metroplan S. 166, Info S. 222-223

chend – ihren Platz neben ihrem Mann.

1992 hatte die Beisetzung von Großfürst Kirill Vladimirovitsch Romanov in der Großfürstengruft für Aufsehen gesorgt – nach der Ermordung von Zar Nikolaus II. und dessen Bruder Michael wurde der Zarencousin Oberhaupt des Hauses Romanow, und von 1924 bis zu seinem Tod 1938 in Frankreich nannte er sich „Kaiser im Exil".

Zwei Personen fehlen noch: Thronfolger Alexej und eine Zarentochter. Mittlerweile sind jedoch sowohl Alexej als auch die zweitjüngste Tochter Marija gefunden und identifiziert worden und sollen nun ebenfalls im Grab der Zarenfamilie beigesetzt werden.

Das kleine **Bootshaus** 9 vor der Kathedrale wurde eigens für die Jolle Peters I. errichtet, der junge Zar hatte sie selbst gebaut.

Gegenüber fällt ein Schriftzug an der Fassade auf: *Monetnyj Dvor* – die 1799-1805 errichtete **Münze** 10; hier wird heute noch Münzgeld geprägt.

Die Festung diente schon bald nicht mehr Verteidigungszwecken, sondern war bis zur Revolution ein berüchtigtes Gefängnis für politische Häftlinge. Erster prominenter Insasse war der Sohn Peters I. aus erster Ehe, Alexej, den man der Teilnahme an einer Verschwörung gegen seinen Vater bezichtigte. Er starb unter der Folter und wurde im Turm der Kathedrale beigesetzt. Heute kann man in der renovierten **Trubeckoj-Bastion** 11 noch die Zellen späterer Generationen besichtigen: Dostojevskij saß hier in Haft, Maxim Gorkij, Lenins Bruder Alexander Uljanov, Vera Figner und viele mehr; die berühmtesten sind durch Wachsfiguren dargestellt.

Todesurteile vollstreckte man nicht in der Festung. Die Verurteilten führte man zum **Neva-Tor** 12, vom Volk „Tor des Todes" genannt, und brachte sie meistens zur Festung Schlüsselburg am Ladogasee zur Hinrichtung. Gehen Sie unbedingt zu diesem Tor! Im Durchgang auf der rechten Seite sind die höchsten **Wasserstände** in der Geschichte der Stadt markiert. Vom **Landesteg** hat man einen herrlichen Blick auf den **Palastkai** und auf die Sonnenhungrigen,

Foto: Leonid Andronov (Shutterstock.com)

die sich bei dem kleinsten Sonnenstrahl im Schutz der dicken Festungsmauern bräunen lassen. Oft warten auch Boote auf Kundschaft für eine kleine ★**Neva-Rundfahrt**.

Sollten Sie um die Mittagszeit in der Festung oder in der Nähe sein, erschrecken Sie nicht: pünktlich um **12 Uhr** wird ein **Kanonenschuss** abgefeuert. So war es schon zur Zeit Peters I. und so ist es noch heute.

Kronwerk und Aleksandrovskij Park

Der Neva-Arm, der die Haseninsel von der Petrograder Seite trennt, heißt **Kronwerkskij-Kanal**. Am gegenüberliegenden Ufer liegt **Kronwerk** (119) – ein Verteidigungsbau zum Schutz der Festung und des Festlandes, erbaut 1705-1708 und 1752 erneuert – unter Leitung von Ibrahim Hannibal, einem gebürtigen Äthiopier und Urgroßvater von Puschkin, der als der „Mohr Peters des Großen" in die Literatur eingegangen ist.

Im Juli 1826 fand auf dem Kronwerksplatz die Urteilsverkündung für die Teilnehmer des Dezemberaufstandes von 1825 statt; fünf Anführer wurden noch in derselben Nacht auf dem Ostwall von Kronwerk gehängt. Am Ort ihrer Hinrichtung steht ein **Gedenkobelisk** mit einem Gedicht von Puschkin für die „Dekabristen".

1849-1860 errichtete P. Tamanskij in Kronwerk das Arsenal, in dem sich seit 1868 das **Artilleriemuseum** (120) (*Voénno-istoríčeskij muzéj artilleríi*) befindet, mit einer 500 000-Exponate-Kollektion von Artilleriewaffen und Kanonen des14. Jh. bis zu Raketensystemen der Neuzeit; Hieb-, Stich- und Feuerwaffen, Pionier- und Nachrichtentechnik, Trophäen und Auszeichnungen, Schlachtengemälden, Uniformen und vieles mehr.

Hinter Kronwerk und Artilleriemuseum liegt der **Aleksandrovskij Park** (121).

Oben: Peter-Paul-Festung mit Sandstrand an der Neva. Rechts: Das Alexander-Nevskij-Kloster ist eines der drei ehrwürdigsten Klöster in Russland.

» Stadtplan S. 198, Metroplan S. 166, Info S. 222-223

Foto: Meoita (Dreamstime)

Er wurde im 19. Jh. eröffnet, nimmt 22 ha ein und erfreut sich großer Popularität bei den Petersburgern. Zur Anlage gehören mehrere Sehenswürdigkeiten, darunter auch der **Zoo** (122). Er geht auf den 1865 eröffneten Tiergarten zurück; die Tiere leben hier recht beengt in ihren Käfigen.

Ein Stück entfernt liegen das **Planetarium** (123), die Music-Hall sowie das Theater Baltisches Haus.

Die erste **Music-Hall** (124) Leningrads öffnete 1929 ihre Tore. Sogar Schostakovitsch komponierte für sie. Dann wurde diese Kunst von den Parteifunktionären als „schädlich" erklärt und in dem Gebäude ein Kino untergebracht. 1967 wiedereröffnet, werden heute auch Shows und Musicals in dem Traditionshaus gezeigt.

Das **Theater Baltisches Haus** (125) (*Baltíjskij dom*) mit seiner pompös und kalt anmutenden Innenausstattung entstand an der Stelle des abgebrannten Volkshauses. Das 1932-1936 errichtete Gebäude ist ein typisches Beispiel für die Architektur der Stalin-Ära.

ÖSTLICHE INNENSTADT

★Alexander-Nevskij-Kloster

Das ★**Alexander-Nevskij-Kloster** (126) (*Aleksándro-Névskaja lávra*) liegt an der Metrostation *Ploščad' Alexandra Nevskogo*. Peter I. gründete das orthodoxe Männerkloster 1710 zu Ehren des Novgoroder Fürsten Alexander Jaroslavovitsch, der 1240 am Ufer der Neva die Schweden entscheidend besiegt hatte (daher der Ehrenname *Nevskij*) und 1547 heiliggesprochen wurde. Der silberne Sarkophag, der lange die sterblichen Überreste des Heiligen barg, befindet sich heute in der Eremitage. Die Gebeine Alexanders ruhen in einem neuen **Sarkophag** in der Dreifaltigkeits-Kathedrale des Klosters.

1787 erklärte man das Kloster zur *Lavra* – dies bezeichnet in der griechisch- und russisch-orthodoxen Kirche ein großes, verdienstvolles Kloster mit vielen Mönchen; den Ehrentitel *Lavra* tragen nur drei Klöster in Russland. Hier wurde die heute noch existieren-

» Stadtplan S. 198 u. S. 216, Metroplan S. 166, Info S. 222-223

ÖSTLICHE INNENSTADT
126 - 136
0
0,5 km
© Nelles Verlag GmbH, München
Neva
Dača Bezborodko
nab.
Sverdlovskaja
Ploščad' Lenina
Finnischer Bahnhof
pl. Lenina
Lenin Denkmal
Kresty Gefängnis
Komsomola
ulica
Arsenal'naja
Line 1
Robesp'era
Orlovskaja
Smol'naja
Smol'nogo
Felix-Dzershinskij-Denkmal
Špalernaja
Taurisches Palais
Kikin-Palais
Smolnyj-Kloster
Auferstehungs-Kathedrale
Ochtinskaja-Victoria
Smolnyj-Institut
Lenin-Denkmal
Lenin-Museum
Smol'nyj prosp.
Zachar'evskaja ul.
ul. Čajkovskogo
ul. Furštatskaja
Černyševskaja
Černyševskogo
Kiročnaja
Tavričeskij sad
Potjomkinskaja
Tavričeskaja
Stavropol'skaja
Tverskaja
Očakovskaja ul.
Kavalergardskaja
Suvorov-Museum
Suvorovskij prosp.
Voenno okružnoj gospital'
most Petra Velikogo
(Bol'šeochtinskij)
ul. Ryleeva
Radiščeva
Vosstanija
Vilenskij per.
Baskov ul.
Nekrasova
Kovenskij per.
Paradnaja
Degtiarnyj per.
Novgorodskaja
Tekstil'ščika
Krasnogo
Moiseenko
Sinopskaja
Maloochtinskaja
Maloochtinskij prosp.
Novočerkasskij
ul. Zhukovskogo
Oktjabr'skij-Konzerthalle
Gimnazija
9-ja Sovetskaja ul.
8-ja Sovetskaja
7-ja Sovetskaja
6-ja Sovetskaja
5-ja Sovetskaja
4-ja Sovetskaja
3-ja Sovetskaja
2-ja Sovetskaja
10-ja Sovets.
Grand Hotel Emerald
Internatl. Youth Hostel
Ligovskij
Grečeskij prosp.
Ploščad' Vosstaniya
Oktjabrskaja
pl. Vosstanija
Majakovskaja
Moskauer Bahnhof
Galeria Mall
Kirillovskaja
Starorusskaja ul.
Mytninskaja
Sad Černyševskogo
Bakunina
Nevskij prospekt
Konnaja
Chersonskaja
Line 3
Teležnaja
Mirgorodskaja
Novo-čerkasskaja
Line 4
Zanevskij prosp.
most Aleksandra Nevskogo
Stachanovcev
Moskva
Pl. Aleksandra Nevskogo
Infekcionnaja bol'nica im. Botkina
Lazarus-Friedhof
Tichviner Friedhof
Mariä-Verkündigungs-Kirche
Alexander-Nevskij-Kloster
Dreifaltigkeits-Kathedrale
Kremenčugskaja
Monastyrka
Alexander-Nevskij-Gärten
Nikolaus-Friedhof
Obuchovskoj oborony
Gidrometeo-rologičeskij universitet
Zanevskij sad
Obvodnogo kanala
Obvodnyj kanal
126
127
128
129
130
131
132
133
134
135
136

de **Geistliche Akademie** gegründet, eine **Bibliothek** und ein **Archiv** alter Handschriften angelegt, der **Metropolitengarten** eingerichtet, sowie 1932 das **Museum für Skulpturen** der Stadt untergebracht.

Die zahlreichen Gebäude der Lavra entwarfen erstklassige Baumeister wie Domenico und A. Trezzini und Ivan Starov; Barock verbindet sich mit Frühklassizismus. Einen zentralen Platz nimmt die **Dreifaltigkeits-Kathedrale** (*Tróickij sobór*) ein (1776, Starov), die ein langgestrecktes Kreuz bildet. Ihre **Westfassade** ist durch zweistöckige Glockentürme sowie ein Eingangsportal mit sechs Säulen akzentuiert. Den **Innenraum** unterteilen mächtige Pfeiler mit paarweise angeordneten korinthischen Säulen in drei Schiffe. Die **Malereien** an Kuppel und Gewölben wurde nach Skizzen von Giacomo Quarenghi ausgeführt. In der Grabkammer der **Mariä-Verkündigungs-Kirche** (*Blagovéščenskaja cérkov'*), dem ältesten Teil der *Lavra*, liegen Mitglieder der Zarenfamilie und Marschall Suvorov.

Außerhalb der Klosteranlage befinden sich der **Lazarus-Friedhof** (127) und der **Tichviner Friedhof** (128) mit einzigartigen memorialen Plastiken des 17.-19. Jh. Auf diesen Friedhöfen sind viele berühmte Persönlichkeiten begraben, so der Universalgelehrte **Lomonosov**, die Architekten und Bildhauer **Rossi**, Voronichin, Zacharov und Starov. In der Nekropole der Künstler liegen die Schriftsteller **Dostojevskij**, Shukovskij, Karamzin und Krylov, die Komponisten **Tschaikovskij**, Glinka, Borodin, **Musorgskij** und **Rimskij-Korsakov**.

Taurisches Palais

Zwei Metrostationen vom Nevskij-Kloster entfernt, liegen zwei sehenswerte, historisch wichtige Gebäudekomplexe: das Taurische Palais und das Smolnyj-Kloster. Geht man von der **Metrostation Tschernyschevskaja** (129) zu Fuß die Furschtatskaja-Straße entlang, gelangt man direkt zum schön angelegten **Taurischen Garten**. Links führt dann die Potjomkin-Straße bis zur Schpalernaja, diese biegt man rechts ab und gelangt zu dem in großzügiger U-Form gebauten **Taurischen Palais** (130) (*Tavríčeskij dvoréc*), dessen Mitteltrakt sechs weiße Säulen und eine flache Kuppel betonen. Katharina II. ließ den Palast 1783-1789 von Ivan Starov errichten und schenkte ihn ihrem Geliebten, dem Fürsten **Potjomkin** von Taurien; den Beinamen hatte sich Potjomkin durch die Eroberung der Krim, dem antiken Taurien, verdient. Die erlesene Innenausstattung des Palastes und die Feste im **Ballsaal** waren legendär. Katharinas Sohn Paul I., der Potjomkin inbrünstig hasste, stellte das Palais dem Gardekavallerieregiment zur Verfügung. Nach Pauls Tod wurde der Palast zu einer der Lieblingsresidenzen der Romanovs.

1906-1917 tagte hier das erste russische Parlament, heute die **Interparlamentarische Versammlung der GUS** (Gemeinschaft Unabhängiger Staaten).

Felix-Dzershinskij-Denkmal und Kikin-Palais

Folgt man der Schpalernaja-Straße weiter, sieht man das **Felix-Dzershinskij-Denkmal** (131) auf der linken Seite. Es stellt den berüchtigten Chef der „Außerordentlichen Kommission“, des Vorläufers des KGB, dar; verantwortlich für Massenerschießungen, Verhaftungen und Folterungen von „Klassenfeinden“.

Das **Kikin-Palais** (132) (*Kíkiny paláty*), weiter östlich, stammt aus der Zeit Peters des Großen; vermutlich war Andreas Schlüter der Architekt. Oberadmiralsrat Alexander Kikin hatte wenig Freude an seinem Palast: Man verdächtigte ihn umstürzlerischer Aktivitäten und richtete ihn 1718 auf brutale Weise hin. 1718-1727 gründete man hier die erste Kunstkammer und die Bibliothek Peters I. Nach Behebung der Schäden des 2. Weltkriegs beherbergt der Bau heute eine **Musikschule**.

Foto: Tatiana Savvateeva (Dreamstime)

★Smolnyj-Kloster

Smolnyj bedeutet „Teer" – hier ließ Peter I. Teer für den so wichtigen Schiffsbau gewinnen. Der Name ging noch im 18. Jh. auf das ★**Smolnyj-Kloster** (133) (*Smól'nyj monastýr'*) und das später gegründete Institut über. Der herrliche Gebäudekomplex in kräftigem Blau, das durch weiße Säulen, Pilaster und Stuck noch mehr leuchtet, sollte der Alterssitz der tiefgläubigen Zarin Elisabeth werden. 1748 begannen die Bauarbeiten nach dem Entwurf ihres Lieblingsarchitekten Bartolomeo Rastrelli, doch Elisabeth starb, und ihre Nachfolgerin Katharina II. schätzte den barocken Stil nicht, ließ die Bauarbeiten stoppen und Rastrelli ausweisen. Erst 1835 führte Vasilij Stasov die Arbeiten zu Ende.

Die barocke ★**Auferstehungs-Kathedrale** (134) hat den Grundriss einer Kreuzkuppelkirche mit fünf Kuppeln, von denen sich die vier kleineren eng an die dominierende Mittelkuppel anschmiegen und so noch mehr himmelwärts zu streben scheinen. Innen überrascht die Kirche mit weißer Schlichtheit; wegen ihrer hervorragenden Akustik nutzt man sie als **Konzertsaal**.

Katharina gründete im Kloster ein Mädchenpensionat, das **Smolnyj-Institut** (135) (*Smól'nyj institút*), in dem reiche Adelstöchter ihre Ausbildung bekommen sollten. Die besten Absolventinnen hatten die Aussicht, Hofdame zu werden. Zu Beginn des 19. Jh. schuf Quarenghi neben dem Rastrelli-Ensemble ein neues Domizil im klassischen Stil für die Schülerinnen.

1917 löste man das Institut auf und übergab das Gebäude dem Sowjet der Petrograder Arbeiter- und Soldatendeputierten. 1934 wurde der beliebte Leningrader Parteichef und Stalin-Konkurrent Kirov hier von einem eifersüchtigen Ehemann erschossen, ein Mord, den Stalin geschickt zum Anlass für seine politische Säuberungswelle nahm.

Oben: Die Auferstehungs-Kathedrale bildet das Zentrum des Smolnyj-Klosters. Rechts: Das Smolnyj-Institut – einer der wenigen Orte, wo Lenin noch den Weg weist.

» Stadtplan S. 216, Metroplan S. 166, Info S. 222-223

Foto: Alberto Loyo (Shutterstock.com)

Nach Lenins Tod (1924) wandelte man seine Wohnräume im Institut in ein **Lenin-Museum** (136) (*Muzéj Lénina*) um, das jedoch nur nach Voranmeldung besichtigt werden kann. Seit 1927 steht ein **Denkmal** des Revolutionsführers vor dem Haupteingang des Quarenghi-Baus. Nach dem Untergang der Sowjetunion wurde das Smolnyj Sitz des Petersburger Oberbürgermeisters.

Heumarkt

Das Viertel zwischen Isaaks-Platz und der Metrostation *Sennája plóščad' / Sadóvaja* ist mit Fjodor Dostojevskij verbunden. Der **Heumarkt** (137) (*Sennája ploščad'*) entstand in den 1740er Jahren und bekam seinen Namen, weil zunächst mit Heu und Vieh gehandelt wurde. In der Stalinzeit sprengte man die Kirche und baute an ihrer Stelle eine wenig ansehnliche Metrostation. Daneben errichtete man vor kurzem eine **Kapelle**. Anstelle der niedrigen Häuschen, die den Platz säumten, zog man Wohnblocks im Stalin-Stil hoch. Nur ein kleines gelbes Gebäude mit weißen Säulen blieb erhalten, darin war im 19. Jh. die Polizeihauptwache untergebracht. Einige Szenen des Dostojevskij-Romans „Verbrechen und Strafe" spielen hier.

Zu Beginn der Perestrojka, als erste zaghafte Schritte in Richtung freie Marktwirtschaft unternommen wurden, fanden sich die ersten kleinen Händler am Heumarkt (zu Sowjetzeiten: Platz des Friedens) ein. Doch zum 300. Stadtjubiläum vertrieb man die kleinen Buden und fliegenden Händler, sanierte den Platz von Grund auf und versuchte, ihm mit modernen kleinen Geschäften einen soliden Anstrich zu geben. Den großen **Markt** verbannte man auf ein freies Gelände hinter der Metrostation (Eingang vom Moskauer Prospekt aus).

In der **Kaznatschejskaja-Gasse**, wenige Schritte vom Heumarkt entfernt, wohnte Fjodor Michailovitsch Dostojevskij (1821-1881) in den Häusern Nr. 1, 7 und 9 inmitten von Kleinhändlern, Ganoven, Trinkern und Prostituierten. Zum 175. Geburtstag Dostojevskijs 1996 hat man eine **Gedenktafel** angebracht.

» Stadtplan S. 216 u. S. 220, Metroplan S. 166, Info S. 222-223

MOSKAUER PROSPEKT

Am **Heumarkt** beginnt der **Moskauer Prospekt**, mit über 12 km die längste Straße von St. Petersburg. Er verläuft schnurgerade in südlicher Richtung bis zum **Siegesplatz** (144; s. S. 222). Unter dieser Straßenführung verläuft die blaue Metrolinie bis zur Station *Moskóvskaja*.

Meteorologisches Forschungsinstitut Dmitrij Mendelejev

Jenseits der alten Stadtgrenze am Fontanka-Fluss befinden sich im Haus Nr. 19 das **Meteorologische Forschungsinstitut Dmitrij Mendelejev** 138 sowie ein **Museum**, das dem berühmten Chemiker gewidmet ist. Die Fassade des Nachbarhauses ist mit der größten Entdeckung Mendelejevs bemalt – dem Periodensystem der chemischen Elemente.

Eisenbahntechnik-Freilichtmuseum

500 m westlich des Moskauer Prospekts liegt im stillgelegten Warschauer Bahnhof das **Freilichtmuseum für Eisenbahntechnik** 139 (*Muzéj želéznodoróznoj téchniki*). Über 70 Waggons und Loks, die älteste von 1897, lassen die russische Eisenbahngeschichte lebendig werden. Die Exponate sind auch englisch beschriftet.

Neujungfrauen-Kloster

Wenige Fußminuten von der Metrostation *Frúnzenskaja* entfernt, erreicht man das **Neujungfrauen-Kloster** 140 (*Novodévič'i monastýr'*). Die Anlage aus der Mitte des 19. Jh. wurde in der Sowjetzeit arg verschandelt, inzwischen ist die große **Kathedrale** bereits wieder in gutem Zustand.

Ein Spaziergang durch den etwas vernachlässigten **Kloster-Friedhof** führt u. a. zu den Gräbern der Dichter Nekrasov und Tjutschev.

Foto: akedesign (Shutterstock.com)

Moskauer Triumphtor

In Russland baute man normalerweise Kirchen zum Gedenken an einen Krieg. Oberhalb der Metrostation *Moskóvskie voróta* erinnert jedoch das **Moskauer Triumphtor** (141) an den siegreichen 8. Russisch-Türkischen Krieg 1828/1829. Eine weitere Besonderheit: Es ist aus Gusseisen.

Siegespark

Zwei Metrostationen weiter erstreckt sich der 1945 angelegte **Siegespark** (142) (*Park pobédy*). Hier sind Tausende Opfer der 900-tägigen Leningrader Blockade (1941-1944) beigesetzt. Über eine halbe Million Tote dieser schrecklichen Periode ruhen 15 km weiter nordöstlich, in 186 Massengräbern auf der zentralen Gedenkstätte, dem Piskarever Friedhof (Pr. Nepokarjonnych 74, tgl. 10-18 Uhr), mit einer die Mutter Heimat darstellenden, monumentalen Bronzeplastik.

Oben: Am Südende des Moskauer Prospektes liegt der Siegesplatz, der an die Verteidiger und Opfer der Belagerung Leningrads im 2. Weltkrieg erinnert.

★Tschesmensker Kirche

Etwas abseits vom Moskauer Prospekt ist die hübsche kleine ★ **Tschesmensker Kirche** (143) (*Čésmenskaja cérkov'*) besuchenswert. Sie gehörte zum benachbarten Tschesmensker Palast, Katharinas Reiseschloss. Ihr Name erinnert an den Sieg von 1770 im 5. Russisch-Türkischen Krieg: Damals vernichtete die russische Flotte den Großteil der osmanischen Kriegsschiffe in einer großen Seeschlacht bei Çesme (Westtürkei). Das fotogene, auf einem Kleeblattgrundriss errichtete Gotteshaus war ein Entwurf des großen Hofarchitekten Katharinas, Georg Friedrich Veldten und unterscheidet sich mit seinem neugotischen Stil von allen anderen Sakralgebäuden der Stadt. In der Sowjetzeit Ausstellungssaal, ist sie heute wieder im Besitz der Kirche. Von der ursprünglichen Innenausstattung ist fast nichts erhalten geblieben.

» Stadtplan S. 220, Metroplan S. 166, Info S. 222-223

Foto: Karasev Victor (Shutterstock)

Siegesplatz

Den **Siegesplatz** (144) (*Plóščad' Pobédy*) am Ende des Moskauer Prospekts dominiert das **Denkmal der Verteidiger der Stadt Leningrad**.

Das riesige Denkmal mit dem 48 Meter hohen **Obelisk** ist den Verteidigern Leningrads gewidmet. Die durchbrochene stählerne **Einfassung** symbolisiert den erst 1944 gesprengten Blockadering, mit dem die deutsche Wehrmacht die Stadt ab 1941 eingekesselt hatte, was für Hunderttausende den Hungertod bedeutete; nur über den Ladogasee konnte die Stadt notdürftigst versorgt werden. 1975, zum 30. Jahrestag des Kriegsendes, wurde das Monument, mit den **Eisernen Kämpfern** des Bildhauers Anikuschin, eingeweiht.

In der **Gedenkhalle** im Untergeschoss wird in einer erschütternden **Ausstellung** auch ein ergreifender **Film** über das unvorstellbare Grauen jener 900 Tage im Zweiten Weltkrieg gezeigt.

Oben: Die Tschesmensker Kirche.

Sankt Petersburg (☎ 812)

Touristeninfo, tägl. 10-19 Uhr, Nevskij-Prospekt 41, im 1. Stock des Beloselskij-Belozerskij-Palast, Tel. 311 2943, Fax 315 9796, www. tourism.spb.ru.

Ost-West-Kontaktservice: Ul. Majakovskogo 7, Tel. 327 3416, Fax 327 3417, www.ostwest.com (deutschspr.).

SEHENSWÜRDIGKEITEN:

Jusupov-Palais, Mo-Sa 11-16 Uhr, Anmeldung im Voraus; Nab. Reki Mojki 94, Tel. 314 9883.

Alexander-Nevskij-Kloster, Friedhöfe März bis Sept. Fr-Mi 11-18 Uhr, Okt. bis Feb. Fr-Mi 11-15.30 Uhr; Pl. Aleksandra Nevskogo, Metro *Pl. Aleksandra Nevskogo*.

Smolnyj-Komplex, Smolnyj-Kloster, Pl. Rastrelli, Auferstehungskathedrale. Smolnyj-Institut, Mo-Fr 10-18 Uhr nach Absprache; Pl. Proletarskoj Diktatury 3, Tel. 276 1461.

Peter-Paul-Festung, Museen und Kathedrale: Mo-Fr 10-19, Sa 10-17.45, So 11-19 Uhr (Mi u. letzter Di im Monat geschl.), Festung tägl. geöffnet;Troizkaja Pl., Metro *Gorkovskaja*.

Panzerkreuzer Aurora, Di-Do, Sa, So 10.30-16 Uhr; Petrogradskaja nab. 4.

Jelagin-Schloss, schönes Interieur aus dem 19. Jh., wechselnde Kunstausstellungen, Mi-So 10-18 Uhr; Jelagin Ostrov 1.

Botanischer Garten, Sa-Do 11-18 Uhr, im Winter bis 17 Uhr; Ul. Professora Popova 2, Metro *Petrogradskaja*.

Par.spb House, Kunst und Kommerz, Technoparties und Ausstellungen; Aleksandrovskij Park 5b, Metro *Gorkovskaja*.

MUSEEN:

Eremitage, Di-Sa 10.30-18, So bis 17 Uhr, die Schatzkammer ist Di-So 11-16 Uhr geöffnet (extra Eintritt). Gruppeneingang von der Seite der Neva und vom Schlossplatz aus, Individualbesucher nutzen den Eingang am Innenhof des Winterpalasts (Tickets auch im Internet). Für Behinderte Rollstühle beim Kommandanten-Eingang (Schlossplatz) und ein Lift. Tel. Anfrage unter Tel. 710 9079. Große Taschen sind an der Garderobe abzugeben. Souvenirshops mit Bild-

» Stadtplan S. 220, Metroplan S. 166

bänden, Kunstkalendern und -postkarten im EG und 2. OG. Zur Eremitage gehört auch der östliche Flügel des Generalstabgebäudes mit mehreren Ausstellungen, z. B. Das Russische Außenministerium von 1802-1917. Dvorcovaja nab. 34, Metro *Nevskij Prospekt*.

Russisches Museum (Michailpalast), Mi-Mo 10-18 Uhr,;Inshenernaja ul. 2-4, Metro *Gostinyj Dvor*.

Ingenieursschloss, Filiale des Russ. Museums, Mi-Mo 10-18 Uhr; Sadowaja ul. 2.

Marmorpalais, Filiale des Russischen Museums, Mo 10-17 Uhr, Di geschl., Mi-So 10-18 Uhr; Millionaja ul. 5.

Stroganov-Palast, Filiale des Russ. Museums, 10-18 Uhr; Nevskij Prospekt 17, Metro *Nevskij Prospekt*, Tel. 571 8238.

Puschkin-Museum, Mi-Mo 10.40-17 Uhr, Di und letzter Fr im Monat geschlossen; Nab. Reki Mojki 12, Metro *Nevskij Prospekt*.

Dostojevskij-Museum, Di-So 11-18 Uhr; Kusnetschnyj per. 5/2, Metro *Vladimirskaja / Dostojevskaja*.

Anna-Achmatova-Museum, Di-So 11-17.30 Uhr; Eingang Litejnij Pr. 53.

Arktis- und Antarktismuseum, Mi-So 10-17 Uhr; Ul. Marata 24A.

Erarta 29, 10-22 Uhr, Di geschl., Linie 2 (Bas.-Insel), Metro *Vasileostrovskaja*, Bus 6 oder Tram 6, K30, 62,120, K44 (bis Ecke Srednyj/29. Linie, Tel. 324 0809, www.erarta.com.

Freilichtmuseum für Eisenbahntechnik, Juni-September tägl. 11-18 Uhr, Oktober-Mai Mi-So 11-18 Uhr, Führungen (engl.); Nab. Obvodnogo Kanala 118, Metro *Baltijskaja*.

Musikinstrumenten-Museum (im Scheremetjev-Palast), 12-19 Uhr, Mo, Di u. letzter Mi im Monat geschl.; nab. reki Fontanki 34, Metro *Gostinyj Dvor* oder *Majakovskaja*, Tel. 272 4441.

Kunstkammer / Anthropologisches Museum, Fr-Mi 11-17 Uhr; Universitetskaja nab. 3.

Menschikov-Palais, Di-So 10.30-16 Uhr; Universitetskaja nab. 15.

Akademie der Künste, Mi-So 11-18 Uhr; Universitetskaja nab. 17.

Schaljapin-Museum, die letzte Wohnung des Sängers in Russland, Mi-So 12-18 Uhr, letzter Mi geschl.; ul. Graftio 2b, Metro: *Pedrogradskaja*.

Dom Matjuschina, Museum der Avantgarde, Werkstatt, Gemälde und persönliche Gegenstände des Malers Michail Matjuschin und Elena, 11-17 Uhr, Mi geschl.; ul. Professora Popova 10, Metro *Petrogradskaja*, Tel. 347 6898.

Novyj Muzej (Neues Museum), in der 3. und 4. Etage eines Wohnhauses aus dem 19. Jh., moderne Kunst, wechselnde Ausstellungen. Vasilevskij Insel, 6. Linie Nr. 29, gegenüber der Metro *Vasileostrovskaja*, Tel. 323 5090, www.novyjmuzeum.ru.

SAKRALBAUTEN:

St.-Isaak-Kathedrale, Aussichtsplattform mit schönem Panoramablick über die Stadt, Do-Di 11-18 Uhr; Isaakievskaja Pl. 1.

Auferstehungskirche (Blutskirche), 11-18 Uhr; Nab. Kanala Griboedova 2-A, Metro *Nevskij Prospekt*, Tel. 210 92 01.

Große Synagoge, Lermontovskij Prospekt 2, Metro *Baltijskaja*.

PARKS:

Sommergarten, zwischen Marsfeld und Nab. R. Fontanki, Eingänge Nord- und Südseite, Mai bis Okt. 10-20 Uhr, Okt. bis Mitte April 10-18 Uhr, Di geschl.

FESTE UND FESTIVALS:

Besonders zur Zeit der Weißen Nächte, von Mai bis Juli finden zahlreiche Festivals und Events in St. Petersburg statt, wie das Internationale Festival **Stars der Weißen Nächte** im Mariinskij-Theater. Programm: www.mariinsky.spb.ru. Die Preise sind in diesen Wochen weit höher als sonst.

Jazz & Classic: Konzerte und Festivals in verschiedenen Räumen oder Open Air im Innenhof des Winterpalastes, Kontakt über Ermitashnaja Akademija Muzyki, nab. reki Mojki 45, Tel. 571 5059 (Tickets), 710 9543; hermitage music@hermitage.ru oder art-hermitagemusic@hermitage.ru (Tickets), www.hermitage music.ru.

Kannon Dance Center, 1999 gegründete Tanztruppe, moderne Choreografie, unterschiedliche Bühnen; Admiralitejskaja nab. 4, Tel. 336 6313, Kontakt über Info@kannondance.ru, www.kannondance.ru.

Kukart: Festival der Puppentheater, unterschiedliche Spielorte, z. B. im Puppentheater, Dostojevskij-Museum, Tel. 380 0171, www.kukart.spb.ru, Sommerprogramm erfragen unter Kukart@interstudio.ru.

Kostin SS (Shutterstock.com)

Peterhof. Die Sommerresidenz Peters I. ist bekannt für ihre Wasserspiele.

Foto: Thomas Stankiewicz

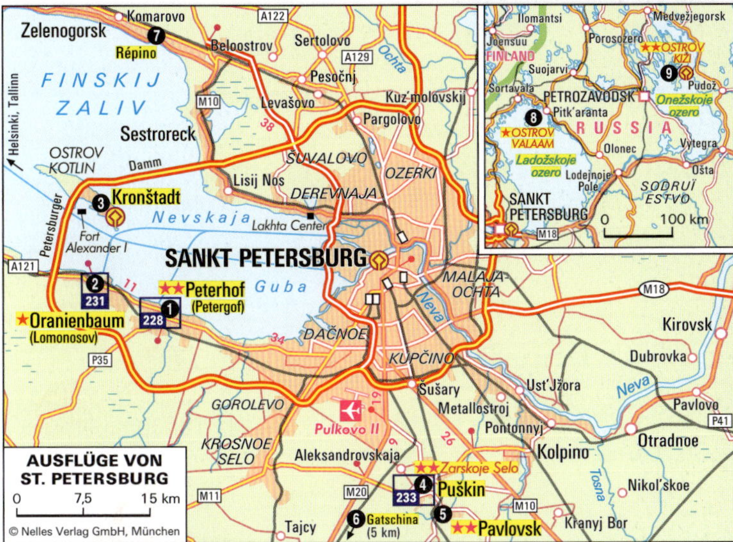

RUND UM ST. PETERSBURG

★★Peterhof

★★Peterhof ❶ (*Petergóf*) ist einer der bekanntesten und sehenswertesten Vororte von St. Petersburg. Zu der 29 Kilometer westlich der Stadt gelegenen riesigen Residenz gehören zehn Parks, von denen jeder für sich ein Gesamtkunstwerk ist. In erster Linie sollte man den Unteren Park und das Große Schloss besichtigen. Im Winter ist die Anlage ohne die fast zweitausend Strahlen der Wasserspiele freilich weniger eindrucksvoll. Denn bei aller Schönheit der Parkanlagen und bei aller Pracht der Schlösser und Pavillons – entscheidend für das Ensemble von Peterhof sind doch die Wasserspiele. Die Wassermenge, Höhe und Springdauer der **Wasserspiele** übertreffen sogar die von Versailles und sind damit einzigartig in der Welt. Die Idee für eine Parkanlage direkt am Finnischen Meerbusen und die architektonische Anordnung von Schloss, Grotte, Kaskade und Kanal stammt von Peter dem Großen.

Peterhof wird zum ersten Mal 1705 erwähnt. Der Nordische Krieg war noch nicht zu Ende, Peter I. aber legte auf dem soeben eroberten Stück Ostseeküste den Grundstein für seine neue Hauptstadt. Um die Stadt zuverlässig von der See her zu schützen, wurde auf der Insel Kotlin die Zitadelle Kronschlot errichtet, die spätere Marinefestung *Kronstadt*. Peter I. widmete dem Festungsbau große Aufmerksamkeit und weilte öfters dort. Der Weg dorthin führte am Südufer des Meerbusens entlang. An der Kotlin nächstgelegenen Stelle wurde ein „Wegeschloss“ mit zwei Gemächern errichtet. Dieser Ort bekam den Namen Peterhof.

Den Gedanken zur Schaffung einer repräsentativen Sommerresidenz hatte Peter I. nach dem Sieg bei Poltava 1709. Fünf Jahre später begannen die Bauarbeiten am Großen Schloss und an der Großen Grotte mit den Kaska-

Links: Vergoldete Kuppeln krönen die üppige Fassade des Katharinenschlosses in Zarskoje Selo.

den sowie am Schloss Monplaisir; am Meereskanal wurde der Hafen angelegt. Kurz vor Ende des Nordischen Krieges wurden die Wasserspiele von Peterhof eingeweiht. Die vom Hydraulikingenieur Tuvolkov gefundene einfache und effektive Lösung für die Speisung der Fontänen beruht auf einer Ausnutzung natürlicher Wasserläufe, deren Verbindung zu einem einheitlichen selbstfließenden hydrotechnischen System durch die Absenkung des Bodens zum Meer hin ermöglicht wurde.

Das Ensemble war 1723 fertig gestellt, doch es wurde noch ein Jahrhundert lang ausgebaut. Vom Ende des 18. bis zur Mitte des 19. Jahrhunderts entstanden auf dem an den Unteren Park grenzenden Gelände mehrere Parkanlagen. Ihre freie, an der natürlichen Landschaft orientierte Gestaltung mit wechselndem Panorama, verschlungenen Alleen, Teichen, Inseln und romantischen Pavillons unterscheidet sich wesentlich vom exakten geometrischen Grundriss der Gärten im alten Teil, deren Kern das auf einer natürlichen Erhebung liegende Große Schloss bildet.

Der ★★**Große Palast** 1 (*Bol'šój dvoréc*) entstand in mehreren Etappen. Zu verschiedenen Zeiten bauten daran F. Braunstein, Le Blond und B. Rastrelli. Letzterer stockte das Hauptgebäude um eine Etage auf, errichtete zu beiden Seiten Galerien, die in zwei Gebäude münden – in den Wappenpavillon und die Kirche. Ferner schuf Rastrelli eine Reihe von Prunksälen, wobei er nur die Eichentreppe und das Kabinett Peters I. unverändert ließ. Später kamen zur barocken Pracht die beiden Chinesischen Kabinette sowie im klassizistischen Stil gehaltene Räume hinzu: Thronsaal sowie Tschesme-Saal und das Weiße Speisezimmer.

An der Südseite des Großen Schlosses, auf der oberen Terrasse, liegt der **Obere Garten**. Der nach französischer Manier geometrisch angelegte Park ist mit typischen dekorativen Elementen ausgestattet – Bosketten, Blumenbeeten, Springbrunnen und Skulpturen.

Rechts: Peterhof – Großer Palast und Kaskade.

» Plan S. 228, Info S. 239

Foto: Sergey Kelin (Dreamstime)

Künstlerisch interessant ist der größte Springbrunnen – der zentrale **Neptunbrunnen** 2 mit einer Bronzefigur des Meeresgottes, mit Seepferden, Tritonen, Najaden und Delfine jagenden Knaben.

Zwischen dem Großen Palast und dem Meer erstreckt sich der **Untere Park**. Die Symmetrieachse der ganzen Anlage, die beim mittleren Blumenbeet im Oberen Park beginnt, wird im Unteren Park von dem über 400 Meter langen Meereskanal fortgesetzt, der den Garten in einen westlichen und einen östlichen Teil gliedert.

Die ★★**Große Kaskade** 3 besteht aus 64 Wasserspielen, 255 Skulpturen, Reliefs, Maskaronen, drei Wasserfällen und zwei Grotten. Sie ist damit eine der größten Wasserspielanlagen der Welt. Am Fuß der Kaskade erhebt sich in der Mitte eines Brunnens auf einem Granitpodest die drei Meter hohe Figur Samsons, der einem Löwen das Maul aufreißt. Dieser größte Springbrunnen der Kaskade (die Wasserfontäne ist 22 m hoch) ist ein Denkmal zum 25. Jahrestag des Sieges bei Poltava (1709).

Links und rechts des Kanals stehen am Fuß der Großen Kaskade Säulengänge, Anfang des 19. Jh. nach Plänen von Gartenbauarchitekt Voronichin errichtet, sowie die Italienischen Fontänen.

Östlich des Großen Palastes befindet sich das **Benois-Familienmuseum** 4. Bedeutende Künstler, Architekten und Maler gingen aus dieser Familie hervor. Ihre besten Werke sind seit 1988 in dem Gebäude ausgestellt, in dem einst die Hofdamen wohnten.

Weiter östlich trifft man auf die **Schachbrett-Kaskade** 5 (1739) mit wasserspeienden Drachen.

Spaziert man Richtung Meer, kommt man noch an einigen weiteren kunstvollen Wasserspielen vorbei. Besonders hervorzuheben sind unter ihnen die **Pyramidenfontäne** 6 und die sich drehende **Sonnenfontäne** 7.

Scherzfontänen, die ahnungslose Besucher mit Wasser bespritzen, gibt es beim ★**Schloss Monplaisir** 8, das als erstes Bauwerk Peterhofs (1714-23) direkt am Ostseeufer in holländischem Stil errichtet wurde.

» Plan S. 228, Info S. 239

Foto: aphonua (iStockphoto.com)

Das ehemalige Lustschlösschen Peters des Großen beherbergt heute eine Gemäldesammlung holländischer und flämischer Meister (17. Jh.), sehenswert sind außerdem das Lackkabinett mit Lackmalereien russischer Künstler nach chinesischen Vorlagen, das Sekretariat und das bescheidene Schlafzimmer mit einem auffallend kurzen Bett sowie persönlichen Gegenständen des Zaren (bei schlechtem Wetter geschlossen).

An den östlichen Flügel von Monplaisir schließt sich das kaiserliche **Badehaus** 9 an, das für Marija Alexandrovna (1824-80), die Ehefrau von Alexander II. gebaut wurde. Neben kaiserlichen Baderäumen sind kleine Boudoirs restauriert, ein gedeckter Tisch zeugt davon, dass es mit der körperlichen Reinigung allein nicht getan war.

Gegenüber begegnet man im **Katharinenflügel** der noblen Welt des russischen Frühklassizismus und Katharinas der Großen. Hier hielt sich die Zarin auf, als ihr Mann, Peter III., gestürzt wurde.

Schlendert man zurück in Richtung Palast, gelangt man zur **Adam-Fontäne** 10. Der symmetrischen Anlage des Parks entsprechend, liegt auf der anderen Seite des Kanals im Westteil die **Eva-Fontäne** 11. Beide gehören zu den ältesten Springbrunnen Peterhofs (1721), von ihnen führen strahlenförmig auseinander laufende Alleen in verschiedenen Teile des Parks.

Das Gegenstück zum Monplaisir-Schlösschen bildet im westlichen Teil die **Eremitage** 12 (Braunstein, 1722-25). Im Obergeschoss dieses von einem Wassergraben umgebenen Pavillons konnten kleine Gesellschaften bei herrlichem Ausblick völlig ungestört tafeln, denn der mit Speis und Trank gedeckte Tisch wurde mit einer Zugvorrichtung von unten ins Obergeschoss befördert.

Am Westende der Marly-Alee, der längsten des Unteren Parks, trifft man auf den **Pavillon Marli** 13, 1720-23 ursprünglich als Gästehaus erbaut. Heute sind hier Kunstwerke aus der Zeit Peters des Großen ausgestellt.

Oben: Der Chinesische Palast in Oranienbaum.

» Plan S. 228, Info S. 239

Auf dem Rückweg zum Palast kommt man an der **Fontäne Goldener Berg** 14 vorbei. Dieser Springbrunnen wurde zeitgleich mit dem benachbarten Marly-Pavillon geschaffen und 1870 mit zehn italienischen Marmorstatuen, die Götter der Antike darstellen, geschmückt.

Ganz im Osten Peterhofs, jenseits des Unteren Parks, erstreckt sich der **Alexandrija-Park** 15, ein weiterer Landschaftspark im englischen Stil. Zu besichtigen ist hier eine **Gotische Kapelle** 16, 1833 nach Plänen des preußischen Baumeisters Schinkel erbaut, und das **Cottage Palais** im englischen Landhausstil – der bevorzugte Aufenthaltsort von Zarin Alexandra, Gemahlin des Zaren Nikolaus I. und Tochter von Preußens König Friedrich Wilhelm III. und Königin Luise.

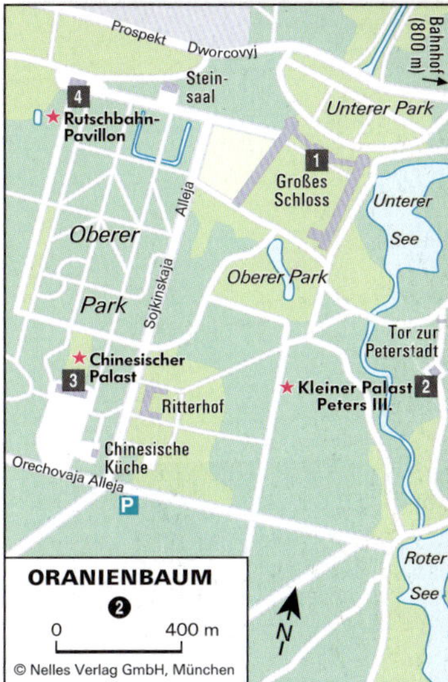

★Oranienbaum

Das großartige Ensemble der Palastgebäude und Lustschlösser im **Park** von ★**Oranienbaum** ❷ (*Lomonósov*) liegt 40 km südwestlich von St. Petersburg und entstand 1710-77. Das Territorium am Südufer des Finnischen Meerbusens in der Nähe von Peterhof gehörte ursprünglich Alexander Menschikov, dem Günstling Peters I., ging aber später in das Eigentum der Zarenfamilie über. Während des letzten Weltkriegs blieb Oranienbaum mit seinen Kunstschätzen außerhalb des von den Deutschen besetzten Gebiets und wurde deshalb nicht zerstört.

Das **Große Schloss** 1 von Oranienbaum wurde 1710-1727 von Fontana, Schädel und Schlüter erbaut, an den späteren Umbauten waren u. a. Rinaldi und B. Rastrelli beteiligt. Der weitläufige Palast ist das Hauptelement der ausgedehnten Barockanlage. Er liegt auf einer küstennahen Hügelkette und besteht aus einem zweigeschossigen Haupttrakt mit Mittelrisalit und Türmchen, bogenförmigen Galerien und pavillonartig auslaufenden Flügeln, einer Kirche und einem japanischen Pavillon. Vom Palast zum **Unteren Park** hin fällt das Land in Terrassen ab. Jenseits des Schlosses liegt der **Obere Park**.

Der ★**Kleine Palast Peters III.** 2 wurde 1758-62 von dem Architekten A. Rinaldi erbaut. Kabinett, Schlafzimmer und Boudoir sind mit feinstem Stuck verziert.

Auch der ★**Chinesische Palast** 3 im Rokokostil stammt von Rinaldi. Erbaut 1762-68, hat sich in seinen siebzehn Sälen die vom chinesischen Rokoko oder orientalisch inspirierte Innenausstattung größtenteils erhalten. Das **Glasperlenkabinett**, der Große Saal, das fliederfarbene Gästezimmer, das Goldene Kabinett Katharinas II. und die vielen anderen Räume sind mit erlesenem Wand- und Deckenschmuck ausgestattet.

Der ★**Rutschbahn-Pavillon** 4 (*Katálnaja Górka*) von Rinaldi (1762-74), ein dreigeschossiges Rokoko-Schlösschen in Blau und Weiß mit umlaufenden Balkonen und glockenförmiger Kuppel diente zur Zeit Katharinas als Vergnü-

Foto: Günter Nelles

gungsschlösschen für die Hofgesellschaft. Auf einer aus Holz gezimmerten Bahn (Modell im Pavillon) rodelte man im Winter auf Schlitten, im Sommer auf kleinen Wagen hinunter.

Kronstadt

Neugier weckt an klaren Tagen der Blick von Peterhof aus: In der Ferne schimmern schemenhaft die Umrisse einer gewaltigen Kathedrale über dem Wasser der Ostsee; dies ist keine Fata Morgana, sondern die **See-Kathedrale** (*Morskój sobór*) der legendären Festung **Kronstadt** ❸. Peter I. hatte 1704 den Bau dieser Festung auf der strategisch wichtigen **Insel Kotlin** befohlen, und noch heute zeugen die massiven Mauern, die Häfen und Docks von der Bedeutung dieser Verteidigungsanlage. 1903-13 schuf der Architekt Kosjakov die neobyzantinische Kuppelkirche in Anlehnung an die Hagia Sophia. Mit 70 m Höhe zählt sie zu den größten orthodoxen Kirchen und soll an die vielen Seeleute erinnern, die in Kriegs- und Friedenszeiten auf See ihr Leben verloren haben. Nach Umbauten und Fremdnutzung wurde sie wieder restauriert und hat auch im Inneren weitgehend wieder ihr ursprüngliches Aussehen erhalten. Der historische Teil Kronstadts gehört zum UNESCO-Welterbe.

Der Name Kronstadt steht auch für aufmüpfige Matrosen, die sich 1905 und 1917 gegen das Zarenregime bzw. die provisorische Regierung erhoben. Berühmt ist aber vor allem der Aufstand vom März 1921, der sich gegen den rigorosen bolschewistischen Führungsstil richtete. Bis 1997 brauchten sogar Einheimische einen Passierschein für die Insel, auf der rund 45 000 Menschen leben.

Doch seither zieht es die Petersburger an die Strände des Eilands. Ausländer trifft man hier nur selten. Wenn einem der Sinn nicht mehr nach prachtvollen Palästen und viel besuchten Parks steht, ist ein Ausflug nach Kronstadt eine ech-

Oben: Im Großen Saal des Katharinen-Palasts von Zarskoje Selo.

» Karte S. 227, Info S. 239

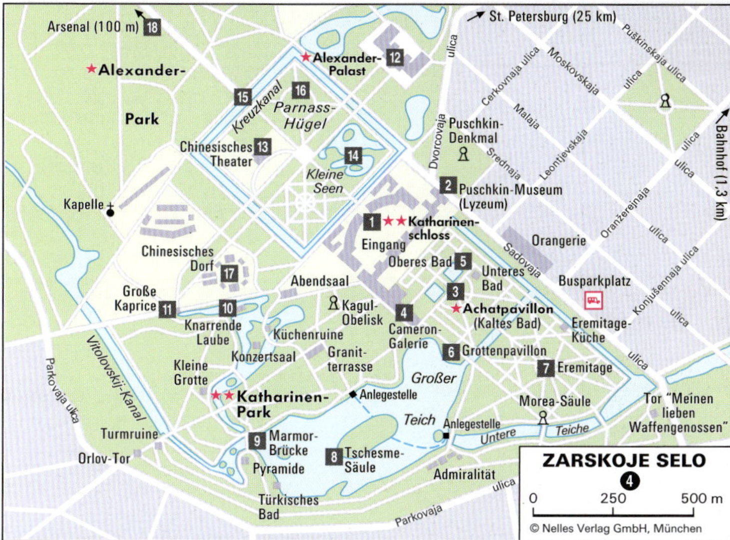

te Alternative. Man erreicht die Insel mit dem Bus oder Minibus über den neuen, als Hochwasserschutz dienenden **Petersburger Damm**. Vom Damm aus sieht man das oval gebaute, finstere **Fort Alexander I.** (1845), es diente u. a. als Forschungslabor für Bakterien und Seuchen.

★★Zarskoje Selo (Puškin)

Einer der schönsten Vororte St. Petersburgs, 25 Kilometer südlich, ist **★★Zarskoje Selo** ❹ (*Cárskoje seló;* **Puškin**). Katharina I. ließ hier ursprünglich ein Steinhaus mit 16 Zimmern erbauen (1717-23, J. F. Braunstein). In der Nähe entstanden eine Handwerkersiedlung, eine Ziegelei und eine Kachelmanufaktur. Vor dem Schloss wurde ein Garten angelegt und ein Stück Wald für eine Menagerie eingefriedet, wo man Wildschweine, Hasen und sogar Elche hielt. Nachdem Peter I. 1724 an einem Fest teilgenommen hatte, bekam das Anwesen den Namen Carskoje Selo – „Zarendorf".

Peters und Katharinas Tochter Elisabeth I. ließ das kleine Schloss zum Großen Palast ausbauen und den Schlosspark erweitern. Pavillons und kleine prunkvolle Barockschlösschen entstanden. Bartolomeo Rastrelli, Lieblingsarchitekt der Zarin Elisabeth, leitete ab 1752 den Umbau im Katharinenschloss. Die Arbeitsbedingungen der leibeigenen Bauarbeiter waren sehr hart, die enormen Gelder für den Umbau wurden durch eine landesweite Erhöhung des Salzpreises beschafft. 1756 war die prächtige Residenz dann vollendet.

Ab 1770 begannen die Bauarbeiten erneut: der Klassizismus löste das Barock ab. Neue Motive und neue Architekten – Felten, Rinaldi, Cameron, Quarenghi – traten auf den Plan. Sie schufen wunderbare Parklandschaften und prachtvolle Innenräume. Im darauffolgenden Jahrhundert verlängerte sich die Liste der Schlossbaumeister um Stasov, einen Vertreter des Spätklassizismus, und Menelas, der dem Alexanderpark Bauten im neugotischen Stil hinzufügte. Große Verluste und Zer-

» Karte S. 227, Plan S. 233, Info S. 239

störungen erlitt das Anwesen durch die deutsche Okkupation (1941-44), als durch Beschuss und Feuer ein großer Teil des Schlosses und der Anlage zerstört und jahrhundertealte Bäume gefällt wurden.

Das prachtvolle ★★**Katharinenschloss** 1, heute ein Museum, ist dreigeschossig und über dreihundert Meter lang. Kolossalsäulen, Pilaster, Atlanten und Fensterverzierungen beleben die **Prachtfassade** eines der schönsten Barockpaläste Europas. Er weist eine Vielzahl von luxuriösen, kunstvollen Interieurs auf, allen voran das berühmte ★★**Bernsteinzimmer**: 1701 entstanden, 1716 Zar Peter I. vom Preußenkönig Friedrich Wilhelm I. geschenkt, 1755 eingebaut und vergrößert, 1941 von deutschen Soldaten demontiert, 1945 verschwunden, von 1979 bis 2003 rekonstruiert und rechtzeitig zur Petersburger Dreihundertjahrfeier eröffnet. Es ist wiedererstanden aus sechs Tonnen zu millimeterdünnen Platten geschnittenem Bernstein, mit Unterstützung der deutschen Ruhrgas AG. (Das Original wird seit dem 2. Weltkrieg gesucht.)

Sehenswert sind auch der **Große Saal** mit vergoldetem Dekor, der **Gemäldesaal** mit 130 Gemälden westeuropäischer Meister des 17.-18. Jh., der **Grüne Speisesaal** sowie das **Galakabinett Alexanders I.**

Eine besondere Stellung nimmt der Ende des 18. Jh. errichtete Anbau an den Kirchenflügel ein: der junge Alexander Puschkin besuchte 1811-17 das dort eingerichtete **Lyzeum**, die Eliteschule des zaristischen Russlands. Seit 1949 befindet sich hier ein **Puschkin-Museum** 2; Klassenzimmer, Großer Saal und die Schülerschlafzimmer sind originalgetreu eingerichtet. Für kommunistische Funktionäre war der 100. Todestag Puschkins Anlass, Zarskoje Selo, nach 1918 Deckoje Selo (Kinderdorf), den Namen Puschkin zu geben.

Links: Bernsteinzimmer-Paneel. Rechts: Barockmusik im Katharinen-Park.

» Plan S. 233, Info S. 239

Foto: Jonathan Smith

Südlich des Palastes erstreckt sich der ★★**Katharinenpark**. Im Kontrast zu dem älteren, symmetrisch gestalteten Französischen Garten, ließ Katharina II., die Große, südlich davon ab 1768 einen naturnahen Landschaftspark im englischen Stil anlegen. Gedenkstätten, Brücken und Pavillons unterschiedlichster Stile sind hier zu finden.

An der Südseite des Palastes ließ Katharina die Große sich das so genannte *Kalte Bad* errichten, in dem allerdings auch mit warmem Wasser gebadet werden konnte. Architekt Cameron verbrauchte für die Raumausstattung über 25 t Schmucksteine wie Achat, Jaspis und Porphyr, daher der Name ★**Achatpavillon** 3. Nachdem dieselben Meister, die das Bernsteinzimmer rekonstruiert haben, auch diese Räume restauriert haben, konkurrieren sie um den Ruf des teuersten Interieurs.

Cameron entwarf auch die benachbarte **Cameron-Galerie** 4 (1780-87), ein zweigeschossiges, tempelartiges Gebäude, das gerne für Sonderausstellungen genutzt wird.

Der **Pavillon Oberes Bad** 5 (Nejolov, 1777-79) mit prachtvoller Innenausstattung diente der Zarenfamilie zur Körperpflege.

Der **Grottenpavillon** 6 (B. Rastrelli, 1753-57) am Nordufer des Großen Teichs ist dem Element des Meeres gewidmet.

Der Hauptweg durch den Französischen Park führt zum **Pavillon Eremitage** 7 (1744-56, Kvassov, Semcov, Tschevakinskij, Rastrelli), einem bezaubernden Denkmal der Schlossparkarchitektur, das man für Empfänge im engen Kreis der Hofleute nutzte.

Sehenswert sind außerdem die **Tschesme-Säule** 8, die **Marmorbrücke** 9, die **Knarrende Laube** 10 und die **Große Kaprice** 11; letztere beiden sind Zeugen der damals verbreiteten China-Mode (Chinoiserie).

★Alexander-Palast

Nördlich des Palasts ließ Katharina II. für ihren Enkel den ★**Alexander-Palast** 12 erbauen (1796, Quarenghi). Die

» Plan S. 233, Info S. 239

Familie des letzten Zaren liebte diesen Palast besonders, hier lebte sie nach der Februarrevolution von 1917 unter Hausarrest. Von hier musste sie jedoch in die Verbannung reisen: erst nach Sibirien, dann nach Jekaterinburg am Ural, wo sie 1918 samt Personal ermordet wurde. Das Museum zeigt Möbel und Alltagsgegenstände der Familie.

Der ★**Alexander-Park**, im Stil eines englischen Landschaftsgartens Ende des 18. Jh. angelegt, erstreckt sich rund um das Schloss. Als er entstand, gab es bereits das **Chinesische Theater** 13 von Rastrelli; die **Kleinen Seen** 14 und der **Kreuzkanal** 15 waren ausgehoben und über den Kanal Brücken geschlagen; der **Parnass-Hügel** 16 war aufgeschüttet. Gleichzeitig wurde das **Chinesische Dorf** 17 gebaut. 1810-1820 gestaltete man das Gelände der ehemaligen Menagerie zum Landschaftspark um, und später entstanden weitere Pavillons wie das **Arsenal** 18 (1830-1835).

Oben: Der Schlossbesitzer – der spätere Zar Paul I. – hat sich vor Schloss Pavlovsk selbst ein Denkmal gesetzt. Rechts: Gemäldegalerie in einem der gebogenen Seitenflügel des Schlosses Pavlovsk.

★★Pavlovsk

★★**Pavlovsk** 5 liegt nur 5 km südöstlich von Zarskoje Selo. 1777 schenkte Katharina II. dieses Land ihrem Sohn, dem späteren Zar Paul I. Von 1780 an arbeitete hier Architekt Charles Cameron, den die Idee faszinierte, aus einem natürlichen Wald ein Park- und Architekturensemble zu schaffen. Als Vorbild für das ★★**Schloss Pavlovsk** wählte er den Typ einer italienischen Villa mit flacher Kuppel, doch das Grundschema des Gebäudes war das eines altrussischen Adelsguts. Die Bauarbeiten dauerten bis 1786, danach führte V. Brenna An- und Umbauten durch. Nach einem Brand leitete Voronichin 1803-04 die Wiederherstellung, und Carlo Rossi fügte Änderungen und Ergänzungen hinzu. Einen bedeutenden Beitrag zur Ausgestaltung von Schloss und Park leistete der Maler und Dekorateur P. Gonzago. Nach 1830 wurde an der Gesamtanlage kaum mehr etwas verändert.

Während der Okkupation 1941-44 plünderten die Deutschen die Innenausstattung und brannten den Palast teilweise nieder. Die wertvollen Sammlungen des Museums – Malerei, Skulpturen, Bronzen, Porzellan und Glas – hatten die Russen zuvor in Sicherheit gebracht, weshalb es keine größeren Verluste gab. Nach der Wiederherstellung des Schlosses, die bis 1970 dauerte, wurden die teilweise einmaligen Exponate zurücktransportiert.

Von den bildschönen Räumlichkeiten des Schlosses seien besonders erwähnt: der **Italienische Saal** und eine Sammlung antiker Skulpturen, sowie die **Große Bibliothek** mit über 20 000 Bänden aus dem 18. und 19. Jh.; das **Kleine Kabinett** Pauls I.; der **Kriegssaal**, ein **Galaempfangszimmer**, das als kleiner Thronsaal diente; der **Griechische Saal** mit fein geschnitzten, vergoldeten Mö-

» Karte S. 227, Info S. 239

Foto: Anna Pakutina (Shutterstock.com)

beln. Interessant sind ferner der **Große Saal** (Thronsaal), ein luxuriöser Raum von 400 m², auf dessen Tischen ein Wappenservice aus 600 Teilen aufgestellt ist; der **Kavalierssaal** mit antiken Skulpturen; das **Teppichkabinett** mit französischen Gobelins, ein Geschenk Ludwigs XVI., und Möbeln von Henri Jacob; schließlich der **Speisesaal** und das darin ausgestellte Gurjever Palastservice, eines der größten und luxuriösesten Gedecke (Anfang 19. Jh.) aus dem Petersburger Porzellanwerk (Design: S. Pimenov). Als „Schatz Nr.1" gilt ein Boudoir-Service, ein Geschenk von Königin Marie Antoinette an die Gattin Pauls I., Maria Fjodorovna; es steht unter Glas im Paradeschlafzimmer.

Der kunstvoll im englischen Stil angelegte, weitläufige ★**Landschaftspark** mit seinen zwischen Hügeln eingebetteten **Pavillons** und **Tempeln**, den Flüsschen und Brückenbögen, **Skulpturen**, Treppen und Säulengängen bildet mit über dreißig Architekturdenkmälern ein Freilichtmuseum und ein Kleinod der Schlossparkarchitektur.

Gatschina (Gatčina)

Auf den ersten Blick wirkt Schloss **Gatschina** ❻, im gleichnamigen Städtchen ca. 45 km südwestlich von St. Petersburg gelegen, durch seine schnörkellosen Sandsteinfassaden spröde, jedenfalls im Vergleich zu den leuchtend blauen und gelben Sommerresidenzen in Peterhof, Zarskoje Selo oder Pavlovsk.

Der Palast (1766-81, Rinaldi) gehörte zunächst dem Günstling Katharinas der Großen, Graf Orlov. Zar Paul I. befahl 1796 den Umbau; auf dem kasernenartigen Vorplatz ließ er stundenlang seine Soldaten exerzieren. Das Denkmal Pauls vor dem Palast ist identisch mit dem von Pavlovsk. Alexander III. machte das Schloss aus Sicherheitsgründen zu seiner Hauptresidenz und stattete es üppig aus. Davon ist nicht viel übrig – deutsche Soldaten verwüsteten 1944 das Schloss und zündeten es an. Es wird schon seit 1976 restauriert; einige Säle vermitteln nun wieder einen Eindruck von der vergangenen Pracht. Schockierend und interessant zugleich ist der

Foto: Gonzalo Azumendi (mauritius images / age fotostock)

Kontrast zu den noch unrenovierten Sälen. Ein 135 m langer unterirdischer Gang führt von den ehemaligen Gemächern der Schlossherren an den Silbernen See im romantisch-verwilderten, weitläufigen Park.

Repino

Repino ❼ am Finnischen Meerbusen gehört zu den traditionellen Kurorten (45 km nordwestlich), wo die Petersburger schon vor 1917 gerne Datschen bauten. Seinen Namen erhielt der Ort nach dem Maler **Ilja Repin**, dem Hauptvertreter der russischen Realisten, der ab 1900 hier lebte und die berühmte **Atelier-Datscha** unterhielt, die er **Penaty** nannte (nach den römischen Haushaltsschutzgöttern, den *Penaten*) – heute ist sie **Museum**. Zu Repins legendären Partys hier kamen bekannte Schauspieler, Musiker, Maler, Literaten; dabei malte er seine Gäste oft.

Oben: Das hölzerne Ensemble von Kishi zählt zum UNESCO-Weltkulturerbe.

★KREUZFAHRT VOM LADOGA- ZUM ONEGA-SEE

Rund 75 km von St. Petersburg entspringt die Neva dem **Ladoga-See** (*Ládožskoje ózero*), mit ca. 18 000 km^2 der größte See Europas. Schaurige Sehenswürdigkeit bei der Einfahrt in den See ist die Festung Schlüsselburg (13. Jh.), in der Zarenzeit ein berüchtigtes Gefängnis. Attraktion im Ladogasee ist die Insel ★**Walaam** ❽ mit einem **Mönchskloster**, berühmt für seine Einsiedeleien.

Der 224 km lange Fluss **Svir** verbindet den Ladogasee mit dem zweitgrößten See Europas, dem **Onega-See** mit der Insel ★★**Kishi** ❾, berühmt für zwei **Holzkirchen** aus dem 18. Jahrhundert, beide zählen zum UNESCO-Welterbe.

» Karte S. 227

AUSFLÜGE VON ST. PETERSBURG (☎ 812)

Peterhof (Petergof)

***FÄHRE**: Meteor*-Tragflächenboote von Mai bis Sept. 9.30-19 Uhr alle 20 Minuten, mehrere Abfahrten an der Neva möglich, z.B. vor der Eremitage, Fahrtdauer: 30 Minuten. ***ZUG**:* Vorortzug vom Baltischen Bahnhof bis Novyj Petergof (45 Min.), von dort fast alle Busse und Sammeltaxis (z.B. 350,352,356) bis zum Schlosspark. ***SAMMELTAXI**:* Von der Metrostation *Baltijskaja* oder *Leninskij prospekt*.

Großer Palast, Di-So (außer letzter Di im Monat) 10.30-18 Uhr (Sommer), 11-17 Uhr (Winter); Tel. 427 9527. **Fontänen** Mai bis Mitte Okt. tägl. 11-17 Uhr in Betrieb. Sonstige **Museen**: **Katharinenflügel** (Fr-Mi, außer letzter Fr im Monat), das **Kaiserliche Badehaus** und die **Küche**, **Schloss Cottage** und **Park Alexandria** (Sa-Do, außer letzter Di im Monat), **Schloss Marly** (Mi-Mo, außer letzter Mi im Monat), alle Museen Mai bis Okt. tgl. 11-18 Uhr, in den Wintermonaten nur Sa/So). **Pavillon Monplaisir**, Do-Di, außer letzter Do im Monat; ist im Sommer an Regentagen und im Winter ständig geschl. Alle Kassen schließen um 17 Uhr. **Alexandrija-Park**, Englischer Landschaftsgarten, Eingang am Sankt Petersburgskij Prospekt (Straße zwischen St. Petersburg und Oranienbaum) 2,3 km östlich von Peterhof.

Oranienbaum (Lomonosov)

***ZUG**:* Vorortzug vom Baltischen Bahnhof (Baltijskij vokzal) bis Oranienbaum -1, alle 30 Min., Fahrtdauer 50 Min.

***BUS**:* ab Metro *Avtovo* Sammeltaxi 300 (schnellste Möglichkeit).

Großer Palast, Mi-Mo (außer letzter Mo im Monat) Kasse 10.30-17 Uhr, Im 1. OG acht restaurierte Paradesäle, im EG Infos zu Geschichte und Ausstellung in Multimedia. Palast Peter III. geschl. bis Sommer 2018; Rutschberg-Pavillon geschl. bis Sommer 2019; Chinesisches Palais ab Ende April (nur im Sommer) geöffnet (Mo geschl.). Tel. 423 1627.

Kronstadt

Metro *Staraja derevnja*, weiter mit Bus 101 (alle 30 Min.), Metro *Černaja Rečka* 405 oder *Prospekt Prosveščenija*, Minibus 407, Fahrzeit 40-45 Min, ab Fähranlegestelle Oranienbaum/Lomonosov ca. 30 Min. (selten).

Zarskoje Selo (Puschkin)

***S-BAHN**:* Ab Vitebsker Bahnhof bis Zarskoje Selo (30 Min.), dort Busse 371, 382 bis zum Katharinenschloss oder von Metro *Moskovskaja* 545 oder von Metro Kupčino mit Sammeltaxi (K545a, K286, K287, K347a).

Katharinen-Palast, Mi-So 10-18, Mo 10-21 Uhr (außer letzter Mo im Monat) Kasse 10-17 Uhr; Tel. 466 6669.

Puschkin-Museum (Datscha), Mi-So 10.30-16.30 Uhr, außer letzter Fr im Monat; Puschkinskaja ul. 2, Tel. 476 6990.

Pavlovsk

Elektritschka vom Vitebsker Bahnhof (35 Min.) o. Sammeltaxi von Metro *Moskovskaja* (286, 545, 545A), von Zvezdnaja Bus 479.

Großer Palast, Sa-Do (außer 1. Mo im Monat) 10-18, Kasse 10-17 Uhr; Tel. 470 2156.

Gatschina (Gatčina)

Elektritschka (S-Bahn) vom Baltischen Bahnhof (ca. 50 Min.) bequem bis *Gatčina Baltijskaja* oder ab Metro *Moskovskaja* Bus 431, Sammeltaxi 18, 18A, 100 (10-17 Uhr, Mo u. 1. Di zu).

Schloss, Park, Di-So 10-18 Uhr, 1. Di im Monat geschl.; Tel. 8-271 235 09.

Repino

Metro *Tschornaja Retschka (Černaja Rečka)*, weiter mit Bus 211 oder Finn. Bhf. bis Station „Repino", weiter mit Sammeltaxi 400 bis Penaty.

Penaty, Landhaus des Malers Ilja Repin, Mi-So 10.30-16, Kasse 10.30-15 Uhr; Primorskoje Šosse 114, Tel. 231 6828.

KREUZFAHRT VOM LADOGA- ZUM ONAGASEE

Die **Kreuzfahrt** auf dem **Ladogasee** zum **Kloster Walaam** und dem **Onegasee** mit **Kishi** und Weiterfahrt bis Moskau wird von Mai bis Sept. angeboten, ebenso **Tagesausflüge** nach Walaam per Tragflügelboot ab Petersburg.

VORBEREITUNGEN

Moskau – Lage / Klima

Moskau (ca. 15 Mio. Einwohner) liegt am Ufer der Flüsse Moskva und Jauza im Zentrum des europäischen Teils der Russischen Föderation, zwischen den Smolensk-Moskauer Höhen im Norden und der Mittelrussischen Platte im Süden sowie den Flüssen Oka und Wolga. 2012 vergrößerte sich das Territorium der Stadt auf Kosten des Umlandes auf ca. 2550 km^2. Moskau hat ein gemäßigtes Kontinentalklima. Die Durchschnittstemperatur beträgt im Januar -11 °C, im Juli +19 °C. Im Winter werden Kältegrade von -30 °C erreicht. Im Hochsommer können die Temperaturen bis auf 30 °C klettern. Ökologen klagen wegen der starken Industrialisierung und der veralteten Heizsysteme über gefährliche Smogwerte. Die Immissionen erreichen im Winter Spitzenwerte.

St. Petersburg – Lage / Klima

St. Petersburg (ca. 5 Mio. Einwohner) liegt an der Mündung der Neva in den Finnischen Meerbusen, und auf dem gleichen (60.) Breitengrad wie Helsinki und Oslo. Die Stadt hat im Durchschnitt 126 Regentage! Die mittlere Januartemperatur beträgt -7,8 °C, die mittlere Julitemperatur +17,8 °C. Wegen der geografischen Lage ist mit starkem Wind zu rechnen. Die Glasnost brachte es mit sich, dass ein Ökologischer Atlas erscheinen durfte, der die Smogentwicklung in den einzelnen Stadtteilen grafisch darstellt. Das Problem ist schwer zu lösen: Die langen Heizperioden verursachen einen enormen Schadstoffausstoß, die Industrialisierung tut ein Übriges.

Reisezeit, Festivals und Feste

Sowohl Moskau als auch St. Petersburg sind bevorzugte Sommersaisonziele (Mai-September). Beide Metropolen bieten während des ganzen Jahres zahlreiche kulturelle Veranstaltungen von Weltruf.

Die Festspiele (ca. 21. Juni - 3. Juli) anlässlich der **Weißen Nächte** gelten als die schönste Reisezeit für St. Petersburg. Ein repräsentativer Querschnitt durch das kulturelle Schaffen der Neva-Metropole wird geboten, wobei Gastspiele namhafter Künstler das Programm bereichern. Ein Teil der Performance ist die Stadt selbst: Während einiger Juni- und Juli-Wochen wird es nachts kaum dunkel, so dass fast die ganze Stadt in dieser Periode sehr intensiv lebt. Bis Mitternacht verkehren zahlreiche Ausflugsboote auf den Flüssen und Kanälen des „Venedig des Nordens", in den Parks treffen sich junge Menschen, eingedeckt mit Wodka oder *Schampanskoje*, zu Gitarrenmusik und Gesang. Beide Städte sind ideal für Fans von Theater, Ballett, Galerien und Museen. Am 27. Mai ist **Stadtgründungsfest** in St. Petersburg.

Die Flussfahrten von Moskau nach St. Petersburg oder umgekehrt und auf den beiden größten Seen Europas (Onegasee, Ladogasee) nach Walaam und Kishi sind nur von Mai bis Ende September möglich, da viele Gewässer monatelang eine dicke Eisschicht tragen.

Unter dem Motto **„Russischer Winter"** werden Individual- und Gruppen-Winterreisen angeboten. Das gleichnamige Kunstfestival in Moskau findet vom 25. Dezember bis zum 5. Januar statt. Neben Opern und Balletten des Bolschoj-Theaters und anderer, kleinerer Bühnen gibt es Aufführungen von Operetten, Folklore sowie Konzerte namhafter Solisten, Chöre und Orchester. Eintrittskarten können entweder über die Hotelconcierge oder, bei viel Glück, vor dem jeweiligen Theater oder Konzerthaus erworben werden, wenn auch oft zu überhöhten Preisen.

Beliebt bei den Einheimischen, nicht nur bei Kindern, ist das **Neujahrsfest** „Väterchen Frost", denn am Silvesterabend werden in Russland unter einem geschmückten Tannenbaum die Weihnachtsgeschenke verteilt. Höhepunkt des Volksfestes ist eine Schlittenfahrt mit der Troika, einem Dreierpferdegespann. In den Städten des Goldenen Rings gibt es Ähnliches auch für Touristen.

Das **Russisch-Orthodoxe Weihnachtsfest** wird in der Nacht vom 6. auf den 7. Januar mit einer stimmungsvollen Mitternachtsmesse mit Chormusik begonnen. Den Hauptgottesdienst des Landes hält der Patriarch von Moskau in der Christ-Erlöser-Kathedrale in Moskau von 22 Uhr bis 1 Uhr in Anwesenheit des Präsidenten ab. Sehr eindrucksvoll ist auch die Messe im Neujungfrauenkloster in Moskau. Am Weihnachtstag, dem 7. Januar, gehen die Menschen zur Frühmesse in die Kirche und feiern dann in der Familie.

An **Ostern**, dem höchsten orthodoxen Fest (dessen Zeitpunkt meist vom westeuropäischen Ostertermin abweicht), strömen die Gläubigen Samstag Nacht in die Kirchen und feiern Christi Wiederauferstehung. Beim dreistündigen Mitternachtsgottesdienst lässt man die Osterspeisen – bunte Ostereier und die typischen Osterspeisen *Kulitsch* (Osterbrot) und *Pas'cha* (Quarkspeise) segnen und zieht in einer großen Prozession mit Kerzen um die Kirche. Am Ostersonntag fährt man, nach feierlichem Osterfrühstück im Familienkreis, zum Friedhof und verzehrt bei den Verstorbenen die geweihten Osterspeisen.

Visum

Deutsche, Österreicher und Schweizer brauchen einen noch mindestens 6 Monate gültigen Reisepass mit mindestens einer freien Seite (Kinder unter 16 Jahren: Kinderausweis mit Bild oder Eintrag im Reisepass der Eltern) sowie eine **Auslandskrankenversicherung** (siehe www. russisches-konsulat.de/versicherungen. htm).

Passagiere auf Fähr- und Kreuzfahrtschiffen können im Rahmen touristischer Gruppenreisen bis zu 72 Stunden visafrei einreisen und sich im Gebiet des Anlegehafens aufhalten; die Reise- und Personendaten sind vom Reiseveranstalter oder Reederei vor Ankunft anzugeben.

Das **Visum** muss bei der für den Wohnsitz des Antragstellers zuständigen Konsularabteilung beantragt werden (z. B. für Bremen, Niedersachsen und Schleswig-Holstein das Generalkonsulat Hamburg), dafür benötigt man einen Unterkunfts-Nachweis (entweder Hotel- bzw. Veranstalterbuchung oder die in Russland offiziell beglaubigte Einladung einer Privatperson). Liste der russischen Konsulate in Deutschland unter www.abng.com.

Das Visum muss spätestens zehn Tage vor Abreise beantragt werden; die normale Bearbeitungszeit kann allerdings in der Saison bis zu fünf Wochen betragen! Der Antrag muss unter www. russische-botschaft.de heruntergeladen, ausgedruckt und unterschrieben werden. Handschriftliche Änderungen oder Faxkopien werden nicht anerkannt. Das biometrische Foto muss fest aufgeklebt sein. Ein Visum kostet 35 Euro. Geschäftsvisa können bis drei Tage vor Abreise ausgestellt werden und kosten 70 Euro zzgl. 27 Euro Service-Gebühr (VPS).

Für die Visumerteilung wird derzeit meist noch ein **Einkommensnachweis** verlangt bzw. bei Geschäftsreisenden Bestätigungen des Arbeitgebers bzw. die Kopie der Registrierung der eigenen Firma – unbedingt den neuesten Stand erfragen! Auskunft gibt der Beratungsservice der Botschaft unter 030/22 65 11 84 oder ein professioneller Visaservice, z.B. VenTro, Tel. 030/48 62 06 20, visa@ventro.info oder info@visum-support.de. Hilfestellung leistet die Webseite des Russischen Visazentrums, **www. vhs-germany.com**, Tel. 030 80 92 96.

Bei der Einreise ist eine Ein- und Ausreisekarte auszufüllen. Zudem besteht

Registrierungspflicht nach der Einreise; dies übernimmt das Hotel bzw. bei privat Wohnenden der russische Partner des deutschen Reisebüros, das das Visum beschafft hat.

Währung / Geldumtausch

1 Euro ≈ 62 Rubel
1 Rubel ≈ 0,016 Cent
1 CHF ≈ 58 Rubel
1 Rubel ≈ 0,017 CHF
1 Rubel = 100 Kopeken
Tagesaktueller Kurs: siehe www.oanda.com.

Russlands Währung ist der **Rubel** (abgekürzt *rbl*). Nach der enormen Inflation Anfang der 1990er Jahre wurden 1998 bei einer Währungsreform neue Scheine und Münzen eingeführt.

Heute wird überall in Rubel bezahlt. Kreditkarten (Visa, MasterCard/Eurocard, American Express/Optima) werden in vielen Hotels, Restaurants und Geschäften akzeptiert. Bei Verlust wendet man sich an die Moskauer Vertretung (s. Angaben unter *Kriminalität*). Reiseschecks werden nur von Banken eingelöst.

Auch die Auszahlung von Bargeld auf Kreditkarten ist möglich sowie die Bargeldbeschaffung an Geldautomaten mit der EC-Karte. Es kommt jedoch vor, dass Geldautomaten nicht funktionieren oder kriminell manipuliert sind.

Die Zeiten des Schwarztausches sind vorbei, seitdem der Besitz von westlicher Währung für russische Staatsbürger legalisiert wurde. Heute machen sich Banken und Wechselstuben an jeder Straßenecke Konkurrenz. Wechselstellen sind in der Regel zwischen 10 und 20 Uhr geöffnet, in den Hotels auch rund um die Uhr. Die offiziell ausgewiesenen Kurse gelten oft erst ab einer bestimmten Umtauschsumme, fragen Sie deshalb, wie hoch der Kurs für Ihren gewünschten Betrag ist; oft ist es günstiger, mit EC-Karte oder Kreditkarte Geld abzuheben.

Der Rücktausch ist kein Problem. Umtauschbelege müssen nicht aufbewahrt werden. Wenn Sie bei der Einreise eine Zolldeklaration ausgefüllt haben (erforderlich ab einer Devisenmenge von 10 000 US-Dollar), tragen Sie bei der Ausreise ihren aktuellen Geldbetrag in eine zweite Deklaration ein.

Zeit

Die Moskauer / Petersburger Zeit ist MEZ +3 Std (Winter), MESZ +2 Std. (Sommer). In Russland gilt künftig ganzjährig die Sommer-Zeit.

Zoll

Zollfrei dürfen persönliche Gegenstände für die Dauer der Reise eingeführt werden. Dazu gehören u. a.: je eine Film- und/oder Fotokamera, eine Videokamera, Notebook-PC sowie ein Musikinstrument. Um Probleme bei der Ausreise zu vermeiden, empfiehlt es sich sehr, besondere Wertgegenstände (z. B. Goldschmuck, wertvolle Kameras und teure Musikinstrumente) sowie höhere Devisen-Geldbeträge bei der Einreise in die Zollerklärung einzutragen und den „Roten Kanal" zu passieren, wo die Deklaration von den Zollbeamten abgestempelt werden muss! (Diese Regelung wird öfter geändert). Zollfrei sind ferner bei der Einreise: 250 Zigaretten oder 250 g Tabakerzeugnisse, 2 Liter alkoholische Getränke.

Bei der Einfuhr größerer Mengen von Gegenständen mit warenähnlichem Charakter (auch humanitärer Hilfsgüter) muss Einfuhrzoll bezahlt werden.

Die Ausfuhr von Devisen und persönlichen Gegenständen ist nur bis zur Höhe der deklarierten Einfuhr gestattet, falls der Wert 10 000 US$ überschreitet. Die Ausfuhr von Antiquitäten (vor 1945), insbesondere Ikonen, alten Büchern und Gemälden ist nur mit offizieller Erlaubnis möglich. Auch Kaviar darf nicht in größeren Mengen ausgeführt werden (eine 250-g-Dose wird in der Regel gestattet). Beim Erwerb von Gemälden neuzeitlicher Künstler sollte man sich vorsichtshalber eine Quittung geben lassen.

Bei der Wiedereinreise ins Heimatland gelten für EU-Bürger folgende Freimengen: pro Person 200 Zigaretten, 1 l alkoholische Getränke mit mehr als 22 Vol.-%, 4 l Wein, 16 l Bier sowie Waren im Wert von 430 Euro (Personen unter 15 Jahre 175 Euro). Raubkopien werden, falls der Verdacht auf Weiterverkauf vorliegt, ggf. beschlagnahmt.

REISEN NACH UND INNERHALB RUSSLANDS

Mit dem Flugzeug

MOSKAU wird von Fluglinien aus aller Welt angeflogen. Lange Jahre war **Scheremetjevo II** (nun **Terminal F**), 1980 erbaut und 30 km vom Zentrum entfernt, der einzige internationale Flughafen. Nun werden auch **Domodedovo** und **Vnukovo** international angeflogen.

Die drei Flughäfen sind durch moderne **AeroExpress-Züge** mit der Innenstadt verbunden. Ein Ticket kostet 420 Rubel über die Website, 500 Rubel am Schalter. Nach Scheremetjevo fährt der AeroExpress zwischen 5.30 u. 23.30 Uhr im 30-Min.-Takt vom Saveljovskij-Bhf. (Fahrzeit ca. 35 Min.) Zwischen Domodedovo und Paveleckij-Bhf. verkehrt ein Express zwischen 7 u. 23.30 Uhr im 30-Min.-Takt (ca. 45 Min.); Vnukovo ist vom Kievskij-Bhf. aus zwischen 6 u. 23 Uhr im Stundentakt erreichbar (ca. 35 Min.).

Daneben gibt es preiswertere **Bus- und Sammeltaxiverbindungen**. Von Scheremetjevo bringen die Busse 851 und 852c oder das Sammeltaxi 48M Passagiere zur Metrostation *Retschnoj Vokzal*. Von Domodedovo fährt ein Bus zur Metro *Domodedovskaja*. Von Vnukovo aus fahren die Busse 611 und 611c sowie Sammeltaxi 45M zur Metro *Jugo-Zapadnaja*. **Scheremetjevo I** (**nun Terminal B**) verbindet Moskau z. B. mit St. Petersburg und dem Baltikum.

ST. PETERSBURG: 2014 wurde der Petersburger internationale Flughafen **Pulkovo 2** geschlossen und durch das neue, weitaus größere **Terminal 1** neben dem Inlandsflughafen **Pulkovo 1** ersetzt. Pulkovo 1 wird restauriert und mit dem neuen Terminal durch einen Übergang verbunden. Nicht verbessert hat sich die Verkehrsanbindung. Von der Metro „Moskovskaja" mit Buslinie 39 bzw. Sammeltaxi K-39. Mit Taxi und Auto muss mit Stau vor dem Terminal gerechnet werden. www.pulkovoairport.ru, Tel. 337 38 22, 337 34 44.

Mit der Eisenbahn

Moskau ist über neun Bahnhöfe mit den Staaten der Ex-Sowjetunion und dem Westen verbunden. St. Petersburg hat fünf Bahnhöfe, nach Westen fahren Züge von zwei Bahnhöfen ab. Für die Strecke Moskau – St. Petersburg braucht der Hochgeschwindigkeitszug *Sapsan* knapp 4 Stunden.

Info in Moskau für alle Bahnhöfe: Tel. 266 9333 (nur russisch); Fahrkartenvorverkauf für alle Züge Russlands: Komsomolskaja Pl. 5, Tel. 266 8333.

Mit dem Auto

Die großen russischen Grenzübergänge von Polen (Brest) nach Moskau und von Finnland (Brusnitschnoje und Torfjanovka) über Vyborg nach St. Petersburg sind rund um die Uhr geöffnet, von Norwegen aus nur von 7-21 Uhr (Zeitunterschied beachten).

Möglich sind Reisen mit PKW, Wohnmobil oder Motorrad. Erforderlich sind der nationale sowie ein internationaler Führerschein, der KFZ-Schein (internationale Zulassung) und ein Versicherungsschein mit Gültigkeit in Russland. Erkundigen Sie sich bei Ihrer Versicherung bzw. dem ADAC über den aktuellen Stand.

Bei der Einreise muss man sich

schriftlich verpflichten (Zolldeklaration), das KFZ wieder auszuführen. Auf russischer Seite wird das Fahrzeug von den Grenzbeamten gründlich inspiziert. Die Insassen passieren mit Handgepäck die Zollkontrolle separat.

In Russland ist die Deckungssumme der KFZ-Haftpflichtversicherung niedrig, was sich bei Unfällen mit Beteiligung Einheimischer nachteilig auswirken kann. Auch gilt die Internationale Grüne Versicherungskarte nicht (ihre Mitnahme wird für die Transitstrecken in Polen empfohlen). Die meisten Versicherungsgesellschaften stellen eine besondere Bescheinigung aus. Der Abschluss einer Vollkasko- sowie einer Insassenversicherung wird dringend empfohlen.

Die internationalen Mietwagengesellschaften haben besondere Versicherungspolicen, einige schließen Fahrten nach Russland ausdrücklich aus.

Versicherungen können auch noch an der Grenze bei INGOSSTRACH abgeschlossen werden. Anschrift der Zentrale: 113805 Moskau, ulica Pjatnickaja 12, Tel. 495/956 5555 oder 729 4101 (Notfallnummer für Mitglieder).

Bei Unfällen oder Pannen auf freier Strecke sollten Sie einen anderen Fahrer bitten, den nächsten Polizeiposten (GAI) zu informieren, falls es keine Mobilfunkverbindung gibt. Wer fremde Hilfe in Anspruch nimmt, sollte daran denken, dass in der Regel ein Entgelt erwartet wird. Das gilt auch für die Milizionäre.

Pannendienste für Moskau und Umgebung: Angel, Tel. 747 0022; allgemeine SOS-Tel. 937 9911; weitere Notfallnummern gibt der kostenpflichtige Auskunftsdienst des Mobilanbieters Bee Line unter Tel. 0655 an. St Petersburg und Umgebung: Lenavtotechnika, Tel. 4812/987 0000. Alle nur auf Russisch!

Bei jedem Unfall – auch ohne Personenschaden – ist die Polizei, Tel. 02, herbeizuholen! Verlassen Sie den Unfallort nicht! Lassen Sie sich für die Ausreise die Schrammen an Ihrem Fahrzeug vom Milizionär bestätigen.

Da alle großen interantionalen Autohersteller Niederlassungen in Moskau und St. Petersburg haben, ist es kein Problem, dort Ersatzteile zu erhalten.

Kraftstoff: An allen Tankstellen gibt es bleifreies Benzin. Leistungsstarke Turbodiesel nur mit Markenqualität betanken.

Mit dem Schiff

Pro Jahr kommen über 200 000 Passagiere mit Schiffen in St. Petersburg an. Die Neva-Stadt ist mit Moskau über den Ostsee-Wolga-Kanal verbunden. St. Petersburg ist auf dem Seeweg von Helsinki 320 km entfernt, nach Stockholm sind es 710 km, nach Kiel 1400 Kilometer. London ist 2200 km, New York 8300 km weit entfernt. Mit mehreren westeuropäischen Häfen besteht in der Sommersaison Fährverkehr, im Winter werden fahrplanmäßig nur wenige Häfen angelaufen.

Öffentliche Verkehrsmittel

Das öffentliche Verkehrsnetz ist in beiden Großstädten gut ausgebaut.

In St. Petersburg sind fünf Metro-Linien, in Moskau 12 Linien in Betrieb, darunter die legendäre Ringlinie (*Kol'cevája línija*). Die Wagen verkehren täglich zwischen 6 Uhr und 1 Uhr nachts (in St. Petersburg bis 24 Uhr). In den Stoßzeiten (ca. 8-9.30 und 17-18.30 Uhr) fahren die Züge im Abstand von 80 bis 90 Sekunden, dennoch sind die Züge häufig überfüllt. Die Fahrkarten (bzw. in St. Petersburg elektronische Tickets oder Einzeljetons) gibt es in den Stationen und an Zeitungskiosken zu kaufen (s. S. 80; in St. Petersburg ausschließlich in den Stationen).

Außerdem verkehren im Stadt- und Vorortverkehr Schnellbahnen, Straßenbahnen, O-Busse, Autobusse und Sammeltaxis (*maršrútnyj taksi* oder *maršrútka*), die zum festen Bestandteil des öffentlichen Verkehrsnetzes geworden sind. Teilweise fahren auch Boote und Schiffe. In Moskau kann die Fahrkarte beim Fahrer erworben werden, in Petersburg sind derzeit noch Schaffner eingesetzt. Bei jedem Umsteigen muss eine neue Fahrkarte gelöst werden.

Moskau: Die **Straßenbahnlinie A** ist für Touristen sehr interessant, da sie von der U-Bahn-Station Tschistyje Prudy entlang der wichtigsten Sehenswürdigkeiten fährt. Hier verkehrt auch eine **Touristenlinie** mit integriertem Café. Karten können an Bord gekauft werden.

Moskau: **Flussfahrten** mit Passashirskij Port (Tel. 225 6070): Zwischen Mai und Oktober kann man eine große Strecke der Moskva befahren. An zehn Haltestellen kann man ein- und aussteigen, muss jedoch jedesmal eine neue Fahrkarte lösen. Die Schiffe fahren an vielen Sehenswürdigkeiten vorbei und geben einen Eindruck von der Stadtanlage. Der Hauptsteg ist gegenüber dem Kiever Bahnhof.

St. Petersburg: Ab ca. Ende April bis in den Oktober hinein werden von 2 bis 5 Uhr morgens die **Zugbrücken der Neva** geöffnet, damit große Schiffe durchfahren können. Das fotogene Spektakel zieht – vor allem während der **Weißen Nächte** – viele Touristen an, kappt jedoch auch die Verkehrsverbindungen zwischen den Stadtteilen. Nächtliche Taxifahrten erfordern dann häufig riesige Umwege und können deshalb sehr teuer werden! Es ist davon abzuraten, Privatboote zu nutzen, die Touristen eine Flussüberquerung anbieten; sie sind nicht lizensiert und erfüllen nicht die üblichen Sicherheitsstandards.

Stadtrundfahrten

In beiden Städten bieten zahlreiche private Unternehmen mehrstündige Fahrten zu Land und zu Wasser mit meist sehr gut ausgebildeten, sprachgewandten Fremdenführern an. Buchungen im Servicebüro der Hotels.

Viele Taxifahrer und Privatfahrer mit und ohne Lizenz offerieren ihre Dienste. Die Taxen erkennt man an dem Licht auf dem Dach und dem Schild „Taksi", häufig auch am Schachbrettmuster an der Seitentür. Privatfahrer haben ein Schild mit Lizenznummer.

Da nur wenige Wagen ein Taxameter haben, muss der Preis vor Fahrtantritt ausgehandelt werden. Es gibt mehrere **Taxi-Rufnummern** in Moskau: z. B. Tel. 280 3400 und 927 0000; in St. Petersburg: Tel. 000, 007, 6000 000, 7000 000. Wenn Sie das Taxi im Voraus bestellen, erfahren Sie den Preis für die Fahrt bereits am Telefon.

Die Taxifahrer, die die internationalen Flughäfen bedienen, haben ihre Preise untereinander abgesprochen. Ausländische Touristen werden bevorzugt mit überhöhten Preisen konfrontiert. Größere Hotels verfügen über einen eigenen Taxiservice mit westlichem Preisniveau. Sie werden nach Absprache zum gewünschten Zeitpunkt abgeholt. Eine Anzahlung ist auch hier nicht erforderlich.

PRAKTISCHE TIPPS

Autovermietung

In beiden Städten können Autos (mit und ohne Fahrer) angemietet werden. Mindestalter des Fahrers: 21 Jahre, ein Internationaler Führerschein ist erforderlich.

Fotografieren

Das Fotografieren und Filmen in den Museen ist meist gebührenpflichtig. Wer nicht fotografieren will, kann die Kamera an der Garderobe abgeben.

Geschäfts- / Öffnungszeiten

Behörden haben ihre Kernzeiten zwischen 9 und 17 Uhr; Sa/So sind Ämter geschlossen. Banken arbeiten in der Regel von 9 bis 12 und von 13 bis 18 Uhr, Kaufhäuser zwischen 9 und 21 Uhr.

Lebensmittelgeschäfte sind von 8 bis 20 oder 22 Uhr geöffnet, auch an Sonn- und Feiertagen. Daneben gibt es auch Lebensmittelläden, die rund um die Uhr geöffnet haben.

Restaurants sind etwa zwischen 12 Uhr und 23/24 Uhr geöffnet, manche legen zwischen 16 und 17 Uhr eine Pause ein. Cafés, Straßenimbisse und Fastfoodketten öffnen bzw. schließen jeweils einige Stunden früher.

Nachtclubs und Spielcasinos arbeiten etwa zwischen 22 Uhr und 5 oder 6 Uhr morgens.

Kriminalität

In der Hauptsaison häufen sich **Taschendiebstähle**, teils mit Gewaltanwendung. Deshalb muss man im Straßengedrängel, wie auf dem Petersburger Nevskij-Prospekt, an Sehenswürdigkeiten, in Cafés und der U-Bahn auf Brieftasche, Handys und Kamera besonders achten. Kreditkarten und Bargeld separat aufbewahren. Meiden Sie nachts einsame Gegenden und Straßenunterführungen. Wenn Sie den Nachtzug zwischen Moskau und St. Petersburg benutzen, verschließen Sie Ihre Abteiltür mit dem Sicherheitsriegel. Wertgegenstände sind im Bettkasten der unteren Liegen sicher zu verstauen. Bettlerinnen mit Säuglingen gehören meist zu spezialisierten Clans.

Polizei: Tel. 02; Polizeinotdienst für Ausländer in St. Petersburg: 764 9787. Bei Verlust der Kreditkarten sollte man sich umgehend an die Moskauer Vertretung wenden: American Express, Tel. 956 9000; Visa, Mastercard und Diners Club Tel. 956 3456.

Medien

In den internationalen Hotels werden, oft mit ein- oder zweitägiger Verspätung, westliche Zeitungen offeriert. In großen Hotels kann Satellitenfernsehen empfangen werden. Manche Hotels bieten auch ein – teils kostenpflichtiges – eigenes Videoprogramm (Englisch/Deutsch).

Medizinische Hilfe

Unfall / Rettung (landesweit) 03
Erste Hilfe ist gratis. Alle übrigen ärztlichen Leistungen müssen bezahlt werden. Westlichen Standard bieten:

In Moskau:

European Medical Center (EMC) (europ. Ärzte, Ultraschall, Dentisten, Apotheke, CT, 24-Stunden-Service), Tel. 933 6655 u. 933 6645, **American Medical Center** (**AMC**), Prospekt Mira 6/6, Tel. 933 7700.

In St. Petersburg:

AMC, Tel. 326 1730, angerufen werden kann außerdem in der **Intenationalen Klinik MEDEM**, ul. Marata 6, Tel. 812-336 3333.

Notfall / Pannenhilfe

Feuerwehr 01
Polizei 02
Ambulanz 03
In Moskau können Unfälle unter Tel. 925 5510 gemeldet werden, in St. Petersburg unter 702 2195 (verbinden lassen).

Preisniveau

Eine Reise nach Moskau oder St. Petersburg ist kein besonders billiges Vergnügen.

Ein Kaffee oder Capuccino kostet in Moskau in Filialen von Kaffeehausketten umgerechnet ca. 3-5 €, Bier liegt etwa in derselben Preisklasse. Für ein Glas Wein muss man ca. 4-8 € rechnen, oft werden allerdings nur 0,15 l ausgeschenkt. In St. Petersburg sind die Getränke meist preiswerter.

Einen Imbiss bekommt man in Moskau für ca. 10 €, ein Abendessen ist etwa ab ca. 18 € machbar. St. Petersburg ist auch hier preiswerter.

Bei der Abendunterhaltung nehmen sich beide Städte wenig: Eine Opern-

oder Ballettkarte kostet für Ausländer ca. 50 €, für eine Karte im Parkett sind auch mal 100-200 € drin. Einheimische zahlen deutlich weniger, die Karten unterscheiden sich sichtbar. Ausländern mit Einheimischentickets kann der Eintritt verweigert werden.

Stromversorgung

Überwiegend 220 V bzw. 110 V in Badezimmern zum Rasieren. In älteren Gebäuden (nicht in internationalen Hotels) passen keine Schukostecker, die Mitnahme eines Universaladapters ist dafür zu empfehlen.

Telekommunikation

Vorwahl Russland: 007. Für Handytelefonate innerhalb Russlands mit nichtrussischer SIM-Karte ++7 vorwählen. Eine Karte für Ortsgespräche von öffentlichen Telefonzellen (*taxofon*) bekommt man an Kiosken, Postämtern und in der Metro. Für Ferngespräche und Auslandsgespräche gibt es spezielle Telefonämter (*peregovórnyj punkt*) mit Telefonzellen im Selbstwählverfahren. Auch von vielen Straßentelefonzellen kann man ins Ausland telefonieren. Von den Zimmern der besseren Hotels ist Durchwahl ins Ausland möglich, allerdings zu überhöhten Preisen. Billiger telefoniert man von den Telefonämtern gegen Vorkasse oder Telefonkarte. Einige Postämter bieten Faxdienste und Internetzugang an. Es gibt auch Internetcafés.

Mit einem deutschen (Vertrags-) Handy erreicht man Deutschland, indem man 8-1049 oder #49 und dann die Ortsvorwahl ohne die 0 wählt.

In Moskau:
Hauptpostamt, ulica Mjasnickaja 26, Tel. 928 6311
Internationales Postamt: Varschavskoje Chaussee 37, Tel .114 4645
Zentrale Telegrafenämter: ulica Tverskaja 19, ulica Vosdvishenka 22, Tel. 927 2002
Internationales Postamt: Varschavskoje Chaussee 37, Tel. 114 4645
Telefax- und Telexverbindungen sind auch über die Business-Center der Hotels möglich (teuer).

In St. Petersburg:
Fernamt generell: Tel. 07
Hauptpostämter: Potschtamtskaja ulica 93, Tel. 12 8302; Bolschaja Morskaja ulica 3/5, Tel. 312 8915
Zentrales Telegrafenamt, Sinopskaja nabereshnaja 14, Tel. 274 2609

Touristen-Information

INTOURIST ist trotz starker privater Konkurrenz immer noch eines der größten Reiseunternehmen.

Moskau: 150, prospekt Mira, und in vielen Hotels; St. Petersburg: Pereulok Bojcova 7, Tel. 314 6096.

Trinkgeld

Etwa 5-10 % werden erwartet, aber prüfen Sie vorher die Rechnung: Manchmal ist das Trinkgeld im Endbetrag bereits enthalten und dann extra ausgewiesen.

ADRESSEN

Diplomatische Vertretungen in Moskau

Deutsche Botschaft, ulica Mosfilmovskaja 56, Tel. 937 9500 (Zentrale), Fax 938 2354, 8-17 Uhr.

Botschaft der Republik Österreich, Starokonjuschennyj pereulok 1, Tel. 502 9512, Fax 937 4269.

Schweizerische Botschaft, Pereulok Ogorodnoj Slobody 2-5, Tel. 925 5322, Fax 621 2183.

In St. Petersburg

Deutsches Generalkonsulat; ulica Furschtatskaja 39, Tel. 320-2400.

Diplomatische Vertretungen Russlands

Russische Botschaft, Unter den Linden 63-65, 10117 **Berlin**, Tel. 030/ 229 1110, Fax 229 9397. Konsularabteilung: Behrenstr. 66, 10117 Berlin, Tel. 030/22651184, www.russische-botschaft.de.
Russische Botschaft, Reisnerstraße 45-47, 1030 **Wien**, Tel. 01 712 12 29 (Konsularabteilung Tel. 01 712 32 33), www.austria.mid.ru.
Russische Botschaft, Brunnadernrain 37, 3006 **Bern**, Tel. 031/352 05 66 (Konsularabt. Tel. 031/352 05 67), www.switzerland.mid.ru

Internet

www.moskau.ru (interesssante, topaktuelle Internetzeitung)
(alle nachfolgenden Seiten in englischer Sprache)
www.moscow-city.ru (Touristeninformation der Stadt)
www.moscowcity.com (Interessantes für Touristen)
http://eng.menu.ru (Restaurantführer)
www.themoscowtimes.com (englischsprachige Tageszeitung)
www.petersburg.aktuell.ru (Pendant zu www.moskau.ru)
(alle nachfolgenden Seiten in englischer Sprache)
http://eng.gov.spb.ru (offizielle Seite der Stadtverwaltung mit touristischen Informationen)
www.sptimes.ru (englischsprachige Tageszeitung)
www.saint-petersburg.com (viele Informationen, Restauranttipps, Fotos)

SPRACHE

Obwohl die Russen das wohl lesefreudigste Volk der Welt sind, sprechen nur wenige eine Fremdsprache. Abseits der Hotels, Museen, Nobelgeschäfte und fliegenden Händler wird es öfter zu Verständigungsschwierigkeiten kommen, wobei auch die Betonung der Wörter Ausländern Probleme bereiten dürfte.

Inschriften sind fast nur in kyrillischen Buchstaben gehalten, vereinzelt werden Straßennamen auch in lateinischen Buchstaben umschrieben.

А	а	a	a
Б	б	b	b
В	в	v	w
Г	г	g	g
Д	д	d	d
Е	е	e, je	e, je
Ё	ё	o, jo	jo
Ж	ж	ž	sh
З	з	z	s (stimmhaft)
И	и	i	i
Й	й	j	i, j
К	к	k	k
Л	л	l	l
М	м	m	m
Н	н	n	n
О	о	o	o
П	п	p	p
Р	р	r	r
С	с	s	s, ß
Т	т	t	t
У	у	u	u
Ф	ф	f	f
Х	х	ch	ch
Ц	ц	c	z
Ч	ч	č	tsch
Ш	ш	š	sch
Щ	щ	šč	schtsch
Ъ	ъ	'–	–
Ы	ы	y	y
Ь	ь	'-	–
Э	э	e	e
Ю	ю	'u, ju	ju
Я	я	'a, ja	ja

KLEINER SPRACHFÜHRER

Guten Tag .... *sdráwstwujtje*
Guten Abend .... *dóbryj wétscher*
Ich heiße... .... *minjá sawút...*
Das ist mein Mann/meine Frau .... *äto moj musch/majá shená*
Das ist Herr / Frau.... ...... *äto gaspadín / gaspashá*
Ich verstehe nicht Russisch .... *ja njé panimáju parússki*
Ich spreche nur deutsch..... *ja gawarjú tólka panjemjézki*
Auf Wiedersehen. .... *daßwidánija*
Entschuldigen Sie .... *iswinítje, pashálujsta*
ja / nein. .... *da / njet*
danke / bitte ..... *spassíba / pashálujsta*
Keine Ursache. .... *nje sa schto*
Herein! .... *wajdítje!*
Zum Wohl! .... *sa wásche sdarówje!*
Wo bekomme ich ausländische Zeitungen? .... *gdje ja magú kupítj inostránnyje gaséty?*
Kann man hier Geld wechseln? .... *móshna li sdjeß abminjátj valjútu?*
Wo kann man ins Ausland telefonieren? *gdje móshna pasvanítj sagranízu?*
Helfen Sie, bitte. .... *pamagítje, pashálujsta*
Ich brauche medizinische Hilfe. .... *mnje nushná midizínskaja pómoschtsch*
Wo ist .... *gdje nachóditsa*
...eine Toilette .... *tualjét*
...die Garderobe .... *garderób*
...ein Taxistand .... *stajánka taksí*
...die Metrostation. .... *stánzija mitró*
...der Bahnhof .... *waksál*
...ein öffentl.Telefon ..... *tilifón-aftamát*
...eine Apotheke. .... *aptjéka*
...ein Krankenhaus. .... *balníza*
...ein Postamt, eine Bank. ..... *pótschta, bank*
...eine Kfz-Reparaturwerkstatt .... *aftaremóntnaja mastirskája*
...eine Polizeiwache .... *atdilénije milízii*
...ein Restaurant, ein Café .... *ristarán, kafä*
...ein Lebensmittelgeschäft . *gastranóm*
...eine Bäckerei .... *búlotschnaja*
...die Theaterkasse. .... *tiatrálnaja kássa*
...ein Kaufhaus .... *uniwermág*
Wie kommt man (zu Fuß) ..... *kak prajtí*
...zum Roten Platz? .... *na kráßnuju plóschtschadj?*
...zum Bolschói Theater? .... *k balschómu tiátru?*
Wie kommt man (mit Verkehrsmitteln).... .... *kak prajéchatj*
...nach Sérgijew Possád? .... *v sjérgijef passád?*
...zum Arbát? .... *na arbát?*
Geben Sie mir, bitte .... *dájtje mnje, pashálujsta...*
...zehn Jetons (für Metrofahrten) .... *djésitj shetónof*
...Ansichtskarten und Briefmarken ..... *atkrytki i márki*
...die Speisekarte .... *minjú*
...eine Tasse Kaffee / Tee .... *tscháschku kófe / tscháju*
...Mineralwasser, Bier .... *minirálnuju wódu, píva*
...eine Flasche Wein, Sekt .... *butylku viná, schampánskawa*
...Zigaretten und Streichhölzer. .... *ßigaréty i spitschki*
Wieviel kostet? .... *skólka stóit?*
Schreiben Sie bitte den Preis auf! ...... *napischítje, poshálujsta, zénu*
Rufen Sie bitte einen Arzt .... *wysavítje pashálujsta wratschá*
Mir tut weh .... *u minjá balít*
...Herz, Magen. .... *ßjértze, shelúdak*
...Kopf, Ohr, Zahn. .... *galawá, úcha, sub*
Mir ist schwindlig .... *u menjá krúshitsa galawá*
Man hat mir Geld und Pass gestohlen. . *u minjá ukráli djéngi i pásport*
...Handtasche, Aktentasche .... *ßúmotschku, partfél*
...Brieftasche, Koffer .... *bumáshnik, tschimadán*
...den Fotoapparat .... *fata-aparát*

0 .... *nolj*
1 .... *adjin*
2 .... *dwa*
3 .... *tri*
4 .... *tschetyri*
5 .... *p'jatj*

6	*scheßtj*
7	*ßjem*
8	*wóßjem*
9	*djéwitj*
10	*djésitj*
20	*dwátzatj*
30	*tritzatj*
40	*ßórok*
50	*pitdisját*
60	*schesdisdisját*
70	*ßjémdjisit*
80	*wóßjemdjisit*
90	*dewjanóßto*
100	*ßto*
1000	*tysjatscha*
10 000	*djésitj tysjatscha*
100 000	*ßto tysjatscha*

AUTOREN

Marion Kappler, Slawistin, Journalistin und Russland-Reiseleiterin, übernahm die Überarbeitung und Aktualisierung der vorliegenden Ausgabe, verfasste große Teile von *St. Petersburg*, außerdem *Kronstadt, Gatschina, St. Petersburg am Abend, Shopping in St. Petersburg, Moskau am Abend* und *Shopping in Moskau*.

Niels Brunse ist Schriftsteller und Übersetzer. Von ihm stammen die Features *Die Metro* sowie *Himmel auf Erden*.

Elena Douda ist eine russische Germanistin; sie verfasste den Beitrag *Das literarische St. Petersburg*.

Michail Glinka verfasste Prosabände, Essays und Anthologien. Er ist Koautor des Beitrags *Basiliusinsel* im Kapitel St. Petersburg.

Für das Kapitel St. Petersburg schrieb er **Wladimir Iwanitzki** beschäftigte sich intensiv mit russischer Folklore. Er lebt in Moskau und schrieb die Beiträge *Twerskaja, Tschechowstraße, Puschkinplatz* und das Feature über *Folklore*.

Irina Kamenskaja besuchte die ökonomische Fakultät der Lomonossow-Universität und arbeitet am Institut für vergleichende Politologie in ihrer Geburtsstadt Moskau. Sie verfasste die Kapitel *Moskauer Boulevards und Museen, Gorki-Park, Andronikow-Kloster, Ostankino, Der Goldene Ring* (ohne Sergijew Possad) sowie die Features *Moskauer Zirkus* und *Russische Küche*.

Angela Plöger ist Übersetzerin aller russischen Originalbeiträge. Für diesen Führer verfasste sie zudem *Kolomenskoje, Sergijew Possad* und den *Sprachführer*.

Henning Sietz studierte Slawistik und Germanistik. Er ist Autor und Ko-Autor mehrerer Bücher über Russland. Der Hamburger Reiseschriftsteller ist Koautor der Beiträge *Die Moskauer Innenstadt* und *Neujungfrauenkloster*.

Hans-Horst Skupy, Reisejournalist, verfasste die *Kreuzfahrt vom Ladoga- zum Onegasee*.

Valeri Surow ist mit Erzählungen und Romanen als kritischer Autor bekanntgeworden. Er hat den Beitrag *Russische Geschichte* geschrieben, zusammen mit **Heinz Vestner**, von dem das Feature *Kirchen und Ikonen* stammt.

Alexandr Zhitinskis verfasste Erzählungen, Romane, Kinderbücher, TV- und Filmszenarien sowie Lyrikbände. Für diesen Guide beschrieb er Teile der Innenstadt von *St. Petersburg*.

Adelheid Rabus, Publizistin und Russlandkennerin, verfasste das Feature *Flussfahrt von Moskau nach St. Petersburg*.

ÜBERSETZUNG

Dr. Angela Plöger (Übersetzerin der russischen Originaltexte)

A

B

C

D

E

F

G

H

I

J

K

L

M

N

O

P

Q

R

S

T

U

V

W

Z

LIEFERBARE TITEL

- EUROPE -
Madeira *1:60,000*

- ASIA -
Afghanistan *1:1,500,000*
Burma ⇨ Myanmar
Bangkok and Greater Bangkok *1:15,000 / 1:75,000*
Bangladesh — India North-East — Bhutan *1:1,500,000*
Cambodia – Angkor *1:1,500,000*
Central Asia *1:1,750,000*
China:
Central *1:1,750,000*
South *1:1,750,000*
Hong Kong *1:22,500*
Himalaya *1:1,500,000*
India:
India (Subcontinent) *1:4,500,000*
Ladakh – Zanskar *1:350,000*
North *1:1,500,000*
North-East ⇨ Bangladesh
East *1:1,500,000*
West *1:1,500,000*
South *1:1,500,000*
Indonesia:
Indonesia *1:4,500,000*
Bali – Lombok *1:180,000*
Java – Jakarta *1:750,000 / 1:22,500*
Kalimantan ⇨ Malaysia - East
Papua – Maluku *1:1,500,000*
Sulawesi – Nusa Tenggara — East Timor *1:1,500,000*
Iran *1:1,750,000*
Japan *1:1,500,000*
Korea *1:1,500,000*
Malaysia - East — Brunei — Indonesia – Kalimantan *1:1,500,000*
Malaysia - West — Singapore *1:1,500,000 / 1:15,000*
Myanmar (Burma) *1:1,500,000*
Nepal *1:480,000 / 1:1,500,000*
Pakistan *1:1,500,000*
Philippines – Manila *1:1,500,000 / 1:17,500*
Southeast Asia *1:4,500,000*
Sri Lanka *1:500,000*
Taiwan *1:400,000*
Thailand *1:1,500,000*
Vietnam — Laos — Cambodia *1:1,500,000*

- AFRICA -
Egypt *1:2,500,000 / 1:750,000*
Kenya *1:1,100,000*
Namibia *1:1,500,000*
South Africa — Namibia — Botswana — Zimbabwe *1:2,500,000*
Tanzania — Rwanda — Burundi *1:1,500,000*
Tunisia *1:750,000*
Uganda *1:700,000*

- AMERICAS -
Argentina:
North — Uruguay *1:2,500,000*
South — Patagonia — Uruguay *1:2,500,000*
Bolivia — Paraguay *1:2,500,000*
Brazil:
Amazon *1:2,500,000*
Central and South *1:2,500,000*
Caribbean:
Lesser Antilles *1:2,500,000*
Central America *1:1,750,000* (Costa Rica *1:900,000*)
Chile — Patagonia *1:2,500,000*
Colombia — Ecuador *1:2,500,000*
Cuba *1:775,000*
Mexico *1:2,500,000*
Peru — Ecuador *1:2,500,000*
South America – The Andes *1:4,500,000*
Venezuela — Guyana — Suriname — French Guiana *1:2,500,000*

- AUSTRALIA / PACIFIC -
Australia *1:4,500,000*
Hawaiian Islands:
Hawaiian Islands *1:330,000 / 1:125,000*
Hawaii – The Big Island *1:330,000 / 1:125,000*
Honolulu – Oahu *1:35,000 / 1:150,000*
Kauai *1:150,000 / 1:35,000*
Maui – Molokai – Lanai *1:150,000 / 1:35,000*
New Zealand *1:1,250,000*
South Pacific Islands *1:13,000,000*

Nelles Maps in europäischer Spitzenqualität!
Reliefdarstellung, Kilometrierung, Sehenswürdigkeiten.
Immer aktuell!

HOTELVERZEICHNIS

Der Nachweis einer Unterkunft – im Hotel, Motel, beim Camping oder bei einer Privatperson – ist die Voraussetzung für die Erteilung eines Einreisevisums. Ihr Reisebüro berät Sie bei der Wahl des geeigneten Hotels.

Die folgende Aufstellung nach Gütekategorien (Preise pro Doppelzimmer) soll Ihnen die Entscheidung, die Angabe der Metrostation die Orientierung erleichtern.

$$$ Luxuskategorie ab 300 €
$$ Mittlere Kategorie 100-300 €
$ Einfache Kategorie bis 100 €

4 MOSKAU

$$$ **Ritz-Carlton**, 12 Etagen, 334 Zimmer, teuerstes und luxuriösestes Hotel der Stadt, diverse Restaurants, 02-Lounge (sehr teuer) auf dem Dach mit tollem Blick über Moskau; Tverskaja ul. 3-5, Metro *Ochotnyj Rjad*, Tel. 225 8888, www.ritzcarlton.com.

$$$ **Baltschug Kempinski**, Spitzenhotel an der Moskva mit Blick auf den Kreml, Swimming Pool, Restaurants; Baltschug ul. 1, Metro *Novokuzneckaja* (Nähe Roter Platz), Tel. 501-230 9500, Fax 230 9511, www.kempinskimoscow.com.

$$$ **Golden Ring** (Zolotoe Kol'co), 1973 gebaut, 1999 komplett renoviert, relativ preisgünstiges Luxushotel, zentral, nahe am Alten Arbat, sehr gute Küche, Panorama-Restaurant; Smolenskaja ul., Metro *Smolenskaja*, www.hotel-goldenring.ru.

$$$ **Marriott Grand Hotel**, große, luxuriöse Zimmer, Dachterrasse, Business- und Fitnesscenter, Pool, Sauna; Tverskaja ul. 26, Metro *Majakovskaja, Puschkinskaja*, Fax 935 8501, www.marriott.com.

$$$ **Crowne Plaza Moscow World Trade Centre** (ehem. Meshdunaradnja), 70er-Jahre-Stil, zahlreiche Restaurants, Bars, Geschäfte, 3,5 km vom Zentrum; Krasnopresenskaja nab. 12, Metro *Krasnopresenskaja* und *ul. 1905 goda* oder Taxi, www.cpmow.ru.

$$$ **Metropol**, Jugendstilbau, gutes Restaurant mit Glaskuppel, beste Lage; Teatralnyj projezd 1/4, Metro *Pl. Revoljucii, Teatralnaja*, www.metropol-moscow.ru.

$$$ **Le Royal Meridien National**, luxuriöses 5-Sterne-Hotels, 1903 erbaut und 1995 nach stilechter Renovierung wiedereröffnet, prachtvolle Innenausstattung, Suiten mit Blick auf Kreml und Roten Platz, Fitnesscenter und Pool mit Blick über die Stadt; Mochovaja ul. 1, Metro *Ochotnyj rjad*, www.national.ru.

$$$ **Renaissance**, großer Pool, sonntags deutsches Brunch, kostenloser Shuttle-Bus-Service, 4 km nördl. vom Zentrum; Olimpiskij Prosp. 18, Metro *Prospekt Mira*, www.marriott.com.

$$$ **Palace Sheraton**, modern, guter Service, 2 Gourmetrestaurants und Café Mozart; Tverskaja/Jamskaja 19, Metro *Belorusskaja, Majakovskaja*, www.sheraton.com.

$$$ **Radisson-Slavjanskaja**, riesige Hotelanlage am Kiever Bahnhof, eigene Ladenpassage, Businesscenter, Fitnessbereich, Pool; Bereschkovskaja nab. 2, Metro *Kievskaja*, www.radisson.com.

$$$ **Savoy**, 4-Sterne-Hotel, zentrale Lage, 86 üppig ausgestattete Zimmer, Wellness-Center mit großem Pool; ul. Roshdestvenka 3 (Nähe Kreml), www.savoy.ru.

$$$ **Ararat Park Hyatt**, 5 Restaurants, Fitness-Center, 219 Zimmer, modern, zentrale Lage; Neglinnaja ul. 4, Metrostationen in der Nähe (z. B. *Teatralnaja*), Tel. 783 1234, www.moscow.park.hyatt.com.

$$$ **Radisson Royal Moscow** (ehemals Hotel Ukraina), 2010 wiedereröffnetes Hotel in einem der berühmten Stalin-Häuser, direkt an der Moskva, gegenüber dem Weißen Haus. 506 Zimmer und Suiten sowie 38 Apartments, mehrere hochklassige Restaurants, z. B. in der 31. Etage; Kutuzovskij Pr. 2/1, Metro *Kievskaja*, Tel. 221 55 55.

$$ **Arbat**, 1960 erbaut, 2011 restauriert, ganz in der Nähe des Arbat; Plotnikov pereulok 12, Metro *Smolenskaja*, www.president-hotel.ru/arbat.

\$\$ **Danilovskaja**, ruhig, im Danilov-Kloster; Bol. Starodanilovskij per. 5, Metro *Tulskaja*, www.danilovskaya.ru.

\$\$ **Hotel Courtyard by Marriott Moscow City Center**, 2005 erbaut, 218 Zi., in einem Wohnviertel zwischen Tverskaja ul. und Bol. Nikitskaja ul. gelegen; Voznesenskij pereulok 7, Metro *Pushkinskaja* (500 m), Tel. 981 3300 Fax 981 3301. www.marriott.de.

\$\$ **Hotel Azimut**, 45 Zi., erb. 1867, rest. 2011 (Kategorien: Business, Bus. Deluxe, etc.), Varšavskoe Šosse 9, Tel. 987 22 22, Metro *Tul´skaja*, 1www.azimuthotels.com

\$\$ **Blues Hotel**, 24 Zi., nahe Neskučnyj Park und Universität, Dovatora ul. 8, Metro *Sportivnaja*.

\$\$ **Belgrad**, zwischen Arbat und Moskva; Smolenskaja ul. 8, Metro *Smolenskaja*, Tel. 248 1643, Fax 248 2814, www.hotel-belgrad.ru.

\$\$ **Cosmos**, 1777 Zimmer, 1979 gebaut, 2008 modernisiert, Fitnesscenter, Bowlingbahn; Prospekt Mira 150, Metro *WDNCh*, Tel. 605 3241, www.hotelcosmos.ru.

\$\$ **Izmailovo**, eines der größten Hotels Europas mit 8000 Betten, anlässlich der Olympischen Spiele 1980 erbaut, Fitnessbereich, Sauna, Pool, verschiedene Einheiten und Preisklassen; Iszmailovskoje schosse 71, Metro *Izmajlovskij park*, Tel. 166 5272, Fax 166 7486, www.hotelizmailovo.ru:
Korpus Alfa, Tel. 166 0145, Fax 166 0060 (am günstigsten),
Korpus Vega, Tel. 956 0640, Fax 956 2850,
Korpus Gamma, Tel. 166 3736, Fax 166 7758,
Korpus Delta, Tel. 166 4127, Fax 166 7486 (nur hier Kreditkarten).

\$\$ **Budapest**, komfortable Zimmer, guter Service, zentral; Petrovskie Linii 2/18, Metro *Kuzneckij Most* oder *Trubnaja*, www.hotel-budapest.ru.

\$\$ **Hilton Moscow** (Leningradskaja), gut restaurierter Stalin-Bau, Kalantschevskaja ul. 21/40, Metro *Komsomolskaja*, www.leningradskaia.ru.

\$\$ **Marco Polo Presnja Hotel**, kleines Hotel, Nähe Puschkinplatz; Spiridonevskij Per. 9, Metro *Puschkinskaja, Tverskaja*, Tel. 244 3631, Fax 626 5404, www.mp-school.ru.

\$\$ **Vostok**, 144 Zimmer, 1956 gebaut, 2007 renoviert; Gostinitschnaja ul. 9a/3, Metro *Vladykino* (ungefähr 500 m entfernt), Tel. 482 40 37.

\$\$ **Hotel Katerina-City**, geschmackvoll gestaltet von einem Schweden-Fan, Schljuzovaja nab. 6, *Metro Paveleckaja* (ca. 10 Min.), Tel. 795 2444, www.katerinahotels.com.

\$ **Travellers Guest House**, einfache Zimmer, Küche, Gemeinschaftsraum, Gepäckaufbewahrung, Informationen, Reisebüro; Bol. Perejaslavskaja ul. 50, Metro *Rishskaja*, Tel. 971 4059, Fax 280 7686.

\$ **Zolotoj Kolos**, saubere Zimmer mit Bad, Telefon, TV, günstig; Jaroslavskaja ul. 15, Metro *WDNCh*, Tel. 217 4355, Fax 286 2703, www.kolos-hotel.ru.

\$ **Sputnik**, 70er-Jahre-Bau, Zimmer 2006 renoviert, 15 Min. zur Metro; Leninskij Pr. 38, Metro *Leninskij Pr.*, Tel. 930 2287, Fax 930 6383, www.hotelsputnik.ru.

7 DER GOLDENE RING

Jaroslavl (☎ 0852)

\$ **Jubilejnaja**, 244 Zi., renoviert; Kotorozlnaja nab. 11a, Tel. 726565.

\$ **Ibis Jaroslavl Zentrum**, 2016 renoviert, 177 Zi., zentral, Pervomajskij per. 2A.

\$ **Park Inn Radisson**, 167 Zi., 2016 renoviert, ca. 3,5 km vom historischen Zentrum, ca. 500m vom Bahnhof, Pavlika Morozova ul. 3B.

Pereslavl-Zalesskij (☎ 08535)

\$ **Pereslavl**, Restaurant; ul. Rostovskaja 7, Tel. 21788, Fax 21559.

Suzdal (☎ 09231)

\$ **Otel „Velij Suzdal"**, 2016 gebaut, 47 Zi., 600 m zum Zentrum, ul. Lenina 82.

\$ **Svetlyj Terem**, 11 Zi., 2011 gebaut, nahe Kreml, ul. Tol´stogo 21.

$ **Sokol**, 2014 renoviert, 39 Zi., z.T. mit Schlafcouch als 3-Bett-Zi. nutzbar, Torgovaja pl. 2.

$ Mehrere **Guest Houses**, z. B. ul. Korovniki 4, 44, 48, Holzhäuser.

9 ST. PETERSBURG

$$$ **Astorija**, 1912 erbaut, 1991 renoviert, herrliche Lage am Isaaksplatz mit Blick auf die Kathedrale, Konferenzsaal, Pool, Sauna; Bol. Morskaja ul. 39, Metro *Nevskij Prospekt*, Tel. 313 5757, Fax 315 9668, www.thehotelastoria.com. In das Gebäude ist das 4-Sterne-Hotel **D'Angleterre** integriert, beinahe gleichwertiges Angebot, etwas günstiger.

$$$ **Corinthia St. Petersburg**, modernste Innenausstattung, Einkaufspassage, mehrere Luxusrestaurants, darunter das Landskrona (eines der besten der Stadt), Fitness, Tiefgarage; Nevskij Pr. 57, Metro *Majakovskaja*, Tel. 850 1500, Fax 850 1501, www.corinthia.ru.

$$$ **Belmond Grandhotel Europe**, eines der schönsten und luxuriösesten Hotels des Landes, fantastische Jugendstilausstattung, Restaurant Europe mit Glasdach, chinesisches Restaurant, Kaviar-Bar, Café im Atrium, Business-, Fitnesscenter, Pool, Ballsaal; Michailovskaja ul. 1/7, Metro *Nevskij Prospekt/Gostinyj dvor*, Tel. 329 6000, Fax 329 6001, www.grandhotel-europe.com.

$$$ **Four Seasons Hotel Lion Palace**, beste Lage, umgeben von Isaaks-Kathedrale, Ehem. Kaiserl. Deutscher Botschaft, Hotel Astorija/Angleterre, in Neva-Nähe, gut 10 Min. Fußweg zum Schlossplatz und zur Eremitage, ehem. Adelspalais, lange Zeit als Fachschule genutzt, luxussaniert; Voznesenskij Pr. 1.

$$$ **Radisson SAS Royal**, neues Hotel in einem der ältesten Gebäude der Stadt, persönl. Atmosphäre, nur 164 Zimmer; Nevskij Pr. 49/2, Metro *Majakovskaja* und *Vladimirskaja*, Tel. 322 5000, www.radisson.com.

$$$ **Grand Hotel Emerald**, 2003 eröffnet, 4-Sterne-Haus, 92 Zimmer; Suvorovskij Prospekt 18, nächste Metro *Pl. Vosstanija*, Tel. 140 5000, www.grandhotelemerald.com.

$$$ **Renaissance**, 102 Zimmer, modern möbliert, teilweise mit Fenster zum überdachten Innenhof, Dachterrasse mit herrlichem Blick auf die Kuppel der Isaak-Kathedrale; Potschtamtskaja ul. 4, Tel. 380 4000, Fax: 380 4001, www.mariott.com.

$$$ **Trezzini Palace Hotel**, Gebäude aus dem 18. Jh., 2013 eröffnet, Universitetskaja nab. 21, Metro *Vasileostrovskaja*, Tel. 313 66 22, www.trezzinipalace.com.

$$ **Neptun (Best Western)**, zentrumsnah, modernstes Fitnesscenter der Stadt mit 25-Meter-Becken, 10 Min. zur Metro; Nab. Obvodnogo Kan. 93a, Metro *Puschkinkaja*, Tel. 324 4610, Fax 324 4611 u. 315 6625, www.bestwestern.com.

$$ **Park Inn Pribaltijskaja**, auf der Basiliusinsel am Finnischen Meerbusen, Shuttle-Bus zum 7 km entfernten Zentrum, preisgünstiger als vergleichbare zentrale Hotels. Service noch etwas „sowjetisch"; Ul. Korablestroitelej 14, www.parkinn.com.

$$ **Park Inn Pulkovskaja**, Konferenzzentrum, Fitnessraum, Sauna, Pool, zwischen Flughafen und Zentrum gelegen, Shuttle-Bus-Service, Ploschtschad Pobedy 1, Metro *Moskovskaja*, Tel. 123 5122, Fax 264 6396, www.parkinn.com.

$$ **Moskva**, wenig ansprechendes Gebäude, aber zentrale Lage und gutes Preis-Leistungs-Verhältnis, renoviert; Pl. Alexandra Nevskogo 2, Metro *Pl. Aleksandra Nevskogo*, Tel. 274 3001, Fax 274 2130, www.hotel-moscow.ru.

$$ **Ochtinskaja-Victoria**, beim Smolnyj-Kloster, modern, von Reisegruppen frequentiert; Bolscheochtinskij Pr. 4, Metro *Novočerkasskaja*, dann mit der Straßenbahn, Tel. 227 4438, Fax 227 2618.

$$ **Matisov Domik**, 10 Min. Fußmarsch vom Mariinskij-Theater, familiär geführtes Haus mit 24 Zimmern, ruhige Lage, Sauna; Nab. reki Prjashki 3/1, Tel. 219 5445, Fax 219 7419, www.matisov.us.

$$ **Rossija**, 70er-Jahre-Gebäude, zum größten Teil kürzlich renoviert, gutes Frühstücksbuffet; Tschernyschevskogo Pl. 11, Metro *Park Pobedy*, Tel. 329 3909.

$$ **Dostojevskij**, 2003 eröffnet, Einkaufszentrum, nahe Dostojevskij-Museum, Kuzneckij-Markt, Vladimir-Kathedrale; Vladimirskij Prospekt 19, direkt bei Metro *Dostojevskaja* und *Vladmirskaja*, Tel. 331 3202 und 325 3366.

$$ **Arbat Nord**, nahe Preobrashenskij-Kathedrale, Sommergarten und Ingenieurschloss, angenehme Atmosphäre, 33 Zi. mit Bad/Du, Tel., Sat-TV; Artillerijskaja ulica 4, 15 Min. Fußweg vom Nevskij Prospekt, nächste Metro *Tschernyschevskaja*, Tel. 103 1899.

$$ **Nash Hotel**, 2006 erbaut, 58 Zimmer, sehr schick und modern; Vasilevskij ostrov (Vasilij-Insel), 11. Linie 50, Metro *Vasileostrovskaja* (ca. 700 m entfernt).

$$ **IBIS St. Petersburg**, Ligovskij Pr. 54, www.ibishotel.com, Tel. 622 01 00.

$ **Brat'ja Karamazovy** (Brüder Karamazov), 28 Zimmer, 2004 eröffnet, Sozialistitscheskaja ul. 119, Metro *Vladimirskajal/Dostojevskaja* (ca. 10 Min.).
$ **Sovjetskaja**, Lermontovskij Pr. 43 Metro *Baltijskaja* und 15 Min. zu Fuß, Tel. 329 0186, Fax 329 0188.

$ **Neva**, einfach, renoviert, Ul. Tschajkowskogo 17, Metro *Černy-Ševskaja*, Tel. 278 0504.

$ **International Youth Hostel**, preisgünstige und gut, Reisebüro, Buchung von Ausflügen, Reservierung von Theaterkarten etc.; Socvjetskaja ul. 28, Metro *Ploščad Vosstanija*, Tel. 329 8018, Fax 329 8019, www.ryh.ru.

$ **Bed & Breakfast**: B&B Nevskij Prospekt 74 (gegenüber vom Hotel Corinthia Nevskij Palace), Tel. 320 6651; Kazanskaja ulica 11 (nahe Kazaner Kathedrale und Nevskij Prospekt), Tel. 325 7237; Millionaja ulica 29 (nahe Winterpalast), Tel. 320 6652.